JM 国际经济与贸易（东南亚方向）国家特色专业系列教材
GUOJI JINGJI YU MAOYI（DONGNANYAFANGXIANG）
GUOJIA TESE ZHUANYE XILIE JIAOCAI

东南亚经济与贸易

U0642433

主　编　蒋满元
副主编　谢　涛　张建中
撰稿者（按编写章节先后排序）
　　　　蒋满元　谢　涛　周　练　欧阳华
　　　　张建中　李玫宇　谭建新　贺勤志
　　　　段艳萍　石　峡

DONGNANYA
JINGJI YU MAOYI

中南大学出版社
www.csupress.com.cn

前　言

　　随着中国-东盟自由贸易区的建成以及双方政治经济等方面关系的进一步密切，现阶段了解和掌握东南亚地区及其相关国家的经济与贸易特征不仅对妥善处理和深化与东南亚各国的政治经济关系具有重要意义，而且也对有效促进中国-东盟自由贸易区的持续稳定发展具有深远影响。事实上也正是鉴于此，我们才组织力量编写《东南亚经济与贸易》一书。

　　本教材分10章展开，内容主要涉及东南亚地区及其相关国家经济与贸易发展的演进脉络、基本特征、未来的拓展趋势、主要影响以及大国因素的作用情况等方面内容。作为广西财经学院经济与贸易学院相关教师集体劳动的结晶，本教材由蒋满元教授拟定编写大纲并负责总体协调工作，具体章节的编写教师为：第一章由谢涛老师完成、第二章由周练老师完成、第三章由欧阳华老师完成、第四章由张建中老师完成、第五章由谢涛老师完成、第六章由李玫宇老师完成、第七章由谭建新老师完成、第八章由贺勤志老师完成、第九章由段艳萍老师完成、第十章由石峡老师完成。教材编写过程中，谢涛和张建中老师在协调、编写、统稿和校阅方面做了大量工作，蒋满元教授最后修改审定。

　　作为国际经济与贸易（东南亚方向）国家特色专业建设系列成果之一，本教材既适合大中专院校国际经济与贸易、国际商务、市场营销等专业使用，也可作为相关专业的研究生教材和干部培训教材。

　　在本教材编写过程中，我们参阅了大量文献资料，在此，特对这些文献的作者表示诚挚的谢意。在教材的编写和出版过程中，中南大学出版社的谭晓萍主任提供了许多指导和帮助，在此我们深表谢意！由于编者水平有限，书中难免存在一定的错误与纰漏，对此，我们也恳请广大读者不吝赐教，以便今后进一步修改完善。

编者

2012 年 6 月 30 日

目　录

第一章 导论

第一节 东南亚概况

一、简况

东南亚(Southeast Asia)是第二次世界大战后期才出现的一个新的地区名称。该地区共有 11 个国家：越南、老挝、柬埔寨、泰国、缅甸、马来西亚、新加坡、印度尼西亚、文莱、菲律宾、东帝汶。世界各国习惯把越南、老挝、柬埔寨、泰国、缅甸五国称之为东南亚的"陆地国家"或"半岛国家"；而将马来西亚、新加坡、印度尼西亚、文莱、菲律宾五国称之为东南亚的"海洋国家"或"海岛国家"。表 1-1 为东南亚国家概况。

表 1-1 东南亚国家简况

国家	人口(万)(2011)	面积(平方公里)	人均 GDP(美元)(2011)	首都
新加坡	527.4	669.4	49270	新加坡
文莱	42.5	5765	36583	斯里巴加湾
泰国	6407.6	513115	5394	曼谷
马来西亚	2873.1	329749	9699	吉隆坡
印度尼西亚	24103	1904443	3508	雅加达
菲律宾	9585.6	299700	2223	马尼拉
越南	8931.6	329556	1374	河内
柬埔寨	1510.3	181000	851	金边
老挝	655.6	136800	1203	万象
缅甸	6241.7	676552	831	内比都
东帝汶	109.3	14874	3949	帝力

资料来源：IMF 网站 http://www.imf.org/，仅供参考。

东南亚地区总面积 447 万平方公里。大部分为黄种人，包括属于汉藏语系、印地语系、南亚语系、南岛语系的多个民族。其中人口较多的有爪哇族、京族（越族）、泰族、缅族、老族、高棉族、苏禄族等。华侨华人在 2000 万人以上，是世界华侨华人最集中、人数也最多的地区之一。新加坡的华人比例占 70%以上，其次是马来西亚，约占 30%。东南亚人口分布不均匀，主要集中于沿海平原、大河两岸平原、河口三角洲，山区和岛屿的雨林地带则人口稀少。

东南亚地区面积最大、人口最多的国家是印度尼西亚，190 万平方公里，人口 2.4 亿，是东南亚名副其实的大国，人口居世界第四，仅次于中国、印度和美国。在东南亚，菲律宾、越南、马来西亚是人口增长最快的国家，菲律宾马上也将进入人口过亿的国家行列；面积最小的国家是新加坡，一个国家就是一座城市，仅 700 多平方公里，和广西的县级市东兴一般大小。新加坡虽然面积是最小的，但人口却有 527.4 万，比拥有面积 0.57 万平方公里的文莱要多得多。文莱只有 40 多万人，跟中国一个规模较小的县差不多，是东南亚人口最少的国家。

除东帝汶外，东南亚各国都有自己悠久的历史，且都是新兴的国家；除新加坡和文莱外，东南亚其余 9 国均属于发展中国家。

1967 年，东南亚地区出现了一个"国家集团"，这就是"东南亚国家联盟"（简称"东盟"），发展至今已有 10 个成员国。

二、地理

东南亚地理位置具有特殊的意义，一方面它是亚洲纬度最低的地区，是亚洲的赤道部分；另一方面它正扼亚澳之间的过渡地带，这在气候和生物界均有明显的反映；本区也是太平洋与印度洋的交汇地带。这种地理位置使东南亚具有湿热的气候，并形成繁茂的热带森林，是本区与其他区的根本差异。东南亚在构造地形上可分为两大单元，一是比较稳定的印度—马来地块，二是地壳变动比较活跃的新褶皱山地，具有赤道多雨气候和热带季风气候两种类型，自然植被以热带雨林和热带季风林为主。可分为两个亚区。

1. 中南半岛

本区地形结构比较特殊，山川大势多南北纵走，山川相间排列，半岛基部地势较高，地形结构如掌状。气候属大陆性热带季风气候，向南伸出的马来半岛为赤道多雨气候。全年多雨的马来半岛和中南半岛的多雨海岸为热带雨林景观，有干、湿季的中南半岛为热带季风林景观，雨量较少的内部平原和河谷为热带草原景观，中南半岛基部为山地混合林。北部湾和暹罗湾等沿岸分布着红树林。

2. 东南亚岛屿区

东南亚岛屿区又称马来群岛区，包括大巽他群岛、努沙登加拉群岛、马鲁古群岛和菲律宾群岛等。高峻的地形支离破碎，位于太平洋和地中海—喜马拉雅造山带的火山地震带的会合带，火山、地震活动非常剧烈。大巽他群岛属海洋性赤道多雨气候；菲律宾群岛属海洋性热带季风气候，主要为热带雨林景观。

三、经济概况

1. 资源物产丰富

东南亚是全球自然资源最丰富的地区之一。热带农作物非常丰富，是世界重要的稻米产地，也是世界上天然橡胶的著名产地。泰国、缅甸、越南被称为世界三大粮仓；泰国、马来西亚、印度尼西亚等国的橡胶、棕榈油、咖啡、椰子、胶合板和藤条等在世界上有着重要地位。该地区的甘蔗、麻、木薯、烟草、热带水果、热带花卉等经济作物在世界上有重要地位，还有丰富的矿产资源。除老挝外，东南亚的海洋资源也十分丰富。

2. 各国经济发展水平差距大

新加坡经济发达，经济和生活水平达到发达国家水平，经济以服务业、航运业、物流业、金融业、科研、旅游业为主，近年来积极发展高科技和教育。

文莱、马来西亚和泰国经济发展有一定基础，经济以旅游业、制造业、农业和渔业为主，近年来积极发展航运业和物流业。

越南、菲律宾和印度尼西亚经济较落后，经济只有旅游业、制造业、农业和渔业。

缅甸、柬埔寨、老挝和东帝汶经济落后，缅甸、柬埔寨和老挝的经济只有旅游业和农业；东帝汶的经济只有渔业和石油出口。

文莱虽然人均 GDP 接近发达国家，但经济并不发达，以石油和天然气出口为主，财富和中东产油国一样只集中在少数富裕阶层。

四、社会文化环境

东南亚各国民族众多，长期受印度文化、阿拉伯文化、中国文化、西方宗教和文化等外来宗教和文化的强劲影响，所以其文化是多彩多样的。如果从宗教和文化传统的角度来看，主要有佛教、伊斯兰教、天主教和东方的儒家传统文化。

东南亚大陆北部有 4 个国家：缅甸、老挝、泰国、柬埔寨，地理上它们连成一体，均是以佛教为主的国家。11 世纪上半期，佛教从印度、斯里兰卡传入缅甸，再到泰国、老挝、柬埔寨，大约在 13～15 世纪上述国家完成小乘佛教化过程。

位于印度尼西亚群岛和马来半岛的印度尼西亚、马来西亚和文莱 3 国的居民则以信仰伊斯兰教为主。其中印度尼西亚是世界上伊斯兰教人口最多的国家。13 世纪伊斯兰教在东南亚海岛影响迅速扩大，15 世纪出现了强大的伊斯兰教王国——马六甲，16 世纪伊斯兰教在东南亚岛国成为占统治地位的宗教。

菲律宾和东帝汶两国则是以信仰天主教为主的国家。16 世纪欧洲列强西班牙入侵菲律宾，把西方的天主教带到此地，并逐渐发展成当地占主导地位的宗教。东帝汶居民 91% 信奉罗马天主教。

新加坡居民 70% 以上为华人，其祖先早年移居自中国。越南则与中国山水相连，历史上也曾长期交往。因此，新、越两国则是以传统的儒家文化为主。

五、政治体制

东南亚国家的政治体制多种多样，当今世界的基本政治体制类型都可以在东南亚国家中找到。细致划分，则主要有如下 5 种类型：

1. 人民代表制国家：越南、老挝

在东南亚 11 个国家中，有 9 个资本主义国家，另两个是社会主义国家：越南和老挝。

目前越南实行共产党一党执政制。虽然越南允许其他政党存在，历史上越南也曾存在过一些政党，但近年来已先后消亡，最后仅存越南共产党。越南共产党成立于 1930 年，全国目前有 250 多万党员。

近年来，越南在进行经济改革的同时，也在逐步推进政治体制的改革，加上越南一直与外部世界有较为广泛的联系，可以说越南的政治民主化进程是引世人关注的。

老挝的政治体制与越南类似。执政党为老挝人民革命党。

2. 议会共和制国家：新加坡、东帝汶

新加坡虽然是一个多党制国家，但一直都是人民行动党一党独大，建国后该党一直是新加坡的执政党。该党主张从严吸收工商界、高级知识分子等各界优秀人士为党员。但在2011年的国会选举中，反对党派工人党对人民党造成很大竞选压力。东帝汶的政治体制与新加坡类似，也为多党制的议会共和制国家。

3. 总统共和制国家：印度尼西亚、菲律宾

在东南亚11国中，有印度尼西亚和菲律宾两个国家实行总统共和制。

人民协商会议是印度尼西亚的最高权力机构，主要任务是：制定和修改宪法，制定国家的基本方针政策，选举和罢免5年任期的正副总统。

菲律宾也是总统共和制国家。与印度尼西亚不同的是，菲律宾总统由全国选民选举产生，任期6年，不能连选连任。

4. 君主制国家：泰国、柬埔寨、马来西亚和文莱

东南亚11国中，有4个国家实行君主制。其中文莱是绝对君主制，泰国、柬埔寨和马来西亚是君主立宪制。

5. 军政府国家：缅甸

缅甸是由"国家和平与发展委员会"管理全国政权，也是东南亚唯一的一个军政府国家，受到美国的制裁。但是缅甸的民主化进程也进行得相当迅速，以昂山素季被解禁以及积极地参与了2012年4月的国会议员竞选为标志，美国和英国等西方国家对缅甸态度逐渐缓和。

第二节　东南亚经济特征及演进历程

东南亚11国经济发展不平衡，它们大体上可以分为4个层次，其经贸发展状况如下。

一、发达国家新加坡和石油富国文莱

（一）新加坡

新加坡1959年在英联邦范围内实行自治，1963年成为马来西亚联邦内的一个州，1965年8月退出马来西亚联邦，建立了独立的新加坡共和国。新加坡传统经济以商业为主，包括转口贸易、加工出口、航运等。独立后，坚持自由经济政策，加紧发展资本密集、高增值的新兴工业。

东南亚11国中，就自然资源来说最贫乏的是新加坡，除空气之外，什么都要从国外进口，其国土面积也小，国内市场有限。但是由于地处马来半岛南端、马六甲海峡南口，地理位置优越，因此，从英属殖民地时代起，新加坡就利用处在国际航道上的优越地理条件，发展成为一个自由商港和东南亚地区的贸易中心。

1965年新加坡脱离马来西亚联邦，以李光耀为首的新加坡人民行动党执政时，面临两方面的经济压力：一是邻近国家独立，实行对外直接贸易，新加坡的转口贸易衰落；二是国内工业落后，失业率高达15%。为了摆脱经济困境，在李光耀总理等一批精英的治理下，新加坡开始推行一系列针对本国现状的经济发展战略，鼓励发展工业，实行全方位开

放，努力把本国经济融合在世界经济之中，积极参与国际分工，充分利用外国资源、市场、技术和资金以发展本国经济。政府把发达国家的法制体系与东方的优秀传统结合起来，开发唯一的资源——人力资源，经过30多年来的不懈努力，逐步走上工业化和建立多元经济结构的道路，从发展中国家中脱颖而出，成为东南亚地区人均收入最高的国家。

新加坡建国40多年，人均GDP增长了80倍。在近半个世纪的发展历程中成功进行了5次经济转型，大约10年一次，分别是：20世纪60年代的劳动密集型产业，70年代的经济密集型产业，80年代的资本密集型产业，90年代的科技密集型产业，21世纪的知识密集型产业。未来，新加坡希望继续转型，向创新密集型产业发展。

第一次转型：1965年建国时新加坡还只是一个资源极度匮乏、工业基础落后、失业率极高的弹丸之地，吸引劳动密集型企业刻不容缓。20世纪70年代末、80年代初的广东与此有些类似，因为工业基础落后，能招商引资到什么就先招什么。新加坡通过建设工业园的快速工业化道路，迅速完成产业转型"第一跳"，成为制造业基地。

第二次转型：到20世纪70年代，缺工难题取代了失业，当地劳力不再愿意为了低廉工资到新加坡工作，现在中国内地的劳务工不愿意到珠三角打工的情况正与当时的新加坡相仿。新加坡政府担心，过于依赖廉价的外国劳力，生产附加值过低的产品，不利于经济长期增长，经济发展帮助企业迅速建立业务的商业基地，在企业有需求前就预建了工厂，帮助培训技术熟练的劳工队伍提供给企业。

第三次转型：新加坡在20世纪80年代进入所谓"第二次工业革命"，向电子、化学、机械以及运输设备制造等资本、技术密集型产业转移，与日本、法国、德国等合作建立技术中心，培养电子等领域的专门工人。

第四次转型：20世纪90年代是科技密集发展的阶段，同时新加坡也把服务业确定为新加坡经济增长的第二大动力。经过50年的努力，新加坡成为多元化的经济体，制造业和服务业成为新加坡经济发展两大支柱，同时新加坡还在开拓很多新兴的行业，如环境科技、洁净能源等。

第五次转型：在世纪之交，新加坡加强创新密集产业的研发，创新逐渐成为经济发展的一大趋势，政府在2010年提出推动研发活动，目标在5年内使研发经费开支占国内生产总值的3.5%。制造业是新加坡经济体的支柱之一，其中以电子业、化工业为主，同时也开拓了新兴产业，如环境科技、洁净能源等。

政府目前的经济发展方向是：以服务业为发展中心，加速经济国际化、自由化、高科技化。为进一步发展经济，近年来，大力推行"区域化经济策略"，加速向海外投资，积极开展在国外的经济活动。为刺激经济发展，新政府提出"打造新的新加坡"，从传统经济向知识经济爬坡的战略规划，成立了李显龙副总理领导的经济重组委员会，全面检讨新加坡经济发展政策，大力弘扬创业文化，积极与日、美、中、印等国商签双边自由贸易协定。

（二）文莱

人均拥有石油、天然气等资源最多的文莱是东南亚的另一个富国。文莱历史上曾是东南亚一个贫穷落后的农业小国，自20世纪60年代发现石油和天然气之后，文莱在一夜之间脱贫致富，成了富甲一方的石油王国。文莱的经济结构发生了根本性的变化，石油和天然气开采业成为经济的支柱产业。石油、天然气的生产和销售为文莱政府带来丰厚的外汇收入，加之国家人口少，文莱国民经济迅速发展，人民生活水平大幅度提高，20世纪80年代初人均 GDP 达 2 万多美元，是典型的石油经济国家。文莱目前是东南亚第三大石油生产国，世界第四大天然气生产国，日产石油 20 万桶。石油收入占文莱出口总收入的 95%，使其赢得"东方科威特"的美誉。

石油给文莱带来经济的繁荣和人民生活的富足：按照健康、财富、教育、身份认同、自然环境等 100 多项指标确定的"全球幸福感"排名文莱名列第九，超过了日本、中国和新加坡。文莱福利社会的特点有这样几个方面：一是教育福利程度高，人口识字率达到92.7%，从幼儿园到大学教育全是免费。即使去牛津大学、剑桥大学深造，学费、食宿、来回机票也都由国家支付，甚至还会额外发零用钱。二是社会生活福利高。医疗方面不论做多大的手术都只象征性地收一元钱，而且如果在本国治不了，需要去邻国就医，国家会出钱提供医疗费，甚至连病人家属的往返机票也由国家提供；经商、买房、个人收入都不用交税；政府有高额补贴；坐公交车只需要一块钱；政府在澳大利亚购置了一块比本土面积还要大的牧场（5793 平方公里），专门饲养供国内食用的牛羊。

随着石油工业的发展，文莱经济结构过于单一的弊端日趋显露。石油、天然气属不可再生资源，总有一天将开采殆尽。文莱政府为了改变经济过分依赖石油、天然气开采的单一格局，从 20 世纪 80 年代中期开始大力倡导发展多元化经济，力求逐步增加非石油产业在国民经济中的比重。

文莱经济经过 1997 年的亚洲金融风暴的冲击后，经济很快复苏，除了 1998 年是负增长外，1996—2000 年期间，每年的经济都取得了增长。

在第七个五年计划（1996—2000）中，文莱经济增长率为 1.2%，这是由于美元的稳定以及石油价格处于高水平的原因。1998—1999 年初，由于世界油价大跌而使文莱的经济陷入萎缩的困境。

在八五计划（2001—2005）时期，文莱积极朝非石油工业领域努力，重点是旅游业、纺织业、信息业和工业。在八五计划中，文莱拟定了石油及天然气工业总体规划，以吸引外来投资，为中小型企业创造商机。文莱继续朝非石油工业领域持续挺进，而其中 60% 的增长需要依靠私企的发展，中小型企业占了文莱国内私人企业的 95%。文莱国内市场太小，如果单靠国内市场，根本无法使文莱的经济在短期内取得较大发展，为了协助国内的中小型企业发展，政府为他们提供培训、辅导，并计划设立行销中心。

政府采取了多项措施刺激经济发展，努力由土地资源经济转型至人力资本经济。小国没有大国所拥有的全方位竞争能力，只能选择具有优势的领域重点开发。文莱当前所面临的四个重要挑战是：经济增长、多元化、就业和投资挑战。

文莱政府正采取各种措施，逐步减少各种福利性补贴以及减轻政府的财政负担，对国有企业实行股份化和民营化，大力鼓励民间中小企业的发展，以担负起提供足够就业机会的重任。这也需要国内的金融机构给予企业更多更好的贷款支持。现在政府号召私人企业优先雇用本地人，以取代外籍劳工。

文莱目前虽然没有转口贸易，也没有足够的国际金融方面的人才，但有丰富的石油和天然气、稳定的政治环境、和谐的种族关系、没有外债、外汇储备丰富。文莱没有个人所得税、销售税、外汇管制等。文莱有完善的英国普通法系统，以及国际金融中心应该具备的国际法规。有良好的基础设施、优越的地理位置、便利的交通和宜人的环境，因此有条件成为国际金融中心，吸引外资不是比较富裕的文莱的唯一目的，这个马来回教王国更要借此培养国际金融人才和创业的企业家，文莱政府现在正致力于把文莱建设成为国际金融中心。

二、向新兴工业化国家迈进的马来西亚、泰国、菲律宾、印度尼西亚

（一）马来西亚

现处在东盟第二层次的国家中发展得最好的是马来西亚，它既拥有丰富的石油等矿产资源和橡胶、棕榈等热带作物资源，又拥有较高素质的人力资源。20世纪70年代以来，经济持续高速增长，亚洲金融危机期间，虽然经济发展受到了一定的影响，但恢复也比较快。

马来西亚70年代以来不断调整产业结构，大力推进出口导向型经济，电子业、制造业、建筑业和服务业发展迅速。从70年代起，马政府实施马来民族和原住民优先的"新经济政策"，旨在实现消除贫困、重组社会的目标。1970年马来西亚开始施行新经济政策，该政策的基本指导思想是全面扶持马来人的经济势力，建立以马来人为中心的社会经济结构。它的主要内容是：在1970—1990年这20年中，（1）不分种族，为穷人获得土地，资金和其他社会福利提供更多的机会，以增加就业和提高收入，规定这期间贫困户在全国总数中所占的比重由49.3%下降到16.7%；（2）利用行政手段，对各种族的资本所有权进行重新组合，马来西亚各种族的资本占有率重组为：马来人由2.4%提高到30%，非马来人（主要是印度人和华人）只能占40%，外国资本不能超过30%，实现"种族经济平衡"。同时规定在就业人口比率方面要反映出种族人口的比率（马来人占53%，华人占35%，印度人占10%），以改变原来的"不平衡状态"。总之，新经济政策的基本点是依靠国家政权力量，全力扶持马来人向工商业领域发展，壮大马来人的资本，使马来人最终不仅在政治上占统治地位，而且在经济上也占据主导地位。在施行新经济政策的同时，推行"新兴工业法"，以3～4年内豁免所得税的优惠吸引外国企业和本国企业发展"新兴工业"，整个70年代，由于较好地利用了外资和国内私人资本，马来西亚工业发展很快，经济以年均7.8%的高速增长，国内生产总值从1971年的52.8亿美元增至1980年的112.5亿美元，经济结构已处在由农、矿产品为主向工业化发展的阶段。

进入80年代后，马来西亚经济增长开始减速，到1985年，经济全面陷入困境，经济增长为 -1.0%，导致经济衰退的根本原因是政府长期推行带有种族歧视的"新经济政策"。它所带来的弊病是在80年代后才趋于表面化，但后果是严重的，主要表现在：新经济政策大大限制了非马来人私人资本的发展，挫伤了他们的投资热情；国家花巨资兴建的一批国有企业对某些行业实行垄断，限制了其他民族私人企业的正常经营活动，而大企业亏损严重，成为政府的沉重包袱；在大量吸引外资的同时，本国的资本（主要是华人资本）却流向国外，甚至资金流出速度超过了流入。1981—1985年经济增长年平均5.8%，低于70年代的平均水平，私人投资平均增长率只有1.8%，人均国内生产总值（按当年价格计算）年平均增长5%，低于70年代的12.9%。当然，80年代中期发达资本主义国家的经济危机对马来西亚也有一定的影响。

为了扭转经济困难的局面，马来政府在总结经验的基础上，采取了下列步骤：（1）紧缩财政开支，放慢经济发展速度。规定1986—1990年的经济发展速度为5%，低于"新经济政策"规定的指标或1981—1985年的年平均增长速度（5.8%）。同期公共发展开支计划由1981—1985年实际开支803.31亿马元减至740亿马元。（2）调整不合理的经济结构。

工业重点发展以出口为主的初级产品加工业和重化工业，减少对西方的依赖。（3）政府计划将一部分国有企业私有化，发挥私人资本的作用。为刺激投资，政府还采取放宽股权限制，放慢购股、改组步伐，允许外资购买农业用地等优惠措施。（4）对外贸易向多边化发展，开拓新的国际市场，缓解西方经济剧烈波动的冲击。上述政策的实施，使经济得以恢复，1986年经济增长为1.9%，1987年因主要出口商品价格上涨，出口增长幅度较大，带动经济增长，发展速度为4.7%，1988年对外贸易的进一步发展和私人消费的增长推动着经济发展，这一年的增长速度达8.0%，国民经济走向全面复苏。

1995年，马完成自1991年开始的第六个五年计划。这是马历史上执行最成功的一个五年计划。在此期间，马经济年均增长8.7%，超过7.5%的预定目标，通货膨胀率一直控制在4%以内，国内生产总值、人均收入、对外贸易均有大幅度增加，贫困率、失业率大大下降。但在经济高速发展的同时，一些结构性和深层次问题也日益显露，主要是：劳动力严重不足，特别是缺乏技术工人，国际收支逆差呈扩大之势。1996年5月，马哈蒂尔总理向国会提呈第七个五年计划。该计划针对"六五"期间经济存在的问题，提出在继续保持经济高速度、低通胀增长的同时，适当放慢发展速度，将增长率降至8%，以便进行战略和结构调整，缓解"瓶颈问题"对经济发展的影响。1996年，马经济继续保持低通货膨胀下的高增长势头，增长率有所下降，有利于缓解经济发展过快的压力，国际收支状况开始改善。

1997年7月，东南亚金融危机爆发，马来西亚遭受严重打击，经济损失估计逾2000亿美元。当年马人均收入由1996年的4447美元降至4000美元左右。进入1998年，利率高涨、贷款紧缩、游资紧缺、企业倒闭增加，马货币林吉特对美元汇率下跌幅度曾达46%，股市综合指数下挫过半。上半年经济负增长6.8%，通货膨胀率升至5.7%，人均收入降至2500美元左右。

1998年，马经济出现13年来首次负增长（-7.5%），失业率和通胀率上升。面对日益恶化的经济形势，马哈蒂尔首相放弃了依照国际货币基金组织的提高利率、放缓贷款的通货紧缩政策，转而推行发展性的宏观经济措施和宽松的货币政策。

1999年，全球经济环境好转，马经济逐步走上了复苏的道路，该年度经济增长5.4%；由于经济情况好转，马政府开始谨慎地逐步放宽资金管制。1999年2月，马政府以征收撤资税取代对短期外资的管制，外资开始回流。1999年第二季度，马经济开始复苏，全年经济增长5.4%。2000年，马经济在1999年复苏基础上保持稳定增长势头，各项经济指数基本恢复金融危机前水平，经济增长率达8.5%。

2000年10月，马政府取消了撤资税，但仍保留货币管制措施。2000年马经济全面复苏，GDP增长8.5%。2001年经济增速明显放缓，增长率仅为0.4%。2001年受全球经济不景气影响，特别是占马进出口总额一半左右的美国、日本和新加坡三国在"9.11事件"后经济陷入衰退状态，马经济随之增势放缓，全年GDP增长率仅为0.4%。

2002年上半年，马GDP增长率为2.4%。受国内需求稳定增长及出口情况复苏影响，第二季度增幅达3.8%。

2004年马来西亚经济进一步发展，国内生产总值（GDP）增长了7.1%，是2000年以来的最快增速。作为第一产业的农业（占总体经济8.4%）增长了5.0%。其中增长最快的是橡胶（20.4%）和棕榈油（4.0%）。第二产业中制造业（占总体经济的30%）的增长，由上年8.3%提高到9.8%，其中贡献最大的是金属制品、电子产品、机器及设备的制造；矿产业年增长4.1%。作为第三产业的服务业（马来西亚最重要的行业，占总体经济的50%多）增长6.7%，比2003年高2.3个百分点，这主要是受交通通信、公共服务、批发零售、旅店餐馆服务及金融保险服务发展的拉动。

2008年世界经济危机的影响和冲击使马来西亚政府意识到必须采取措施促进经济转型，才能获得可持续发展，提高应对危机的能力，增强民众对政府的支持和满意度。在2009年，马来西亚总理纳吉布就已经提出了要推行一个马来西亚"新经济模式"。2010年3月30日，新经济模式（英文简称NEM）方案正式公布，其目的是提高马来西亚国民的生活质量，方案设立三大目标：

一是进入"高收入"国家行列，即2020年争取将人均国民生产总值水平提高到15000～20000美元。

二是更新扶弱政策，建立"共享型"社会。即部分收回新经济政策下的措施；建议终止燃油、食品和能源津贴，省下的津贴用于为40%贫困阶层提供更好的福利；调低公司税和个人所得税等。

三是在不牺牲后代利益的条件下，保持经济的持续发展。2011—2020年经济年均增长6.5%。

2010年6月10日，马来西亚第十个五年计划（简称第十大马计划）出台，希望通过进行经济社会的综合性改革，力争早日步入世界发达国家之列。

为推动经济转型，2010年10月，马来西亚政府推出经济转型计划（ETP），该执行方案包括12项国家关键经济领域和131项计划，总投资额预计4440亿美元，预计到2020年该计划将创造330万个就业机会，将人均收入由目前的7500美元升至15000美元，实现进入高收入国家的目标。随后，马来西亚政府相继公布了经济转型计划的具体投资项目。政府率先公布了9项投资项目，其中包括吉隆坡国际金融区、吉打州5个晶圆制造厂、沙巴五座生化石油厂、柔州名牌商品城、第二吉隆坡国际机场综合广场，以及酒店、商场和金融服务中心等。

2010年马来西亚国内生产总值（GDP）达到5583.82亿林吉特，同比增长7.2%；全年人均GDP为27786.8林吉特，约合8628.6美元。随着全球经济复苏及制成品和原产品需求增加，2010年马来西亚对外贸易表现突出，全年贸易总额为11686亿林吉特，增长18.3%，其中出口额达6394.28亿林吉特（约合2076.06亿美元），增长15.6%；进口额5291.95亿林吉特，增长21.7%；贸易顺差1102.33亿林吉特。

受外部经济环境不利影响，马来西亚2011年国内生产总值增长5.1%，低于上年7.2%的增长水平。

马来西亚国家银行表示，2011年，马来西亚发展最快的领域是服务业，全年增幅为6.8%；其次是农业，增幅为5.6%。

马来西亚国家银行的数据显示，尽管国内需求保持旺盛势头，但在欧洲债务危机持续蔓延等外部不利因素影响下，去年第四季度，马来西亚服务业和制造业增长速度放缓，国内生产总值增幅由上季的5.8%降至5.2%。

（二）泰国

泰国位于中南半岛中南部，面积51.3万平方公里，人口6250万，经济上属于中等收入的发展中国家。泰国的经济发展路子很值得发展中国家关注。它的矿产资源不是很丰富，但它能在发展的初期充分利用丰富的热带作物等农业资源，加工农产品，走农业工业化的道路，然后逐步引进外资，接受外国技术、设备的转移，采用国外的原材料生产家用电器等高价值的生活必需品，如电视机、冰箱、洗衣机、空调等，成为日本、韩国、中国台湾等国家和地区重要的海外家电生产基地之一；再加上其发挥旅游资源优势，大力发展旅游业，使泰国经济快速发展，人民生活水平迅速提高。2001 年，泰国国民生产总值达到 1248 亿美元，已与人口 2 亿多的印度尼西亚的总量差不多，人均 1825 美元，为印度尼西亚的 3 倍左右。

泰国原是一个农业国。农业是泰国传统的经济部门。为了尽快跻身于工业化国家的行列，泰国政府从 1961 年以来制定了一系列方针政策，并且依照其国情特点及不同时期的经济发展状况制订了 6 个经济和社会发展的五年计划，作为各阶段经济发展战略和指导原则。分阶段实施鼓励工业发展的"进口替代"和"出口导向"战略，经济得到迅速发展。

70 年代以后，泰国轻纺工业和食品加工业已能自给有余，工业发展战略向出口导向型工业转变。

80 年代，泰国政府进一步调整工业结构，大力引进技术密集型和附加值高的中轻型工业，寻求适合泰国的工业发展模式，并取得成效。泰国在 80 年代年均经济增长率为 7.6%。

进入 90 年代，泰国政府加强农业基础投入，并积极促进制造业和服务业的发展。从 1990—1996 年，泰国经济年平均增长率约达 8%。1995 年泰国人均国民收入超过 2500 美元，世界银行将泰列入中等收入国家。经过产业和产品结构的调整，泰国工业加快了发展步伐，以年均 15% 的速度迅速发展。工业门类增多，结构日趋多样化，出现了一些资本密集型和技术密集型产业。泰国工业门类主要有纺织服装业、汽车摩托车装配及零配件工业、电子电器工业、软件工业、石化工业、食品加工业、轮胎工业、建筑材料与建筑机械工业、鞋类、家具、珠宝、玩具、皮革制造业等。制造业在 GDP 中所占比重不断上升。

1996 年，泰国经济增长率急剧下降，仅达 6.9%，为过去 13 年来最低水平。尤其是外贸出现严重滑坡，增幅猛降到不足 1%。经常项目赤字占国内生产总值的 8.3%，通货膨胀率也上升到 6.2%。

1997 年 7 月爆发的金融危机，使泰国经济受到严重打击，1997 年 GDP 出现负增长，增长率为 -1.4%。1998 年经济进一步滑坡，GDP 增长率为 -10.5%。

1999 年下半年起，泰经济开始走出低谷，当年增长 4.4%。目前存在的主要问题是现有基础设施超负荷，工程技术人员缺乏，教育和科学技术滞后，已影响到经济的增长。

泰国自 1961 年起开始实施国家经济和社会发展五年计划，2002 年起实施第九个五年计划，实行自由经济政策，鼓励私人投资和竞争，引导私营部门在国民经济发展中起主导作用；增加政府在基础设施上的投资，改善投资环境，大力引进外资和技术，努力扩大出口。加快经济体制改革步伐，解除经常项目下外汇交易管制，允许外国银行在曼谷经办"离岸业务"（BIBF）。此外，积极参与区域性经济合作，加入亚太经济合作组织（APEC）和东盟自由贸易区（AFTA），积极参加湄公河次区域合作，推动泰、马、印度尼西亚"成长三角"合作。随着制造业和服务业的发展，尤其是旅游业的崛起，泰经济结构已发生重大变化，由过去以农产品出口为主的农业国逐步向新兴工业国转化，工业制成品成为泰国主要出口商品。

自 80 年代以来，泰国出口产品由过去以农产品为主逐步转为以工业品为主。工业制成品一直是泰国出口的一个重要组成部分，在过去的几年里，占出口总额的 80%。除了农产品以外，泰国现在还是电脑和零部件、纺织、珠宝以及电子和汽车产品的主要出口国。尽管亚洲金融危机以后，进口下降，但总的说来，在过去的 10 年，进口增长也很强劲。

开放自由贸易，已经让泰国尝到了甜头。中泰部分果蔬零关税协定 2003 年 10 月的实施，启动中泰自由贸易区的建设，中国成为了泰国出口增长最大的市场，中泰贸易呈现快速增长的良好势头。

继与中国、印度两个世界人口大国签订自由贸易协定后，泰国今年将继续加速推动与美国、日本、澳大利亚等多国的自由贸易进程，无疑将有力扩张出口。同时，泰国商业部促进出口厅筹划今年着重开拓新市场，大力增加农产品及其加工产品的出口，积极推动"一区一产品"的出口，也将有利于促使泰国商品大举进军国际市场。

（三）菲律宾

菲律宾无论从人口、国土面积还是经济总量上看，都不能算是一个大国，但是它在发展过程中所暴露出的问题同样值得我们认真地思考。菲律宾在 20 世纪五六十年代是东亚国家中发达程度仅次于日本的国家，被称为亚洲典范国家。

50 年代，这一时期的菲律宾经济稳定，国富民安，一跃成为东亚人均国民生产总值仅次于日本的国家。菲律宾制造业的比重在这一时期占到国民经济的 20% 多，这在当时的发展中国家是绝无仅有的。用来描述中国及"亚洲四小龙"经济腾飞的"奇迹"这个词用在 50 年前的菲律宾身上也并不过分。

然而好景不长，进入 20 世纪六七十年代后，由于政府的政策缺乏连续性并有严重失误，加之 70 年代两次世界性石油涨价的冲击，菲律宾发展经济的国内环境和国际经济环境全面恶化，经济增长率大幅下滑，仅在 1.3% ~6.7% 之间波动。

70 年代下半期以来，主政菲律宾的马科斯政府通过举借外债，兴建了 20 多个大型工程项目，而工业制成品出口则得不到重视与鼓励，致使国际贸易逆差扩大，国际收支严重不平衡，经济下滑；当时，国家外债剧增，物价上涨，失业严重，人民生活水平下降，社会动荡，终于导致马科斯政权的倾覆。自 1986 年 2 月科拉松·阿基诺执政以来，政府采取了一系列调整与改革经济的措施。这些措施主要包括：强调发展农业和劳动密集型工业，特别是鼓励工业制成品和劳务的出口；实行土地改革，将部分国有企业私有化；实行比索贬值，适当提高利率，改革税收制度；与国际金融机构就减缓外债本金的偿还和争取新贷款达成协议；放宽外国投资条件，建立出口加工区。这些措施减少了政府对经济的干预和控制，打破了原来的马科斯政权在重要经济部门所形成的官僚垄断，加强了市场竞争机制的作用，刺激了个人消费，促进了国内外投资，增加了商品及劳务出口。

1992 年拉莫斯总统执政后，经济得到了恢复和发展。但 1997 年亚洲金融危机再次给菲律宾经济发展笼罩上阴影，加上受厄尔尼诺和拉尼娜气候现象的影响，1998 年菲经济呈明显低迷状态，国内生产总值和国民生产总值的增长率分别为 -0.5% 和 0.9%。

1999 年菲经济有所好转，GDP 恢复增长 3.2%。2000 年，菲经济宏观上保持缓慢增长，但基础设施落后、南部穆斯林武装叛乱及总统受贿丑闻引起的政局动荡成为经济发展的严重掣肘。

2003 年 7 月 27 日，菲律宾总统阿罗约成功化解了约 200 名叛军的军事政变。据有关资料统计，这是 1986 年以来菲律宾国内发生的第 12 次军事政变。政局不稳又反过来影响到经济发展，有了前车之鉴，菲律宾当前政府开始实施比较积极的经济政策，改革经济体系，以国际化和市场化为导向，加快了现代化建设的步伐。2003 年，菲律宾经济保持持续增长，按可比价格计算，GDP 较上年增长 4.5%，经济在适度增长、低通胀的轨道上运行。菲律宾债务负担沉重，国内约 1/3 的人口生活在贫困线以下，失业率超过 10%，人口增长率则高达 2.36%，因此其经济增长已落后于东南亚邻国马来西亚、泰国和越南。此外，菲律宾经济有一个特色就是劳务输出量很大，每年劳务输出获得大量的外汇收入。中国港台地区和东南亚一些国家的女佣不少来自菲律宾。

高举反腐败旗帜上台的阿基诺三世在 2010 年 7 月担任总统，在全球经济复苏的支持下，2010 年菲律宾经济形势喜人：经济增幅高、失业率下降；一跃成为全球外包市场最大的国家；出口强劲复苏，外汇盈余创新高；旅游业继续成长。2010 年菲律宾经济增长 7.3%，超过政府原先预计的 5%～6%，是继马科斯政权之后的最高年度增幅。2010 年菲律宾人均 GDP 增长 5.3%，扭转了 2009 年增速 0.9% 的局面。菲律宾 2010 年失业率为 7.3%，较上年的 7.5% 略微下降。失业人口总数为 290 万，其中男性占 63.3%。不充分就业率为 18.7%，总人数为 680 万。在 3600 万就业大军中，超过半数从事服务业。

2011 年菲律宾经济增长有所下滑，2011 年国内生产总值增长 3.7%，低于政府设定的 4.5%～5.5% 增长目标的下限，亦大大低于 2010 年 7.3% 的经济增幅；税收和外汇收入有较大增长；通货膨胀率虽然符合预期，但也高于经济整体增长水平；失业率居高不下，居民"自认贫困"率同比 2010 年上升了一个百分点。

（四）印度尼西亚

印度尼西亚是世界上最大的群岛国家，世界第四人口大国。自 1969 年开始实施第一个 25 年长期发展计划以来，印度尼西亚经济取得了长足发展。到 20 世纪 90 年代已被称为亚洲四小虎之一。从 60 年代中期到 90 年代中期，印度尼西亚能够顺应时势，抓住机遇，及时调整方向，实现了经济的长期持续增长，并取得一系列举世瞩目的辉煌成就。经过多年来的发展，印度尼西亚已由一个贫穷落后的国家转变为具有一定经济实力的中等收入国家。

印度尼西亚曾长期为荷兰殖民地，经济十分落后，主要以热带种植业为主，工业主要是采矿和一些简单的原料加工业，如制烟、制糖、碾米、编织等。自 1945 年独立以来，印度尼西亚致力于推行初级产品出口发展战略和由石油产业支持的进口替代发展战略，同时对外国资本进入本国加以限制，以保护民族经济的发展。

自 1967 年苏哈托政府执政以后的前 15 年里，印度尼西亚通过开发丰富的石油和其他资源，实现了粮食自给和生产自立。1967 年以后，印度尼西亚政府大量引进外资、引进设备和技术，以促进本国工业的发展。

1974 年以前，印度尼西亚主要是发展石油等采矿工业和替代进口工业，国家收入主要来自石油出口。1974 年以后，大力发展原料出口加工工业，化肥、纺织、化工、机械等制造业有了较大发展，并开设了出口加工区。由于外国资本的大量投入，制造业在国民生产总值中的比重已达 15%。

80 年代初期，石油出口景气，印度尼西亚经济一度出现了较快的增长，1973—1981 年，国内生产总值年均增长率达 7%～8%。

从 1982 年起，国际市场石油价格和其他初级产品价格开始趋向疲软，印度尼西亚经济受到很大冲击，经济增长速度明显放慢，进入 80 年代中期，世界石油价格暴跌，印度尼西亚经济出现了衰退。1982—1983 年度，出口和政府收入下降，财政赤字和经济项目逆差扩大。自 80 年代初以来，印度尼西亚经常项目赤字连年不断，外债偿付额高达 27.6 亿美元（1988 年外债总额为 530 亿美元），支付石油和天然气服务费用为 26 亿美元。另外印度尼西亚在对外贸易的运输费用上也支付了大量的外汇（印度尼西亚用于对外贸易的船队不足），同时直接投资收入又用于再投资，不能为支付平衡起作用。印度尼西亚虽有巨额外债，但严格履行金融契约，因而能得到国际组织的友好资助。

80 年代初到 90 年代中期是印度尼西亚经济自独立以来发生重大变化和转折的时期，在这一时期由于实行了全面的经济改革，印度尼西亚的经济发展模式由内向型变为外向型，所有制关系由国营经济占支配地位变为私营经济占主导地位。由于实现了这一系列转变，整体经济得以持续快速地增长。

1994 年 4 月印度尼西亚进入第二个 25 年长期建设计划即经济起飞阶段。政府采取了进一步简化进出口手续、降低关税、放宽投资政策等措施，把大力扶持中小企业、发展旅游、增加出口作为经济建设中的主要任务，使经济继续保持了强劲的增长势头。

尽管如此，印度尼西亚经济发展中也存在一些弱点。如地区发展不平衡，经济发达地区主要集中在爪哇岛；城乡差别大，全国还有 52% 的农村不通电；贫富悬殊突出；基础设施普遍落后；在政策上存在产业结构不合理等问题。印度尼西亚是遭受亚洲金融危机打击最严重的国家之一。近几年来印度尼西亚 GDP 平均增长 4%，通货膨胀率首次保持个位数，但其复苏幅度比邻近东南亚国家缓慢，普通群众关心的贫困和失业问题不见改善。目前印度尼西亚全国约有 3800 万贫困人口，4100 万人处于失业或半失业状态。

2008 年全球经济危机，对印度尼西亚来说影响不是很大，反而政府应对措施得当，取得了比较理想的经济增长。当其他国家还在经济危机中苦苦挣扎的时候，印度尼西亚 2008 年的经济增长率达到 6.1%。虽然全球经济不景气使印度尼西亚难以独善其身，加上 2009 年是总统换届大选年，业界对印度尼西亚形势走向持观望态度，经济增长率呈下滑态势不可避免，但 2009 年其经济增速仍然达到 4.5%，仅次于中国和印度，业绩并不算差。2010 年印度尼西亚的增幅又回复到 6.1%，可谓表现突出。苏西洛总统大选连任后，国际投资机构普遍看好印度尼西亚经济未来的表现。摩根斯丹利 2009 年 6 月发布的一份报告称，作为东南亚最大经济体的印度尼西亚，未来 5 年经济总量将增长 60%，达到 8000 亿美元，2011 年经济增速有望达到 7%，可能成为继中国、印度、俄罗斯和巴西之后的“金砖第五国”。其实，印度尼西亚 2010 年 GDP 已经达到 8000 亿美元。

2011 年 5 月，印度尼西亚政府提出了《2011—2025 年印度尼西亚经济发展总体规划》。根据该规划，印度尼西亚政府将重点发展“六大经济走廊”，着力推动交通、通信、能源等大型基础设施项目建设，形成各具产业特色的工业中心，力争实现在 2025 年跻身世界十大经济强国的远景目标。未来 15 年，印度尼西亚加快经济建设的三大纲领是：（1）发展“六大经济走廊”，使之形成具有产业特色的经济中心；（2）加强岛际间联合，使各岛产业中心均能直接参与国际市场竞争；（3）加快人才培养，为“六大经济走廊”提供人力资源支援和动力。政府拟定的“六大经济走廊”分别为：爪哇走廊——以服务业和高科技产业为主，东爪哇省沿海地区将发展成化工工业中心和造船中心，而内陆地区将发展为食品和饮料生产中心；苏门答腊岛走廊——重点发展农业种植园、矿产加工和开采等，苏南省和廖岛将发展成棕油加工中心；加里曼丹走廊——以农业种植园和采矿业为主；苏拉威西走廊——主要发展渔业、农业种植园以及采矿业；巴厘和努沙登加拉走廊——重点发展旅游业及手工业，将巴厘和龙目岛打造成旅游休闲中心；巴布亚和马鲁古走廊——以发展渔业、矿业及林业为主。

三、改革发展中的越南

越南属于发展中国家，作为一个社会主义国家，其经济模式与其他东盟国家差异较大，更多的是与中国近似。尽管越南资源丰富，发展经济条件较好，但由于长期的内外战争，过左的经济政策，经济基础很薄弱，甚至曾在较长时间陷于经济社会的严重危机之中。越南1986年开始实行革新开放，调整了内外政策，推行了以市场经济为取向的经济改革和对外开放，才逐步从危机中走出来。1996年越共八大提出要大力推进国家工业化、现代化。20世纪90年代，越南经济年均增长率达到7.1%。

2001年越共九大确定建立社会主义定向的市场经济体制，并确定了三大经济战略重点，即以工业化和现代化为中心，发展多种经济成分、发挥国有经济主导地位，建立市场经济的配套管理体制。

经过20年的革新，越经济保持较快增长，1990—2006年国内生产总值年均增长7.7%，经济总量不断扩大，三产结构趋向协调，对外开放水平不断提高，基本形成了以国有经济为主导、多种经济成分共同发展的格局。

迄今为止，越南向市场经济的转变已走过了一个辉煌的历程。经过20多年审慎的"革新"，越南经济蓬勃发展并保持7%左右的年增长率。超过2000万的越南人已经跨过每天1美元的贫困线，显示了政府在实现发展目标方面的卓越表现。但2008年爆发的世界金融危机使越南经济受到了严重的影响。2011年，越南GDP增幅为5.89%，财政收入增长20.6%，财政赤字约占年度GDP的4.9%，低于5.3%的预期目标。但CPI增速高达18.58%，成为国内民众不能承受之痛，越南的经济在高通胀中发展。图1-1为近几年越南GDP与CPI增长情况。

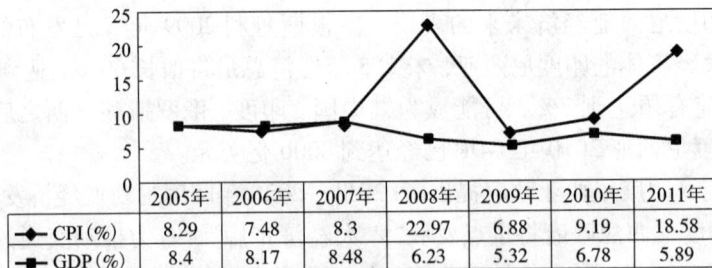

	2005年	2006年	2007年	2008年	2009年	2010年	2011年
CPI(%)	8.29	7.48	8.3	22.97	6.88	9.19	18.58
GDP(%)	8.4	8.17	8.48	6.23	5.32	6.78	5.89

图1-1　2005—2011年越南GDP与CPI增长情况

数据来源：越南统计总局

2011年，曾经保持了20多年高速增长、被誉为"亚洲虎"的越南经济陷入高通胀（18.58%）、高赤字（4.9%）、货币贬值、银行信贷危机、证券市场萎靡的经济泥沼，是亚太经济体中通胀水平最高的国家。据越南《投资报》2011 年 11 月 9 日报道，受高通胀和越盾贬值的影响，越南非生产领域的资金主要流往黄金、贵重商品和消费服务等增值空间较大的领域。这些资本除民间资金和商业银行贷款外，还有从证券和房地产市场转移出来的资金。2011 年前 10 个月，越南黄金价格上涨 24.97%，美元兑越盾汇率上涨 6.6%，存款利率上涨 12.5%，越南综指（VN - Index）下跌 14.7%。近年来，越南银行系统发展过快，信贷投放过多，不良贷款率达 8.5%，约 107 亿美元。银行系统重组已迫在眉睫，成为越南政府经济结构调整的三大重心之一。股票市场方面，2011 年 12 月 15 日，河内证券交易所创下了 58.04 点的历史新低。

2011 年越共"十一大"讨论通过了《政治报告》、《社会主义过渡时期国家建设纲领 20 年实施总结报告》和《社会主义过渡时期国家建设纲领》（2011 年补充完善）、《2001—2010 年经济社会发展战略实施总结报告》、《2011—2020 年经济社会发展战略》以及《党章》（补充、修改）等重要文件。

根据《2011—2020 年经济社会发展战略》，这一期间越南 GDP 年均增长率将努力达到 7%～8%，到 2020 年 GDP 比 2010 年增长 1.2 倍，人均 GDP 达到 3000 美元，高科技产品和高科技应用产品占 GDP 的比例达到 45% 左右。会议提出，在今后 5 年的发展中，将努力实现 GDP 年均增长 7%～7.5%，到 2015 年实现人均 GDP 2000 美元的目标。

会议还提出了 2011—2015 年越南发展的三大突破口：完善社会主义市场经济体制，重点打造平等的竞争环境，进行行政改革；快速发展人力资源，特别是涉及科学技术发展与应用的高素质人才；建设与现代工程配套的基础设施，集中力量发展交通系统和大城市基础设施。

四、相对落后的柬埔寨、老挝、缅甸

柬埔寨、老挝、缅甸是东盟诸国中经济发展程度最低的 3 个国家。这 3 个国家中比较被看好的是柬埔寨，它的发展条件比较好，不仅资源丰富，国际上对它也比较关注，外援比较多，外资投入也在增加。

（一）柬埔寨

位于中南半岛的柬埔寨森林和淡水鱼资源丰富，是东南亚典型的农业国。属世界上最不发达国家之一，工业基础薄弱，电力短缺，技术落后，设备老化。

1993 年王国政府成立后，实行自由市场经济，推行经济私有化和贸易自由化，经济获得一定发展，人民生活有所改善。柬埔寨进行的改革包括宏观经济政策改革、经济结构改革，以及将柬埔寨经济融入区域和世界经济的各项工作。这些改革都获得良好的效果，尤其是落实经济稳定和自由化改革方面，使柬埔寨经济在 90 年代出现了迅速的增长，每年经济平均增长 6%～7%，而通货膨胀率也维持在 5% 以下。

1998 年新的一届政府成立后，把发展经济、消除贫困作为首要任务，把农业、基础设施建设及人才培训作为优先发展目标。政府出台了多项改革措施，改善投资环境，吸引外资，裁减军政官员，减少行政开支，集中财力进行经济建设，取得一定成效。2008 年，柬埔寨 GDP 达到 102.2 亿美元，人均 625 美元。工业生产在服装加工出口带动下平稳增长。农业生产好于往年，粮食实现自给。旅游业发展迅速。外贸总额 57.02 亿美元。私人投资增长较快，但到位率较低。

随着政局的日趋稳定，柬埔寨已逐渐成为各国企业家眼中的投资乐园。近年来，外商投资兴建起了较大型的纺织服装业、木材加工业及建材生产业等，使柬工业有了一定的发展。

柬埔寨旅游业呈上升势头。作为东南亚地区文明古国之一，吴哥窟是著名的佛教圣地、世界七大奇迹之一。首都金边的名胜古寺和没有污染的西哈努克市海滩，吸引着数以万计的外国观光者。

作为经济落后的发展中国家，柬埔寨积极争取国际社会援助，用以恢复和发展经济。1998 年柬埔寨接受的外国直接投资额为 1.21 亿美元，到 2002 年增加为 1.39 亿美元，2005 年为 3.75 亿美元，2006 年达到 4.75 亿美元。外来援助在柬埔寨的经济重建过程中的作用也十分重要，国家财政的约 50% 要依靠外来援助。2010—2012 年，日本每年将向柬提供 1.31 亿美元援助，用于落实千年发展目标（包括教育、卫生、清洁水等）、实施基础设施项目以及司法援助、应对气候变化等方面的项目。自 1992 年以来，日本一直是柬最大的援助国。

（二）老挝

东盟诸国中自然环境最受制约的是老挝。它处于内陆地区，周边国家都是发展中国家。老挝是东南亚唯一一个内陆国家，没有铁路，交通不便，商品出口和引进外资都不容易。20 世纪五六十年代，老挝王国政府主要依靠西方援助：美国，1955—1960 年援助 2.519 亿美元，年均 5000 万美元；法国，1955—1959 年援助 750 万美元，年均 150 万美元；日本，1958 年援助 280 万美元；英国，1960 年援助 15.6 万英镑。70 年代，中国成为最大援助国，累计金额达 95560 万元人民币。80 年代，老挝主要求助于前前苏联和经互会成员国：前苏联，1984—1989 年援助 3.3 亿卢布；民主德国，1986—1989 年援助 930.01 万美元及 2513.15 万马克；匈牙利，1986—1989 年提供 2360 万卢布贷款及 40 万匈币；蒙古，1979—1990 年无偿援助 544 万美元及 450 万蒙币。老挝 1991—1996 年共获外援约 13.4 亿美元，年均 2.23 亿美元；1999 年获外援约 3.45 亿美元。2000 年度外国对老的援助为 3.3 亿美元，其中无偿援助 2.29 亿美元，贷款 1.03 亿美元。2001 年老挝获各类援助 3.857 亿美元，其中无偿援助 2.85 亿美元，贷款 1.00 亿美元。目前，主要援助国及组织有：日本、瑞典、澳大利亚、法国、中国、美国、德国、挪威、泰国及亚洲开发银行、联合国计划开发署、国际货币基金组织、世界银行等。联合国、世界银行、亚洲开发银行、欧盟等国际组织、机构和日本等国家近些年每年都向老挝提供 2 亿 ~3 亿美元的援款和贷款。外国援助主要侧重以下行业：交通运输邮电建设、工业手工业、教育、农村、卫生等，其中交通运输邮电建设行业所占比重高达 45% 以上。

老挝的工业基础薄弱，没有重工业，农业生产较落后，大片耕地闲置，工农业生产都满足不了国内需求，每年需从国外进口大量商品。

从 70 年代末到实施第一个五年（1981—1985）计划，高度集中的计划经济体制、国营经济成分和农业社为奠定社会主义物质技术基础和新的生产力做出初步的重要贡献，但同时其对生产力发展所造成的负面影响也是很难评估的。老挝人民革命党"四大"政治报告对上述负面影响进行的总结是："我们的缺点是主观、急躁，不懂得调控与建设之间的配合，想急于取消那些非社会主义的经济成分。"

经历了多年的闭关自守和经济停滞之后，老挝这个亚洲最落后的国家之一，于 1986 年走上了改革之路。尽管改革起步比越南还早，但改革步伐很慢。

1986 年，老挝人民革命党四大提出了经济革新设想，取消中央集中管理的体制，建立国家宏观下的市场经济体制，强调把农林业、工业与第三产业结合起来，优先发展农林业，允许和鼓励多种经济成分的存在和发展，加快经济机制转换，工业企业实行出售、租赁和股份制。在此时期，除少数维系国计民生的大型国有企业外，90% 以上的工厂和企业转变了经营机制。

1988 年以来，推行革新开放路线，调整经济结构：即农林业、工业和服务业相结合，以农林业为基础，优先发展农林业；取消高度集中的管理体制，转入经营核算制，实行利用和发挥建立在多种所有制形式基础上的各种经济成分的政策，逐步完善市场经济机制，努力把自然和半自然经济转为商品经济；对外实行开放，颁布外资法，改善投资环境；扩大对外经济关系，争取引进更多的资金、先进技术和管理方法。

1996 年，老挝人民党召开的第六次代表大会提出，1996—2020 年间，老挝国民生产总值实现 500 美元，到 2020 年，基本摆脱不发达状态，进入社会主义社会。然而，天不作美，1997 年东南亚金融风暴使老挝经济受到了严重冲击，国家经济的发展受到了很大影响。

2001 年 3 月，在老挝人民革命党第七次全国代表大会上，老挝人民革命党制定了今后 5 年、10 年、20 年的经济社会发展规划，提出了加快自然经济向商品经济过渡，逐步摆脱不发达状态的阶段性奋斗目标。即到 2005 年，争取半数贫困人口脱贫，基本解决毁林垦荒和种植鸦片的陋习，GDP 增长接近 6%，人均收入达 500~550 美元。到 2010 年，彻底解决毁林垦荒，完成贫困人口脱贫，GDP 增长接近 7%，人均收入达 700~750 美元。到 2020 年，推动社会经济健康发展，人口将增至 830 万，GDP 增长达 7%，人均收入将达 1200~1500 美元。

2011 年 6 月，老挝七届国会一次会议通过了经济社会发展第七个五年规划（2011—2015）。"七五"规划期间，国内生产总值年增幅将不低于 8%，到 2015 年人均国内生产总值将达 1700 美元，实现联合国千年发展目标，基本解决贫困问题，为 2020 年摆脱最不发达国家状态打下坚实基础。

2011 年是老挝社会经济发展第七个五年规划的开局之年。2011 年，老挝克服水灾、通货膨胀等不利因素的影响，经济保持了较快发展势头，外贸、外资及国际援助保持增长，设立证券交易市场，各行业主要经济指标均达到或超过预期，主要情况如下：

1. 国内经济较快发展

2011 年，老挝 GDP 达到 62 万亿基普（合 77.4 亿美元），人均约 964 万基普（合 1203 美元），同比增长 8.3%。其中，农林业占 GDP 的 27.7%，同比增长 2.8%；工业占 27.6%，增长 18%；服务业占 38.7%，增长 6.3%。稻米生产 321 万吨，接待外国旅游者 295 万人次，同比增长 45%。

2. 进出口贸易持续增长，外资不断增加

2011 年，老挝进出口总额 43 亿美元，同比增长 24.3%，其中出口 19.8 亿美元，同比增长 10.5%，进口 23.3 亿美元，同比增长 39.1%。截至 2011 年 9 月，老挝外汇储备 7.18 亿美元，同比增长 35%。2011 年批准国内外投资项目总数 389 个，协议金额 19.2 亿美元，完成年计划的 155%。

3. 财政赤字增大，汇率基本稳定

2011 年财政收入完成 13.2 万亿基普（合 16.44 亿美元），为年计划的 101%；财政支出完成 16 万亿基普（合 19.98 亿美元），为年计划的 105.4%；财政赤字 2.8 万亿基普（合 3.54 亿美元），占 GDP 的 4.6%（原计划占 3.49%）。2011 年，老挝货币基普对美元升值 2%，对泰铢贬值 0.4%。

4. 国际援助保持稳定

2011 年，老挝共获得国际援助 6.3 亿美元，共 520 个项目，其中无偿援助 4.77 亿美元，475 个项目，贷款 1.53 亿美元，45 个项目。

5. 通货膨胀居高不下

2011 年前三季度国内通货膨胀率持续攀升并达到高点，四季度开始回落，平均全年达 7.42%。通货膨胀率居高不下主要是受国际油价上涨及国内市场供需矛盾等影响，国内油价涨幅达 20%，带动相关行业价格上涨，尤其食品、饮料等商品及交通运输业等受影响最大。

此外，老挝政府积极推动加入世界贸易组织工作，已完成与欧美等主要国家的谈判并签署协议，目前正在对国内法律法规进行调整，计划争取于 2012 年底加入世贸组织。

（三）缅甸

缅甸的自然条件比较好，作为东南亚面积第二大和中南半岛最大的国家，石油、宝石等矿产资源丰富，有漫长的海岸线和广阔的平原，人口密度小，人均占有资源多，但由于多年实行军事管制、闭关锁国，偌大一个国家，经济一直没能得到快速发展。2001 年外贸出口额仅 12 亿美元。

1962—1988 年奈温政府执政期间，缅实行"社会主义计划经济"，推行国有化，限制私人企业发展，经济发展缓慢。从 1973 年起，缅甸政府逐步调整其经济政策，对内放宽对私人工商业的限制，对被国有化的私人企业予以赔偿，提高农产品价格，给各省邦经济发展以更大的自主权，使合作社和私人企业发挥更大的作用。缅军政府上台后，废除社会主义计划经济，实行以建立市场经济为目标的经济体制改革，先后颁布了《外国投资法》、《国家企业经济法》等法律和条例，鼓励发展私人企业，积极引进外资。

1988 年，缅甸开始实行对外开放，吸引外国直接投资。在此情况下，美国、法国和加拿大的企业先后来缅参与饭店等旅游设施的投资，日本和新加坡在缅积极筹建工业园，其他东盟国家的企业也纷纷挤进缅甸市场。同年 9 月 17 日，缅甸发生动荡，军人政权随即接替了原来政府的管理，也就是从这时起，以美国为首的西方国家开始了对缅甸的经济制裁。制裁策略包括：在经济上不给以援助、在一些领域上限制与缅甸的贸易、在外交等方面孤立缅甸政府。由于受到西方的经济制裁，缅甸的基础建设落后，缅甸的经济发展缓慢，年经济增长率较低。

1989 年 3 月 31 日缅甸政府颁布《国有企业法》，宣布废除社会主义经济制度，实行市场经济，并逐步对外开放，允许外国资本赴缅投资，允许农民自由经营农产品，私人可经营进出口贸易。目前私营经济占主导地位，约占国民生产总值的 75%。尽管如此，缅甸经济仍然面临着严重的困难。1988 年以来城市出现了严重的食品短缺。通货膨胀率 1990—1991 年度为 22%，1991—1992 年度达到 36%；对应年份的国内生产总值增长率分别为 2.7% 和 1.3%。按照世界银行的划分标准，它是世界上最穷的国家之一，1990 年人均收入估计为 200 美元。

1992—1995 年缅甸经济得到较快发展，年均增长 8.2%。1995 年缅政府制订了 1996/ 1997—2000/2001 年度五年经济发展计划，力图通过优先发展农业，带动其他产业的发展。同时继续加强基础设施建设，降低通货膨胀，使经济走上健康、持续发展的轨道。

1996 年是缅甸新五年经济发展计划的头一年，政府以市场经济为重点，优先发展农业，带动其他产业的发展，积极引进外资，意在把缅甸经济推上健康、持续发展的轨道。然而，由于美国等西方国家的制裁，特别受亚洲金融危机的冲击，缅甸经济增速放缓、外资锐减、货币大幅度贬值，通货膨胀超过 30%，已连续多年未完成年度计划指标。缅甸当时经济发展面临着很大的困难：一是资金严重缺乏，无力进行大规模投资，影响了经济发展速度。二是国营工厂开工不足，设备陈旧，长期亏损经营，影响整个国民经济的发展。三是基本建设战线长、规模大，遍地开花，缺乏有效的协调。四是人才缺乏，工业落后，不能为农业和其他各行业的发展提供必要的技术装备。五是通货膨胀率长期居高不下。

据 2012 年 3 月 20 日公布的官方数据，缅甸 2011—2012 年 GDP 总量为 42.9 万亿缅币，按缅甸央行 4 月公布的浮动汇率(1 美元约等于 810 缅币)及缅甸人口(6038 万)计算，人均 GDP 达 877 美元。缅甸计划 2012—2013 年 GDP 总量为 45.7 万亿缅币，按当前官方浮动汇率计算，缅甸 2012—2013 年人均 GDP 有望达到 934 美元。

伴随 2011 年缅甸新政府的成立，缅甸所面临的内外部环境有了巨大改变，自缅甸商务部获悉，自 2011 年缅新政府执政以来，缅美贸易额已达 3 亿美元，属 10 年来首次增长。自 1985 年受到美国制裁后，缅甸与美国之间的贸易往来连续下降，仅 2000—2002 年期间稍有增加。自 2003—2011 年，两国贸易额仅有 1 亿美元左右。另据缅甸投资委员会主席、工业部长吴梭登 2012 年 6 月 3 日表示，缅甸已有提高美元对缅币汇率的计划。自 4 月 1 日缅央行实行浮动汇率以来，美元对缅币汇率已由 1:818 上升到近日的 1:842 左右，今后仍有可能进一步上升。受此影响，缅美贸易或有可能继续升温。

五、东南亚最年轻的国家——东帝汶

2002 年才摆脱印度尼西亚独立出来的东帝汶，是东南亚国家中目前唯一游离于东南亚国家联盟的国家，也是世界上最落后的国家之一。

联合国开发计划署把东帝汶列为亚洲最贫困国家和全球 20 个最落后的国家之一。东帝汶经济以农业为主，农业人口占总人口的 90%。主要农产品有玉米、稻谷、薯类等，粮食不能自给；经济作物有咖啡、橡胶、椰子等，咖啡是主要出口产品。加工体系尚未建立。各种消费品主要依赖进口。1999 年脱离印度尼西亚以来，经济恢复主要靠外援和联合国等国际机构的消费需求。

东帝汶自然资源非常丰富，尤其是石油、天然气。据报道位于东帝汶和澳大利亚北部之间的帝汶海是世界上第 3 大油田，估计储量达 50 亿桶。东帝汶一旦把石油开采出来，将很快就会成为一个富裕的国家。目前东帝汶基础设施落后，加工业体系尚未建立，人民以农业为主，生活贫困。帝力港为深水港，包考镇有国际机场，可起降大型飞机。

第三节　东南亚贸易特征及演进历程

一、东南亚贸易特征

（一）东南亚货物贸易额增长迅速

东南亚的贸易总额由 1980 年的 1395.98 亿美元增长到 2011 年的 23895.24 亿美元，增长了 16 倍之多，其中出口增加 15.8 倍，进口增加 16.5 倍。

（二）进出口增长率比较快

东南亚地区进出口增长率较快，其中出口增长率达到 10.38%，进口增长率达到 9.87%。东南亚地区对外贸易增长速度最快的阶段是在 1970—1980 年这十年之间，而且进口与出口表现出明显的趋势，其中出口表现尤为明显，这个现象可能是与东南亚的一些经济发展较好国家如新加坡、马来西亚等国家实施出口导向发展战略相关。在 2000 年之后的发展速度较之前的阶段又有所上升，这点与中国加入 WTO 已经走向东南亚相关，尤其是中国与东盟在签署中国东盟自由贸易区《货物贸易协议》之后。

（三）东南亚货物贸易以顺差居多

东南亚货物贸易从 1980—2011 年的 32 年期间逆差年份有 12 次，而且主要集中在 1988—1997 年这 10 年之间，但是 1997 年金融海啸之后，从 1998 年开始，东南亚地区的对外贸易出现明显转变，由 1997 年的逆差 260.76 亿美元逆转为 1998 年的顺差 408.51 亿美元，这个巨大的转变，主要是由于金融危机造成东南亚国家货币大幅贬值，出口美元计算价格下降导致，也与中国当时执行外贸以邻为友政策有关。此后十多年东南亚对外贸易一直保持较大的顺差，而且是有顺差增加的趋势，到 2010 年顺差已经达到 973.69 亿美元。其中 2008 年有个较大幅度下滑，这个是与当年美国次贷危机并进而引发的欧洲债务危机相关。

（四）东南亚各国对外贸易发展表现呈现较大差异

从 1980 年开始到 2011 年，东南亚各国的货物贸易都呈现较快发展，但是发展的表现却呈现较大差异。以 2011 年为例，按照东南亚 11 国的进出口数额大小排序依次是新加坡、泰国、马来西亚、印度尼西亚、越南、菲律宾、缅甸、柬埔寨、文莱、老挝、东帝汶。大致与各国经济发展水平相关。其中新加坡的对外贸易发展无论是在增速还是在总量上都是排在东南亚首位，而且与周边国家相比，领先优势是越来越明显。此前马来西亚的进出口总额在东南亚排名第二，仅次于新加坡，但是在 2009 年被泰国超越位居第三。表现比较突出的还有一个国家是越南，越南革新开放的时间比较晚，此前的进出口一直处于比较低的水平，但是增长速度确实比较迅猛，在 2007 年成功超越菲律宾位居第五位，此前古小松（2007）判断越南经济发展将超过菲律宾，如果单从对外贸易发展的趋势来看的话，这个概率还是非常大的。

文莱此前的进出口总额在进入 20 世纪 80 年代因为石油天然气的大量出口而呈现比较高的速度，但是因为多元化经济的成效并不明显，所以最终在 2009 年被柬埔寨和缅甸超越。缅甸的对外贸易在 2008 年也超过柬埔寨，而且增速非常迅猛，在 2011 年之后，伴随缅甸面临的国际大环境的改善，对外贸易应该会有一个大幅度提升。而老挝的对外贸易基本上是东盟 10 国里面最差的一个国家，这个可能是因为它是东南亚唯一的内陆国家相关，出口情况仅好于东帝汶，2011 年的进出口总额仅为 50.50 亿美元。

东帝汶独立时间比较晚，2002 年才进行大选独立，所以这个国家经济基础非常差，2003 年是没有对外贸易统计的，被归类于印度尼西亚，从 2003 年起才开始有自己的统计，所以对外贸易的总量不能与周边国家相比较，数额非常低①。

二、东南亚贸易的演进

第二次世界大战以后，伴随着东南亚国家工业化的进程，各国贸易的趋势趋同，这与东南亚各国的贸易政策调整相关，我们主要从贸易政策方面来探讨这个演进过程。东南亚各国的贸易政策大致经历了三个阶段。20 世纪五六十年代末，实施以进口替代为主的贸易政策；七八十年代，主要实施面向出口的贸易政策；80 年代末 90 年代初开始，各国加快了贸易自由化的步伐。

(一)20 世纪五六十年代末的进口替代工业化时期

50 年代开始，东南亚国家相继选择和实施了时间长短不一的内向型进口替代战略，其主要措施就是实行关税保护，采取关税壁垒和进口许可证、配额制度、信用证押金、繁杂的海关程序等非关税壁垒来限制一些有可能对本国产业造成冲击的商品的进口，尤其是一些消费品的进口，以利用国内市场支持本国工业的发展，促进新兴工业的成长。

这一时期，印度尼西亚的平均名义关税率高达 85%，直到 70 年代初消费品的平均名义关税率仍有 52.3%，中间产品和生产设备分别为 22.5% 和 18.9%；马来西亚采取了较低水平的保护政策，工业制成品的平均关税率较低；菲律宾 50 年代中期受到管制的制成品约占所有进口制成品的 99%，60 年代末平均名义关税率达 84%；新加坡在 60 年代上半期实行进口配额制，到 1965 年共有 230 种商品受到进口配额限制。1965 年脱离马来西亚后，新加坡继续推行进口替代政策，但贸易政策有所调整，由进口税取代配额制。它规定除 88 项商品(到 1967 年为 72 项)外，其他商品的进口限制一律废除，同时扩大进口商品的征税范围。1965—1967 年，征税商品分别为 183 项、199 项和 229 项。不过，新加坡制造业的保护率相对较低，1967 年制造业部门的平均名义保护率为 5%，平均实际保护率为 6%；泰国 1960 年平均名义关税率为非耐用消费品 34.3%、耐用消费品 42%、中间产品 32.6%、生产设备 19.3%。

(二)20 世纪七八十年代的面向出口工业化时期

60 年代末起，东南亚国家逐步转向面向出口工业化发展战略。为了促进出口，各国积极放宽关税保护，调整汇率政策，提供出口奖励。同时，设立出口加工区，大力吸引外国投资。这一时期，各国关税政策的调整使得整体关税结构呈现阶梯型，即对工业制成品的保护水平较高，中间产品和初级产品、原材料的关税则逐级下降。

从 1968 年开始，新加坡率先实行面向出口工业的关税政策。在提供出口奖励的同时，缩小进口商品的征税与限额范围。1967—1973 年，征税的商品项目由 295 项减至 197 项，进口限额商品项目由 72 项减至 3 项。到 80 年代初，新加坡的工业制成品的平均关税率降至 0.4%，农产品的平均关税率降至 0.1%，所有产品的平均关税率已降至 0.3%。70 年代初，马来西亚、泰国开始转向面向出口工业化发展阶段，政府降低了关税保护水平，减少

---

① 本节贸易相关分析详见本书第五章。

进口配额限制。到 80 年代初，马来西亚的工业制成品的平均关税率降至 12.7%，农产品的平均关税率降至 4.3%，所有产品的平均关税率已降至 10.9%；泰国工业制成品的平均关税率降至 34.6%，农产品的平均关税率降至 26.3%，所有产品的平均关税率已降至 32.3%。

80 年代初，世界石油市场价格暴跌，使得长期倚重石油天然气的印度尼西亚经济深陷困境，迫使印度尼西亚在 80 年代中期转向面向出口工业化发展阶段，开始推行以发展非石油产品生产与出口的工业化战略，促进轻纺工业的迅速发展。80 年代中期，政府出台了一系列经济自由化政策与措施，其中关税制度的改革成为重要的内容。1985 年 3 月，印度尼西亚对关税结构进行了调整，最高关税从 225% 下调到 60%，绝大多数的税率调整到 5%~35%，关税等级的数量也由 25 个减少到 11 个。随后，政府取消或放宽了约占进口 37% 的商品的进口限制，1200 种进口商品中的半数几乎消除了非关税壁垒。到 90 年代初，印度尼西亚的工业制成品的平均关税率降至 18.3%，农产品的平均关税率降至 13.6%，所有产品的平均关税率已降至 17%。

(三)80 年代末 90 年代初开始贸易自由化的扩展时期

80 年代末 90 年代初，全球性和区域性的贸易自由化迅速兴起。世界贸易组织的全球多边贸易体系的建立，90 年代初以来东盟自由贸易区进程的一再加速，大大推进了东南亚国家的贸易自由化。各国积极调整经济发展战略，逐步放宽贸易管制，大幅降低关税水平。东南亚 6 国(文莱、印度尼西亚、马来西亚、菲律宾、新加坡、泰国)均为 WTO 成员国，在乌拉圭回合中均承诺削减关税与非关税壁垒。1996 年 11 月，为实现亚太经合组织(APEC)的贸易与投资自由化的目标，东南亚 6 国还曾确定了各自的单边行动计划，并于 1997 年 1 月起实施。

印度尼西亚在 80 年代中期关税水平与结构调整的基础上，1995 年 5 月政府提出一项为期 9 年的削减关税计划，其目标是在 2000 年前将进口关税及附加税合计为 20% 或以下的制成品，均取消附加税，并分阶段削减进口税，最高税率为 5%；进口关税及附加税合计超过 20% 的制成品，取消附加税，并在 1998 年前和 2003 年分别将税率减至 20% 和 10%；2004 年前取消 98 项非关税壁垒。

1991 年菲律宾政府颁布了第 470 号总统行政令，全面调整关税政策和改革贸易体制。它规定，到 1995 年，除某些敏感性农产品和幼稚工业中间成品的关税率仍为 50% 外，其余商品的关税税率分别降至 3%、10%、20% 和 30%。1995 年 7 月，政府颁布了第 264 号总统行政令，继续推行关税结构的调整。1995 年 8 月至 2003 年，菲律宾的关税结构进一步简化为两重关税结构，取消中间产品与制成品之间的关税差别。从 2004 年起，菲律宾实行统一关税税率，除某些敏感性农产品外，所有进口商品的关税税率均降至 5%。

泰国在 1995 年 1 月开始实施关税改革，大幅降低关税水平。政府逐步削减了资本货物和原材料的进口关税税率，将 23 种农产品由非关税措施转为关税措施。改革后，泰国的实际平均关税税率由 1994 年的 30% 降至 1997 年的 17%。同时，政府还设立了专门机构，研究和修订关税减让的时间表，进一步开放农产品市场，逐步规范进口税和降低非关税壁垒。

(四)东南亚贸易自由化的新进展

近年来，随着全球性贸易自由化进程的加速，东南亚国家加快贸易自由化的步伐。各国大幅降低关税水平，减少非关税壁垒，使关税水平呈现新的变化。

1997 年金融危机以后，东南亚国家开始重新审视自己的经济发展战略，对关税政策进行了较大的调整。目前，各国的关税水平大致可以分为三种类型：新加坡、文莱接近零关税，马来西亚、泰国、印度尼西亚、菲律宾的关税相对较低，而越南、老挝、柬埔寨和缅甸仍然维持较高关税水平。

在东南亚，新加坡的经济发展水平和开放程度最高，其关税水平则最低。至 2001 年，新加坡 99.9% 的产品都已实现了零关税，含酒精的进口货物成为新加坡唯一的征税对象，而且除口香糖、武器等少数商品外，新加坡也一直不设进口限制。新加坡的关税削减进度超过了乌拉圭回合的承诺。作为世贸组织成员，新加坡也在 WTO 协议下制定了约束税率，但是约束比率仍然较低（仅有 70.5% 的征税项目被纳入约束税率），而且约束税率也远远高于实际现行税率，所以其作用并不明显。同时，新加坡的非关税壁垒也最低，没有任何的自愿出口、进口限制安排、进口数量限制等非关税措施。

文莱对外奉行自由贸易政策，进口关税普遍较低。2000 年，文莱 80% 的商品进口关税已为 0，简单算术平均关税率为 1.98%。某些商品征收 5%～30% 关税，但机动车的进口要征收 40%～200% 的关税。有些商品也征收从量税，其中包括香烟、石油产品以及酒类等。政府还承诺，到 2020 年将废除关税和实现贸易自由化。由于文莱国内的大部分需求来自进口，它的非关税措施保留了有关保障卫生、安全、环境、宗教等要求，其他方面没有任何措施。

马来西亚长期实行自由贸易政策，关税保护水平一直相对较低。2000 年，马来西亚的简单算术平均关税率为 9.18%，按贸易额加权的算术平均关税率为 2.99%。马来西亚 60% 以上的商品已不再征收进口税，农产品和工业制成品 60% 的税目已经免税。同时，马来西亚还放宽了进口原料和零部件的进口税，对生产所需要的设备和用于环保、维护、质量控制、水处理等的设备免征进口税和销售税，非从价税在所有征税项目中实施的比重下降到 2001 年的 0.7%。马来西亚的非关税壁垒也相对较低，只有少数商品实施酌情进口许可，农产品的非关税已按 WTO 农业协定的有关要求予以关税化。

金融危机后，泰国加快实施贸易自由化政策，不断降低各种关税和非关税壁垒。政府规定，从 1997 年 10 月起实际进口关税在 5% 以上的进口商品项目的最高税率不得超过10%。泰国政府还分别在 1998 年的 8 月、2000 年的 7 月与 10 月和 2001 年 1 月降低了国内不能生产的一些资本类商品、原材料、机械和化学产品的进口关税。1999 年年末泰国的实际平均税率为 3.8%，2000 年年末为 3.6%，2001 年年末已降至 2.5%。泰国对多数农产品进口没有数量限制，但对一些制成品实行进口许可管理。

印度尼西亚政府在金融危机后对国内经济政策进行了大规模调整，一系列关税减让措施的实施使其关税水平和关税结构都发生了较大改变。1998—2000 年，印度尼西亚的实际平均税率分别降至 9.34%、8.64%、7.27%，2002 年再降至 7.2%。2003 年 1 月新的税则分类实行后，在总共 7540 个征税项目中，实际税率水平在 0～10% 的商品占 83.85%，大于 25% 的仅占 0.99%。目前，印度尼西亚 93.2% 的征税项目都已在乌拉圭回合协议和1997 年信息技术协议下实行了约束，内容包括了农产品的全部和制造业的 94.6%，农产品约束税率浮动范围为 0～210%，制造业为 0～150%。此外，政府还增加了关税政策的透明度，公开征税范围和标准，但对一些敏感性商品（如大米和糖）则采取以从量税代替从价税，达到对此类产品的保护。

近年来，菲律宾加快了关税与非关税制度改革的步伐。尽管 1999 年初菲律宾曾一度提高了 714 个征税项目的税率而导致了整体关税水平的上升，但只是暂时性调整政策。1999 年年末，菲律宾的实际平均税率虽达 10%，但其中一半以上征税商品的实际关税已降至 3%，总体浮动范围在 0 ~ 65%。2002 年和 2003 年菲律宾政府进一步推行其未完成的关税改革计划，目的就是逐步削减实际关税税率，实现到 2004 年 1 月前除某些敏感性农产品外，其所有征税产品税率统一为 5% 的目标(波动范围不超过 5%)。虽然菲律宾取消了对部分产品的非关税壁垒，但有些非关税措施仍然存在，如大米的数量限制等。

越南、老挝、柬埔寨和缅甸的经济发展水平较低，国内保护水平也高，平均进口关税率都在 15% 以上。除柬埔寨刚刚加入 WTO 外，其余国家均尚未成为 WTO 成员国。多数国家的关税结构尚不健全，分类也不明确，进口税率偏高，仍采取进口限制安排、进口数量限制等非关税措施。不过，加入东盟自由贸易区以后，4 国均加快了消减关税的步伐。2000 年，越南的简单平均关税率已降为 15.95%，并开始实施 WTO 的海关估价协定。

（五）东盟"共同有效特惠关税"

1992 年，东盟 6 国正式签署了《共同有效优惠关税协定》(Agreement on the Common Effective Preferential Tariff Scheme for AFTA，简称 CEPT Scheme)，标志着东盟自由贸易区的进程正式启动。东盟的《共同有效优惠关税协定》确立了各成员国降低关税的商品范围和时间表，是东盟自由贸易区最主要的运行机制。自 1993 年 1 月 1 日起，《共同有效优惠关税协定》减税计划分快速减税和正常减税两种方式实施。

由于东盟自由贸易区进程的一再加速，实施的 CEPT 减税计划中，要求列入 CEPT 清单产品的平均关税税率也进一步下降。同时，把未加工农矿产品纳入 CEPT，将其划分为立即加入、暂时除外和敏感产品 3 类，并不断减少例外清单和敏感清单的税目以扩大 CEPT 列入清单的税目。东盟自由贸易区的最终目标是，原有 6 个成员国在 2010 年前实现零关税，新成员国的最后期限为 2015 年。作为过渡措施，各成员国要求在 2003 年之前把 60% 的产品关税降为 0。到 2003 年 9 月，东盟 10 国实施的 CEPT 减税清单中 87.85% 的产品关税已降至 0 ~ 5%。其中，东盟原有 6 个成员国实施的 CEPT 减税清单中 99.6% 的产品关税已降至 0 ~ 5%，平均关税税率降至 2.39%；东盟新成员国纳入 CEPT 降税清单的产品增至 77.22%，CEPT 减税清单中 60.64% 的产品关税已降至 0 ~ 5%，平均关税税率降至 6.22%。目前东盟基本上是按照协定计划来完成的。

第四节　东南亚政治演进历程

东南亚是第二次世界大战之后才出现的地理名称，因此，我们所指的东南亚政治，主要是指第二次世界大战后的东南亚政治。

一、1945 年以前的东南亚政治

（一）东南亚古代国家

东南亚很早就有人类居住。从公元前后开始，东南亚地区具有国家雏形的政权组织开始出现。

　　柬埔寨是东南亚历史最悠久的国家。公元1—3世纪，在柬埔寨最先形成了扶南国家，后依次历经真腊、吴哥朝代。其中，9世纪到14世纪的吴哥王朝最为强大，鼎盛时的疆域覆盖了大半个中南半岛。到公元13世纪，随着暹罗和越南的兴起，吴哥王朝逐渐衰落，14世纪上半叶吴哥已从中南半岛舞台彻底消失。越南北部自秦至宋都属于中国的郡县，称为"交趾"或"安南"。公元968年，丁部领平定各地使君之乱后自立称帝，建立"大瞿越国"，这是越南建立独立自主国家的第一个封建王朝。丁朝和此后的黎朝（980—1009），都受中国皇帝的册封，是中国的藩属。到公元1010年，李朝开国皇帝李公蕴建都升龙（今河内），国号"大越"，这是越南封建社会发展的黄金时期。1225年，李朝为陈朝所替代，随后越南经历了胡朝、后黎朝和软朝等朝代。缅甸历史上比较重要的国家是蒲甘王朝（1044—1287），这是缅甸历史上第一个统一的封建国家，为此后缅甸经济社会的发展奠定了基础。在泰国，公元1238年傣族摆脱柬埔寨吴哥王朝的统治，建立了独立的中央集权的素可泰王国，成为泰国第一个王朝。14世纪中叶，阿瑜陀耶王国取代素可泰王国，阿瑜陀耶王国为泰国经济社会的发展做出了重要贡献。至16世纪中叶，缅甸的东吁王国逐渐兴起并强盛，不断侵蚀阿瑜陀耶王国并于1767年完全占领其领地。自这时候起一直到西方殖民时期，东吁王国在整个中南半岛的政治舞台上扮演着主要的角色。

　　在马来半岛上，公元7世纪末期在苏门答腊岛东南部的巴邻旁（今巨港），兴起一个王国——室利佛逝，其吞并了半岛上所有的王国并维持着对海峡及马来半岛数个世纪的统治。室利佛逝带动了整个马来半岛经济社会的繁荣发展。14世纪末，室利佛逝被另一个著名的古代王国——满者伯夷所取代。满者伯夷以爪哇为中心向东、西、北部扩张，包括巴厘岛、松巴岛、加里曼丹、马来半岛南部均处于其版图内，疆域大体奠定了今天印度尼西亚版图的基础。到15世纪末，满者伯夷国家解体，马来半岛重新回到地方割据、朝代更迭频繁的混乱时代，一直延续到后来的殖民时期。

　　（二）近现代东南亚政治

　　16世纪到19世纪末，西方殖民者对东南亚地区进行了300多年的殖民掠夺，除泰国外大多数东南亚国家都成为了殖民地。因此，近现代东南亚史是一部殖民地史，没有自己独立的政治。

　　最先在东南亚开展殖民统治的是葡萄牙。葡萄牙殖民者于1511年7月通过武力侵占马六甲，标志着东南亚殖民主义时代的开始。稍后，西班牙殖民者也进入东南亚，开始与葡萄牙激烈竞争在当地的殖民统治。1600年，英国东印度公司正式成立，1602年荷兰也成立东印度公司，标志着英国、荷兰正式介入对东南亚地区的殖民统治。上述各国围绕着东南亚的殖民权展开激烈竞争，经过300多年的争夺至第二次世界大战前夕，上述国家已瓜分在东南亚的殖民地。其中：英国占有缅甸、马来西亚、文莱、沙捞越、沙巴和新加坡；法国占有越南、老挝、柬埔寨，建立法属印度支那联邦；荷兰占有印度尼西亚群岛，建立荷属东印度；葡萄牙占有东帝汶；美国取代西班牙，占有菲律宾群岛。泰国虽然名义上不是殖民地，但英、法通过签订协议，以湄公河河谷为界划分了两国的势力范围。

　　由上可见，这段时期内东南亚基本上不存在独立的国家，近现代东南亚政治就是一部殖民地政治。血腥的殖民政策，给东南亚带来了深重的民族灾难。最终，随着国际形势的剧变、民族的觉醒，19世纪末20世纪初，东南亚的民族主义和民族解放运动开始兴起、壮大。

（三）东南亚独立国家体系的形成

第二次世界大战期间日本对于东南亚的入侵，是东南亚历史发展的一个分水岭。之前，东南亚国家均是西方列强的殖民地，战后西方列强试图恢复原殖民地统治体系，但遭到逐渐觉醒、民族主义不断兴起和强大的东南亚各国的抵制。东南亚国家利用西方殖民者遭受战争打击实力衰弱的有利时机，掀起民族、国家独立运动的高潮，在20世纪中叶左右基本实现了国家的独立。1946年7月4日，美国驻菲律宾高级专员麦克纳特代表美国宣读《菲律宾独立宣言书》，菲律宾正式成立；1948年1月4日，缅甸联邦正式成立；1954年7月在日内瓦会议上，法国同意撤出驻扎在柬埔寨的军队，柬埔寨获得真正独立；1954年5月，越南长达8年的抗法救国战争胜利，越南民主共和国得以巩固；1956年4月21日苏加诺宣布废除《圆桌会议协定》，印度尼西亚完全独立；1963年马来西亚宣布独立，到1963年6月联合此前尚处于英国统治下的沙巴、沙捞越和新加坡组成"马来西亚联邦"；1965年8月7日新加坡退出马来西亚联邦独立。这样，东南亚国家独立的国家体系成型，东南亚政治掀开新的一页，开始谱写属于东南亚自己的政治。

二、冷战期间的东南亚政治

东南亚国家独立后，对东南亚政治发展起着关键性影响作用的主要是两个因素：第一，是各国国内势力对于政权的争夺；第二，是冷战。上述两个因素，在20世纪中叶至90年代初期的东南亚政治发展历程中打下了深深的烙印。概括而言，这个阶段东南亚政治的发展可以分为下述几个阶段：

第一个阶段，是以政权的演变、更迭为主要特征的阶段。这个阶段，主要是在20世纪60年代前期左右。东南亚各国独立后，基本都是仿效原宗主国，采取西方议会民主政治模式而推行民主选举。这种政治模式不仅无法解决各国国内社会、政治、宗教和民族矛盾，而且使政权的稳定性、合法性和权威性受到极大挑战。因此在独立后不久，到20世纪60年代中后期前后，大多数东南亚国家出现了政权更替、领袖易人的情况。印度尼西亚1965年的"九三〇事件"，使得苏哈托上台；同年，菲律宾独裁者马科斯登上总统宝座；新马分治，使李光耀成为新加坡的政治首脑；1958年的曼谷政变使军队强人沙立·他呐叻登上泰国政治舞台的前台；1962年的政变，使耐温领导的军人集团夺取缅甸的政权。

第二个阶段，是以探索区域合作为主要特征的阶段。随着政权的更替，大多数东南亚国家实现政权的基本稳定。这时候，东南亚面临发展经济、维护政权长期存在以及排斥外来影响等问题，这使加强区域合作具有必要性。最开始完全由东南亚国家发起的地区合作尝试，是1961年7月菲律宾、马来西亚和泰国组建的"东南亚联盟"和马来西亚、印度尼西亚与菲律宾于1963年6月组建的"马菲印联盟"。但是前者由于马菲之间、后者由于印马之间的领土争端，最终都失败了。到1965年，东南亚地区合作又出现了较好的机遇。首先是印度尼西亚与菲律宾发生了领导人的更替，导致了国家外交政策的转变，实现了与其他国家的和解。其次，是英国开始收缩在东南亚的存在，宣布将在1970年将驻军撤回到苏伊士运河以西，从而使得以前依赖于其保护的东南亚国家需要通过与周边国家的合作来实现自身安全。这样，1967年8月7—8日，印度尼西亚、泰国、新加坡、菲律宾以及马来西亚5国代表在曼谷举行会议，发表《曼谷宣言》正式宣告"东南亚国家联盟"成立。东盟的成立，揭开了东南亚地区政治发展新的一页。东盟成立后的几年，组织机构的健全与调整是其最主要的任务，实质性的合作开展较少。这段时期东南亚其他国家中，越南正处于南北分裂、战争时期，美国扶持下的越南共和国(南越)与中国、前苏联支持下的越南人民共和国(北越)展开激烈的对峙、战争。柬埔寨和老挝由于国内矛盾的尖锐，只能维持勉强的独立、和平局面。

第三个阶段，是以冷战影响为主要诱因的区域合作与对峙并存阶段。进入20世纪70年代，东南亚地区的国际形势发生了很大的变化。首先，英国和美国在60年代末开始改变其在亚太地区的防务政策，英国在1971年宣布撤出马来西亚，美国开始进行战略收缩。其次，70年代中后期越南实现统一，共产党在柬埔寨、老挝获得政权，改变了整个东南亚的政治格局。第三，前苏联提出新的亚洲政策，积极谋求抢占东南亚的权力真空。第四，中苏分裂，中苏在东南亚地区的竞争加剧。上述因素，深深影响到东南亚政治的发展。尤其是美苏之间的冷战，由于前苏联加强对东南亚的介入而对东南亚政治起到非常重要的影响作用。

面对地区形势的剧变，马来西亚首先提出"中立化"的概念。1971年11月27日，东盟外长吉隆坡会议发表了《和平、自由和中立区宣言》(即《吉隆坡宣言》)，表明了东南亚想要相互合作排除外来干扰(尤其是大国干扰)，独立自主处理地区事务的理想。但是由于各国在安全观念上存在着根本性的分歧，各国对于这一政策并没有作出具体的承诺，也未提出具体的实施步骤，这使得中立化政策在很大程度上只成为东盟国家表面认同的理念。事实上，东南亚国家尤其是东盟5国，一直被深深卷入中苏与美国对越南的争夺中。出于意识形态上抵制共产主义的考虑，东盟国家都站在美国一边，在军事上、政治上支持和配合美国争夺越南。

到1975年，东南亚又面临着区域局势重大的变化。这年，美国宣布撤出越南，越南统一，并在前苏联的支持下控制老挝、入侵柬埔寨，打造所谓的"印支联邦"，试图以此为基础谋求在东南亚发挥更大的影响作用。东盟国家对此产生严重的担忧，害怕共产主义的扩张危及本国政权，于是1976年2月东盟国家领导人在巴厘岛举行东盟成立以后的首次会晤，在会上产生两个重要的文件：《东南亚友好合作条约》与《东盟协调一致宣言》。这标志着东盟组织由虚转实，开始进行实质性的合作。此后，前苏联、美国出于争霸东南亚的目的，分别支持印支三国与东盟展开激烈的对抗。这种以东盟和印支三国对峙为基本框架的东南亚政治格局，一直延伸到前苏联解体、冷战结束。

由上可见，在经历国家民族独立和政权更替后的东南亚国家，具有强烈的独立自主推动国家民族发展的意愿，也进行了诸多区域合作以促成这一目的实现的努力。但是，由于大国主要是美苏争霸的影响，整个东南亚地区并不能有效摈除外来的影响和干预，都深深卷入到冷战之中去，使得整个东南亚政治处于局部平静与总体动荡之中。

三、冷战结束至今

20世纪80年代末期，东欧剧变、前苏联解体，美苏两极对峙的局面瓦解。冷战的结束，使得深受其影响的东南亚政治发生了全面而深刻的变化，东南亚政治形势总体上趋于稳定。具体而言，东南亚政治的发展变化主要表现在如下几个方面。

1. 东盟和印支三国的对峙格局瓦解，地区政治趋向稳定

随着前苏联、华约解体导致的冷战结束，印支三国因失去外援而无力维持对峙局面。

这使得局势向着东盟一方倾斜，东盟逐渐获得区域的优势和主导地位。形势的变化也迫使印支三国逐渐向东盟靠近。出于增进地区稳定、扩大地区合作、提升东盟实力的考虑，东盟摈除前嫌，接受昔日对手成为新的伙伴。1995 年越南加入东盟，1997 年老挝和缅甸加入东盟，1999 年柬埔寨加入东盟，这标志着在东盟的主导下东南亚实现了形式上的一体化，形成"东南亚十国共同体"。由此，冷战期间东南亚政治总体对峙、动荡的旧格局彻底终结，开始走上稳定、团结、合作的新的历史时期。

2. 各国政策纷纷调整，更加重视发展本国经济

政治局势的稳定，为东南亚各国发展经济提供了良好的环境。不管制度如何，各国纷纷调整政策，集中精力发展本国经济。综合而言，东南亚国家发展经济的政策和思路具有如下共同点：一是加紧进行经济体制的改革和经济政策的调整，建立和完善市场经济体制；二是进一步扩大对外开放，加强对于国际分工的参与程度，加强参加国际经济合作；三是强调保持国内稳定，对于政治改革、社会改革持谨慎态度。

3. 东盟成为以经济合作为基础的多功能一体化合作组织，推动区域一体化

冷战的结束，使得东盟在地区事务中发挥着越来越重要的作用。而且，在和平与发展成为时代潮流的背景下，东盟作为纯政治组织的功能基础发生动摇，需要拓展新的功能以维持其存在和发展。为此，东盟顺应时势及时转型，将合作的重点放在推动经济合作上，使东盟变为以经济合作为基础的政治、经济、安全一体化组织。20 世纪 90 年代以来，东盟国家间经济合作的重点是推动其经济一体化。1992 年 1 月举行的东盟首脑会议决定，从 1993 年 1 月 1 日起的 15 年内建成东盟自由贸易区（AFTA），具体进程安排为：初始合作阶段为 1991—1995 年；扩展阶段为 1996—1997 年；落实与巩固阶段为 1998—2004 年。此后，东盟一直致力于推进自由贸易区的建设进程。2005 年 12 月，东盟 10 国领导人一致同意将原定于 2020 年实现一体化的时间表，提前到 2015 年实现。如今，东盟自由贸易区建设已经取得巨大的进步，有力地促进了东南亚地区经济社会的发展与区域一体化。

4. 对外战略上，推行"大国平衡"战略和多边外交，实施多边主义

冷战期间，东南亚饱受大国争端之苦。冷战结束后，东南亚仍然是大国竞争的重点地区。如何有效规避大国的干预和影响维护本地区的安全与稳定，成为东南亚的优先考量。谋求建立大国在东南亚的平衡，依靠大国的相互牵制和保证，保障东南亚地区的和平与稳定，建立东南亚和平自由中立区，最终成为东南亚对外战略的优先选择。以东盟组织为载体，东南亚国家率先推动在东亚区域内的合作进程，建立起"10＋3"、"10＋1"等区域合作机制，以经济合作为基础实现与区域内主要国家包括中国、日本、韩国的合作；然后，东南亚国家还积极推动与区域外主要相关国家、力量的合作，先后与美国、澳大利亚、新西兰、加拿大、欧盟、俄罗斯以及印度形成对话伙伴关系。

中国与东南亚山水相连，自古以来有着密切的政治、经济和文化交往，具有传统的友好关系。尽管历经风风雨雨，中国与东南亚的关系正逐渐走向成熟。特别是 20 世纪 90 年代以来，中国已与东南亚形成了全面的友好合作关系。2002 年中国－东盟自由贸易区建设的启动，使双方经贸合作迈入黄金时期。

本章小结

一、本章从东南亚简况、地理、经济概况、社会文化环境和政治体制等 5 个方面介绍东南亚国家的基本情况。

二、从东南亚 11 国的经济发展分层的角度来各自分析东南亚经济特征以及演进的过程。

三、从东南亚贸易发展的角度来分析东南亚贸易的特征以及演进历程。

四、阐述东南亚政治的演进历程。

思考与练习

1. 东南亚各国发展差距如此之大的原因是什么？
2. 比较东南亚和中国贸易的演进过程。
3. 试分析东盟一体化过程对东南亚对外贸易的影响。
4. 简述东南亚政治变动对经济的影响。

☞ 【案例分析】

财政赤字：长达 30 年的危机

菲律宾非政府智囊机构 IBON 基金会上周末表示，政府前 5 个月的财政赤字达到 1232 亿比索（约合 25 亿美元），接近去年同期 188 亿比索（约合 4 亿美元）预算赤字的 7 倍，意味着菲已濒临新的财政危机。以至于其社会经济计划部部长雷克多也表示，菲目前最大的经济隐患是不断扩大的预算赤字，而不是经济衰退。

如今的菲律宾经济总给人以衰败的印象，却很少有人记起在 20 世纪 50 年代，菲律宾是亚洲经济发展最快的国家之一，势头直追日本，世界银行称其为未来经济强国，亚洲银行也将总部设在菲律宾首都马尼拉。

行走在菲律宾，我们看到了一个在经济上戛然而止的国度：老旧的道路规划已无法负荷拥挤的汽车；修建于 20 世纪 70 年代的轻轨和机场，设施陈旧却仍然使用；星罗棋布的岛屿有着无数的旅游资源，却缺乏足够的基础条件支撑……

然而，政府已无暇改善这些条件。持续增加的财政赤字已严重影响着菲律宾经济的发展。"菲目前最大的经济隐患是不断扩大的预算赤字，而不是经济衰退"。

事实上，菲律宾的财政赤字由来已久。1965 年，总统马科斯上台后，大力发展经济，大规模进行基础设施建设。为解决建设与资金缺乏的矛盾，菲律宾政府大举向国内外借债。菲律宾民营机构飞鸟基金会的报告统计显示，"在 1966 年马科斯担任总统前，该国外债只有 5.99 亿美元，但 20 年后他在一片痛骂声中离开马拉坎南宫时，国家外债已达 280 亿美元。在 1973—1982 年间，国家的外债以 27% 的速度增长"。

如此多的金钱砸向菲律宾效果自然显著。至今，仍有不少菲律宾人感叹，"马科斯执政时期，是菲律宾经济进步最快的时候"。他们所看到的是巨额贷款下修建的南北高速公路，"当年就连中国台湾人也过来考察学习"。

但马科斯政府依旧是观察者所唾弃的腐败政府。菲律宾经济学家桑图斯在其著作《帝国罪恶》中估计，马科斯和他的同党们"在20年里至少搜刮了100亿美元"。

菲劳：是英雄也是"心头之痛"

在亚洲金融危机影响最严重的1998年，菲律宾国内生产总值萎缩0.5%，而私人消费奇迹般增长了3.4%。当时有媒体评论，"1997年金融危机后，菲律宾劳工汇回菲律宾的血汗钱使菲律宾比索没有彻底崩溃"。10年后，至少有800多万菲劳分布在全球186个国家，这一数据意味着将近10%的菲律宾人都是海外劳工，他们每年寄回国的钱多达160亿美元。还好，在这个全球笼罩在经济阴霾的夏天，海外菲劳（这些人被称为海外菲律宾工人–OFWs）的汇款成为菲律宾经济中少有的亮点之一。

8月9日，菲律宾报纸《商报生意场》头版头条用醒目的红底白字刊登"今年OFWs汇款达到170亿美元"。这一数据的推测来自于亚洲太平洋大学经济学家维莱加斯，他认为今年OFWs汇款很可能从去年的164亿元增至170亿元，同比增长4%。

但仅在1个月前，国际货币基金组织、世界银行以及其他机构都预测随着金融危机的影响，境外裁员严重，今年OFWs寄回家的汇款将下降。

而菲律宾央行发布的最新数据支持了维莱加斯的推论：今年前五月，OFWs寄回家的汇款上升了2.8%，近69.8亿美元。菲律宾计划发展局manddza主任告诉记者："截至今年5月份，受金融危机影响的海外菲劳只有6000人，也只有4000人返回国内，但出国务工却不止4000人，这样算来，菲律宾海外务工人员还在不断增加，因此今年的汇款将很可能增长。"

出口劳动力——这一马科斯时代用以增加外汇收入的"权宜之计"，在此后的40年时间内证明了它已成为菲律宾经济最重要的生命线。

40年岁月变迁也让海外菲劳的身份不只局限于能打扫房子、做出可口饭菜的女佣。OFWs之中地位最高的是从护士学校毕业的"白衣女佣"，她们通晓护理知识，擅长照顾病人和小孩，薪水很高。海外劳工中男性约占一半以上，建筑工、矿工和海员等是他们发挥所长的行当。目前菲律宾有20多万名海员在外籍船只上工作，日本是菲籍船员的最大雇主。

海外劳工中也不乏专业技术人员，如电脑程序员、电气工程师、会计、医生或者企业中高层管理人员，这些人约占海外劳工总数的15%，薪金水平远高于体力劳动者。"OFWs在菲律宾似乎被当作产业来培养。"曾在菲律宾生活3年多的罗向告诉记者："菲律宾政府在对OFWs的培养上非常注重实用，即海外市场需要什么人才，他们就让你学什么。"

菲政府也以OFWs为荣，菲总统阿罗约曾在一次国际会议上夸口说，人力资源培养是菲"保守得最好的商业秘密"；前任总统阿基诺夫人也称其为"国家的经济英雄"；维护海外劳工权益一直是菲律宾的三大外交政策之一。然而，这些名誉并不能对他们进行全方位保障，很多菲佣一般会被当地人当作下等公民看待。

谁又在乎呢？"至少能改善家里的生活质量"，19岁的王美珠说出了这些背井离乡的OFWs最为现实的打算。她的阿姨最近也辞去了在菲律宾的护士工作去了美国，因为同样做私人护理，在菲律宾工资为1000比索/8小时（约16美元/8小时），这一数据在美国变成约 300 美元/8 小时。

于是，在国内物价上涨和失业严重的情况下，不想再与垃圾为伴的菲律宾人，唯一的出路就是在马尼拉的尼诺阿基诺国际机场买一张机票飞出国门。

外包服务：正崛起的新产业

据统计，2007 年菲国服务外包业收入已从 2004 年的 15 亿美元上升到 50 亿美元，占整个国内生产总值的 3% 以上，直接为菲国解决 34 万人的就业问题。据菲律宾服务外包业协会估计，到 2010 年，菲国的外包业收入则有望达到 130 亿美元，将占据全球服务外包市场 10% 的份额，并将为 100 万菲律宾人提供就业机会。

"为何我们没有取得类似的成就？"菲律宾人常常看着亚洲其他新兴工业化社会扪心自问。

或许，从菲律宾大学和一家非政府组织联合出版的书——《反发展国家：菲律宾长期的政治经济危机》中可以找到答案：它以令人惊骇的事实全面剖析了菲律宾经济 40 年来一直萎靡不振的原因。首当其冲所指出的问题为土地改革。虽然阿罗约在 8 月 8 日签署了延长土地改革的法案，并正式开始生效，并称该法案"规定了国内更趋于公平的土地分配和拥有权"。

"但菲律宾一直就是一个地主的天下，例如，现在其国会成员中仍有 40% 拥有大片土地，这一比例在 20 世纪 90 年代初仍高达 58%"。一位不愿公开姓名的受访对象表示，这样就可以理解为何菲律宾历届政府都进行过土地改革，但进程缓慢。

机会总会出现。

受益于全球外包业中出现的一种新趋势，印度和菲律宾凭借劳动力英语口语水平和整体受教育程度较高等因素，成了欧美银行和 IT 公司开展外包业务和呼叫中心的首选地。"目前的趋势看来，越来越多的公司希望将投资分流到印度以外的市场，菲律宾是首选。"宿务菲华联谊会前任秘书长何安振告诉记者，虽然印度相对菲律宾优势更大，但成本低和拥有较好的电信基础设施也是菲律宾发展服务外包业的优势。"菲律宾一个劳动力一年的成本约为 3000 美元，而印度的劳动力成本则翻了一倍"。于是，在采访中，几乎所有人都告诉记者"菲律宾呼叫中心像雨后春笋一样出现"。

单一的产业并不能支撑起菲律宾的经济。据媒体报道，目前至少有 1000 万菲律宾人失业或未充分就业。国家债务大约占 GDP 的 85%。随着全球经济的放缓，菲律宾的贫困状况预计会进一步恶化。菲律宾政府也出台各种政策，希望能缓解经济压力，但有评论认为，对于菲律宾来说，最关键的问题并不能真正得到解决，即"各个层次的官员都以牺牲国家利益来满足自己的私欲，使政府成了不能推动经济发展的软弱工具"。这或许就是菲律宾经济的真实写照，他们在原居地失业，生活不继，所以才到这个地方，听起来很像"美国梦"，但也是问题重重的"垃圾山"。对菲佣如此，对"烟山"的穷人如此，对于菲律宾的政客们来说，同样如此。

资料来源：云南信息报 2009 - 8 - 31，有节选

问题：收集资料分析，为什么菲律宾的经济发展会有如此大的反差？

第二章　东南亚区域经济合作

随着经济全球化和区域经济一体化的不断发展，国家之间、地区之间经济的相互依存程度日益加深。东南亚地区为了确保在以"经济全球化"和"区域经济一体化"为背景的国际经济竞争中占据有利地位，避免在经济发展上丧失竞争优势，在区域经济合作发展历程中，各国家和地区间的合作关系不断密切，合作领域不断扩大，合作以东南亚国家联盟为主体，极大地推动了区域经济一体化和集团化进程。

第一节　国际区域经济一体化理论和实践

20世纪20年代以来，世界经济一直朝着一体化的方向发展。世界经济一体化的表现有两个方面，一是经济全球化，即生产要素在全球范围内实现更加自由的流动，进而实现更加优化的配置，同时，市场经济的运行规则被越来越多的民族国家所认可和采纳；二是区域经济集团化，也就是区域经济一体化。经济全球化的核心是资源配置的全球化和市场的一体化，它有力地推动着全球经济合作和贸易深化。

一、国际区域经济一体化含义

在区域经济一体化的相关理论当中，所谓"区域"是指一个能够进行多边经济合作的地理范围，这一范围往往大于一个主权国家的地理范围。根据经济地理的观点，世界可以分为许多地带，并由各个具有不同经济特色的地区组成。但这些经济地区同国家地区并非总是同一区域。为了调和两种地区之间的关系，主张同一地区同其他地区不同的特殊条件，消除国境造成的经济交往中的障碍，就出现了区域经济一体化的设想。而"一体化"一词最初来源于企业的组合，20世纪50年代，当国家之间的经济联合开始出现时，被赋予新的含义。在1990年以前，我国学术界大部分学者所说的一体化主要是指区域经济一体化；随着冷战结束和世界经济逐步呈现高度国际化倾向，一体化又被用来描述世界经济的相互融合现象。

区域经济一体化（Regional Economic Integration）是伙伴国家之间市场一体化的过程，从产品市场、生产要素市场向经济政策的统一逐步深化。区域经济一体化往往通过条约形式，组成各种类型松散的经济联盟，建立超国家的决策和管理机构，制定共同的政策措施，实施共同的行为准则，规定较为具体的共同目标，实现成员国的产品甚至生产要素在本地区内自由流动，促进地区性的专业分工，从而发挥规模经济效益，迅速发展生产技术，不断提高成员国的经济福利。它也要求参加一体化的国家让渡部分国家主权，由一体化组织共同行使这一部分主权，实行经济的国际干预和调节。经济的一体化是一体化组织的基础，一体化组织则是在契约上和组织上把一体化的成就固定下来。

所谓区域经济一体化组织，是指同一区域的一些国家为了维护共同的经济利益和加强经济联系与合作，通过契约和协定，在区域内逐步消除成员国间的贸易与非贸易壁垒，进而协调成员国间的社会经济政策，形成一个跨越国界的商品、资本、人员和劳务等自由流动的统一的经济区的组织形式。区域性国际经济组织可以分为一般区域性国际经济组织和区域性经济一体化组织。后者比前者反映了更紧密的地区经济依赖和协作。大量的和重要的区域性国际经济组织都是经济一体化组织。区域经济一体化的进程大大推动了区域性国际经济组织的建立和发展。

二、国际区域经济一体化理论

第二次世界大战后，区域经济一体化的蓬勃发展，引起了人们的关注，与此同时，也相应产生了一系列的经济理论。其中影响较大的有范纳(J. Viner)和李普西(R. G. Lipsey)的"关税同盟理论"，西托夫斯基和德纽(J. F. Denian)的"大市场理论"，小岛清的"协议性国际分工原理"，以及鲍里斯·富泽尔基的"综合发展战略理论"，等等。

（一）关税同盟理论

对关税同盟理论研究最有影响的是以美国经济学家范纳和李普西。按照范纳的关税同盟理论，完全形态的关税同盟应具备以下三个特征：(1)完全取消各成员国间的关税；(2)对来自成员国以外的国家和地区的进口设置统一的关税；(3)通过协商方式在成员国之间分配关税收入。这种自由贸易和保护贸易相结合的结构，使得关税同盟对整个世界经济福利的影响呈现双重性，即贸易创造和贸易转移并存。

1. 关税同盟的静态效应

所谓关税同盟的静态效应，是指假定在经济资源总量不变、技术条件没有改进的情况下，关税同盟对集团内外国家、经济发展以及物质福利的影响。关税同盟的静态效应主要是指贸易创造效应和贸易转移效应。

（1）贸易创造效应(Trade Creating Effect)。贸易创造效应是指由于关税同盟内实行自由贸易后，产品从成本较高的国内生产转往成本较低的成员国生产，从成员国的进口量增加，新的贸易得以"创造"。此外，一国由原先从同盟外国家的高价购买转而从结盟成员国的低价购买也属于贸易创造。

让我们举例说明，假设在一定固定汇率下，商品X的价格在三国已折换成同一种货币，在A国用货币表示的价格为35元，在B国为26元，在C国为20元。设A，B两国形成关税同盟后互相取消关税。在缔结关税同盟前，A国自己生产X商品，并凭借征收的很高的保护性关税，有效地阻止来自C国的X商品进口，B国也同样如此。如果A，B两国建立关税同盟，互相取消关税后，A国便会停止生产X商品，并从B国进口，把生产X商品的资源用于生产其他商品，这样就扩大和充分利用了自然资源。对B国而言，由于A国市场消费的X商品均由B国生产，则其生产规模扩大，生产成本降低，B国可获得生产规模扩大的好处。也就是说，缔结关税同盟以前，因为A，B两国设有保护关税，A，B，C三国都生产X商品，三国之间的贸易被关税隔断了。而在缔结关税同盟之后，创造出了从B国向A国出口的新的贸易和国际分工(专业化)，这就是所谓的贸易创造效果。这时，A国可以用较低的价格买到X商品，从而提高了福利。从A，B两国整体情况来看，由于生产从高成本转向了低成本，节省了资源，因而能提高福利。对C国而言，由于它原来就不与A，B两国发生贸易关系，所以仍和A，B两国缔结关税同盟之前的生产一样，没有什么不利；如果把关税同盟国增加收入、增加其他商品的进口的动态效果计算进去，C国也会有利可图。由此可见，建立关税同盟后对整个世界都是有利的。换句话说，建立关税同盟后，关税同盟与外部关系未变，但在同盟内部实现了生产的专业化和贸易自由。从而推动了贸易自由化的发展。

（2）贸易转移效应（Trade Diversion Effect）。假定缔结关税同盟前关税同盟国不生产某种商品而采取自由贸易的立场，无税（或关税很低）地从世界上生产效率最高、成本最低的国家进口产品；关税同盟建立后，同盟成员国该产品转由从同盟内生产效率最高的国家进口。如果同盟内生产效率最高的国家不是世界上生产效率最高的国家，则进口成本较同盟成立前增加，消费开支扩大，使同盟国的社会福利水平下降，这就是贸易转移效应。

举例说明，缔结关税同盟前，设 A 国不生产 X 商品，而采取自由地从 B，C 两国进口，自然就会从成本和价格最低的 C 国进口。而在同 B 国缔结关税同盟后，假定 A，B 两国的关税同盟按 C 国 20 元与 B 国 26 元的差距，制订 30% 以上的统一关税。于是，A 国把 X 商品的进口从关税同盟以外的 C 国转移到同盟内的 B 国，从成本低的供给来源向成本高的供给来源转移。这就意味着在关税同盟中保护了落后工业，出现了贸易转移效果。A 国和 C 国受到损失的同时，整个世界因不能有效地分配资源而使福利降低。即使 A 国在缔结同盟前有关税保护，并且在 C 国 20 元与 B 国 26 元之差的 30% 的范围以内，设为 20%，结果也同样如此。这是因为，A 国的进口还是从结盟前的较低供给来源转移到现在较高的供给来源。因此，贸易转移效应必然表现为贸易保护的加强。

可见，关税同盟以两种截然相反的方式影响贸易和福利。如果说贸易创造代表利益，贸易转移所增加的成本便是代价。贸易创造与贸易转移的根本差别，在于缔结关税同盟前的状况不相同。在贸易创造情况下，由于 A，B 两国有保护关税，A，B，C 三国全都生产 X 商品，各国重复生产 X 商品，生产率和成本必有高低之分，资源没有有效地分配。如果当时生产的不是一种而是两种以上的商品，那么关税所保护的商品范围也是互相重叠的，各国所有商品都是典型的不完全专业化生产。所以，当关税同盟缔结之后发生了变化，在同盟内实现专业化，自由贸易和贸易扩大，而与同盟外的关系则暂时没有发生变化。如果极端地说，以前在 A，B，C 三国没有贸易关系，而在结成同盟后，至少在同盟内部范围内创造和扩大了贸易，从这个意义上说，把关税同盟作为局部的自由化方向，这是对的。在贸易转移情况下，A 国完全不生产 X 商品，实行免税或低税从 B 国进口，即 A 国对 X 商品实行完全专业化（不生产这种商品）。成立关税同盟后，由于共同关税阻碍了从价格最低的供给者 C 国进口，这是一种保护贸易的做法，会减少世界福利。

（3）贸易扩大效应（Trade Expansion Effect）。缔结关税同盟后，A 国 X 商品的价格在贸易创造和贸易转移的情况下都要比成立前要低。这样，当 A 国 X 商品的需求价格弹性大于 1 时，则 A 国 X 商品的需求会增加，并使其进口数量增加，这就是贸易扩大效果。贸易创造效果和贸易转移效果是从生产方面考察关税同盟的贸易影响的，而贸易扩大则是从需求方面进行分析。关税同盟无论是在贸易创造还是在贸易转移情况下，由于都存在使需求扩大的效应，从而都能产生扩大贸易的结果。因而，从这个意义上讲，关税同盟可以促进贸易的扩大，增加经济福利。

关税同盟建立后，其静态效果的大小主要取决于贸易创造与贸易转移两者的大小和贸易扩大的多寡。

2. 次优理论与关税同盟的其他静态效应

范纳认为关税同盟的建立既可能增加也可能减少成员国和世界其他国家的福利，而这取决于产生关税同盟的环境，这就是次优理论(Theory of the Second Best)。这个理论认为，如果福利最大化或者帕累托最优所需要的条件不能全部满足，那么尽量满足尽可能多的条件是没有必要的，并且这样做通常会导致次优情况的发生。因此，建立关税同盟不仅仅在成员国之间消除贸易壁垒，并不必然产生次优的福利状态。所以，要使关税同盟更可能产生贸易创造效应，增加福利，必须具备以下条件：第一，关税同盟使得各成员国的海关人员、边境巡逻人员等减少而引起的行政费用的减少。第二，贸易转移型关税同盟通过减少对同盟成员国之外的世界上其他国家的进口需求和出口供给，有可能使同盟成员国共同的贸易条件得到改善。第三，任何一个关税同盟，在国际贸易投票中以一个整体来行动，较之任何一个独立行动的国家来说，可能具有更强大的讨价还价的能力。第四，关税同盟建立后，可减少走私。由于关税同盟的建立，商品可在同盟成员国之间自由移动，在同盟内消除了走私产生的根源，这样，不仅可以减少查禁走私的费用支出，还有助于提高全社会的道德水平。

3. 关税同盟产生的动态效应

所谓关税同盟的动态效应，是指关税同盟对成员国贸易以及经济增长的推动作用。关税同盟的动态效应表现在以下几个方面：(1)关税同盟的建立使成员国间的市场竞争加剧，专业化分工向广度和深度拓展，使生产要素和资源配置更加优化。(2)关税同盟建立后，成员国国内市场向统一的大市场转换，自由市场扩大，从而使成员国获取转移与规模经济效益。(3)关税同盟的建立、市场的扩大、投资环境的大大改善，会吸引成员国的厂商扩大投资，也能吸引非成员国的资本向同盟成员国转移。(4)关税同盟建立以后，由于生产要素可在成员国间自由移动，市场趋于统一并且竞争加剧，投资规模扩大，促进了研究与开发的扩大，技术进步的提高，加速了各成员国经济的发展。

（二）大市场理论

大市场理论的提出者认为：以前各国之间推行狭隘的只顾本国利益的贸易保护政策，把市场分割得狭小而又缺乏适度的弹性，这样只能为本国生产厂商提供狭窄的市场，无法实现规模经济和大批量生产的利益。大市场理论的核心是：(1)通过国内市场向统一的大市场延伸，扩大市场范围获取规模经济利益，从而实现技术利益；(2)通过市场的扩大，创造激烈的竞争环境，进而达到实现规模经济和技术利益的目的。大市场理论是从动态角度来分析区域经济一体化所取得的经济效应，是针对共同市场提出的，其代表人物为西托夫斯基和德纽。共同市场在一体化程度上比关税同盟又进了一步，它将那些被保护主义分割的小市场统一起来，结成大市场，然后通过大市场内激烈竞争，实现大批生产带来的大规模经济等方面的利益。德纽对大市场带来的规模化生产进行了描述，最终得出结论："这样一来，经济就会开始其滚雪球式的扩张。消费的扩大引起投资的增加，增加的投资又导致价格下降，工资提高，购买力提高……只有市场规模迅速扩大，才能促进和刺激经济扩张。"西托夫斯基则从西欧的现状入手，提出西欧陷入了高利润率、低资本周转率、高价格的矛盾，存在着"小市场与保守的企业家态度的恶性循环"。因而，只有通过共同市场或贸易自由化条件下的激烈竞争，才能迫使企业家停止过去那种旧式的小规模生产而转向大规模生产，最终出现一种积极扩张的良性循环。

（三）协议性国际分工原理

所谓协议性国际分工，是指一国放弃某种商品的生产并把国内市场提供给另一国，而另一国则放弃另外一种商品的生产并把国内市场提供给对方，即两国达成相互提供市场的协议，实行协议性国际分工。协议性分工不能指望通过价格机制自动地实现，而必须通过当事国的某种协议来加以实现，也就是通过经济一体化的制度把协议性分工组织化。如拉美中部共同市场统一产业政策，由国家间的计划决定的分工，就是典型的协议性国际分工。协议性国际分工原理是由日本著名教授小岛清提出的，他认为：经济一体化组织内部如果仅仅依靠比较优势原理进行分工，不可能完全获得规模经济的好处，反而可能会导致各国企业的集中和垄断，影响经济一体化组织内部分工的发展和贸易的稳定。因此，必须实行协议性国际分工，使竞争性贸易的不稳定性尽可能保持稳定，并促进这种稳定。

实行协议性分工的条件：一是，必须是两个（或多数）国家的资本、劳动禀赋比率没有多大差别，工业化水平和经济发展阶段大致相等，协议性分工的对象商品在哪个国家都能进行生产。在这种状态之下，在互相竞争的各国之间扩大分工和贸易，既是关税同盟理论所说的贸易创造效果的目标，也是协议性国际分工理论目标。而在要素禀赋比率和发展阶段差距较大的国家之间，由于某个国家只能陷入单方面的完全专业化或比较成本差距很大，所以还是听任价格竞争原理（比较优势原理）为宜，并不需要建立协议性的国际分工。二是，作为协议分工对象的商品，必须是能够获得规模经济的商品。因此产生出如下的差别，即规模经济的获得，在重化工业中最大，在轻工业中较小，而在第一产业几乎难以得利。三是，不论对哪个国家，生产协议性分工的商品的利益都应该没有很大差别。也就是说，自己实行专业化的产业和让给对方的产业之间没有优劣之分，否则就不容易达成协议。这种利益或产业优劣主要决定于规模扩大后的成本降低率，随着分工而增加的需求量及其增长率。从第三个条件（没有优劣之分的产业容易达成协议）可以得出：协议性分工是同一范畴商品内更细的分工。

（四）综合发展战略理论

综合发展战略理论认为，经济一体化是发展中国家的一种发展战略，要求有强有力的共同机构和政治意志来保护较不发达国家的优势。所以，有效的政府干预对于经济一体化是很重要的，发展中国家的经济一体化是变革世界经济格局、建立国际经济新秩序的要素。国际区域经济一体化的不断加强以及发达国家经济一体化的成功实践使得发展中国家的经济一体化近年来成为人们讨论的重要话题。发展中国家和谁实行经济一体化以及如何实行经济一体化，这就是所谓的"集体自力更生理论"。该理论又分为结构主义的"中心 – 外围"理论和激进主义的国际依附理论。中心 – 外围理论的代表人物是缪尔达尔（Gurnar. Myrdal）、普雷维什（Raul Prebisch）和辛格（Hans Singer）。普雷维什是最早提出"中心 – 外围"理论的学者之一，他认为世界"经济星座"由"中心"即富裕的资本主义国家和"外围"即生产和出口初级产品的发展中国家组成，中心国家和外围国家组成的现行国际经济体系是不合理的，它只有利于发达国家而损害发展中国家经济的发展。缪尔达尔则运用"扩散效应"和"回波效应"理论来分析现代国际经济体系对发展中国家的利益和损害，认为"回波效应"的力量超过了"扩散效应"的力量，经济发展的结果往往不是带来共同富裕，而是加剧贫富悬殊。因此他们建议发展中国家必须实行进口替代的工业化战略，打破旧的国际经济体系，以发展中国家合作的集体力量来与"中心"国家抗衡。在对现代国际经济体系的认识问题上，比结构主义的中心—外围理论还要激进的是激进主义的国际依附理论。其主要代表人物有：巴兰（Paul. Baran）、阿明（Samir. Amin）、弗兰克（Ander. Gunder. Frank）、卡多佐（F. H. Cardoso）、桑克尔（Osualdo Sunkel）、桑托斯（M. Santos）和伊曼纽尔（A. Emmanuel）等人。这些学者认为发达国家和发展中国家的关系是富国支配穷国、穷国依附于富国并受之剥削的"支配—依附"关系，因此他们建议发展中国家要实现真正的经济发展，必须进行内部彻底的制度和结构变革，彻底摆脱对发达国家的依附。综合发展战略理论突破了以往的国际区域经济一体化的研究方法，把国际区域经济一体化视为发展中国家的一种发展战略，不必在一切情况下都追求尽可能高级的其他一体化。它把一体化看做是集体自力更生的手段和按新秩序逐渐变革世界经济的要素。另外，它考虑了经济、政治和机构等多种要素，而不是从贸易、投资等层面来考虑经济一体化的效应。综合发展战略理论为我们进一步探讨发展中国家的国际区域经济一体化问题提供了参考的框架。

（五）自由资本理论

新经济地理学中扩展的自由资本模型对区域经济合作的经济效应做了阐述，主要表现在：（1）贸易创造和转移。如果某一区域的市场规模大于区际平均规模，则该区域成为工业生产中心，成为工业品的净出口国，其他区域则成为工业品的消费地。而且，经济系统的贸易自由度越高，转向该区域的贸易创造规模越大。随着多边自由化的发展，从市场规模最小的区域开始，依次失去工业活动，沦为边缘化区域。（2）生产和投资效应。经济一体化导致外围区产业向一体化内部转移，从而导致外围区资本向一体化内部转移。生产转移规模随一体化内部贸易自由度的提高而增加，随整个经济系统开放度的提高而增加，随一体化区域经济规模的扩大而减小。（3）福利效应。经济一体化使得成员区域整体的福利提高，其劳动者的福利水平也提高，但非一体化区域的整体福利会受损，其劳动者的福利水平也下降。区际间的人际福利水平加大。实现区域经济一体化的关键在于通过打破地方分割、加强区际交通通信设施建设等来提高区际贸易自由度。区域经济一体化的基础是市场一体化，有效的主体组织和针对利益分配建立适当的补偿机制也很重要。

三、国际区域经济一体化分类

美国著名经济学家巴拉萨（Balassa）首先把经济一体化的进程分为四个阶段：（1）贸易一体化，即取消对商品流动的限制；（2）要素一体化，即实行生产要素的自由流动；（3）政策一体化，即在集团内达到国家经济政策的协调一致；（4）完全一体化，即所有政策的全面统一。与这四个阶段相对应，经济一体化组织可以根据市场融合的程度，分为以下六类：

1. 优惠贸易安排（Preferential Trade Arrangements）

即在成员国间，通过协定或其他形式，对全部商品或一部分商品给予特别的关税优惠。这是经济一体化中最低级和最松散的一种形式，典型的有1932年英国与一些大英帝国以前的殖民地国家之间实行的英联邦特惠制。

2. 自由贸易区（Free Trade Area）

即由签订有自由贸易协定的国家组成一个贸易区，在区内各成员国之间废除关税和其他贸易壁垒，实现区内商品的完全自由流动，但每个成员国仍保留对非成员国的原有壁垒。通常指签订有自由贸易协定的国家所组成的经济贸易集团，在成员国的货物贸易或服务贸易之间彼此取消关税和非关税的贸易限制，但对成员国仍维持各自的贸易政策。例如1960年成立的欧洲自由贸易联盟(European Free Trade Association，EFTA)等即属此种类型的区域经济合作。

3. 关税同盟(Custom Union)

由两个或两个以上的国家所组成的区域经济一体化组织，完全取消关税和其他壁垒，并对非同盟国家实行统一的关税税率而结成的同盟。其目的在于使参加国的商品在统一关税内的市场上处于有利的竞争地位，排除非同盟国家商品的竞争。如第二次世界大战后的比荷卢经济联盟、欧洲经济共同体的关税同盟等。它是比自由贸易区更高层次的经济一体化组织，其特点是在自由贸易区的基础上，建立起对非同盟成员国统一的关税税率。即成员国之间完全取消关税或其他壁垒，同时协调其相互之间的贸易政策，建立对外的统一关税。关税同盟开始带有超国家的性质，典型的有欧洲经济共同体。

4. 共同市场(Common Market)

共同市场是指两个或两个以上的国家完全取消关税与数量限制，建立对非成员国的统一关税，在实现商品自由流动的同时，还实现生产要素(劳动力、资本)的自由移动。如欧洲共同市场在1970年就接近此阶段。即成员国在关税同盟的基础上进一步消除对生产要素流动的限制，使成员国之间不仅实现贸易自由化，而且实现技术、资本、劳动力等生产要素的自由流动。典型的如欧洲统一市场。

5. 经济同盟(Economic Union)

经济同盟是指实行经济同盟的国家不仅实现商品、生产要素的自由流动，建立共同对外的关税，并且制定和执行统一对外的某些共同的经济政策和社会政策，逐步废除政策方面的差异，使一体化的程度从商品交换扩展到生产、分配乃至整个国民经济，形成一个有机的经济实体。如欧洲联盟和解体前的经互会就属这一类。

经济同盟在共同市场的基础上又进了一步，成员国之间不但实现商品和生产要素的自由流动，建立起对外的共同关税，而且制定和执行某些共同经济政策和社会政策，逐步废除政策方面的差异，形成一个庞大的经济实体，典型的如目前的欧洲联盟。

6. 完全经济一体化(Complete Economic Integration)

这是经济一体化的最高阶段。成员国在经济、金融、财政等政策上完全统一，在国家经济决策中采取同一立场，区域内商品、资本、人员等完全自由流动，使用共同货币。

四、国际区域经济一体化实践

1843年，北德、中德与南德组成德意志关税同盟，成为世界上最早开始区域经济一体化的雏形。世界范围的区域经济一体化的发展进程，可以追溯到第二次世界大战结束后的20世纪40年代末、50年代初，由于世界政治经济发展的不平衡，经济全球化的出现以及发展中国家陆续登上世界舞台，一些地区经济合作组织开始出现。区域经济一体化出现于20世纪50年代末期，但最早成立的一体化组织是1949年1月成立的前苏联和东欧国家的"经济互助委员会"。后来蒙古、古巴和越南先后加入，形成跨地区的经济组织。随着前苏联的解体和东欧的剧变，该组织已经瓦解。区域经济一体化的发展经历了五六十年代的发展时期、70年代中期至80年代中期的停滞时期和80年代中期以来的高涨时期等几个阶段。从 20 世纪 90 年代至今,区域经济一体化组织如雨后春笋般地在全球涌现,形成了一股强劲的新浪潮。这股新浪潮推进之迅速,合作之深入,内容之广泛,机制之灵活,形式之多样,都是前所未有的。此轮区域经济一体化浪潮不仅反映了经济全球化深入发展的新特点,而且反映了世界多极化曲折发展的新趋势。到目前为止,世界上的区域经济一体化协议已达 30 多个,参加的国家和地区有 170 多个。可以说,现在世界上几乎所有的主要国家和地区均参与到了不同形式、不同内容和不同层次的区域经济合作组织中来,区域经济一体化已同经济全球化一起成为主宰当代世界经济活动的两大相互联系又相互矛盾的潮流。

（一）北美自由贸易区

北美自由贸易区建立于 1992 年 10 月 7 日,是在 1988 年 1 月 2 日签订的《美加自由贸易协定》基础上为吸引墨西哥的参加而形成的。北美自由贸易区的目标是,经过 15 年的过渡期,到 2008 年建成一个取消所有商品和贸易障碍的自由贸易区,实现生产要素在区内自由流动。目前,北美自由贸易区的建设取得了巨大的成效。第一,北美自由贸易区建立之初就遇到了墨西哥的金融危机。为了避免墨西哥的金融危机向外蔓延,危及到美国自身的长远战略利益,美国联合加拿大,发起耗资巨大的“援墨国际贷款行动”。第二,根据国际货币基金组织的数据,区内货物贸易额翻了一番,从 1993 年的 3060 亿美元增长到 2002 年的 6220 亿美元。第三,1994—2000 年,流入北美自由贸易区的外国直接投资占同期全世界外国投资总额的比例逐步增大。第四,北美自由贸易区的建立对三国间的跨境环境保护有极大帮助。

北美自由贸易区运行过程中也存在一些问题。三国官方和民间对北美自由贸易区的批评意见主要集中在失业问题和贫富差距问题上。美国主要是抱怨北美自由贸易区的建立使美国的企业处在同拉美廉价劳动力成本的不公平竞争之中,导致美国的失业增加,加剧了美国就业压力。三国之间的贫富差距拉大是关于北美自由贸易区的另一个争议焦点。美、加、墨三国的综合国力和市场成熟程度悬殊,但要实行同等程度的贸易投资自由化,这就意味着墨西哥是在同美国和加拿大进行着一种不公平竞争。

（二）欧盟

欧洲联盟(简称欧盟)是在欧洲共同体基础上发展而来的。1991 年 12 月 11 日,欧共体马斯特里赫特首脑会议通过了以建立欧洲经济货币联盟和欧洲政治联盟为目标的《马斯特里赫特条约》(简称“马约”)。1992 年 2 月 7 日,各国外长正式签署“马约”。经欧共体各成员国批准,“马约”于 1993 年 11 月 1 日正式生效,欧盟成立。欧盟经过几次扩大,现已发展成一个拥有 25 个成员国的经济政治实体。近半个世纪以来,在曲折中前进的欧共体在各方面都取得了重大成就,成为深刻影响世界经济和战略格局的一股不可忽视的力量。进入新世纪的欧洲一体化已呈现出快速发展的态势,欧盟加快了向全面一体化迈进的步伐:第一,欧洲联盟已成为世界经济最重要的内部市场。欧盟 25 个成员国之间一切关税和贸易限制都已取消。欧盟内部市场的 4 个基本自由是,人员、商品、服务以及资本的自由交往。第二,欧盟正在逐渐发展成为一个政治联盟。第三,欧盟将对世界经济增长发挥重要作用。根据马斯特里赫特条约的规定,欧元于 1999 年 1 月 1 日正式启用。欧元作为贸易货币、投资货币和储备货币将成为除美元外新的全球主导货币。欧元的启用,将有利于进一步提高欧洲在塑造世界贸易和世界金融制度过程中的发言权,对改善欧洲在国际上的地位具有十分重要的作用。

欧盟在发展中也面临许多挑战。第一，欧盟扩大将加重财政困难。欧盟扩大是欧盟为适应全球多极化发展、壮大自己的经济实力和政治影响而采取的一项政治决策。然而，扩大并不只是成员国数量的简单增加，更意味着欧盟与新成员国双方都要经过一段艰难的调整、磨合，最终融合于一体化的过程。扩大对欧盟最直接的挑战是财政负担加重。第二，欧盟扩大后在处理公平与效率关系问题上陷入了困境。欧洲一体化之所以能取得如此大的成功，一个重要方面就是欧盟正确处理了一体化过程中的公平与效率的关系问题。欧洲一体化从关税同盟起步，经统一大市场直至经济联盟，经济效率得到了较快的提升，但效率提升的同时也造成了更大程度的不公平。因此，妥善处理公平与效率问题将成为欧盟未来发展所面临的新挑战（钱运春，2005）。第三，欧盟在政治一体化进程中面临困境。长期以来，欧盟所达成的一体化安排总是每一个成员国都愿意并且能够接受的，这是因为初期一体化层次较低，且成员国间有更多的共同之处。但随着一体化的深化发展，预计在未来10~15年内，欧盟成员国将可能扩大到28~30个，成员国数量增多，它们之间在一体化接受程度上和承受能力上的差距拉大，难以强求一致。

（三）亚太经济合作组织

亚太经济合作组织（Asia-Pacific Economic Cooperation，简称 APEC）是亚太地区最具影响的经济合作官方论坛。1989年11月5—7日，澳大利亚、美国、加拿大、日本、韩国、新西兰和东盟6国在澳大利亚首都堪培拉举行亚太经济合作会议首届部长级会议，标志着亚太经济合作会议的成立。1991年11月，亚太经合组织第3届部长级会议在韩国首都汉城（现称首尔）举行，会议通过《汉城宣言》，正式确立了这一组织的宗旨和目标，即"为该地区人民的共同利益保持经济的增长与发展；促进成员间经济的相互依存；加强开放的多边贸易体制；减少区域贸易和投资壁垒"。1993年6月改名为亚太经济合作组织。1991年11月，中国以主权国家身份，中华台北和中国香港（1997年7月1日起改为"中国香港"）以地区经济体名义正式加入亚太经合组织。目前，亚太经合组织共有21个成员。亚太经合组织总人口达26亿，约占世界人口的40%；国内生产总值之和超过19万亿美元，约占世界的56%；贸易额约占世界总量的48%。这一组织在全球经济活动中具有举足轻重的地位。

自成立以来，亚太经合组织在推动区域和全球范围的贸易投资自由化和便利化、开展经济技术合作方面不断取得进展，为加强区域经济合作、促进亚太地区经济发展和共同繁荣做出了突出贡献。APEC主要讨论与全球及区域经济有关的议题，如促进全球多边贸易体制，实施亚太地区贸易投资自由化和便利化，推动金融稳定和改革，开展经济技术合作和能力建设等。近年来，APEC也开始介入一些与经济相关的其他议题，如人类安全（包括反恐、卫生和能源）、反腐败、备灾和文化合作等。

在区域经济合作进展方面，贸易投资自由化和便利化是 APEC 的长远目标，但由于 APEC 成员经济发展水平存在巨大差异，在实现自由化目标的具体步骤上，APEC 采取了区别对待的方式，制定了两个时间表，即1994年在印度尼西亚通过的《茂物宣言》中所确定的，APEC 发达成员和发展中成员分别于2010年和2020年实现投资自由化。此后 APEC 先后在1995年和1996年通过了实施《茂物宣言》的《大阪行动议程》和《马尼拉行动计划》，开始通过单边行动计划和集体行动计划两种途径，落实各成员对贸易投资自由化的承诺。

几年来，APEC 各成员主要通过执行和更新单边行动计划的方式，对实现贸易投资自由化目标作出了一些承诺。1998 年开始的"部门自愿提前自由化磋商"是 APEC 推动贸易投资自由化的又一项重要活动，但因为成员立场分歧过大，最后未取得实质成果。

自 1989 年 APEC 成立起，经济技术合作（E - Cotech）已经历了一个逐步走向具体化的发展过程。1994 年的茂物会议将"加强亚太大家庭内的发展合作"正式作为 APEC 的合作目标之一。1995 年的大阪会议将贸易投资自由化和经济技术合作并列为 APEC 的两个车轮，确立了 E - Cotech 的三个基本要素，即政策共识、共同活动和政策对话。制定了 APEC 经济技术合作的行动议程，确定了合作的目的、合作方式及 13 个合作领域。这些都是技术合作领域中迈出的具体的建设性的步伐。

1996 年的苏比克会议是经济技术合作的一个里程碑，通过了第一个专门为经济技术合作制定的文件——《APEC 加强经济合作与发展框架宣言》即《马尼拉框架》。该文件为经济技术合作规定了目标和原则，并确定了人力资源开发、基础设施、资本市场、科学技术、环保和中小企业等 6 个优先合作领域。《马尼拉框架》的制定标志着 APEC 经济技术合作进入了新的阶段。此后，1997 年的温哥华会议通过了加强公共和私营部门在基础设施建设方面伙伴关系的《温哥华框架》，并决定成立 APEC 高官会经济技术合作分委会，专门负责管理、协调经济技术合作活动，为其提供了机制上的保证。1998 年的 APEC 主要议题是科技和人力资源开发，吉隆坡会议通过了江泽民主席倡议的《走向 21 世纪的 APEC，科技产业合作议程》、《吉隆坡技能开发行动计划》等一系列重要的纲领性文件，为以后的合作打下了良好的基础。1999 年的奥克兰会议通过了以上倡议的执行情况报告，确定了经济技术合作项目申请 APEC 中央基金的评估标准，改进了 APEC 秘书处经济技术合作项目数据库。几年来，APEC 经济技术合作取得了较大的发展，并取得了一些具体成果。

近年来亚太经济合作组织发展速度很快，而且比较顺利，尽管如此，一些问题也逐渐暴露。第一，在削减关税问题上内部矛盾越来越明显。亚太经合组织成员中既有发达国家，也有发展中的国家。第二，是接收新成员问题，亚太经合组织已有 21 个正式成员，还有多个国家和地区要求加入。从客观上分析，成员越多，越难形成集体行动计划，越难达成共识，将使自由化过程放慢。在接收新成员问题上，关税低的成员与关税高的成员持不同意见。第三，是工作重点问题。发展中的国家渴望将经济技术合作作为亚太经合组织活动的一个中心，菲律宾会议通过了《亚太经合组织加强经济合作和发展框架宣言》，但发达工业化国家却依然把力量集中在贸易投资自由化方面。在这一点上发达国家和发展中国家矛盾明显。

第二节　东南亚地区与东南亚国家联盟

一、东南亚地区

东南亚（Southeast Asia）是第二次世界大战后期才出现的一个新的地区名称。该地区共有 11 个国家：越南、老挝、柬埔寨、泰国、缅甸、马来西亚、新加坡、印度尼西亚、文莱、菲律宾和东帝汶。东南亚地区经济的一个显著特点，是它的相对统一性和整体性与巨大的差异性和多样性共存。新加坡经济发达，经济和生活水平达到发达国家水平，经济以服务业、航运业、物流业、金融业、科研、旅游业为主，近年来积极发展高科技和教育。文莱、马来西亚和泰国经济发展有一定基础,经济以旅游业、制造业、农业和渔业为主,近年积极发展航运业和物流业。越南、菲律宾和印度尼西亚经济较落后,经济只有旅游业、制造业、农业和渔业。缅甸、柬埔寨、老挝和东帝汶经济落后,缅甸、柬埔寨和老挝的经济只有旅游业和农业;东帝汶的经济只有渔业和石油出口。文莱虽然人均 GDP 接近发达国家,但经济并不发达,经济以石油出口和天然气出口为主,财富和中东产油国一样只集中在少数富裕阶层。东南亚是当今世界经济发展最有活力和潜力的地区之一。

二、东南亚国家联盟的发展过程

东南亚国家联盟(Association of Southeast Asian Nations, ASEAN)简称东盟。东盟是亚太地区重要的地区组织,包括印度尼西亚、马来西亚、菲律宾、新加坡、泰国、文莱、越南、老挝、缅甸和柬埔寨 10 个国家,东帝汶为观察员国。秘书处设在印度尼西亚首都雅加达。东盟 10 国总面积 450 多万平方公里,2008 年人口 5.8 亿人,人均地区生产总值 2577 美元,对外贸易总额 1.9 万亿美元。东盟成立的宗旨是促进地区的繁荣与稳定。在 1997 年签署的《东盟 2020 年远景》中表示要将东盟建设成为一个充满关爱的社会,一个不分性别、种族、宗教、语言及社会和文化背景,所有人都享有平等的机会发展的社会;要使东盟成为亚太地区乃至全世界上一个有效维护和平、公正和现代化的组织。

1967 年 8 月 8 日东盟成立之初,其成员国只有 5 个(印度尼西亚、马来西亚、菲律宾、新加坡和泰国)。东盟成立当天发表的《曼谷宣言》称,它的目标有两个:(1)本着平等与合作的精神共同努力,促进本地区的经济增长、社会进步和文化发展,以此为基础造就一个繁荣、和平的东南亚国家共同体(Community of Southeast Asian Nations);(2)以公正、法治和《联合国宪章》的原则规范本地区的国际关系,推进区域和平与稳定。东盟成立伊始就宣布它对东南亚所有国家开放。1971 年 11 月 27 日的《吉隆坡宣言》也表达了建立"东南亚和平、自由与中立区"的愿望。但当时世界正处于美、苏剧烈对抗的"冷战"中,而东南亚地区既是"热战的战场,也是冷战的前沿"。印支三国(越南、老挝和柬埔寨)共产党领导的革命运动如火如荼,中南半岛西北角的缅甸正实行"缅甸特色的社会主义",多数东盟国家的重要考虑之一是联合防御所谓"共产主义威胁",因而东盟成立后的相当长时期内在推动区域合作方面未能有实质性作为。1995 年,东盟又将其基本目标概括为"共建和平、分享繁荣"。

东盟成立时发表的《曼谷宣言》着重强调"经济、社会、文化"三方面的合作,并未提及"政治"二字。然而,直到 20 世纪 90 年代之前,东盟的成功之处却主要表现在政治合作方面,与其初衷大相径庭。70 年代中期,在美国撤出越南、印支三国建立社会主义制度后,东盟于 1976 年 2 月在印度尼西亚巴厘召开第一届首脑会议,签署《东盟和谐宣言》与《东南亚友好合作条约》,首次主动提及政治领域的合作,宣布东盟各国将"就国际与地区事务协调其观点、行动和政策"。在 1978 年 12 月后,东盟在柬埔寨的外交斡旋活动使其政治合作功能日益凸显。进入 20 世纪 90 年代,全球冷战和东盟—印支对峙的结束,使东盟有条件逐步扩展到整个东南亚地区,从而实现其成立伊始就已确立的目标。1992 年,越南和老挝成为东盟观察员国。1995 年 7 月 28 日,越南正式加入东盟。这是东盟发展史上的重要里程碑,标志着东南亚地区奉行不同制度的国家摒弃前嫌、携手合作。此后不久,柬埔寨和缅甸先后成为东盟观察员国。1995 年 12 月 14—15 日,在东盟第五次首脑会议期间,东南亚 10 国首脑实现历史性的首次会晤,10 国首脑共同决定,将在 2000 年之前正式吸收老挝、柬埔寨和缅甸入盟。1997 年 7 月 23 日老挝和缅甸同时加入东盟。1999 年 4 月 30 日柬埔寨加入。至此，东盟已实现在 1994 年 5 月提出的建立东南亚 10 国共同体的目标。东南亚也逐渐由过去的地理概念转变为一个地缘政治概念，标志着该地区开始步入一个新的历史时期。

2006 年东帝汶申请加入东盟，但只作为观察员国参与东盟的相关会议。2003 年 10 月第 9 次东盟领导人会议通过东盟在政治、经济、安全、社会与文化全面合作进入历史新阶段的《巴厘第二协约》，提出在 2020 年建立类似于欧盟，包括政治安全、经济和社会文化的共同体。2004 年 11 月，第 10 次东盟领导人会议通过《万象行动纲领》等一系列文件，提出进一步缩小成员国间的发展差距，在 2020 年将东盟建立成一个对外开放、充满活力与关爱的共同体的目标。2007 年 11 月，第 13 届东盟首脑会议通过了《东盟宪章》，明确将建立东盟共同体的战略目标写入宪章。与此同时，会议还通过了《东盟经济共同体蓝图》，重申在 2015 年之前建成东盟经济共同体。这是东盟经济一体化建设的总体规划，也是一份指导性文件。2008 年 12 月 15 日，《东盟宪章》正式生效，东盟的合作机制更加制度化，不仅东盟各成员国向东盟秘书处派任了大使，东盟外国家也陆续向东盟秘书处派驻大使，截至 2011 年 3 月有 58 个国家或组织向东盟派驻大使。2009 年 2—3 月间和 10 月，东盟分别举行第 14 次东盟领导人和第 15 次东盟领导人会议，签订《东盟共同体 2009—2015 年路线图宣言》等一系列协定，强调东盟将于 2015 年如期建成"人民的共同体"。

第三节　东南亚区域经济合作

东南亚的区域、次区域经济合作至今已经历了一个漫长的历程，是发展中国家开展区域经济合作的成功典范。当代东南亚的区域经济合作是由东盟主导、以贸易为先导的。东盟确立以自由贸易区为主要的经济合作形式，区域内的经济整合蓬勃发展。作为发展中国家的地区组织，东盟的经济合作具有鲜明的特点，即以金融为重、缩小差异、扩大开放、多样性、政府主导等。但是，与北美自由贸易区和欧盟的发展程度相比，东盟仍存在很大差距，主要原因在于其经济的差异性、经贸结构的同质性和对外部市场的依赖性。近年来，东盟抓住经济全球化和区域一体化的机遇，一方面加强组织内部的经济合作，推进次区域经济合作如大湄公河次区域经济合作、"增长三角"、泛亚铁路等；另一方面积极参与"10 + 3"（东盟与中、日、韩）等合作机制，努力构建区域经济合作的网络。经过长期的摸索，东盟已逐步建立起一套相对完整的机制，它们称之为"职能合作"（Functional Cooperation），用以处理东盟各国之间的相互关系，协调各国政府的立场。目前，东盟内部的经济合作现已涵盖许多领域，据东盟秘书处统计，包括贸易、投资、工业、服务、金融、农业、林业、能源、交通、通信、知识产权、中小企业、旅游等。特别是 AFTA 启动以来，区内贸易的增长相当显著。

一、东南亚区域经济合作机制与现状

（一）合作机制与发展历程

1. 东盟自由贸易区

1975 东盟第 8 届外长会议上，东盟各国同意建立东盟贸易协商机构以便推动东盟国家的优惠贸易活动,并在 1977 年 2 月签署了关于优惠贸易安排(PTA)的基本协议。接下来的一个时期,东盟各国间的优惠关税贸易在 PTA 框架下进行得有声有色,为后来东盟自由贸易区计划的提出打下了基础。

1990 年 10 月,东盟第 22 届经济部长会议(AEM)在吉隆坡召开。会上泰国第一次提出了设立"东盟自由贸易区"(AFTA)的建议。一年后,1991 年 10 月,东盟第 23 届经济部长会议同意在 15 年内建成一个区域性的自由贸易区。在 1992 年 1 月于新加坡召开的东盟第 4 届首脑会议上,东盟各国(6 国)政府首脑正式决定设立"东盟自由贸易区"(ASEAN Free Trade Area, 简称 AFTA)。会后发表的《新加坡宣言》和《加强东盟经济合作的框架协议》对东盟自由贸易区的目标作出了具体规定,即东盟将从 1993 年 1 月 1 日起,在 15 年内(2008 年之前)建成东盟自由贸易区,关税最终降至 0 ~ 5%。目的是"增强东盟作为单一生产单位的竞争优势;通过减少成员国之间的关税和非关税壁垒,期待创造出更高的经济效益、生产率和竞争力;加强东盟区域一体化和促进东盟区内贸易与投资"。同时召开的东盟经济部长会议随即签署了"东盟自由贸易区共同有效普惠关税方案协议"(Agreement on the Common Effective Preferential Tariff Scheme for AFTA, 简称 CEPT)。与过去 20 多年中经济合作缓慢进展相比,这次东盟自由贸易区计划的确立应该说十分迅速,从计划提出到付诸实施只有两年多时间。其原因除了东盟多年合作已奠定的基础之外,20 世纪 80 年代末期区域经济一体化的重新兴起,特别是欧盟一体化的加快以及北美自由贸易区(NAFTA)的建立是重要的外因,另外,根据东盟的说法,中国的改革开放也是一个重要推动力。东盟自由贸易区的合作机制与发展内容见教材第三、四和五章。

2. 东盟共同体

2003 年 10 月,东盟第 9 次首脑会议在印度尼西亚巴厘岛召开。东盟各国领导人签署了《巴厘第二协约》(另译为《巴厘协定Ⅱ》),该协约提出,要在 2020 年把东盟建成"东盟共同体",它包括"东盟经济共同体"、"东盟安全共同体"和"东盟社会和文化共同体"。东盟在区域一体化方面的中长期目标,就是要把东盟建设成为类似欧盟那样的区域合作组织,促进东南亚各国在政治、经济、安全、社会与文化等领域的全面合作。在区域经济一体化方面,该协约规定的总体目标,是要在 2020 年把东盟建成没有关税和非关税壁垒的单一市场。

(1)经济共同体建设现状。

2004 年 9 月 3 日在雅加达举行的第 36 届东盟经济部长会议将上述总体目标进一步具体化,根据这次经济部长会议达成的协议,到 2012 年,东盟 10 国将对 11 个领域的产品实行零关税措施,包括橡胶、电子产品、汽车、纺织、航空、旅游、农业、电子商务、渔业、木材以及医疗保健业。为了加快经济一体化步伐,新加坡、泰国、菲律宾、马来西亚、印度尼西亚和文莱 6 国将提前 5 年互免关税。此举意味着东盟在区域经济一体化方面又上了一个新台阶,正在向 2020 年的目标迈进。在此次首脑会议上,东盟领导人还签署了具有历史意义的文件,决定在 2020 年建立东盟经济共同体,以实现商品、投资、服务和人员的自由流通。根据实现经济共同体的行动计划,东盟确定在 11 个产业启动一体化进程,其中包括航空、旅游、卫生保健、农业、纺织、渔业以及电子业等。东盟的目标是不仅建立一个单一的市场,而且还要成为一个具有竞争力的生产基地,向全球推出"东盟制造"的品牌。"东盟经济共同体"的构想是东南亚各国走向持续稳定,实现共同繁荣的宏伟蓝图,也标志着东盟将再次经历重大转型。

东盟经济共同体建设进展顺利。2010年1月东盟自由贸易区全面实施，原东盟6成员国取消了99.65%的CEPT（具有约束性的优惠关税税率）的关税，柬、老、缅、越4国98.96%的CEPT关税减至5%以下，并承诺于2015年取消全部关税。2010年5月17日，《东盟货物贸易协定》生效，东盟内货物贸易取消关税和非关税壁垒，实行东盟单一窗口。

（2）共同体合作机制。

一是促进贸易和投资的便利化。推进东盟贸易和运输便利，提高物流服务质量，改革内部贸易法律法规体系使之透明化。2010年8月，第42界东盟经济部长会议决定在东盟贸易便利化、知识产权、竞争政策、公私领域合作、缩小发展、东盟对外经济关系、技术援助和能力建设等方面加强合作，签署《2010—2015年东盟中小企业发展战略》。

二是坚持均衡与可持续发展的经济发展模式。2010年4月第16次东盟领导人会议通过《东盟经济复苏和可持续发展联合声明》。东盟各国决定推行宏观经济政策以恢复经济。

三是加强金融合作。2010年3月清迈倡议多边协议生效，总规模为1200亿美元的区域外汇储备库为协议国解决短期流动性困难、维护区域金融稳定发挥重要作用。2010年11月，第7届东盟财长投资者研讨会决定加速成员国在证券交易和资金市场的连接，计划设立东盟单一电子交易平台。从2011年下半年起，新加坡的证券交易将同马来西亚和泰国挂钩，菲律宾计划于2012年上半年加入，共同提高东盟区域市场资金的流动性，促进东盟经济一体化和货币一体化。

四是互联互通东盟建设。重点制定各成员国间的联通计划，为2015年建成东盟共同体奠定基础。东盟互联互通总体规划及交通、信息、旅游等联通计划的陆续通过，标志着东盟一体化建设进程又迈出关键性的一步。

（二）经济合作的特点

经过近45年的发展，东盟经济合作已取得了一定成就，在世界上现有的地区组织中成效显著，已成为区域经济合作一个比较成功的范例。作为发展中国家的地区组织，东盟的经济合作具有鲜明的特点。

1. 金融为重

欧盟的实践表明，金融合作是地区经济走向融合的必由之路，而已经过亚洲金融危机的教训，东盟各国对开展金融合作的必要性和重要性有了更加深刻的认识。印度尼西亚、马来西亚、菲律宾、新加坡和泰国5国，在1997年率先签署《东盟货币互换安排》（ASEAN Swap Arrangements，ASA），以便在它们中间出现收支问题和面临流动性货币临时短缺时提供短期的互换支持。在2005年5月召开的亚洲开发银行年会上，东亚国家达成了《清迈倡议》，进一步扩大了东盟货币互换安排，把所有东盟国家都包括了进去。《清迈倡议》还强调：要完善并扩大亚洲各国货币间的直接交易，建立资金结算体系，为地区经济和金融监督体系的建立奠定基础；发展适当的危机预警机制，增强东亚地区的金融稳定等。

1998年10月东盟各国财长举行会议，就区域内金融危机预警机制签订了协议，要求各成员国向东盟秘书处提供贸易、国际收支、财政收支、利率、汇率以及资金流向等经济数据，每年由有关专家共同分析研究这些资料，预测地区经济的发展形势，防止再次出现金融动荡。东盟在金融领域的合作日益加深，已成为经济合作的重头戏，极大地促进了东盟国家在货币和金融合作方面的信心，鼓舞了东盟各国参与经济合作的热情，为未来建立经济共同体奠定了坚实的基础。

2. 缩小差异

东盟 10 国经济发展差距较大，特别是 4 个新成员国与 6 个老成员国相比，经济发展水平落差很大。在制定东盟自由贸易区和东盟投资区等实际目标时，考虑到差异性和新成员国的利益，实行不同的时间表，允许新老成员国根据本国实际情况，确定实施计划的日期。东盟还在新成员国向老成员国的出口方面提供了优惠关税，税率低于现行税率，以缩小东盟各国之间以及东盟与世界其他地区之间的发展差距。

东盟积极努力推动新成员国的经济和社会的发展，协助新成员国解决实际问题，尽力缩小新老成员国之间的发展差异，加速东盟一体化进程。2001 年 7 月召开的东盟第 34 届外长会议通过了《河内宣言》，敦促各成员国加快履行第 6 次首脑会议通过的《河内宣言纲领》和《东盟 2020 年远景》。东盟还提出了缩小发展差距的各项决议，并呼吁国际社会积极支持东盟的一体化努力，通过各项区域合作计划，促进本地区的发展。东盟还实施了培训计划，对新成员国进行人力资源开发、社会发展计划、投资项目评估、金融监管等方面的培训，以帮助新成员国加速自身的经济发展进程。

3. 扩大开放

一般认为区域经济合作会排斥全球化和贸易投资自由化，从而在更广泛的区域形成更严重的贸易保护主义，欧盟和北美自由贸易区就是封闭性的、对外依赖性较小的地区经济一体化组织，而东盟的做法则与那种对内强化合作、对外设置壁垒的带有贸易保护主义色彩的排他性区域经济集团迥然不同。

东盟各国的产业政策多属于出口导向型，对区外经济有很强的依赖性，面对"9·11"事件后美国经济的新动向，东盟迫切需要建立一个相对开放的国际贸易体系来拓宽外部的发展环境，需要借助外部的力量来补充区域内的不足，这就决定了东盟必须实行高度的对外开放政策。而且作为亚太经合组织的成员，东盟需要遵守其开放的地区主义原则，不会发展成完全封闭的地区经济一体化组织。在推进东亚区域经济贸易与合作的过程中，东盟极力主张加强与区域外国家的合作，建立一个面向全世界的开放型区域经济集团，为东亚的经济发展创造更广阔的生存空间，并以此为平台，更好地整合和增强东盟各国的经济实力，谋求共同发展。例如，在所有的"增长三角"中，东盟没有用歧视性的规定来对待"增长三角"以外的国家，并积极鼓励外商到区域内进行贸易和投资，分享经济合作的成果。开放性在东盟经济合作的进程中发挥了重要的作用。东盟作为一个整体与外部进行的持续有效的互动，保证了经济合作的良性发展。

4. 多样性

在东盟自由贸易区的设想提出以前，东盟各国就有频繁的经贸往来，随着经济合作的深入，东盟花费了大量精力和时间建设东盟自由贸易区，合作的范围因而越来越大，形式也更加多样。东盟经济合作的内容包括贸易、投资、金融、技术、信息及环保等领域，积极鼓励技术和电子商务方面的技术合作，推动工农业合作、加强中小企业合作、加强货币合作和金融监管、防范金融风险等，并加强基础设施建设的合作。随着澜沧江—湄公河运输网的开通和泛亚铁路建设的开工，东南亚经济合作的领域和范围还将不断地扩大和延伸。

5. 政府主导

从东南亚经济合作的推进过程来看，作为合作的主体，东盟各国政府赋予经济合作以鲜明的政治色彩。由于经济发展水平不一，且都是发展中国家，需要政府在政策上予以扶持。东盟各国政府的政策安排确立了东盟经济合作发展的基本方向和目标，使之不断朝着规范化和机制化的方向发展。一方面，东盟各国政府的主导性具有一定程度的强制性，把东盟成员国约束在走向自由贸易区的这条道路上；另一方面，东盟各国政府的主导性也形成巨大的凝聚力，使东盟成员国的经济合作无论面临什么挫折和困难，都能坚持既定的发展道路。

东盟是一个"十分松散而特殊的区域组织"，其组织原则和决策原则主要是"不干涉内政"和全体一致原则，形成了一套独特的"东盟方式"。东盟所有成员国，不论大小和国力强弱，在东盟事务的决策过程中绝对平等，使东盟成为一个以相互平等协商为基础的共同利益集团。但是，随着经济合作的发展，东盟的组织机制与运作方式给经济合作带来的问题也不断暴露。由于没有强有力的组织约束，使得各成员国的行动表现出较强的单边性，在很大程度上阻碍了东盟合作的进程。在国家利益同区域利益发生矛盾时，各国优先考虑的是本国利益，而东盟自身由于组织和决策原则的限制，难以做出有效协调，各种方案难以执行，这些弊端在亚洲金融危机中就曾经一一显露。

（三）东南亚区域经济合作存在的问题

东盟在 2003 年提出到 2020 年实现三个共同体的目标，即经济共同体、安全共同体、社会共同体，这将是东盟在区域合作领域的一大飞跃。但是，与北美自由贸易区和欧盟相比，东盟的差距明显，主要原因在于：

1. 经济的差异性

作为一个区域性组织，东盟对外是作为一个整体来发挥作用的，而观其内部，东盟各成员国差异性非常大，特别是随着东盟的不断扩大，东盟内部在政治、文化、宗教、民族等方面的问题十分复杂。

由于各自的具体国情不同，在独立初期东盟各国选择了不同的发展道路，采用不同的经济体制。大体来说，东盟老成员国受西方影响较深，实行市场经济体制，相互间的合作较为密切，经济发展很快；而缅甸等新成员国长期以来受战乱的影响，加上计划经济体制的限制，经济的发展十分缓慢，20 世纪 90 年代以后，四国才先后走上对外开放的发展道路。

东盟成员国的经济发展水平和发展进程差异巨大，2011 年，新加坡的人均国内生产总值达到 42653 美元，而同期人均国内生产总值越南为 1174 美元、柬埔寨为 814 美元、缅甸为 702 美元，与新加坡的差距高达 60 倍之多。这个差距远远高于欧盟内部 16 倍和北美自由贸易区内部 30 倍的差距水平。巨大的贫富差距以及经济体制上的矛盾，极大地限制了东盟各成员国相互协调经济政策的余地。

东盟内部的差异性有深远的历史渊源，要解决绝非易事，它会长久地影响东盟内部合作与发展。差异性不仅削弱东盟的内聚力，同时也造成东盟各国间关系的复杂性和不稳定性，直接影响到东盟的经济合作。

2. 经贸结构的同质性

地缘上的接近和经济优势的互补是区域经济实现整合的两大先决条件，其中区域内成员国经济优势的非均质分布决定区域经济一体化的贸易创造效应的大小。而东盟国家在经济发展的比较优势方面并不具备明显的互补性，在国内经济结构和出口产品结构方面相似，在吸引外资和出口商品方面存在竞争，如文莱、印度尼西亚、马来西亚都在争夺日本的天然气市场。东盟各国间产业结构类同，出口商品相近，除新加坡外的所有东盟国家基本上都是初级产品生产国，同质性极大地限制了东盟内部贸易创造效应的发挥。

3. 对外部市场的依赖性

2004 年，东盟 10 国的国民生产总值只占世界的 1.8%，经济总量和人均占有量都不大。长期的出口导向型战略使东盟国家在劳动密集型产品上竞争激烈，内部市场的狭小限制了东盟未来的发展空间，而对外部市场的依赖则严重削弱了东盟抵御外部冲击的能力，一旦主要的出口地区发生市场萎缩或者价格波动，就会对东盟各成员国的国内经济造成较大的冲击。

20 世纪七八十年代，东盟国家主要为日本生产下游电子产品，出口方面主要依赖日本市场，到了 90 年代，随着日本经济的衰退，东盟国家的出口严重依赖美国市场。这种对外部市场的依赖增加了东南亚地区未来经济发展和经济合作的不确定性。

4. 内部缺少核心和机制

从欧盟和北美区域经济一体化的经验中可以发现，区域性经济集团内部在客观上需要核心的经济力量来承担区域内的组织和领导重任，发挥协调成员国政策、稳定区域内部经济的职能。而在东盟没有一个国家有能力担当这个领导责任，中坚力量的缺乏削弱了东盟各成员国之间的凝聚力。在 1997 年的金融危机中，东盟各国出于自身利益考虑，竞相贬值本国货币，造成了危机的迅速蔓延，损失惨重，这典型地暴露了缺乏内部核心力量和共同应对机制的缺陷。东盟目前仍处于"群龙无首"的局面，很难找到能起核心作用的国家和有威望的领袖，在一些重大问题上难以协调一致。

东南亚是一个民族主义意识强烈、非常看重国家主权的地区。东盟在加入亚太经合组织时提出的避免法律约束力，以相互尊重、平等协商、自愿和渐进的方式来处理各种事务等要求，就可以很好地说明这一点。虽然金融危机和其他地区区域经济合作的发展使东盟国家开始认识到东南亚地区整体利益的重要性，但是个别国家强烈的民族主义使得东南亚地区主义仍处于下风。

二、东南亚次区域合作实践

东盟的次区域合作不是指东盟内部全局性的合作，也不是指东盟整体或东盟内部某个国家与区外经济体的双边合作，如"10 + 1"、"10 + 3"、"日本 – 新加坡经济伙伴关系协定"（JSEPA）等，也不是指东盟内部两个国家之间的双边合作，如菲律宾—泰国贸易协定等，而是指东盟内部几个国家之间开展的小范围的、被认可为单独一个经济区的跨国界的多边经济合作。次区域合作的内容可以是资源自由流动、建立共同市场、建立联合经济组织、协调资源开发、合理保护环境、协调经济发展、维护经济秩序、保持经济稳定等，实质是消除区域内资源流动的障碍，促进区域经济社会的共同发展。主要包括湄公河流域的次区域合作和三个增长三角的经济合作。它们构成该地区次区域经济合作的主要形式。次区域经济合作是 20 世纪 80 年代末以来在东亚地区出现的一种新的经济现象，它是在世界经济区域化、集团化的趋势与各国经济竞争日趋激烈的背景下产生的。自产生后，次区域合作形式在东南亚各国受到高度关注并被付诸实践，而且取得了明显的成效。

（一）湄公河次区域经济合作

湄公河发源于我国青藏高原的唐古拉山脉，流经西藏东部和云南省，此段称为澜沧江；从云南出国境，依次流经缅甸、老挝、泰国、柬埔寨和越南，最后从越南南部湄公河三角洲流入南中国海，此段称为湄公河。湄公河干流全长4880公里，是亚洲一条重要的国际河流，湄公河地区蕴藏着丰富的水力资源、生物资源、矿产资源和旅游资源，具有巨大的经济合作潜力和发展空间。1992年在亚洲开发银行倡议下，大湄公河次区域6国共同发起建立大湄公河次区域（The Greater Mekong Sub‐Region，简称GMS）经济合作机制，以加强各国间的经济联系，促进次区域的经济社会发展，实现共同繁荣。大湄公河次区域合作是亚太地区一个重要的次区域合作。

1. 湄公河次区域经济合作机制与发展历程

早在19世纪末20世纪初，当时殖民者法国曾代表受保护的印支国家与泰国签订合作利用湄公河下游航道的协议。但是有关共同开发、利用湄公河的正式合作始于20世纪50年代。1955年联合国亚洲及远东经济委员会发表一项报告，提出合作开发、利用湄公河下游的水力资源，此计划被称为"湄公计划"。1957年，泰国、柬埔寨、老挝和越南表示支持"湄公计划"，并于同年成立了湄公河委员会，在亚太经济社会理事会的主导下运作。然而在60年代至80年代期间，由于中南半岛军事冲突不断，政治局势动荡，"湄公计划"进展步履艰难，湄公河流域的国际合作开发基本上陷于停滞状态。

20世纪90年代，随着冷战的结束和中南半岛政治局势的逐渐缓和，湄公河流域国家关系实现正常化，湄公河流域经济合作重新活跃起来。这一地区除了泰国是市场经济国家外，其他国家此时都在以不同速度摆脱传统的计划经济发展模式，试图通过发展次区域经济合作来推动本国经济体制的改革，促进经济发展。除了湄公河沿岸国和东盟其他国家以外，日本、澳大利亚、欧盟等发达国家，以及亚洲开发银行、联合国开发计划署、亚太经济社会理事会等国际组织，也纷纷参与了该区域各项经济合作。

（1）大湄公河次区域经济合作（Economic Cooperation in Greater Mekong Sub-region，GMS）。这是湄公河次区域经济合作中最重要的国际合作开发机制，由亚洲开发银行（Asian Development Bank，ADB）作为合作的协调方和资助方，中、老、缅、泰、越、柬参加，旨在改善次区域的基础设施，扩大贸易与投资的合作。其主要机构是大湄公河次区域经济合作部长级会议，按惯例每年在亚洲开发银行总部召开一次会议。自1992—2000年已先后召开了9届部长级会议，主要的合作领域是交通、能源、通信、旅游、环境、人力资源开发、贸易和投资、禁毒等8个方面。部长级会议下设专题论坛和工作组。2001年第10届部长级会议通过了《大湄公河次区域经济合作未来十年战略框架》，强调加强基础设施建设、促进跨境贸易和投资、推动私营部门参与合作、发展人力资源和能力、保护环境和合理利用资源等。该战略框架确定了建设重要交通走廊、电信骨干网、电力联网与投资、贸易、旅游等11大标志性项目。2002年11月在柬埔寨首都金边举行了大湄公河次区域经济合作（GMS）第一次领导人会议。这是湄公河开发合作史上最高级别的会议，通过了《领导人宣言》和《发展规划表》两个重要文件，确定了未来10年的合作领域和承诺。会议还讨论了对该次区域合作的基本看法和GMS的作用，以及发展伙伴关系、筹集资金和亚行的作用等问题。它标志着湄公河次区域合作进入一个新的发展阶段。

（2）东盟湄公河流域开发合作。1995年12月，第5届东盟首脑会议提出东盟湄公河流域开发合作(The ASEAN – Mekong Basin Development Cooperation, AMBDC)(包括中国云南省),目的是加速湄公河流域印支三国和缅甸经济的发展。1996 年 6 月,当时的东盟 7 国和澜沧江—湄公河流域国家中的中、缅、老、柬共 11 国的部长级代表,在马来西亚首都吉隆坡通过了《东盟湄公河流域开发合作基本框架》(The Basic Framework of AMBDC),合作领域包括基础设施、投资与贸易、农业、矿业、工业及中小企业发展、人力资源开发、科技等 7 个方面。同年,在印度尼西亚召开的东盟非正式首脑会议批准了这一基本框架文件。这一框架文件强调加强整个湄公河沿岸各国的经济联系,建立经济伙伴关系,以最终实现东南亚自由贸易区和由 10 国组成的大东盟。在该合作框架中,首次推出了南起新加坡、北至中国昆明的"泛亚铁路"计划。它将连接新加坡、马来西亚的吉隆坡、泰国的曼谷和清迈、缅甸的仰光、柬埔寨的波贝和金边、越南的胡志明市和河内、老挝的万象以及中国的昆明。该计划提出后得到了中国和东南亚国家的赞同和支持。东盟湄公河流域开发合作机制的形成表明,澜沧江—湄公河开发合作已作为东盟经济一体化的一部分而被纳入东盟合作框架之中,其合作范围已超越了澜沧江—湄公河流域。

(3)湄公河流域可持续发展合作。1995 年,在湄公河工作小组的基础上,泰国、老挝、越南和柬埔寨在泰国清莱签署了《湄公河流域可持续发展合作协定》,并正式成立了新的湄公河委员会(The Mekong River Commission, MRC)。新湄委会为完全由泰、老、柬、越 4 国主导的地区性组织,其宗旨是对整个湄公河的水资源和相关资源以及全流域的开发制定计划和实施管理。新湄委会成立后,每年都制定项目计划,并积极寻求国际援助。中国在1996 年以对话国的身份参与了它的有关活动,缅甸同年也成为新湄委会的对话国。

(4)中、老、缅、泰"黄金四角"地区经济开发合作(Golden Quadripartite Economic Cooperation, QEC)。泰国政府于 1993 年初率先提出了"东南亚黄金四角经济计划"。"黄金四角"地区指澜沧江—湄公河流域的中、老、缅、泰 4 国毗邻地区,总面积约 16 万平方公里。该计划提出后立即得到中国、缅甸和老挝政府的支持和响应。同年 5 月,4 国高级官员首次在曼谷举行关于联合发展交通运输的会议,确定连接 4 国的交通和发展旅游业是区域经济合作的重点。1998 年召开的亚洲开发银行次区域第 8 届部长级会议,正式将禁毒列为澜沧江—湄公河次区域合作的新领域,并开展大规模的替代种植,这一活动也成为"黄金四角"区域合作的重要内容。目前"黄金四角"经济合作的范围涉及航运资源开发、水电资源开发、旅游资源开发、交通道路建设、生态环境保护、贸易与投资以及替代种植等方面,其宗旨是建设中国西南通向中南半岛的陆上通道和经济走廊,实现中国与印支国家市场的对接,并促进该区域内的经济发展。2000 年 4 月,中、老、缅、泰 4 国交通部长正式签署《澜沧江—湄公河商船通航协议》,2001 年 4 国实现正式通航。

上述 4 种合作机制虽然在合作的范围、层次和程度上各不相同,内容上也有不少重叠,但都是围绕着澜沧江—湄公河次区域合作展开,其最终目的是要在这特定区域内实现最有效的专业化生产,消除不必要贸易投资障碍,实现生产要素的合理流动和资源的优化配置,促进次区域内各国经济的共同繁荣。

2. 湄公河次区域经济合作发展的特点

(1)湄公河次区域经济合作中,亚洲开发银行扮演着重要角色。

亚洲开发银行作为亚洲十分重要的地区性金融机构,认为湄公河次区域经济合作具有巨大的发展潜力,蕴藏着极大的商业机会。它早在 20 世纪 90 年代初就设想以湄公河的开发合作为纽带，积极推动该地区国家全面的经济合作。为此，亚行于1992年制定了一个地区性经济技术援助计划，用以促进该地区基础设施的建设，推动有关国家间经济合作的开展。亚行将自己在该次区域经济合作过程中的作用和目标定为：鼓励沿岸国之间的对话，加强互信；通过对具体项目的开发、论证和支持，推动该次区域内各项经济合作项目的开展。亚行最初提出的合作领域主要集中在交通、能源、环境、人力资源开发、旅游、投资以及通信等7个领域。在亚行的积极推动下，次区域各国不断取得共识，合作领域不断扩大。尤其在东盟各国遭受亚洲金融危机打击的情况下，亚行于1998年11月仍然坚持召开了第8次部长级会议，并发表了充满信心的会议宣言，提出了通过进一步加强次区域经济合作来缓解金融危机造成的损失。可以说，没有亚行的积极倡议和推动，湄公河次区域经济合作的开展是很难想象的。

（2）在经济合作的模式上，该次区域合作是开放式的。

湄公河次区域经济合作形式比较灵活，合作层次和强度要低于具有一定排他性的东盟自由贸易区或其他形式的关税区。湄公河次区域经济合作的基本目的是使该地区成为一个更具吸引力的投资场所、更具规模的开放性市场，并通过各具体领域的合作，改变该地区的经济结构，提高经济效益。1994年4月，亚行第3次次区域经济合作部长级会议的总结报告明确指出，"次区域合作项目的参与国可以是次区域内的任何几个国家，无须一定要六个国家一起参加"，"次区域合作无意为该地区形成贸易集团奠定基础，其目的只是保持业已存在的关系并以此为基础不断加以扩大"。因此，澜沧江—湄公河次区域经济合作只是相邻国家间的一个非正式多边合作机制，而不是一个像东盟那样的自由贸易区，参与国只是在现有关系基础上就基础设施、能源建设、贸易投资等一些特定领域进行自主合作。这种开放、松散式合作的一个显著特点是，各参与国无须作出主权让渡，仍保持完全的自主权。

（3）基础设施建设和能源开发是合作的重点。

20世纪90年代期间，亚行提出的100个建设项目中，有74个属基础设施建设，其中交通领域34个，能源12个，通信18个。交通领域最重要的项目包括投资6500万美元的昆明—河内铁路的修复，投资2.1亿美元经过泰、老"友谊桥"的全长150公里的铁路，以及云南至泰国（1.2亿美元）、泰国—老挝—越南（5.5亿美元）、云南—缅甸（7亿－12亿美元）的铁路建设项目。

能源开发是该次区域经济合作的另一重要部分。根据湄公河委员会的报告，泰国88%的能源供应要依靠湄公河的下游地区，其中84%又主要依靠老挝和柬埔寨。老挝每年出口收入中的30%来自向泰国出售电力。自1998年以来，缅甸又向泰国出售了价值1.5亿美元的燃气。1998年中缅双方签署了建设缅甸邦琅电站的合同，由中国政府提供1.5亿美元的出口信贷进行建设。该项目是目前缅甸最大的水电项目。2000年6月，中泰双方签署在景洪合资建设百万千瓦级大电站的投资意向书，总投资为100.44亿人民币。该项目预计2006年动工，2013年投产发电，2014年向泰国输电。该项目的建设标志着澜沧江—湄公河次区域在能源领域的合作正取得重大进展。

（二）东盟"南增长三角"

在东南亚，先后出现了新加坡、马来西亚柔佛和印度尼西亚的廖内群岛等组成的"新柔廖增长三角"（"南增长三角"的早期形态），印度尼西亚、马来西亚、泰国相邻部分组成的"东盟北增长三角"，文莱、印度尼西亚、马来西亚和菲律宾相邻部分组成的"东盟东部经济增长区"，以及贯穿印支地区、东盟国家整体参与的"大湄公河次区域经济合作计划"等。这些次区域合作形式由东盟各国自愿组成的，各参与区域经济发展参差不齐，有的处于较发达状态，而有的还处于欠发达状态，基础设施落后，但由于合作的区域范围相对较小，有利于充分发挥邻近地区的经济互补性以及有关地区政府和私营部门的合作积极性，促进了东盟各国间经济联系和经济合作。

在这些次区域合作的形式中，东盟"新柔廖增长三角"的经济进展最快，成效最大。这不仅因为东盟"新柔廖增长三角"的参与方市场经济制度发展得比较成熟，生产要素在市场规律的导向下在区域内能够得到有效的配置，经济合作对整体综合区域优势整合和提高都比较明显，而且"新柔廖增长三角"中有新加坡这样强大的领头羊，这一点在次区域合作的发展初期尤为重要。在东盟的几个增长三角区中，南增长三角建立最早。它早期包括新加坡、马来西亚的柔佛州和印度尼西亚的廖内群岛，所以原来也称"新柔廖增长三角"（Singapore-Jobor-Riau Growth Triangle，SI-JORI-GT）。后来此增长三角于1996年和1997年分别扩大到包括马来西亚南部4个州和印度尼西亚的6个省，故后称为"新马印度尼西亚增长三角"（Indonesia-Malaysia-Singapore Growth Triangle，IMSGT）。

1. "南增长三角"经济合作计划的提出

1989年12月时任新加坡第一副总理的吴作栋首先提议，由新加坡和与之毗邻的马来西亚柔佛州及印度尼西亚巴淡岛联合建设"增长三角"经济开发区。1990年，印度尼西亚总统苏哈托和马来西亚总理马哈蒂尔正式表示赞同。

建立"增长三角"的设想主要是基于这样的考虑，即充分利用上述3个地区各自的相对优势，实现较快的经济增长。新加坡经济经过20多年的快速增长，已达到较高的发展水平，但是也面临着一系列问题，比如劳动力短缺、新币币值不断提高、生产成本上升、出口产品竞争力下降等。而新加坡对使用外籍劳工在数量上和税收方面又有严格的规定。在这种情况下，企业只有两种选择，即进行产业升级或者把劳动密集型的生产转移到其他地方。由于产业升级需要大量投资和有稳定的产品需求，因此多数厂商还是倾向于利用周边地区廉价劳动力，而最靠近新加坡的柔佛和巴淡岛就自然成为首先考虑的转移地点。

柔佛州是马来西亚的第二大州，土地辽阔，农业发达，半熟练工人众多。巴淡岛所处的廖内群岛是印度尼西亚石油和天然气的重要产地，劳动力价格低廉。在巴淡岛，非熟练工人的月薪仅90美元，柔佛州约150美元，而新加坡高达350美元。因此跨国公司可以把资本密集和技术密集的生产安排在新加坡，而把劳动力密集和占地较多的生产安排在柔佛和巴淡岛。这些地区地理上毗连，管理、联系和运输较为方便，有利于降低生产成本。这样，跨国公司就可把"增长三角"作为一个投资区来考虑。在该三角区域内的企业，既可以利用新加坡高效率的基础设施和高水平的技术和管理，又可以利用其他两地的廉价劳动力和地价较低的广阔区域。

增长三角计划在经济上的可行性不仅在于垂直分工与合作方面，而且还在于充分发挥规模经济效益方面。新加坡已拥有与世界市场联系在一起的金融、商业网络，充分利用这一条件对于新加坡本身和周围地区的发展都十分有利。此外，这一地区的旅游资源丰富，到新加坡的旅客可到柔佛和廖内群岛饱览这两地秀丽的海滨风光，从而增加有关国家的旅游收入。从新加坡来看，增长三角的建立还可保证其淡水供应，扩大市场和投资地，而其他两个地区可以从新加坡获得经济发展所需的资金和技术。

2. "南增长三角"经济合作的进展

1990 年 8 月,新加坡与印度尼西亚签订了合作开发廖内群岛(主要是巴淡和宾坦岛)的协议,并成立了开发联合委员会。双方决定简化人员来往和产品进出口的手续,共同开发旅游业,促进廖内群岛工业和技术的发展。印度尼西亚还将向新加坡提供淡水。新加坡技术工业公司和裕廊工业工程公司与印度尼西亚沙林集团合作在巴淡岛建立巴他明多投资公司,以共同投资交通运输和其他服务业部门。其子公司巴他明多管理公司将负责建设和管理共同开发的工业区。现在已有一些企业投产。除了开发工业区外,旅游设施也在巴淡岛和宾坦岛兴建起来。新加坡还与有关银行和财团合作开发宾坦岛的旅游资源以及位于巴淡岛西南的布兰岛的饲养业和观赏植物种植。

新加坡与马来西亚柔佛州的经济联系已有很长的历史。从 20 世纪 80 年代初开始,新加坡企业已陆续扩展到该地区。柔佛州几次增加对新加坡的淡水供应,新加坡在柔佛州的投资不断增加。为了推进增长三角计划,柔佛州设立了一些工业区和自由贸易区,为"先驱企业"提供一系列税收方面的优惠。双方还建立培训熟练工人的学校和达成合作发展工业和旅游设施的协议。

该增长三角在投资合作方面成效比较显著。目前新加坡是柔佛州最主要的外资来源地,柔佛州成了马来西亚工业和旅游业发展最快的地区之一。巴淡岛的累计投资数在 1994 年达到 42 亿美元,投资领域包括机械制造、金属工业、化工、电子、贸易、服务业和涉农产业。而在柔佛州的投资约达 69 亿美元。1996 年马来西亚柔佛州与印度尼西亚西苏门答腊政府合资 2000 万美元在巴淡建立工业园(Padang Industrial Park)。

3. "南增长三角"经济合作面临的障碍

该增长三角尽管计划进行三边的合作,但是至今合作仍主要局限于新加坡与马来西亚柔佛州以及新加坡与印度尼西亚廖内群岛(主要是巴淡岛)这两对双边合作。其面临的主要困难和障碍有以下几方面:

(1)政治因素。随着合作的发展和经济联系的密切,印度尼西亚廖内群岛和马来西亚的南部地区对新加坡的依赖性在增强,这对新加坡减少这两个邻国对其安全的威胁至关重要。对此,印度尼西亚和马来西亚心领神会,在行动上也就十分谨慎。在印度尼西亚,对重点开发廖内群岛一直有不少争论,政界和商界一些领导人以利益均沾、均衡发展为由提出反对意见。在马来西亚,对柔佛州与新加坡的输水和输气协定有不少批评,柔佛州人民也十分关注新加坡资本大量涌入(尤其是在零售业和房地产市场的巨额投资)对他们所造成的影响,比如带来价格水平的上升。马来西亚国内的资金和熟练劳力流向柔佛州也造成柔佛州与其他州的矛盾。

(2)经济因素。柔佛州和巴淡岛的基础设施跟不上发展的需要。两地的劳工素质较差,劳动生产率低下,因此管理比较困难,产品质量受影响。这两个地区的物价水平正不断上升,因此生产成本急剧提高。因为缺乏多边联合开发的组织机制,除了上述两对合作关系外,印度尼西亚与马来西亚柔佛州的合作仍很少。

(3)社会因素。印度尼西亚巴淡岛的劳工主要来自印度尼西亚其他地区,这些移民带来各地不同的文化、习俗,使当地出现新的社会问题。该岛已成了印度尼西亚生活费用最高的地区之一。该地区跨国的人员、物资流动仍存在不少障碍。

（三）东盟"东增长"区

1. 东盟"东增长"区提出与发展

东盟"东增长"区（The East ASEAN Growth Area，EAGA）是1992年由菲律宾参议员巴特诺首先提议的。1993年菲律宾总统拉莫斯正式提出建立东盟东增长区的主张。它包括苏禄海周边国家和地区，即文莱、菲律宾的棉兰老岛和巴拉望、马来西亚的沙巴和沙捞越以及印度尼西亚的北苏拉威西和东西加里曼丹，所以也称为"文菲马印度尼西亚增长"区（Brunei-Indonesia-Malaysia-Philippines Growth，BIMP-EAGA）。1994年3月，上述4国的经济部长在菲律宾的达沃签署备忘录，宣布该增长区的建立。1996年7月，这些国家的部长们在增长区部长会议上决定把该增长区的范围扩大到中、南加里曼丹，中、南、东南苏拉威西、伊里安查亚和马鲁古等地，使之覆盖4千万人口的广阔地区，其中印度尼西亚所占的面积最大。

该地区拥有丰富的自然资源，如文莱、加里曼丹、沙巴和沙捞越生产热带木材，文莱、东加里曼丹、沙巴和沙捞越有大量的石油和天然气资源，棉兰老岛和巴拉望以及北苏拉威西有丰富的海产品和农产品，沙巴邮电通信相对比较发达，马来西亚的橡胶和油棕桐的种植技术等可为其他国家所利用。该地区旅游资源也十分引人注目。长期以来，该地区就有密切的贸易关系和人员往来，易货贸易有很长的历史。在该增长区建立之前，实际上已经有一系列的多边和双边的贸易和投资合作协议，如航空和海运、渔业、旅游、通信、林业和金融等。

1994年3月，有关4国的经济部长签署了合作计划，明确提出加快海空航运服务的发展，加强渔业和旅游业的合作，促进本地区的边境贸易。此外，还要简化税收和投资法规。该增长区具体分工为：文莱负责环境和电信，印度尼西亚负责人口流动和林业开发，菲律宾负责建筑和农产品加工工业。亚洲开发银行提供了1200万美元资助增长区研究拟合作的领域。部长会议和负责各具体领域合作的工作组会议每半年举行一次。东盟商务理事会（East ASEAN Business Council）于1994年建立，它致力于挖掘有关各方的比较优势和发动私人部门参与次区域经济合作。20世纪90年代中期以来，该增长区的空中航线不断增加，在渔业和旅游业的合作成效比较明显。为了增加该增长区的游客和密切经济合作，菲律宾和印度尼西亚取消了各自的出境费。

2. 东盟"东增长"区的发展障碍

该增长区的经济合作至今进展较为缓慢，其主要原因有以下几方面。

（1）有关各国的资源相类似，经济互补性不够强，这就影响经济合作项目的选择。到目前为止，"东增长"区经济合作项目多数仅涉及双边的邻近地区，且一般均是菲律宾较为主动，而其他国家还不很积极。

（2）该增长区地理上覆盖面很大，东西3000英里，南北2000英里。这些地区（除文莱外）都远离各自国家的首都，经济发展落后于国内其他地方。由于均处各国较边远的地带，交通、通信等基础设施落后，基本的服务十分缺乏，管理人员和劳动力的素质也都比较差。

（3）国家间存在着各种矛盾。印度尼西亚和菲律宾之间1994年曾因非政府组织在菲律宾大学召开东帝汶人权会议而出现矛盾，并导致印度尼西亚代表团退出当年5月原拟召开的"东增长"区商界领导人会议，使得该会议不得不推迟举行。此外，马来西亚与菲律宾之间有沙巴和南中国海地区的主权纷争，以及菲律宾劳工非法涌入马来西亚问题。

（4）菲律宾南部地区社会长期不稳定，摩洛民族的分裂主义行动导致武装冲突不断，并且造成大量难民流入印度尼西亚和马来西亚。此外，棉兰老岛的绑架、凶杀、抢劫等恐怖活动频繁，使得外国投资者望而却步。外国企业也常因开发资源而与棉兰老岛当地居民发生冲突。

上述因素均阻碍着该增长区的经济合作，并且在短期内还很难有较大改善。

（四）东盟"西增长三角"

1. 东盟西增长三角的提出与发展

东盟"西增长三角"，即印度尼西亚、马来西亚、泰国增长三角（Indonesia-Malaysia-Thailand-Growth Triangle，IMT-GT），是1990年由马来西亚槟榔屿州首席部长许子根博士提出的。他认为这是除东盟南增长三角（包括新加坡、马来西亚的柔佛州和印度尼西亚的廖内群岛）以外可促进次区域经济合作的另一个途径。如果合作成功，它还可扩大为更大范围的经济合作。马来西亚不少人估计，建立增长三角可缓解槟州地区制造工业所面临的劳工短缺问题。上述3国领导人认为，它还可以使马来西亚的资本和经验与泰国南部和苏门答腊北部丰富的廉价劳动力和土地相结合，因此参与各方都能受益。基于这一认识，有关各国的最高领导人很快就支持此建议。

该增长三角的有关各方并没有签订条约或协定，只有1993年12月由各方政府签署的谅解备忘录。该文件明确此增长三角包括印度尼西亚的亚齐和北苏门答腊，马来西亚的吉打、玻璃币、槟榔屿和霹雳等州，泰国的那拉惕瓦、北大年、沙敦、宋卡和也拉等府。该增长三角的总面积为18万平方公里，人口为2200万。印度尼西亚部分占增长三角总面积的70.5%，人口的64%。马来西亚和泰国部分分别占总面积的17.9%和11.6%，分别占总人口的22.1%和13.4%。该地区拥有多条重要的海上交通航线，近海的油气开发前景很好，并有诱人的旅游资源。由于环境和土地条件相近，农业也有合作前景。

东盟"西增长三角"自建立起，部长和较低层次的官员经常举行会议，讨论合作事宜。该增长三角确定了6个重点合作领域，并相应地建立了6个工作组，涉及旅游、投资与贸易、农业与渔业、服务业、基础设施、人力资源开发等。马来西亚有关的4个州在吉打的亚罗士打市设立了增长三角秘书处，为有兴趣到泰国和印度尼西亚投资的马来西亚企业家提供资料。印度尼西亚和马来西亚合资建立油棕榈种植园和加工厂。在交通领域，已开辟一些新航线。泰国南部与马来西亚进行电力供应方面的合作，马来西亚通过管道向泰国供应天然气。至1996年，一批耗资共约32.5亿美元的投资项目已经签署，包括发电站、工业园、道路、油气管道和铁路设施，马来西亚在泰国的投资约25亿美元，包括橡胶手套生产，以及棕榈油和海产加工。

2. 东盟"西增长三角"的发展障碍

从目前的情况看，虽然私人部门签订了不少谅解备忘录，但是真正实施的甚少。此增长三角至今仍有一些障碍因素待解决：

（1）增长三角只是合作框架，尚缺乏具体的政策措施。尽管各有关国家均设立了"增长三角商务理事会"（Growth Triangle Business Council，GTBC）以方便商界的交流，但是私人部门仍不清楚自己可享受什么政策优惠。此外，他们对相邻国家的信息、有关规定甚至语言都不太熟悉。

（2）尽管试图模仿南增长三角的发展模式，但是实际上合作方式和条件并不一样。民间私人部门对政府意图不甚了解也就不会有很大的积极性。尽管槟州劳力和土地短缺，但是在马来西亚的其他州此现象并不那么明显，更不像新加坡那么突出。比如吉打的工业区不论是数量或规模都在不断扩大，吸收了从槟州转移出去的工业。这说明，阻碍槟州发展的制约因素可以靠马来西亚内部解决。

（3）泰国南部和苏门答腊北部的基础设施比较落后，劳动力素质也较差，工业投资环境远不如马来西亚。此外，泰国目前的劳工成本已经不比马来西亚低。虽然上述地区的地价比较便宜，但是印度尼西亚政府对外资企业的土地使用期有明确的限制。因为银行不愿贷款给跨边境的企业，资金筹措也有困难。此外，服务设施的不足必然增加企业的管理费用。

（4）增长三角有关各方经济发展水平差距不是很大，也没有一个地区能够像南增长三角的新加坡那样起重要主导作用，因此跨国公司也不会像南增长三角那样，在三角地区内进行合理布局，如把行政管理总部留在较发达地区，把生产安排在劳力和土地价格低廉的另一地区。此外，跨国公司也没必要一定得像南增长三角那样把企业安排在这三国跨边境地区，因为它们在劳力成本较低廉的地区建立新企业不一定要与原企业相邻，它们大可到其他有优势的地区投资。因此，至今实际上只有马来西亚的中小企业对增长三角计划有些投资兴趣，但是它们由于跨国经商经验不足，要真的走出国界，还是会慎而又慎。

（5）贸易壁垒仍然阻碍着有关各方的经济联系。即使是三方中较开放的马来西亚，也仍然对商品流动设置不少障碍。印度尼西亚中央政府并没有给予苏门答腊足够的支持和自主决定的权力，因此苏门答腊地区也无法为外商和各种经济合作项目提供特殊的便利。

由于上述原因，制造业项目至今尚未成为增长三角经济合作的重点，而是农业、基础设施和旅游业等被视为较可能的投资领域。目前已落实的少数几个项目也均集中在上述部门。在制造业领域，仅讨论过一些有关利用本地资源，诸如橡胶、木材等资源的加工能力。当前，此增长三角遇到的最大问题是私人部门反应冷淡，而有关国家政府尚不能提出有力的应对措施。

三、东盟次区域合作模式中的问题

东盟的次区域合作，由于范围小，只涉及国家领土的一部分，大部分以地方政府为主体，不涉及国家主权的让渡，因而容易达成协议，开展合作项目，有利于发挥邻近区域经济的互补性和有关地区地方政府以及私人企业的合作积极性。尽管取得了一些成就，但东盟国家也看到一些困难。

1. 合作模式众多，决策协调机制不足

从主导力量的主体来看，东盟的次区域合作有的由国际组织主导，有的由东盟自身主导，有的由某个国家主导，还有的由合作各方共同主导，甚至这些合作模式在一个合作项目中交叉存在，典型的就是湄公河流域的各种开发，4 种模式都有，各种项目多轮驱动、重复雷同、难以协调。次区域合作往往涉及一个国家和国家内部的不同地区，合作项目决策权有的在中央政府，如"南增长三角"中的新加坡和印度尼西亚；有的在地方政府，如大湄公河流域开发中的中国云南省；有的由地方政府决策，但要经中央政府批准，如马来西亚的柔佛州。有些决策往往以短期利益为重，缺乏长远规划，政府协调不够，决策机制不成熟，如合作的各方政府在人口流动、社会保障等方面缺乏政策协调，导致东盟劳动力至今

仍然难以流动。

2. 利益分配不平衡，合作各方认识不一致

由于各国要素禀赋不同，经济发展水平有差异，合作各方获取的利益大小势必不同，如在"大湄公河次区域经济合作"中，东盟有些国家担心受益最大的是中国；在"新柔廖增长三角"中，印度尼西亚与马来西亚的民族主义者就认为新加坡是最大的赢家，认为新加坡在该三角中不仅转移了本国的落后产业，获取了廉价资源与超额利润，而且获取了水资源的战略安全保证，马来西亚柔佛州以及印度尼西亚廖内群岛地区发展的大多是劳动密集型产业，被认为仅仅是新加坡企业的加工车间。获利的不平衡影响到有关国家进行区域合作的积极性，如在东盟东增长三角中，只有菲律宾稍微主动，从而导致该增长三角经济合作进展缓慢。

3. 资金短缺，基础设施建设滞后

目前东盟次区域合作的地区大多基础设施比较落后，难以吸引到足够的建设资金。在湄公河流域，尽管在亚洲开发银行的主导下，许多基础设施开始建设，但大规模的基础设施建设仍然由于资金缺乏而搁置。据亚行估计，湄公河流域基础设施的建设资金在 200 亿~300 亿美元，但这些地区自我融资的能力非常有限。东盟的"东增长三角"，除了文莱，其余地区都远离各自的首都，交通通信设施严重落后，缺乏基本的商业服务，管理人员和劳动力素质低下；西增长三角中，泰国南部和苏门答腊北部地区基础设施和劳动力素质都远远不如邻近的马来西亚。尤其重要的是，东盟的各种次区域合作缺乏动员私人资本进入基础设施的协调机制，尽管目前各增长三角的有关国家均有"增长三角商务理事会"，但由于信息障碍，私人部门并不能有效参加合作。

4. 合作各方发展水平与制度差异较大，分歧众多，影响合作进展

参加合作的国家既有人均 GDP 2.3 万美元（2000）的富裕的新加坡，又有人均 GDP 仅 267 美元（2000）的贫穷的柬埔寨，相差近 100 倍；既有市场经济比较发达的资本主义国家，又有正向市场经济转变的越南、老挝、缅甸等国家，还有君主立宪的泰国。不少国家法制不严，官商勾结，腐败猖獗，秩序混乱。此外，印度尼西亚、菲律宾、马来西亚等国间还经常因为民族与领土问题产生纠纷；部分地区民族分裂主义、原教旨主义、恐怖主义、贩毒势力还十分猖獗。所有这些问题都对东盟的各种次区域合作构成现实的挑战。

第四节　东南亚区域经济合作发展趋势及影响

在经济全球化急速发展的形势下，各国经济在更大程度上融入了世界经济的体系。东盟成员国均为发展中国家，抓住经济全球化和区域一体化的机遇，加强组织内部的经济合作，如期实现东盟自由贸易区和东盟经济共同体的目标，将是最佳选择。

一、东南亚区域经济合作发展趋势展望

尽管东盟的次区域合作因为各国经济发展水平差异巨大、文化宗教背景不同、政治制度各异、历史遗留问题干扰、现实安全问题等而受牵制，但这不足以阻止东盟区域一体化的步伐，而且随着这些问题的逐步解决，将会带来进一步促进区域合作的动力，今后东盟的次区域合作将继续存在，合作模式也会有所变化，其基本走向将呈现如下特征：

一是多种合作模式将继续并存。这是由东盟内部各国发展状况的多样性决定的，同时也是"求同存异、循序渐进"的东盟方式在次区域合作中的贯彻。

二是东盟的次区域合作将保持更大的开放性。东盟意识到，仅仅依靠区内的几个地区，无法为次区域合作提供足够的增长动力，东盟的次区域合作应该同整个东盟的合作、同东盟参加的各种国际多边合作结合起来，每一个次区域合作应向区外开放，向东亚的其他国家开放，向全球开放，向"10＋1"、"10＋3"开放，比如中国－东盟自由贸易区的建设，就是在大湄公河流域合作的基础上产生的。

三是次区域合作将向机制化方向发展。鉴于现行次区域合作协调机制的松散性，东盟将会对其一直奉行的"协商一致、互不干涉"原则作出反思，在次区域合作问题上，有可能在东盟内部建立专门的协调机构，统一指导、协调各国次区域合作的政策与开发计划。同欧盟与北美自由贸易区最终形成一样，东盟相信，各种次区域合作也会在克服困难中前进，最终导致东盟整体的均衡发展。

二、东南亚区域经济合作发展前景

应该指出，当今世界许多地区的经济一体化基本上是一种开放的地区主义。这种一体化在促进区域内部生产率和竞争力提高的同时并不构成对其他地区的歧视或排斥。它在促进区域内贸易关系的同时，并不对其他地区设置歧视性关税或非关税的贸易壁垒，对多边贸易体系更多的是补充而不是破坏。世界经济出现的这种新特征，对东南亚区域经济合作具有重大的影响。长期以来东盟各国经济所经历的高速发展以及随之而来的亚洲金融危机的爆发，都是在世界经济变动的大背景下发生的。开放的地区主义是推动和刺激东南亚区域经济合作从松散走向紧密的强大动力。

经济全球化的积极效应之一是能够使生产要素在全球范围内自由流动，使各生产要素得到合理有效的配置。但是，在实现贸易自由化的过程中必然会产生诸多的矛盾和利益冲突，即使有世贸组织这种全球权威性机构提供谈判的场合和进行协调，关税和非关税壁垒的打破仍需假以时日。为适应经济全球化的发展，东盟各成员国不断加大对外开放的力度，尽量使自身的经济适应全球化的需要。与此同时，东盟各成员国在开放市场方面也会保护自身的利益，特别是某些产业部门的利益。东盟进行区域经济合作，既是为了更大程度地适应全球贸易自由化的潮流所进行的"练兵"，也是出于自身实际利益和地区繁荣的考虑。因为东盟各成员国更多地从政治、经济和国家间关系的长远利益出发来处理贸易自由化问题，彼此之间能够比较容易地进行合作，在较小的区域范围内进行交流沟通，实现"共赢"要相对容易。

2003 年举行的第 9 次东盟首脑会议提出要在 2020 年建成东盟共同体。此后，作为东盟共同体三大支柱之一的经济共同体的建设不断取得实质性进展。2004 年召开的第 36 届东盟经济部长会议，确定了农业、渔业和航空运输等 11 个优先整合的领域。2005 年 9 月底，第 37 届东盟经济部长会议又提出了实现服务贸易自由化和实施"一个窗口"机制的具体时间表。

在第 11 次东盟首脑会议召开前夕，新加坡总理李显龙呼吁东盟国家进一步消除商业与投资壁垒，加强区域交通联系，并透过创新与灵活方式，消除成员国因经济发展差距显著而对区域整合所造成的障碍，把东盟成立经济共同体的目标从原定的 2020 年提前至

2015 年。他强调东盟应该加快经济整合步伐，通过市场整合互补所长，使投资者能利用不同成员国在成本和生产能力方面的优势进行生产，打造"东盟制造"的标签。李显龙引用英国咨询机构麦肯锡公司所做的一项调查结果指出，东盟经济在整合之后，区域内的国内生产总值将增加 10%，营运成本则减少 1/5，因此必须加快经济整合的步伐。

目前，东盟经济一体化进程已开始提速，东盟 10 国领导人在 2005 年 12 月 12 日提议修改东盟经济一体化进程的时间表，把原定于 2020 年实现一体化的时间提前到 2015 年。区域经济一体化的宗旨是合作共赢、互利互惠，这种合作对推动地区经济发展起到了积极的作用，它既是经济全球化的一个重要组成部分，也是有关国家应对经济全球化的必然选择。东盟国家为了维护地区利益，齐心协力加强经济合作，培养和确立"东盟意识"。强烈的合作意愿，"求大同、存小异"的原则，使得东盟能淡化或暂时搁置彼此之间的纷争，竭力维护组织机制并努力进行沟通、磨合，使经济合作不断向深度和广度拓展。

本章小结

1. 经济一体化是指各参与国相互间取消贸易障碍，进行某种程度的合作与协作，以促进其间贸易和经济合作的发展。

2. 区域经济一体化的组织形式按照组织性质与经济贸易壁垒取消的程度划分可分为：优惠贸易安排、自由贸易区、关税同盟、共同市场、经济同盟、完全经济一体化等 6 种。

3. 区域经济一体化的经济理论有关税同盟理论、大市场理论、协议性国际分工原理、综合发展战略理论等。

4. 东盟的区域经济合作的建立要是基于这样的考虑，即充分利用相邻各国或地区的比较优势，一定的范围内通过各种合作形式发挥互补作用，实现较快的经济发展。从时空上来说，主要是指 1990 年以来形成的湄公河次区域合作与三个"增长三角"。

5. 东盟次区域合作作为东盟内外合作的重要组成部分，促进了东盟合作地区之间的贸易与投资，推动了地区之间的协调发展，对东盟国家的社会发展与整个东盟的全局性合作和一体化进程产生了重要影响。

6. 东盟次区域合作模式中存在的主要问题：合作模式众多，决策协调机制不足；利益分配不平衡，合作各方认识不一致；资金短缺，基础设施建设滞后；合作各方发展水平与制度差异较大，分歧众多，影响合作进展等。

思考与练习

1. 简述区域经济一体化形式的特点。

2. 分析区域经济一体化对国际贸易的影响。

3. 简述区域经济一体化理论的基本内容。

4. 分析关税同盟的效应。

5. 简述湄公河次区域经济合作的机制。

6. 简述湄公河次区域经济合作发展的特点。

7. 分析湄公河次区域经济合作发展面临的困难与问题。

8. 分析"南增长三角"经济合作面临的困难与问题。

9. 分析东盟"东增长"区的发展面临的困难与问题。

10. 分析东盟"西增长三角"的发展面临的困难与问题。

☞ 【案例分析】

材料：在曼谷举办的达沃斯论坛会议召开首日的上午9时起，WTO（世界贸易组织）总干事拉米、泰国副总理兼商务部部长吉滴叻·纳叻侬、印度尼西亚贸易部长维尔加万等与会者就"ASEAN Model"（东盟模式）展开了协商。拉米认为，如今欧美经济持续低迷，拥有6亿人口并以每年5.5%的速度递增的东盟成为了世人关注的焦点。吉滴叻·纳叻侬说："20年前，全世界都看不起东盟，并且说东盟受到1997—1998年亚洲金融危机的影响已经解体了。但是，我们现在不但实现了高速增长，而且还发展壮大到了足以挽救濒死的欧盟的程度。今后东盟经济增长的关键词将会是'多元化'和'平衡'。将原有的两国间的单向进出口贸易变革为多国间平衡的进出口贸易是我们发展的关键。"维尔加万也表示，在过去的10年时间里，以中国为代表的BRICs（金砖四国）引领着世界经济的发展，从今以后，世界的目光必将汇聚在东盟。吉滴叻·纳叻侬还分析了东盟与欧盟的不同，他说，东盟经历过亚洲金融危机，从中积累了宝贵的经验和教训。今后东盟将在如何处理类似欧元的共通货币问题上展开深入具体的讨论。他认为欧盟之所以会面临失败的窘境，这应该归因于"过激地推进各方面整合"这一方式。

（资料来源：东盟整合之路 http://finance.sina.com.cn/roll/20120616/002112327891.shtml，2012年6月16日）

问题：

1. 试概括材料中描述的东盟经济发展内容。

2. 试分析东盟区域经济合作的特点。

第三章 国际分工与东南亚市场形成

第一节 主要国际分工与贸易理论概述

一、比较成本理论

国际贸易分工理论经历了三个发展阶段：第一阶段：1776 年亚当·斯密的绝对成本理论—1817 年大卫·李嘉图的比较成本理论（影响最大）；第二阶段：1817 年比较成本理论—1933 年俄林的生产要素禀赋理论（现代国际贸易理论最重要的基石）；第三阶段：第二次世界大战以后产生的新的国际贸易分工理论。

西方经济学关于国际贸易分工诸多理论中，影响最大的是李嘉图的比较成本理论，它一直是西方国际经济学中的经典理论，也是研究国际贸易理论的起点，但李嘉图的比较成本理论是从亚当·斯密的绝对成本理论上发展而来的，因此，要研究比较成本理论，必须先学习亚当·斯密的绝对成本理论。

（一）绝对成本理论

1. 理论产生背景

英国已开始工业革命，大机器生产方式开始形成和建立，并显示出其巨大作用和力量，并产生了进行生产分工的客观要求。亚当·斯密认为，分工能够提高劳动生产率，增进社会财富，他在分工的基础上提出了其绝对成本说，来说明各国进行生产分工，开展国际贸易的重要性。

2. 理论的内容要点

各国按照绝对差异进行国际分工，专门生产本国具有优势的产品，相互进行贸易，使各国的资源、劳动力和资本得到最有效率的利用，从而大大地提高劳动生产率，增加各国的物质福利。

表 3 −1 英国和葡萄牙两国的绝对成本差异（成本用每单位产品所用工时数计算）

国家	呢绒	酒
英国	100	120
葡萄牙	110	80

表 3 −1 的例子说明了英国和葡萄牙两国分别生产呢绒和酒的生产成本情况。从表中可以看出：生产同量的呢绒，英国的生产成本比葡萄牙低，处于绝对优势，而生产同量的酒，葡萄牙的生产成本比英国低，处于绝对优势。英国和葡萄牙各有一种产品的生产成本比别国低，英国和葡萄牙应根据自己的最有利的生产条件进行生产分工，进行专业化生

产，各自专门生产具有绝对优势的产品，然后进行交换，双方都能得到贸易利益。

贸易利益的表现：（1）提高双方的劳动生产率；（2）提高双方的消费水平；（3）节约双方的劳动时间。因此，生产成本绝对差别的存在，是国际贸易分工产生的基础和原因。

3. 斯密的绝对成本说的意义

第一，斯密的绝对成本说，第一次论证了贸易互利性原理，克服了重商主义者认为国际贸易只是对单方面有利的片面看法。

第二，斯密提出的"双赢"理念仍然是当代各国扩大对外开放，积极参与国际分工、开展国际贸易的指导思想。

（二）比较成本理论

1. 绝对成本理论的局限性

绝对成本理论不能解释事实上的存在的几乎所有产品都处于绝对优势的发达国家和几乎所有产品都处于绝对劣势的经济不发达国家之间的贸易现象。因此，大卫·李嘉图在1817年提出了比较成本理论。

2. 比较成本理论的主要内容

只要各国之间产品的生产成本存在着相对差异（即"比较成本"差异），就可参与国际贸易分工并取得贸易利益。

为了便于说明问题，举例如表 3 - 2 所示。

表 3 - 2　英国和葡萄牙的比较成本差异（成本用每单位产品所用工时数计算）

国家	呢绒	酒
英国	100	120
葡萄牙	90	80

从上表来看，英国在呢绒和酒两种产品上的生产成本都比葡萄牙高，处于绝对劣势。根据亚当·斯密的绝对成本理论，英葡两国之间不能发生贸易，但是大卫·李嘉图提出了比较成本说，从比较成本的差异阐明了两国进行生产分工，开展国际贸易的必要性。

葡萄牙生产呢绒的成本是英国的 90/100 = 90%，生产酒的成本是英国的 80/120 = 66.6%。葡萄牙无论是生产呢绒还是生产酒，其生产成本都处于绝对优势，但相比较而言，葡萄牙应"两优择其重"，放弃生产成本比英国优势较少的呢绒，专门生产酒。

英国生产呢绒的成本是葡萄牙的 100/90 = 1.1 倍，而生产酒的成本是葡萄牙的 120/80 = 1.5 倍。英国无论生产呢绒还是生产酒，其生产成本均处于劣势，但相比较而言，英国应"两劣取其轻"，放弃生产成本比葡萄牙劣势较多的酒，专门生产呢绒。

这样，英国专门生产呢绒，葡萄牙专门生产酒，然后两国开展国际贸易，进行交换，其结果对双方都会是有利的。贸易的有利性表现在 3 个方面：（1）提高资源配置效率，增加产量；（2）提高各自国内的消费水平；（3）节约贸易双方的社会劳动。

3. 比较成本理论的科学性与局限性

（1）比较成本理论的科学性：①标志着国际贸易学说总体系的建立；②该理论阐明了经济发展水平不同的国家都可以从参与国际贸易和国际分工中获得利益；③比较成本理论

表明了价值规律的作用在世界市场的背景下发生了重大变化；④比较成本理论还表明：通过国际分工和贸易而使双方互利的程度实际上是在一定范围之内，因此，互利和等价交换是不同的概念。

（2）比较成本理论的局限性：①以劳动价值论为基础，但未能正确区分价值与交换价值；②忽略了动态分析；③忽视了国际分工中生产关系的作用。

二、生产要素禀赋理论

（一）生产要素禀赋理论的产生

李嘉图的比较成本理论是以劳动价值论为基础的。通过以上分析，我们可以知道，他认为两个国家在同一种商品的生产成本上产生差别的原因是两国劳动生产率的差异。但是，李嘉图的比较成本理论也存在着缺陷，如果假定各国之间劳动生产要素的效率都一样，那么，产生比较成本差异的原因是什么呢？

这个问题由生产要素禀赋理论（或资源禀赋理论）来解释。生产要素禀赋理论是由瑞典著名经济学家俄林提出来的，俄林 1977 年获得诺贝尔经济学奖。由于他的这一学说继承了其师赫克歇尔的主要观点，因此又被称为赫克歇尔—俄林原理，简称赫—俄原理。

（二）生产要素禀赋理论的主要内容

俄林论证生产要素禀赋理论的逻辑思路：国际贸易—商品价格差异—商品生产成本差异—生产要素的价格差异—生产要素禀赋比率差异。所以生产要素禀赋不同，是产生国际贸易最重要的基础。要素禀赋是指一国拥有各种生产要素的数量，俄林在假定各国的劳动生产率一样的前提下，把生产要素分为 3 大类：土地（自然资源）、劳动和资本。

要素禀赋理论有广义与狭义之分，狭义的要素禀赋理论是指生产要素供给比例说，广义的要素禀赋理论除了生产要素供给比例说外，还包括生产要素价格均等化说。

1. 生产要素供给比例说（狭义）

生产要素供给比例说认为，产生比较成本差异的原因有两个：

第一，各个国家生产要素（即经济资源）的拥有状况不同。有的国家土地相对丰裕，有的国家劳动力相对丰裕，如中国、印度，有的国家则资本相对丰裕。而各国生产要素丰裕程度不一样，其生产要素的价格也不一样，某种要素丰裕的国家，其要素价格就低，某种生产要素稀少，其价格也就高一些。由于生产要素价格高低不一样，所以，两国生产同一种商品如果花费的生产要素数量完全一样，那么，两国的生产成本就会有差别。

第二，商品生产的要素密集度不一样，要素密集度就是指生产商品所需投入的生产要素的组合或比例。例如，有的商品为"劳动密集型"产品，有的为"资本密集型"，有的为"知识或技术密集型"产品。即使生产同一种商品，在不同国家生产要素的组合也不同，例如生产大米，在泰国主要靠劳动，而美国主要靠资本和技术。

2. 生产要素价格均等化说（广义）

生产要素价格均等化说探讨的是国际贸易产生的后果，即国际贸易将会导致各国生产要素的相对价格和绝对价格趋于一致。

要素价格均等化定理的主要内容：自由贸易不仅会使商品价格均等，而且会使生产要素价格均等，以致两国的所有工人都能获得同样的工资率，所有的土地单位都能获得同样的地租报酬。

要素价格均等化定理的意义：根据这一定理，只要通过自由贸易，各国的劳动、资本和土地都可以获得完全相等的报酬或收入，国际间的贫富差距将会消失。

要素价格均等化的阻碍因素：各国生产完全专业化；国际贸易商品结构的变化；国际贸易价格（贸易条件）的变化；国际交换中垄断因素的存在；各国外贸政策的影响。

（三）生产要素禀赋理论简评

1. 积极意义

第一，生产要素禀赋理论通过解释为什么比较成本有差异，在理论上发展和创新了李嘉图的比较成本理论。

第二，俄林把李嘉图的个量分析扩大为总量分析。李嘉图的比较成本理论是单纯比较两国两种产品的单位劳动耗费的差异，而俄林的生产要素禀赋理论直接比较两国生产要素总供给的差异。

第三，生产要素禀赋理论仍然属于比较成本理论的范畴，使用的是比较成本理论的分析方法，但生产要素禀赋的分析更接近经济运行的现实，从而增强了理论的实用性。

2. 生产要素禀赋理论的不足

生产要素禀赋理论的一些假定与现实有一定的距离，没有考虑政府在国际贸易中的作用，完全从要素禀赋、比较成本的角度分析国际贸易与分工格局，没有考虑国际生产关系、国际政治环境的影响。

三、里昂惕夫之谜及其解释

（一）里昂惕夫之谜（The leontief paradox）

赫克歇尔—俄林的生产要素禀赋理论创立之后，逐渐被西方经济学界普遍接受。按照这一理论，只要知道了一个国家的要素禀赋情况，就可以推断出它的贸易方向，比如资本相对丰裕的国家出口资本密集型产品，劳动相对丰裕的国家则出口劳动密集型产品。

美国的经济学家里昂惕夫（Vassily W. Leontief，1973 年获诺尔经济学奖），认为美国是个资本丰富而劳动力稀缺（劳动力成本较高）的国家，那么按照赫—俄原理，美国应该出口资本密集型产品，进口劳动密集型产品。

为了对赫—俄原理进行验证，里昂惕夫于 1953 年运用他所创造的投入 - 产出分析法，对美国 1947—1951 年生产的每百万美元的出口商品和每百万美元的进口竞争商品所需资本和劳动数量进行了计算，结果发现，美国进口商品的资本密集度反而比出口商品的资本密集度高 30%，也就是说，美国进口的是资本密集型商品，而出口的则是劳动密集型商品。这种验证结果与赫—俄定理所推导的结论完全相反，这种矛盾被称为"里昂惕夫之谜"或称"里昂惕夫反论"。

（二）里昂惕夫之谜的解释

里昂惕夫之谜激发了西方经济学界的极大兴趣，围绕这个谜，众多经济学家在国际贸易研究领域不断探索，从不同角度提出了各种各样的解释，推动了国际贸易理论的新发展，下面将对其中一些具有代表性的学说进行介绍：

1. 生产要素密集度变换论（或生产要素密集度反向论）

按照生产要素禀赋理论，某种商品总是以某种要素密集型的方法生产的，例如，小麦总是用劳动密集型方法生产的。但是这种观点不一定正确，同一种商品在不同的国家生产,所密集使用的生产要素可能不同。在某个国家生产可能密集使用劳动,其属于劳动密集型产品,而在另外一个国家生产可能密集使用资本,属于资本密集型产品,例如小麦在不少发展中国家都是劳动密集型产品,而在美国却可能是资本密集型的。因此,同一种商品的生产可以存在要素密集度的变换。根据这种解释,美国进口的产品在国内可能用资本密集型生产,但在国外却是以劳动密集型生产,从美国的角度看,就会造成进口以资本密集型产品为主的错觉;相反,美国的出口商品在国内可能是劳动密集型产品,在别国却是资本密集型产品,用美国标准衡量也会造成出口是劳动密集型产品的假象。只要贸易双方有一方存在要素密集度变换这种情况,其中一国就必然存在里昂惕夫之谜。

2. 要素非同质论(或劳动熟练说)

生产要素禀赋理论假定各国的每一种生产要素本身都是同一的,没有任何差异。然而实际上并非如此。各国的生产要素不仅有数量上的差异,还有质量上的差异。里昂惕夫认为美国对外贸易结构出现进口资本型产品、出口劳动密集型产品的原因,在于美国工人具有比其他国家工人更熟练的技术和更高的劳动生产率。

3. 贸易保护说

贸易保护说指出,赫克歇尔－俄林理论是假设以自由贸易、完全争为贸易政策取向的。但在现实中,保护贸易是最普遍的政策取向,美国也不例外。美国劳工代表在国会中有强大的影响力,从而会使美国政策倾向于保护与鼓励劳动密集型行业的生产与出口限制外国同类产品的进口,从而使美国的贸易方式变为出口劳密集型产品,进口资本密集型产品。

4. 需求偏向论

需求偏向论认为,赫克歇尔－俄林理论成立的一个前提假定是,贸易国双方的需求偏好是无差异的,消费结构因此也是相同的,由此,赫克歇尔－俄林理论便把需求偏好的差异对贸易方式的影响力给忽略了。实际上,贸易各国国民需求偏好是不相同的,而且这种偏好会强烈地影响国际贸易方式。里昂惕夫之谜之所以在美国发生,是因为美国人不喜好消费劳动密集型产品,而喜欢消费资本密集型产品。因此,消费偏好的力量,使美国将劳动密集型产品出口国外,把资本密集型产品留在国内消费。

5. 自然资源说

经济学家范尼克认为里昂惕夫在计算时只考虑了劳动和成本两种生产要素,而忽略了自然资源这一要素在国际贸易中的作用。在美国进口的自然资源产品中大部分为其相对稀缺的资源,在对这些资源的加工等过程中又需大量地投入资本,故这些产品在美国属于资本密集型产品。这样一看就容易解释美国进口的是资本密集型产品较多的现象了。

四、国际贸易新要素理论

上文对于"里昂惕夫之谜"的几种解释,都是从不同侧面对生产要素禀赋理论的一系列假设前提进行修正,都是部分地解释了"里昂惕夫之谜"论题,各种解释不具有一般性。为此,一些经济学家继续从修正这一理论的假设出发,试图从更宽的角度说明里昂惕夫之谜,提出了国际贸易新要素理论。

李嘉图的比较成本理论仅仅把劳动看成生产要素,赫—俄的要素禀赋理论是把劳动、资本、土地当做生产要素,国际贸易新要素理论者扩大了生产要素的范围,赋予生产要素以新的含义，他们把技术、人力资本、研究与开发、信息，以及管理等都看成生产要素，从而丰富了生产要素禀赋理论。

(一)技术要素说

该学说认为，技术也是一种独立的生产要素。技术进步或技术创新意味着一定的生产要素投入量可以生产出更多的产品，或者说一定的产量只需要较少的投入量就可以生产出来。通过技术改进，提高了现在的劳动量和资本量的生产率，就像是在技术不变的情况下，增加了劳动的供给和资本的供给一样。

技术要素说的典型代表是美国经济学家波斯纳(M. U. Posner)，他在 1959 年提出了技术差距论(Innovation and Imitation Theory)，用来解释技术创新对国际贸易的影响。波斯纳认为，在生产要素禀赋理论中，技术被认为是不变的，而实际上科技水平时刻都在不断提高。而且，技术创新和新技术的运用在各国之间的不平衡导致国家之间技术差距的存在，技术进步会对各国生产要素禀赋的比率产生影响，从而影响各国产品的相对优势。技术差距使技术领先的国家享有出口技术密集型产品的优势。

(二)人力资本说

人力资本是体现在个人身上的获取收入的潜在能力的价值，它包括天生的能力和才华以及通过后天的教育训练获得的技能；或者说人力资本就是劳动者所拥有的知识和技能。人力资本说(Human Capital Theory)是美国经济学家凯能(P. B. Kenen)、鲍德温(Baldwin)、克拉维斯(Kravis)以及基辛等提出来的。

他们认为，劳动是不同质的，这种不同质表现为劳动效率的差异，而劳动效率的差异主要是由劳动熟练程度所决定的。劳动熟练程度的高低又取决于对劳动者进行培训教育以及其他有关开支，这些开支都属于投资。因此，高效率的劳动和高熟练程度的劳动实际上是投资的结果。他们指出，里昂惕夫计量的资本只包括投入于厂房、机器设备、原材料等方面的物质资本(Physical Capital)，而忽略了人力资本。

人力资本主要是指一国在职业教育、技术培训等方面的投资，其可以起到提高劳动技能和专门知识水平以及促进劳动生产率提高的作用。美国的劳动比国外的劳动包含了更多的人力资本，如果将其投入的人力资本与物质资本相加，就可以得出美国出口资本密集型产品，进口劳动密集型产品的结论。

(三)研究与开发要素说

研究与开发要素说认为，研究与开发也是一种生产要素。研究是指与新产品、新技术、新工艺相关的基础与应用研究；开发则是指新产品的设计开发与试制。在进行国际比较时，一般用研究与开发费用占国民生产总值或出口总值的比重等指标来进行。

一个国家越重视研究与开发要素的作用，产品的知识与技术密集度就越高，在国际市场竞争中就越有利。而且，研究与开发的资金投入的多少，可以改变一个国家在国际分工中的比较优势，产生新的贸易比较利益。

五、产品生命周期理论

从前面我们已经学过的生产要素禀赋理论和新要素理论中，我们注意到，这些理论都是假定在产品的整个生命期间，该产品生产所需要的要素是不会发生变化的。因而一国在该种产品生产上某种要素的比较优势是一直不变的。这种静态的假设是否属实呢？

美国的经济学家弗农（R. Vernon）提出的产品生命周期理论（Theory of Product Life Cycle），否定了这种假设。产品生命周期理论认为，由于技术创新和扩散，产品的生命周期要先后经历 4 个不同的阶段，在产品生命周期的不同阶段，其生产要素比例发生规律性的变化，从而使比较利益从一类国家转向另一类国家。

产品的 4 个阶段分别是：

第一阶段：创新国（比如美国）对某一种新产品的出口垄断时期。

第二阶段：其他发达国家（如西欧、日本）的厂商开始生产这种新产品时期。

第三阶段：创新国以外的发达国家成为该产品的净出口国，其产品与创新国在出口市场上进行竞争。

第四阶段：创新国开始进口竞争时期，创新国成为该产品的净进口国。

六、当代国际贸易分工理论的新发展

（一）发展背景

第二次世界大战以后出现的新技术革命（第三次科技革命），大大推动了世界经济的发展，对国际贸易格局产生了巨大影响。第三次科技革命使国际贸易量、贸易的商品结构和地理方向发生了根本性变化。

这些变化主要表现在以下几个方面：（1）发达国家之间相互贸易的比重迅速上升，并且成为国际贸易的主要类型；（2）在发达国家之间的相互贸易中，"产业内贸易"越来越成为贸易的主要形式；（3）公司内贸易迅速发展，大量国际贸易由公司内贸易构成，跨国公司成为国际贸易舞台上的重要角色。

传统的生产要素禀赋理论无法说明和解释这些国际贸易的新现象。因此，当代经济学家对产业内贸易、公司内贸易现象进行了深入研究，对国际贸易分工理论进行丰富和完善，使国际贸易分工理论发展到了一个崭新的阶段，从而使国际贸易分工理论更具说服力和全面性。

（二）国际贸易分工新理论

1. 产业内贸易理论（Intra-industry Trade Theory）

（1）产业内贸易的概念：产业内贸易是指各国之间在某些相当具体的工业部门进行相互贸易，即两国互相进口和出口属于同一部门或类别的制成品。

（2）产业内贸易的特点：产品流动具有双向性；产品具有相似性，消费具有可替代性；产品生产过程中使用相似的要素投入。

（3）产业内贸易理论的几种学说：偏好相似说、市场结构论。

第一，偏好相似说。

瑞典经济学家林德（Linder）1961 年提出了偏好相似论，从需求角度对国际贸易的原因进行分析，最早对产业内贸易进行理论解释，主要观点如下：

①一国经济增长从而人均收入的提高，会使该国的代表性需求向某种比较昂贵的商品或奢侈品移动。

②一种工业品要成为潜在的出口产品，首先是一种在本国消费或投资生产的产品，即产品出口的可能性决定了它的国内需求。

③两个国家的需求结构越相似，即两国消费者的消费偏好越相似，一国代表性需求的

商品也越容易在另一国找到市场，因而这两个国家之间的贸易量越大。如果两个国家需求结构完全一样，一个国家所有可能进出口的商品也是另一个国家可能进出口的商品，因而产生产业内贸易。

④人均收入水平是影响需求结构的最主要因素。工业化国家的人均收入水平比较接近，消费者的偏好相似程度比较高，这为工业制成品贸易和产业内贸易提供了广阔的市场基础。

第二，市场结构论。

市场结构论是从市场结构中的不完全竞争、规模经济、产品差异化等方面来分析产业内贸易产生的原因的。其中，规模经济可分为外部规模经济与内部规模经济。外部规模经济是指产业水平上的规模经济，又称外部经济，是指单个厂商从产业内其他厂商的扩大中获得的生产率提高和成本下降。内部规模经济是指个别厂商水平上的规模经济，又称内部经济，是指厂商的单位产品生产成本在一定范围内随着生产规模的扩大而下降。

2. 公司内贸易理论

（1）公司内贸易的概念：所谓公司内贸易，是指跨国公司的母公司与子公司或子公司之间的国际贸易。它是第二次世界大战后国际贸易中出现的一种新现象。

（2）公司内贸易的特点：公司内贸易与一般意义上的国际贸易有很大区别。公司内贸易的双方处于共同所有权控制之下，进行交换的市场是跨国公司的内部市场，交换的价格是跨国公司内部制定的转移价格和调拨价格，公司内贸易的商品大多是具有特殊意义的中间产品。

（3）公司内贸易的理论解释：传统的国际贸易理论以国家为基本分析单位，分析的是各产业部门之间的国际分工，是在假定不存在要素国际流动的情况下，强调各国生产要素的差异中决定贸易格局的关键；而公司内贸易所表现的是同一产业部门内部的国际分工。因此，传统的国际贸易理论难以解释公司内贸易现象。

（4）公司内贸易的原因分析，主要有两个理论：内部化理论、垂直一体化理论。

第一，内部化理论。

所谓内部化，就是变市场上的买卖关系为企业内部的供需关系。内部化理论的基础思想是科斯的产权理论和交易成本说。20世纪70年代由英国经济学家巴克利和卡森将交易成本说进行系统化，形成内部化理论。1937年，科斯发表《企业的性质》一文，对产权问题的意义作了解释。根据科斯的分析，企业的作用在于它用一种相对稳定的契约关系来组织生产，这样就可以降低交易成本。反之，如果没有企业这种组织，而一切都采取市场的活动，尽管市场有其灵活性，但交易成本则要高得多。因此，企业降低交易成本的作用是市场所不能取代的。

在交易成本的理论分析中，威廉森以科斯的理论作为基础，对企业的作用作了进一步分析，指出：人的本性是自私的，市场上的交易方都需要保护自身的利益并提防另一方对其利益的损害，这种自卫与防人的行为导致交易成本的上升。因此，如果交易是复杂的，交易双方都从自卫与防人的角度来使得合同尽量周密、全面，那么交易成本就会增长很多，市场的效率也会因交易成本的上升而降低。企业的优点就在于使得企业内部的交易双方的利益相同，从而不需要像在市场上那样自卫与防人，企业就可以降低交易成本。其结果，将会引起企业规模的扩大，即企业力图把市场中的若干交易"内部化"，由企业自身来解决。

20 世纪 70 年代，英国经济学家巴克利和卡森用科斯的交易成本理论思想来解释公司内贸易现象，并加以系统阐述，形成内部化理论。

内部化理论认为，把市场建立在公司内部，以内部市场取代原来固定的和不完全的外部市场，具有多方面的利益和作用：①内部化能够获得协调业务活动的利益；②内部市场能够从公司的总体利益出发，通过差别性定价的策略充分地掌握市场力量；③内部化通过长期的或永久的内部供需安排可以避免外部市场的不确定性；④内部化将买卖双方所有权合二为一，可消除知识资产在市场转移中的各种不确定性；⑤公司内部贸易的定价方式，可以产生很大利益。

第二，垂直一体化理论。

垂直一体化理论是从生产过程和产业组织的更深层次来探讨分析公司内贸易的又一主要理论。

垂直一体化是指两个邻近的生产阶段被置于共同的所有权的控制之下。垂直一体化理论认为，影响跨国公司实行垂直一体化的因素主要有：技术水平、市场力量、分工的创新和定价方式的运用。为了避免市场的失灵和外部市场垄断力量的操纵，有必要通过垂直一体化后实现市场的内部化，从而维持正常的生产过程的连续性。在垂直一体化后，生产阶段的外部市场交换关系即转变为内部市场供需关系，在跨国公司条件下，相邻的生产阶段常常处于不同国家这种垂直一体化便导致了公司内中间产品的国际贸易。

3. 国家竞争优势理论

（1）国家竞争优势的概念：国家竞争优势理论是美国哈佛大学教授波特于 1991 年提出来的。波特所说的国家竞争优势，是指一国产业和企业持续地以较低价格向国际市场提供高质量产品、占有较高市场份额并获取利润的能力。

（2）国家竞争优势理论的主要内容：一国兴衰的根本在于国际竞争优势，而国家竞争优势由四组基本因素和两个辅助因素决定。

这四组基本因素是：要素条件、国内需求条件、相关产业与支撑产业、公司的战略结构和竞争。这四个基本因素中的每一个都可单独发生作用，并同时作用于其他因素。这四个基本因素组成一个系统共同决定国家竞争优势。

另外，国家竞争优势还受到"机遇和政府作用"两个辅助因素的影响，这两个辅助因素要通过四个基本因素才能影响国家竞争优势。

七、马克思主义的国际经济贸易理论

（一）商品的国际价值与国别价值

1. 国际价值

国际价值（International Value）是世界市场范围内的商品的市场价值。它是在世界经济现有条件下，在各国劳动者的平均劳动熟练程度和强度下，生产某种商品所需要的国际社会必要劳动时间决定的。由于国际社会必要劳动时间是随着世界劳动生产率的变化而变化的，所以国际价值是一个动态的概念。

2. 国别价值

国别价值是一国市场范围内的商品的市场价值，它是由一国生产该商品的社会必要劳动时间决定的。商品的国际价值和国别价值作为一般人类劳动的凝结物，在本质上是完全相同的，但在量上存在差别。为什么二者在量上存在着差别呢？

3. 影响国际价值量的因素

（1）劳动生产率。商品的国际价值量是由生产这种商品的国际社会必要劳动时间决定的，而国际社会必要劳动时间是随着世界各国的社会必要劳动时间变化而变化的。各国生产商品的社会必要劳动时间又是随着劳动生产率的改变而改变的。所以，商品的国际价值量受劳动生产率的影响。

（2）劳动强度。劳动强度是指劳动的紧张程度，即单位时间内劳动力消耗的程度。各国劳动强度的变化会改变世界劳动强度，从而影响国际价值量的变化。劳动强度与国际价值量成正比关系：劳动强度越大，意味着单位时间消耗的劳动越多，因而价值量也越大；反之，劳动强度越小，单位时间消耗的劳动越少，因而价值量也越小。

（3）贸易参与国的贸易量。因为商品只有进入国际市场才具有国际价值，所以，参与国际贸易国家的贸易量也对国际价值量产生影响。

（二）价值规律在世界市场上的作用

第一，调节国际分工。由于在世界市场上商品交换是按照国际价值进行的。因此，各国都生产国别价值低于国际价值的商品并进行贸易。价值规律在世界市场上就像看不见的手，调节着国际分工和对外贸易。当前，拥有高科技和丰富资本的国家发展"技术密集型"和"资本密集型"产品的生产和出口，劳动力较多的国家发展"劳动密集型"产品的生产和出口，自然资源相对丰富的国家则发展"自然资源密集型"产品的生产和出口，这都是国际价值规律起作用的结果。

第二，刺激各国改进生产技术，降低生产成本，提高管理水平和营销技术水平。

第三，加深世界各国的不平衡发展。

第四，影响各国对外贸易政策的制定和调整。各国在制定对外贸易政策时，都要考虑其出口商品的价格竞争力。经济发达，商品竞争力强的国家都主张推行自由贸易政策；经济发展滞后，商品竞争力弱的国家基本上实行保护贸易政策。

第二节 国际分工与东南亚市场形成

一、国际分工

（一）国际分工的定义

国际分工指世界上各国（地区）之间的劳动分工，是国际贸易和各国（地区）经济联系的基础。它是社会生产力发展到一定阶段的产物，是社会分工超越国界的结果，是生产社会化向国际化发展的趋势。

（二）国际分工的产生及发展

1. 国际分工产生的条件

国际分工的发生和发展主要取决于两个条件：一是社会经济条件，包括各国的科技和生产力发展水平，国内市场的大小，人口的多寡和社会经济结构；二是自然条件，包括资源、气候、土壤、国土面积的大小等。这里，生产力的发展是促使国际分工发生和发展的决定性因素,科技的进步是国际分工得以发生和发展的直接原因。

2. 国际分工发展的 3 个阶段

(1)18 世纪开始的第一次科技革命,由于机器的发明及其在生产上的应用,生产力空前提高,分工空前加深。这次科技革命首先在英、法等国进行,它们发展为工业国,而其他广大国家则处于农业国、原料国的地位,这是资本主义国际分工的形成阶段。

(2)19 世纪末至 20 世纪初开始的第二次科技革命,特别是发电机、电动机、内燃机的发明及其广泛应用,生产力更加提高,分工更加精细。这次科技革命是在英、美、德等国进行的,其他国家在引进技术与机器设备的推动下,某些基础设施与某些轻工业和采矿业有一定发展,但仍不同程度处于初级产品供应国的地位。这是资本主义国际分工的发展阶段。

(3)20 世纪 40 年代和 50 年代开始的第三次技术革命,它导致了一系列新兴工业部门的诞生,如高分子合成工业、原子能工业、电子工业、宇航工业等。对国际分工的深化产生了广泛的影响,使国际分工的形式和趋向发生了很大的变化,从过去的部门间专业分工向部门内专业化分工方向迅速发展。主要表现在:不同型号规格的产品专业化;零配件和部件的专业化;工艺过程的专业化。任何一个专业发达技术进步的国家也不可能生产出自己所需的全部工业产品。当今世界,少数经济发达国家成为资本(技术)密集型产业国,广大发展中国家成为劳动密集型产业国,它们各自内部以及相互之间又形成更细致的分工。这是资本主义国际分工的进一步发展阶段。今后,随着第四次科技革命的进展,国际分工更要向前发展。

(三)国际分工的类型

1. 按参加国际分工的国家的自然资源和原材料供应、生产技术水平和工业发展情况的差异来分类

(1)垂直型国际分工。

这是经济技术发展水平相差悬殊的国家(如发达国家与发展中国家)之间的国际分工。垂直分工是水平分工的对称,它分为两种。

一种是指部分国家供给初级原料,而另一部分国家供给制成品的分工型态,如发展中国家生产初级产品,发达国家生产工业制成品,这是不同国家在不同产业间的垂直分工。一种产品从原料到制成品,须经多次加工。经济越发达,分工越细密,产品越复杂,工业化程度越高,产品加工的次序就越多。加工又分为初步加工(粗加工)和深加工(精加工)。只经过初加工的为初级产品,经过多次加工最后成为制成品。初级产品与制成品这两类产业的生产过程构成垂直联系,彼此互为市场。

另一种是指同一产业内技术密集程度较高的产品与技术密集程度较低的产品之间的国际分工,或同一产品的生产过程中技术密集程度较高的工序与技术密集程度较低的工序之间的国际分工,这是相同产业内部因技术差距所引致的国际分工。

从历史上看,19 世纪形成的国际分工是一种垂直型的国际分工。当时英国等少数国家是工业国,绝大多数不发达的殖民地、半殖民地成为农业国,工业先进国家按自己的需要强迫落后的农业国进行分工,形成工业国支配农业国,农业国依附工业国的国际分工格局。迄今为止,工业发达国家从发展中国家进口原料而向其出口工业制成品的情况依然存在,垂直型的国际分工仍然是工业发达国家与发展中国家之间的一种重要的分工形式。

（2）水平型国际分工。

这种分工是经济发展水平相同或接近的国家（如发达国家以及一部分新兴工业化国家）之间在工业制成品生产上的国际分工。当代发达国家的相互贸易主要是建立在水平型国际分工的基础上的。水平分工可分为产业内与产业间水平分工。

产业内水平分工又称为"差异产品分工"，是指同一产业内不同厂商生产的产品虽有相同或相近的技术程度，但其外观设计、内在质量、规格、品种、商标、牌号或价格有所差异，从而产生的国际分工和相互交换，它反映了寡占企业的竞争和消费者偏好的多样化。随着科学技术和经济的发展，工业部门内部专业化生产程度越来越高，部门内部的分工、产品零部件的分工、各种加工工艺间的分工越来越细。这种部门内水平分工不仅存在于国内，而且广泛地存在于国与国之间。

产业间水平分工则是指不同产业所生产的制成品之间的国际分工和贸易。由于发达资本主义国家的工业发展有先有后，侧重的工业部门有所不同，各国技术水平和发展状况存在差别，因此，各类工业部门生产方面的国际分工日趋重要。各国以其重点工业部门的产品去换取非重点工业部门的产品。工业制成品生产之间的分工不断向纵深发展，由此形成水平型国际分工。

（3）混合型国际分工。

混合型国际分工是把"垂直型"和"水平型"分工结合起来的国际分工方式。德国是"混合型"分工的典型代表。它对第三世界是"垂直型"的，从发展中国家进口原料，出口工业品，而对发达国家则是"水平型"的。在进口中，主要是机器设备和零配件，其对外投资主要集中在西欧发达的资本主义国家。

2. 国际分工按分工是在产业之间或产业内部分类

（1）产业间国际分工。

这是指不同产业部门之间生产的国际专业化。第二次世界大战以前，国际分工基本上是产业间国际分工，表现在亚、非、拉国家专门生产矿物原料、农业原料及某些食品，欧美国家专门进行工业制成品的生产。

（2）产业内部国际分工。

产业内部国际分工指相同生产部门内部各分部门之间的生产专业化。第二次世界大战发生的第三次科学技术革命对当代国际分工产生了深刻的影响，使国际分工的形式和趋向发生了很大的变化，突出地表现在使国际分工的形式从过去的部门间专业化向部门内专业化方向迅速发展起来。这主要是由于科技进步使各产业部门之间的级差化不断加强，不仅产品品种规格更加多样化，而且产品的生产过程也进一步复杂化。这就需要采用各种专门的设备和工艺，以达到商品的特定技术要求和质量要求，而一般来说所需要专用设备的数量不多，但要求精度较高。同时，为了达到产品的技术和质量要求还必须进行大规模的科学实验和研究，这就需要大量的科研费用。在这种情况下，只有进行大量生产在经济上才能有利。但这些往往又与同一国的有限市场和资金设备以及技术力量发生了矛盾，这就促进各国在部门内部生产专业化迅速得到发展。产业内部国际分工主要有 3 种形式：

第一，同类产品不同型号规格专业化分工。在某些部门内某种规格产品的国际生产专业化，是部门内国际分工的一种表现形式。

第二，零部件专业化分工。许多国家为其他国家生产最终产品而生产的配件、部件或零件的专业化。目前，这种国际生产专业化在许多种产品的生产中广泛发展。

第三，工艺过程专业化分工。这种专业化过程不是生产成品而是专门完成某种产品的工艺，即在完成某些工序方面的专业化分工。以化学产品为例，某些工厂专门生产半制成品，然后将其运输到一些国家的化学工厂去制造各种化学制成品。

（四）国际分工对世界经济和国际贸易的影响

第一，国际分工促进国际贸易的发展。国际分工是国际贸易发展的基础。生产的国际专业化分工不仅提高劳动生产率，增加世界范围内的商品数量，而且增加了国际交换的必要性，从而促进国际贸易的迅速增长。

第二，国际分工对国际贸易的商品结构产生重要影响。国际分工的深度和广度不仅决定国际贸易发展的规模和速度，而且还决定国际贸易的结构和内容。第一次科技革命以后，形成以英国为中心的国际分工。在这个时期，由于大机器工业的发展，国际贸易商品结构中出现了许多新产品，如纺织品、船舶、钢铁和棉纱等。第二次科技革命以后，形成了国际分工的世界体系，使国际分工进一步深化，国际贸易的商品结构也发生了相应的变化。首先是粮食贸易大量增加。其次，农业原料和矿业材料，如棉花、橡胶、铁矿、煤炭等产品的贸易不断扩大。此外，机器、电力设备、机车及其他工业品的贸易也有所增长。第二次世界大战后发生的第三次科技革命，使国际分工进一步向深度和广度发展，国际贸易商品结构也随之出现新的特点。这主要表现在工业制成品在国际贸易中的比重不断上升，新产品大量涌现，技术贸易得到了迅速发展。

第三，国际分工对国际贸易的地理分布也产生重要影响。世界各国的对外贸易地理分布是与它们的经济发展及其在国际分工中所处的地位分不开的。第一次科技革命后，以英国为核心的国际分工，使英国在世界贸易中居于垄断地位。此后，法国、德国、美国在国际贸易中的地位也显著提高。第二次世界大战后，由于第三次科技革命，发达国家工业部门的内部分工成为国际分工的主导形式，因而西方工业发达国家相互间的贸易得到了迅速发展，而它们同发展中国家间的贸易则是下降趋势。

第四，国际分工还对国际贸易政策产生重要影响。国际分工状况如何，是各个国家制定对外贸易政策的依据。第一次科技革命后，英国工业力量雄厚，其产品竞争能力强，同时它又需要以工业制品的出口换取原料和粮食的进口，所以，当时英国实行了自由贸易政策。而美国和西欧的一些国家工业发展水平落后于英国，它们为了保护本国的幼稚工业，便采取了保护贸易的政策。第二次科技革命，资本主义从自由竞争阶段过渡到垄断阶段，国际分工进一步深化，国际市场竞争更加剧烈，在对外贸易政策上，便采取了资本主义超保护贸易政策。19世纪70年代中期以前，以贸易自由化政策为主导倾向；19世纪70年代中期以后贸易保护主义又重新抬头。西方国家贸易政策的这种演变，是和世界国际分工深入发展分不开的，也与各国在国际分工中所处地位的变化密切相关。

二、东南亚市场形成

东南亚地区是目前世界上经济最活跃的地区，近年来，在世界经济区域集团化的驱动下，加强东南亚地区的经济合作已为该地区各国所共识。但通过何种途径和以什么方式来实现东南亚地区的经济合作，是目前大家关心而又在认识上存在着差异的问题，也是实现东南亚地区经济合作的首要问题。根据目前世界经济的基本态势，从保护东南亚地区各国的现实利益和长远利益的角度出发，应该建立统一的东南亚市场。

（一）建立和形成东南亚统一市场的动因

东南亚地区的经济合作以何种方式和途径来实现，最根本的因素在于明确区外世界经济态势对区内的作用动因和区内各国相互合作的现实动因和未来意向，只有考虑这两种动因的存在以及两种动因的整合，审时度势，才能做出合理的选择。在东南亚地区建设统一的市场，是目前明智而可行的选择。

1. 世界经济外部态势的作用动因

（1）世界经济区域集团浪潮的驱动。世界经济区域集团化已成为当今国际经济结构的主要特点和趋势，世界区域经济集团的功能，主要是加强区内各国的经济合作。以此形成对区外的强大竞争力以及保护区内市场。其根本实质是凭借区域集团的实力最大限度地占有市场空间。从最根本的意义上说，它是贸易保护主义的产物与体现。由于各种国际因素的交织作用和世界经济运行体制本身的演化，战后形成的世界经济格局正处于分化和重组态势，以美国、西欧和日本为中心的发达国家之间的相互合作关系因相互间的贸易失衡而宣告走向崩溃。德国不仅在出口总值上超过了美国，取代了美国世界第一出口大国的地位，而且在美国存在连年巨额贸易逆差的情况下，其贸易顺差上升很快，已超过 700 亿美元。日本贸易顺差虽然略有下降，但仍维持在 600 亿美元以上，这种贸易失衡成为国际贸易摩擦加剧、贸易保护主义发展的渊源。过去尽力主张贸易自由化的美国在 1988 年 1 月与加拿大签订了"美加自由贸易协定"，并积极谋求南美国家加入区域集团，成了推动贸易保护主义的带头羊。欧共体在 1985 年 10 月做出了关于在 1992 年底实现欧洲内部统一大市场的计划。日本也正在谋求建立亚太经济圈，但由于亚太地区各国经济实力、发展水平、自然资源、文化、信仰和历史特征等差异太大，而且许多亚太地区的国家对日本存有戒心，因此，在可以预料的时期内不可能建立起较高程度的合作关系。而美加自由贸易区和欧共体统一大市场的形成，对日本高度依赖开放性经济造成很大压力，迫使日本把市场视角投向目前经济发展最活跃、最稳定的东南亚地区。所以，对东南亚地区来说，建立统一的东南亚市场，是稳固其区外市场，保护区内市场的有效而迫切的良策。

（2）目前初级产品和劳动密集型产品的市场不断萎缩，价格大幅度下跌，以出口初级产品和劳动密集型产品为主的东南亚地区，只有建立统一的东南亚市场，制定相对一致的对外出口产品价格政策，才能改变其贸易依附性，保护区内生产。20 世纪 80 年代以来，初级产品价格下降了约 30%，许多初级产品价格跌到了半个世纪以来的最低水平。随着高科技产业的出现，劳动力在生产中的作用降低，使东南亚许多国家的劳动力优势相对弱化，劳动密集型产品价格下跌，使东南亚地区蒙受重大损失。但在同一时期，初级产品和劳动密集型产品的出口实物总量并没有减少，意味着发达国家对其依赖程度并没有降低，出口初级产品和劳动密集型产品国家收入的减少，事实上是因为在国际贸易关系中，这些国家长期处于依附地位，国际贸易价格受发达国家的操纵和控制。因此，改变东南亚地区的贸易依附地位，保护共同利益的迫切愿望和世界贸易关系的客观现实活动，也是建立统一的东南亚市场的动因。

（3）亚太地区的经济发展趋向也在迫使建立统一的东南亚市场。日本在东南亚地区已逐渐取代美国成为主要投资国，但日本无法取代美国向东南亚地区提供市场的地位。日本国内市场容量有限,其本身又是一个对外依赖性很强的国家,除可以吸收一部分东南亚地区的初级产品外,东南亚地区的工业制品很难进入日本市场。北美自由贸易区和欧洲统一大市场的形成,阻碍了日本向这些地区转销其在东南亚地区生产的产品的连锁体制的运转,这样日本利用东南亚地区的廉价劳动力、各种优惠条件、基础设施和原料生产出来的产品,最后还要利用这一地区的市场进行销售。目前,东南亚地区各国普遍制定了对外来投资者的种种优惠政策,能否确保双方利益的互利性,还在于能否使投资者不占有本地市场。

(4)建立统一的东南亚市场,是东南亚国家形成自身发展模式的生发器。世界市场容量的确定性和发达国家贸易保护主义的排他性,使东南亚国家和地区无法复制日本、中国香港、韩国等国家和地区的发展路子。在没有现成模式可以依循,而目前世界经济活动中的不稳定因素增加,风险上升的情况下,东南亚国家和地区形成适合自己特点的发展模式的过程,需要在一个宽松的、能以其相当容量弱化风险、有回旋余地的市场环境中顺利展示。

(5)建立统一的东南亚市场,也利于增强东南亚地区应变能力和参与国际经济协调能力,尽快形成能够适应世界经济动荡的发展机制。

2. 东南亚地区内部动因

(1)建立统一的东南亚市场,是区内各国实现产业结构升级、改变产业结构同构化、推动区内需求的加速器。由于东南亚地区资源雷同,国际社会分工对其要求基本一致,指导各国社会发展的战略思想以及所达到的技术水平都趋于相似,生产布局、产业结构和产品特点也无明显区别,因而缺乏区内出口商品的互补性。由于产业结构同构化问题突出,使东南亚丰富的资源丧失了优化配置的条件,加剧了资源失衡。中缅、泰缅等边境贸易只能起到调剂余缺、互通有无的作用,对产业结构的升级没有实质性的推动作用。由于过去依赖区外市场,缺乏培育产业应有的市场环境,区内产业结构的演化只能依附于区外发达国家的产业转移。只有建立统一的东南亚市场,才能逐步形成依托于区内市场、各具特色而互补性极强的产业群体,进一步拉动区内需求,刺激产业结构的升级换代。

(2)东南亚地区大部分国家最大的问题在于发展资金短缺,虽然东南亚地区目前仍然是西方投资最集中的地区之一,但仍然无法满足区内资金的需求,而且区外国家附加的条件日益苛刻。菲律宾、马来西亚等国家在资金不足的同时,又陷入了外债危机。随着资金倒流发达国家趋势的发展,东南亚地区的资金短缺将日益突出。为此,目前东南亚地区内部的相互投资意向增强。东南亚市场的建立,有利于进一步活跃区内国家和地区间的资金调节,建立区内"市场—资金"的良性循环机制。

(3)东南亚地区各国经济位差的层次性和生产要素的互补性,是东南亚市场形成的客观经济内在动因。东南亚地区经济发展位差具有明显的层次性:新加坡属第一层次;泰国、马来西亚、菲律宾、印度尼西亚、文莱属第二层次;缅甸、老挝、越南、柬埔寨属第三层次。实现经济位差的梯度传递效应和生产要素的合理配置,优势互补,是东南亚市场形成的客观经济内在动因。

(4)文化历史、民族传统等相关因素的共生性是建立东南亚市场的历史文化动因。东南亚地区许多民族跨境而居，其文化历史、民族传统、宗教习俗并未因国而异，具有很强的相近性。同时东南亚地区还是世界上受儒家文化影响最深、最集中的地区。这些相关因素的共生性，是建立东南亚市场的人文基础。

（二）东南亚地区建立统一市场的基本制约因素

1. 经济独立性较差，区外依附性较强

美国、日本、法国、英国、韩国、中国香港等国家和地区对东南亚地区争夺和历史影响还有待于排除，特别是实现工业化所需的各种机器设备、稀缺工业原料和资金、技术还不可能在短时期内脱离对区外的依附地位。区外发达国家为了自己在东南亚地区的利益，也会千方百计阻挠东南亚地区建立统一的市场。

2. 东南亚地区一些国家政局不稳定

东南亚地区历史上经常遭受帝国主义的扩张侵略，战火连绵不断，近年来又发生边界战争和一国入侵另一国的事件，有的国家政局动荡，政权更迭频繁，因此，虽然和平、稳定、发展是东南亚人民的共同愿望，但在具体的贸易往来中，还存在着许多阻力、隔阂和不可知因素。

3. 东南亚地区存在着不同的政治制度和经济体制

欧洲统一大市场和美加自由贸易区的成员国，社会性质大体一致，经济运行机制也基本相同。而东南亚地区存在着两种对立的社会制度和两种不同的经济运行机制，这种状况必然影响东南亚地区统一市场的建立。

4. 东南亚地区的毒品问题

东南亚地区的"金三角"，是当今世界最大的毒源地，年产鸦片 2500 吨，可制成海洛因 250 吨，占世界总产量的 75%。近几年来贩毒活动日益猖獗，贩毒分子无孔不入，而缅甸、老挝等政府对毒品控制能力有限，这就从管理技术上为建立统一的东南亚市场增加了难度。

（三）建立统一的东南亚市场的原则

1. 政经分开的原则

在社会制度、经济体制不同的条件下，建立统一的东南亚市场，最基本的原则是政治和经济分开的原则，在平等互利的前提下求同存异，共谋发展。

2. 层次性原则

统一的东南亚市场，应坚持融民间贸易、官方贸易、城市贸易、边境贸易于一体的多层次原则。

3. 开放性原则

开放性是现代市场的基本特征，只有坚持开放，才能充分体现市场的自组功能，实现建立统一的东南亚市场的宗旨。

4. 松散性原则

东南亚地区的商品对抗性大于互补性，因而决定了统一的东南亚市场，不能建立像美加自由贸易区和欧洲统一大市场那样的紧密关系，而是采取比较松散的方式，循序渐进地建立市场体系。

第三节　东南亚市场构成及特点

一、东南亚市场构成

东南亚国家是我国的近邻，与我国山水相连，交往密切，传统友谊保持至今。经过多年努力，东南亚国家发生了显著变化，正成为当今世界一个极为引人瞩目的地区，也成为我国许多企业"走出去"的首选地之一。

（一）东南亚市场主体

东南亚地区是指亚洲东南部，我国以西、印度以东的地区。东南亚从地理上说包括中南半岛（又称中印半岛、印度支那半岛）和马来群岛（也称南洋群岛）两大部分。整个东南亚地区共有 11 个国家，即越南、老挝、柬埔寨、泰国、缅甸、马来西亚、新加坡、印度尼西亚、菲律宾、文莱、东帝汶。中南半岛上的越南、老挝、缅甸与我国接壤。泰国隔缅甸掸邦与云南省相望，离云南省的最近距离仅 200 公里。东南亚 11 个国家的总面积约 447 万平方公里，人口约 8.68 亿。东南亚地区面积最大的国家是印度尼西亚，大约 190 万平方公里；面积最小的是新加坡，仅有 669 平方公里。人口最多的国家是马来西亚，约为 2.87亿；人口最少的国家是文莱，仅有 42.5 万。人口在 5000 万以上的国家，除马来西亚外还有印度尼西亚、越南、菲律宾、泰国。东南亚的 11 个国家中，东帝汶的经济基础相对最弱。

东南亚的战略地位十分重要。它处于太平洋与印度洋的"十字路口"，是亚洲、非洲、欧洲、大洋洲各国交往的海上要道。其中的马六甲海峡，是欧洲、非洲东航太平洋航道上的必经之地。每日经过马六甲海峡的大型船只不下百艘。超级大国多年来一直把这里作为争夺的重点。

大自然的恩惠，使东南亚地区成为人类的一块资源宝地。东南亚地区大都处于低纬度地带，气候炎热潮湿，土地肥沃，物产丰富。东南亚的山地和平原到处丛林密布，郁郁葱葱，整个地区的森林平均覆盖率达 48%，其中柬埔寨的森林覆盖率高达 72%。邻接我国云南省的缅甸掸邦高原盛产贵重木材柚木，是世界著名的柚木产地。泰国、老挝也有大量柚木和其他珍贵树种。缅甸、泰国、越南、柬埔寨是著名的稻米产区。缅甸首都仰光、泰国首都曼谷和越南南方的胡志明市，被称为世界三大米市。泰国的大米和木薯出口量一直居世界第一。东南亚地区还是世界上天然橡胶的著名产地，产量占世界总产量的 85% 左右。马来西亚的天然橡胶和棕榈油产量几十年来一直居世界之首，全世界 1/3 的天然橡胶来自马来西亚。菲律宾盛产椰子，世界市场上 1/4 的椰子出自菲律宾，因而菲律宾素有"世界椰王"之称。菲律宾的马尼拉麻和吕宋烟在世界上享有盛誉。东帝汶的咖啡为其主要出口商品。此外，东南亚还盛产木棉、胡椒、木薯、金鸡纳霜、油棕、甘蔗、菠萝、香蕉、菠萝蜜等热带经济作物和兰花等热带花卉。

东南亚的矿产资源也极为丰富。中南半岛是世界上最大的锡钨矿带之一。位于该半岛的泰国，其锡矿储量居世界首位；泰国、马来西亚、印度尼西亚、缅甸 4 国的锡储量占世界锡储量的一半左右。全世界 2/5 的锡产自马来西亚。印度尼西亚石油储量在东南亚居第一，这里的原油含硫低，质量好，是世界主要石油输出国之一。印度尼西亚、文莱、马来西亚是天然气的主要生产国。东帝汶也有着一定的石油和天然气资源。它们的液化天然气出口占世界总出口量的 2/3。缅甸、泰国的宝石素为世人所赞誉。此外，东南亚还蕴藏有数量可观的钨、铜、煤、铬、锰、石灰石等矿产。东南亚地区河流纵横。湄公河是东南亚最长的河流，上游即我国云南省的澜沧江，出境后称为湄公河，流经老挝、缅甸、泰国、柬埔寨、越南，最后汇入太平洋。澜沧江—湄公河全长 4880 公里，是世界第六大河。湄公河流域具有从寒带到热带的气候条件，流域地区各国动植物种属、水利电力资源极为丰富。湄公河的水电蕴藏量达 5800 万千瓦，可开发的水电量达 3700 万千瓦。澜沧江—湄公河的开发正成为各国关注的热点。

东南亚地区除老挝属内陆国家外，其余所有国家都有海岸线。水产资源成为东南亚国家的一大优势。东南亚海域盛产的金枪鱼、墨鱼、鱿鱼、沙丁鱼、对虾是国际市场的抢手货。泰国的渔业产量在亚洲仅次于日本。东南亚地区拥有的丰富资源，哺育着居住在这里的亿万人民，也为该地区的经济发展创造了良好的条件。

（二）东南亚市场经济的发展历程

东南亚是当今世界经济发展最有活力和潜力的地区之一。战后 50 多年来，东南亚国家经历了曲折的发展，其经济、社会发展取得了长足的进步。

东南亚 11 国在政治与经济体制、经济发展程度、经济规模等多方面存在较大的差距，使其在整体上呈一种不稳定的菱形结构。如果将 11 国的国内生产总值、总人口等反映经济规模的要素综合起来考虑，则 11 国可作如下排列：第一层次为文莱、新加坡，第二层次是马来西亚、泰国，第三层次是菲律宾、印度尼西亚，第四层次是越南、缅甸、柬埔寨、老挝、东帝汶。这个以国内生产总值（GDP）和人口规模为尺度的上下小、中间大、近似菱形的结构，基本上反映了经济发展水平与经济规模相结合的地区经济力量结构。由于东南亚各国经济发展水平有较明显差距，其中的越南、缅甸、柬埔寨、老挝、东帝汶 5 国即使今后能够以较快速度发展，也难以改变这种力量的基本格局。因此这一结构对东南亚经济以至政治的发展将继续产生重要影响。

1997 年发端于泰国的金融危机，迅速波及东南亚各国。东南亚各国的经济发展受到严重影响。在东南亚金融危机爆发前的 1996 年，东南亚 10 国的国民生产总值共达 7301 亿美元，人均国民生产总值 1490 美元；进出口总额 6943 亿美元，外汇储备达 1719 亿美元。金融危机的发生，打断了东南亚国家的经济发展进程，其中的泰国、印度尼西亚、马来西亚、菲律宾更是成为金融危机的"重灾区"。这些国家的货币贬值，呆账增加，出口减少，通货膨胀加剧，一批企业倒闭或停业，失业队伍扩大，经济急剧下滑。1998 年，印度尼西亚人均国民生产总值从 1150 美元下降到 380 美元，减少了 67%。泰国人均国民生产总值由 2986 美元下降到 1690 美元，减少了 43%。马来西亚总理马哈蒂尔曾指出，东南亚金融危机使马来西亚经济倒退了 10 年。因经济困难导致社会不稳定，以致一些国家发生政权更迭。相对上述国家，越南、缅甸、柬埔寨、老挝受金融危机的影响较小，但金融危机也给这些国家的经济发展带来了诸多困难。面对金融危机的沉重打击，东南亚各国采取多种措施以克服困难，努力振兴经济。随着政治斗争趋于平静和经济形势的好转，东南亚国家发展经济的条件得到改善，社会不稳定因素渐渐减少，消费者信心逐渐恢复，国内市场需求进一步扩大。消费形势的变化将使部分国家逐渐减轻所承受的通货紧缩压力，实现扩大内需的目标，进而刺激经济增长。到 2002 年初大多数东南亚国家已走出经济危机的阴影，正在实现复苏。但是，在世界经济发展趋缓的背景下，东南亚国家要实现经济稳定、快速发展还需要做出艰苦的努力。

二、东南亚市场的特点

东南亚一共有 11 个国家，已经有 10 个国家是东盟的成员，于 2002 年才获得独立的东帝汶现在是东盟的观察员国。东南亚各国的情况千差万别，国情悬殊，这里就一些带有共性的特点进行概述。

（一）人口年轻并且数目众多，市场潜力非常大

市场是由人口所组成的，因此，企业经营者往往对这一特点最感兴趣。当前世界上的人口增长有两个正好相反的趋势：一是发达国家生育率（每名育龄妇女所生育的婴儿数）下降，甚至低于替代水平（2.1~2.3）；二是人口爆炸，主要是在发展中国家，人口爆炸，主要是在战后发生的。据统计，从 1850—1950 年的 100 年内，世界人口增加了 13 亿多，而从 1950—1996 年的 46 年时间内，世界人口增加了 32 亿多。据估计，到 2015 年，世界人口将达到 70 多亿。

这两个趋势在东南亚也同样存在。在新加坡，早在 20 世纪 80 年代中期便出现了前一种趋势，在 1986 年，生育率下降至最低，只有 1.4 人，后来才有所增加，但仍然低于人口替代水平。新加坡已经在 1997 年进入老龄化社会。何为老龄化社会？国际上公认的标准是，65 岁以上的人口所占比重达到 7%，或者是 60 岁以上人口比重达到 10%，如果 65 岁以上人口比重达到 15% 以上，则为超老龄化社会。其他东南亚国家，都是属于后一种类型的国家，人口增长速度较快。最近 10 多年来，东南亚国家也推行计划生育政策，但在一些国家收效不大，尤其是在菲律宾，居民中约 90% 都信仰天主教，天主教反对实行计划生育政策。在印度尼西亚、马来西亚和文莱，大多数人都信仰伊斯兰教，根据宗教规定，一个男子可以娶多个老婆。目前，东南亚 11 国总人口已经达到 5 亿多。东南亚的人口有如下几个特点：

1. 年轻

34 岁以下的人口一般都占了总人口的一半，甚至是一半以上。以印度尼西亚为例，34 岁以下人口几乎占了总人口的 70%。人口年龄组合变化对市场的影响是非常大的，一般而言，老人对旅游有较大的兴趣，他们既有钱又有时间，然而，他们对新产品没有多大兴趣，宁愿选择传统的产品。在老龄化社会，为老年人提供服务的行业有很大的市场和拓展的空间。一个年轻人占人口多数的社会，将对几个行业产生积极的影响：交通运输业，如摩托车，年轻人买不起小汽车，但价格较为便宜的摩托车则比较适合他们；服装业，年轻人讲究穿着，且要求名牌和高档；消费性电子业，如音响、彩电等。

2. 小家庭盛行

核心家庭逐渐取代传统大家庭，这在东南亚各国也是一个大趋势。小家庭盛行对市场也有很大的影响，每个家庭成员可以支配的收入增加了，他们需要较为便捷的交通工具，对电子娱乐产品的需求也增加了。

3. 流动性很大

东南亚国家都是发展中国家，城市化的速度很快，出现了农村人口向城市加速流动的趋势。在印度尼西亚，人口流动有两大趋势，一是经济不发达的外岛地区向经济发达的爪

哇岛流动，爪哇岛面积只占印度尼西亚全国面积的7%，却集中了全国人口的60%。二是农村人口向城市流动。在印度尼西亚首都雅加达，1961年的人口为300万，1980年达到650万，1994年达到1100万，预计到2015年将达到2100万。流动人口多对一些产业部门也有很大的影响，如可以促进交通运输业的发展，进入城市以后的人口需要在城市安家，他们需要较多的家庭用品，随着他们的收入的增加，他们对各种消费性电子产品的需求也逐渐增加。

4. 东南亚的城市化程度较高

东南亚约有1/3的人口居住在城市，尤其是集中在大城市及其周围。东南亚超过百万人口的大城市有10多座，包括雅加达、曼谷、仰光、新加坡、胡志明市、河内、马尼拉、万隆等。东南亚的城市化具有如下两大特点：一是人口高度集中在以首都为中心的大城市地区，菲律宾首都马尼拉和印度尼西亚首都雅加达的人口已经超过千万人，泰国首都曼谷的人口也已经接近千万人。在菲律宾，仅首都马尼拉及其周围的卫星城，就占了全国城市人口的1/4。二是国家的经济活动主要集中在以首都为中心的城市地区。在印度尼西亚、马来西亚、菲律宾和泰国，人员、生产能力和基础设施均高度集中在首都，马尼拉的人口约占全国人口的15%，生产了该国约1/3的国内生产总值，3/4的工业生产总值和全国制造业产值的2/3；泰国首都曼谷的情况更为突出，由于国家的发展政策的重点和国内外投资均集中在曼谷，导致曼谷的城市经济发展明显快于其他城市和地区，占泰国全国总人口约10%的曼谷承担了该国银行、保险、房地产方面的国内生产总值的86%，制造业的74%。

（二）众多的华侨华人

据估计，目前海外华人在全球约有3000多万，其中2000多万（80%）集中在东南亚地区，他们主要分布在印度尼西亚、马来西亚、泰国、新加坡、菲律宾，在越南、老挝和柬埔寨也有一些。

东南亚华侨华人的基本情况，可以用如下三个"最"来概括：新加坡华人的西方化程度最高；马来西亚华人最像华人（保留了最多的华人文化与传统）；泰国、印度尼西亚和菲律宾华人被当地同化的程度最高。

我们的中国企业在进军和开拓东南亚市场时，应该很好地注意到华侨华人众多这些特点，并且充分利用这一特点，更好地占领东南亚市场。众多华侨华人这一特点给我们中国企业开拓东南亚市场提供了许多机会和便利条件，主要表现为如下几个方面：

1. 华侨华人是中国企业进军东南亚市场的向导

华侨华人长期在东南亚所在国定居生活，有些甚至已经在当地国家生活了七代八代人了，作为当地国家的公民，他们熟悉当地国家的语言、法律、民情风俗和各种情况，依靠他们的帮助，有利于中国企业进军东南亚市场。

2. 华侨华人是中国企业走出国门和走向世界的合作伙伴

在东南亚国家，华侨华人以从事工商活动为主，建立了自己的经销网络和渠道，他们有自己的独特的经营方式，因此，当地的华商可以成为中国企业在当地的很好的合作伙伴。有些大企业集团已经走向全球化和区域化，在亚太地区乃至全球各地都建立了自己的营销网络，并且与欧美的跨国企业建立了良好的关系，通过与他们的合作，中国企业也可以进一步地走向世界。

3. 华人一般都受过较好的教育

华人一般都受过较好的教育，有较高的文化素质，中国企业可以从当地华人中雇用到高素质的管理人员。

4. 东南亚华侨华人本身也是一个巨大的消费市场

可以从如下几个方面看：

第一，东南亚华人人口众多，且有聚居的习惯，他们一般都居住在经济较为发达的城市地区，尤其是在大城市的唐人街。然而，华人的居住习惯在最近几十年也发生了很大变化，许多华人中产阶级家庭迁出唐人街，住到居住条件较好的郊区或者是其他比较高级的住宅区，而中下层华人或新移民一般都愿意继续居住在唐人街。

第二，东南亚华人多为中产阶级，有较高收入，生活水平在东南亚一般都居中上水平，有较高的消费能力，尤其是在购买高档消费品方面。

第三，华人的后代，尤其是第三代、第四代，受西方生活方式的文化的影响，追求高消费的生活方式，比较讲究物质享受，这与老一代华侨完全不同，因此，新一代华人有较强烈的消费欲望也有较高的消费能力，是一个潜力很大的消费群体。

我们在开拓东南亚华人消费市场时，应该注意如下几点：

第一，新老两代人在消费习惯上存在很大的差别。例如，老一代华人对中国的传统商品，如茶叶、白酒、瓷器等有一种特殊的爱好，其中或多或少掺杂了感情的因素，而年轻一代华人则受西方和当地生活方式的影响，对中国的传统商品一般不太感兴趣，也没有了感情的因素，例如，他们一般都不喝茶，而喜欢喝咖啡，就是喝茶，也不要中国的绿茶，而是喝英国的红茶。

第二，中医和中药在东南亚有广大的市场。可能是由于中华文化根深蒂固的影响，东南亚华人仍然偏好中医中药，此外，中国制造的西药由于价格便宜，在东南亚也有非常广阔的市场。东南亚华人都喜欢"进补"，所以中国的保健品在东南亚华人中是可以有所作为的。

第三，华文文化艺术产品有很大的需求。最近10多年，华文的文化艺术产品在东南亚大行其道，目前虽然大多数东南亚华人都不懂华文，但是，由于中华文化的博大精深，加上中国最近几年国力不断强盛，华文教育热潮方兴未艾，越来越多的华人甚至包括许多本地人喜欢看中国出产的电视连续剧、文学作品等各种类型的文化艺术产品。

（三）经济发展后劲足

市场不仅需要人，也需要购买力。总购买力与收入、价格、储蓄及信用等均有关联。如果经济不景气，出现高失业率、通货膨胀等，都会影响购买力。经济不景气时，人们购买力下降，一般只购买必需品，可买可不买的就尽量不买，以节省开支；当经济景气时，人们的购买力上升，购买许多高消费商品和名牌商品，甚至出国旅游、购买小汽车和其他高档消费品。因此，我们在研究某个地区的市场时，一定要很好地研究该地区的经济发展趋势。

在东南亚金融危机爆发前，主要的东南亚国家的经济发展一直呈良好的上升趋势，新加坡已经成为高收入国家，马来西亚和泰国成为中等收入国家，印度尼西亚的国民收入也达到了1000美元，其他东南亚国家的国民收入也有较大幅度的提高。但是，金融危机使东南亚国家这种经济发展的上升态势中断了10年，人民生活水平受到不同程度的影响，有些国家甚至出现大幅度的下降。

尽管如此，然而近年来，东南亚各国经济已经开始走向复苏，复苏比较快的有新加坡、马来西亚、菲律宾，泰国的势头也不错，越南和印度尼西亚的发展势头非常好，尤其是越南，许多经济学家都看好该国，认为越南是该地区正在崛起的一个新兴工业国家，最近几年一直保持8%左右的经济增长率。目前，东南亚国家的外国投资、国内私人投资、对外贸易、国内生产总值和人均国内生产总值等重要的经济指标均明显超过了金融危机前一年即1996年的水平。目前东南亚国家已经从金融危机中走出来，正在步入一个新的发展阶段，即更加重视质的提高而不是量的扩张的阶段。

随着经济的复苏，各国消费者的购买力也在上升，尤其是在马来西亚、泰国、新加坡等国，人们的购买力已经差不多恢复到甚至超过金融危机前的水平。

由于过去几十年的经济高速发展，东南亚国家，尤其是马来西亚、泰国、印度尼西亚和菲律宾等国，造就了一大批中高收入阶层，这些人的购买力相当强且有较高的购买欲望，是企业家们必须密切注意的一个社会群体。

(四)特殊的自然环境、地理条件和多样化的人文环境

从气候方面看，东南亚各国均属于热带海洋性气候，终年高温，一般分为旱季和雨季。自然环境的变化也会影响到公司的产品的制造及营销。在东南亚，人们穿衣服都比较简单，在正式的场合只需要穿一件像样点的衬衫和长裤即可，不需要寒衣，东南亚本地服装则为纱笼。人们平时在家里和非正式的场合，一般都是穿得非常简单，因此，在东南亚国家，用于服装方面的支出一般比较少。

除了新加坡之外，东南亚各个地区的公共交通都很不发达，人们一般都愿意使用私人交通工具，有钱人当然选择小汽车，但对于一般的劳工阶层来说，最便利的交通工具莫过于摩托车，所以，在东南亚各国的城市，摩托车是一种非常实用的交通工具。目前，各国的需求量仍然较大。东南亚国家，尤其是海岛国家，各个岛屿之间的联系主要依靠船只和小型飞机，这方面有较大的市场需求。

东南亚国家的人文环境表现得相当的多样化，具体表现为：

第一，民族的多元化。大部分东南亚国家都是多民族国家，印度尼西亚由100多个民族组成，越南有60多个民族，泰国、菲律宾和缅甸的民族也有30~50多个。就连老挝这样一个只有600多万人口的国家，也有30多个民族。

第二，宗教的多元化。世界三大宗教在这里汇聚，形成了以印度尼西亚、马来西亚、文莱、菲律宾南部和泰国南部为中心的伊斯兰教板块，以泰国、缅甸、柬埔寨、老挝、越南为中心的小乘佛教板块，以菲律宾为中心的罗马天主教板块。此外，许多少数民族还保留了自己的原始宗教。

第三，文化和语言的多元化。这是由民族与宗教的多元化决定的。虽然各个国家都规定了自己的官方语言，但是，由于民族众多，每个民族都有自己的语言(不一定都有文字)。东南亚是一个高度开放的地区，它对外来文化采取兼收并蓄的态度，在大量吸收外来文化的同时，也让本民族的文化发扬光大，从而形成了自己独特的文化。

第四，生活方式的多元化。不同的宗教信仰、不同的民族和不同的文化导致东南亚各国人民在生活方式上多姿多彩、百花齐放。在同一个国家的不同地区，在同一地区不同的宗教信仰，在同一个家庭因为接受不同的教育，都有不同的生活方式。

第五，不同的人文环境有不同的消费习惯和需求，有特殊的喜好和禁忌。例如，伊斯兰教禁止吃猪肉及其制品，佛教徒不吃牛肉和狗肉，天主教徒反对堕胎，等等。在泰国，90%的人都信仰佛教，生产各种佛像和宗教用品成为一个重要的产业。

第六，不同的价值观也会影响人们的消费和购买力。一般而言，东南亚当地人都没有储蓄的传统和习惯，他们都是"乐天派"，信奉"今朝有酒今朝醉"的原则，许多家庭可以说是"家无隔夜粮"，这也是由东南亚特殊的自然环境所决定的。东南亚自然环境优越，人们不需要怎么努力就可以解决温饱问题，不需要像中国那样"积谷防饥"，在这种情况下，贵重消费品的购买力就受到影响。佛教教义强调因果报应，教导人们要相信命运，一切都是前世就安排好了的，现世要积德行善，才会有一个美好的来世。另外，穆斯林可能更加崇尚精神方面的生活，而不太看重物质享受，尤其是那些虔诚的穆斯林。

（五）东南亚市场的统一性与多样性

以上4个特点，只是东南亚市场的一般特点，但是，我们在研究或试图进入东南亚市场时，切不可忽视了该地区的多元化特点。各国的国情千差万别，民族、宗教和文化及生活方式的多样化决定了该地区市场的差异性和多样性。许多学者在谈到东南亚地区的政治、经济、文化时，都会用统一性和多样性来对该地区的基本特征进行概括，它同样也适用于对东南亚市场的概括。

1. 东南亚市场的统一性

所谓东南亚市场的统一性，是指有许多内在的因素把东南亚地区各国有机地联系在一起。可以从如下两大方面看：

第一方面，它在历史、文化和地理等方面是一个相对独立的单元，即独立于东北亚、南亚及澳大利亚诸大陆。有如下的因素把多样性的东南亚联系在一起：（1）东南亚地区有它自己的固有的文化。（2）在外来文化传入之后，东南亚本地的传统文化与之互相融合，有选择地吸收，逐步形成了具有特色的东南亚国家的民族文化。例如以水稻栽培为主的灌溉农业延续下来，形成东南亚发达的农业文化或叫做稻作文化；农村村社的长期保存，是东南亚社会结构的重要特征；此外，原始的拜物教信仰与外来宗教的结合，使东南亚的宗教具有了新的特色。源于印度的佛教、印度教传入东南亚后，不再保持原来的形态，它们已经本地化、民族化，因而能够在东南亚生根。例如，上座部佛教传入缅甸后，与当地的那特信仰结合，吸收其精灵、信仰，缅甸寺塔供奉的各种那特的偶像，就是其佛教的一个特色。伊斯兰教从中东进入东南亚地区之后，也在相当大程度上被本地化，具有了东南亚本地的特色，表现得比较温和与兼容。

第二方面，是从现实的政治、经济与社会发展的进程看东南亚的统一性。具体表现为：（1）都曾经遭受西方的殖民统治，都是战后新兴民族独立国家，面对共同的发展问题；（2）在国际分工中处于相同的位置，即与前宗主国垂直联系十分密切；（3）全球化与区域化的进程把东南亚更加紧密地联系在一起。

2. 东南亚市场的多样性

我们要看到东南亚市场的统一性，但更应该看到和强调东南亚市场的多样性。从经济发展水平和工业化程度来看，新加坡和文莱是高收入国家，人均国内生产总值达到了3万美元左右，马来西亚和泰国是中等收入国家，人均国内生产总值分别达到了5610美元和3166美元（2008年，下同），印度尼西亚和菲律宾的人均国内生产总值已经过超过1000美元，其他国家的人均国内生产总值则在 1000 美元以下。新加坡、马来西亚和泰国已经基本上实现了工业化，印度尼西亚、菲律宾和越南则处于工业化的起步阶段，而缅甸、老挝、柬埔寨等国则基本上还处于农业社会。就是在同一个国家内，由于民族、宗教和语言文化的差别，也必然导致生活方式、经济发展水平和消费习惯与消费模式的巨大差异，城乡差别、民族差别、文化差别、贫富悬殊都是带来东南亚市场多样性的基本因素。例如，我们在谈到泰国市场时，就必须考虑到泰国经济发展中心曼谷及其周边地区与经济落后的偏僻地区（包括东北部地区和南部地区）的巨大差异，还必须考虑到泰南穆斯林聚居地区的特殊性。在印度尼西亚，各个地区之间也有巨大的差异，全国主要人口集中在以雅加达为中心的爪哇岛，但是，印度尼西亚的丰富的自然资源却集中在爪哇以外的其他岛屿（人们经常把爪哇以外的其他岛屿称为外岛地区）。在菲律宾，中部、北部是罗马天主教徒最为集中的地区，但菲律宾南部却是穆斯林聚居区，它们在宗教信仰、语言文化、经济发展水平、生活方式等多方面均有巨大的差别，如果不注意这些多样性与差异性，那就会犯极大的错误。

第四节　东南亚市场发展趋势及影响

一、东南亚市场的发展趋势

东南亚地区的经济发展趋势总体是向好的。经受了 1997 年的亚洲金融危机后，东南亚各国建立和健全了自己的金融管理体系，在引进外资时更谨慎地选择资本项目，在对外投资中也重视对风险的防范。2008 年和 2009 年对发达国家的出口减少了，外资投资也减少，实体经济受到很大影响。但是，从总体看，在本次金融危机中受到的冲击比其他地区小。2009 年，东南亚地区的 GDP 下滑并不严重，印度尼西亚和越南的增长率仍达 4.5%和 5.5%。近年来，东南亚地区与中国和印度的经贸关系发展迅速，2008 年中国与东盟实际贸易总额 2311.17 亿美元，东盟成为中国的第四大贸易伙伴。受中国和印度经济快速回升的影响，2010 年，东南亚地区经济局势逐渐稳定，实体经济恢复较快。

高盛资产管理公司董事长、布鲁塞尔欧洲与全球经济研究所董事吉姆·奥尔良于 9 年前提出"金砖四国"的概念，5 年前又提出"新钻 11 国"（"N－11"）概念，在"新钻 11 国"中，东南亚国家就有 3 个，包括印度尼西亚、越南和菲律宾。这些国家同"金砖四国"具有同样的发展潜力。这 15 个国家如今是推动世界经济前进的最大动力。吉姆·奥尔良最近又提出"增长型经济体"的新概念，他认为，"增长型经济体应该具有如下一些特征：生产率上升，人口素质提高，经济增长的速度超过全球平均水平"。东南亚国家中目前仅有印度尼西亚是够格的，菲律宾有可能在未来 20 年内进入这个名单。

在全球经济衰退发生两年之后，亚洲正走在全球经济复苏道路的前列，其中又以东南亚最为活跃。2010 年东盟 10 国的经济增长率平均为 7.4%，高于预期值，大大超过了 2009 年 1.3%的增长率，东南亚各国经济增长率如表 3－3 所示。

表 3 - 3　东南亚各国经济增长率　　　　　单位：%

	2009 年	2010 年	2011 年
东盟 10 国平均	1.3	7.4	5.4
文莱	-0.5	1.1	1.5
柬埔寨	-2	1.1	6
印度尼西亚	4.5	6.1	6.3
老挝	6.5	7.4	7.5
缅甸	——	—	—
马来西亚	-1.7	6.8	5
菲律宾	1.1	6.2	4.6
新加坡	-1.3	14	5
泰国	-2.2	7	4.5
越南	5.3	6.7	7

资料来源：ADB，Asian Development Outlook 2010，http：//www.adb.org.

　　其中，马来西亚、新加坡和泰国的恢复尤为迅速。马来西亚 2010 年国内生产总值（GDP）同比增长 7.2%，高于政府和市场此前预期。马来西亚总理兼财政部长纳吉布表示，马政府在金融危机后采取的一系列经济政策行之有效，该国经济正在"强劲"和"可持续"地增长。他认为，尽管马来西亚经济还将面临多重挑战，但相信经济将继续保持增长势头，并有望实现 6% 的增长目标。

　　新加坡的增长最为惊人，2010 年上半年 GDP 同比增长 17.9%，净出口对经济增长的贡献尤为突出。像马来西亚和泰国这些更为开放的经济体，政府消费、私人消费和固定资产投资大幅度地促进了经济的增长。在印度尼西亚和菲律宾，经济增长依靠的是私人消费，其次是固定资产投资，对于出口的依赖较小。文莱 2010 年经济复苏的情况并不明朗，主要受其国内单一的经济所制，也受政府决心加大对国家油田和天然气储备保护的影响。在缅甸，外商在化学领域的投资、农业的适度复苏以及政府对公共选举支出的增加，都会对其 GDP 的增长起到一定作用，但是应该达不到 4 月份的预计。而柬埔寨和老挝经济的增长，得利于其出口和旅游业的恢复。

二、我国与东南亚市场的合作

　　我国与东南亚总体合作趋势良好，已经建立了一系列合作机制，经过多年的合作，形成良好的互信互利基础。

　　影响重大的合作机制有两个，一是中国 - 东盟自由贸易区。2010 年，中国 - 东盟自由贸易区建成。按照中国 - 东盟关税协定，中国与东盟的文莱、印度尼西亚、马来西亚、菲律宾、新加坡、泰国 6 个老成员国在 2010 年 1 月 1 日，与缅甸、越南、老挝和柬埔寨 4 个新成员国在 2015 年 1 月 1 日，将占 93% 的正常类商品关税削减为 0；中国与东盟 6 个老成员国在 2018 年，与 4 个新成员国在 2010 年将占 7% 的敏感类商品的关税削减为 0～5%，最终实现零关税。自由贸易区的建设，将更进一步拉近中国和东盟的关系。

二是大湄公河次区域合作机制，该合作机制于 1992 年由亚洲开发银行发起，涉及流域内的 6 个国家间的经济联系，促进此区域的经济和社会发展。目前合作范围涉及交通、通信、能源、旅游、环境、人力资源开发、贸易和投资、禁毒等 8 大领域。该合作机制建立时间长，经过多年磨合，已进入大量务实状态，对涉及地区影响深远。

三、东南亚市场对我国的影响

东南亚国家市场一体化的发展，对我国及世界经济发展的影响是双重性的，既为我国的对外开放创造了商机，同时也产生了一系列的负面影响。

（一）有利影响

1. 经济上带来新的商机，有利于促进双方的经济增长

东南亚国家市场化不断发展，为我国发展同他们之间的经贸合作创造了条件，尤其是东南亚地区出现了经济一体化组织，使得中南半岛在两大板块之间的战略连接作用突出起来，这块昔日并不起眼的地区有望成为世界经济中的一个亮点。这就预示着中国与东南亚的经济合作、贸易往来将进入一个突破性的新阶段，区内贸易量大大提高，从而减少长期以来我国出口市场过于集中的风险，预示着相互之间产业结构、贸易结构的调整将在更广阔的领域展开。

2. 政治上改善了各国之间的关系，有利于促进亚太地区的繁荣和稳定

东南亚地区区域合作的各个成员国都重视国内经济建设，积极实行对外开放，努力摆脱贫困落后状况，有利于调整改善各国之间的政治经济关系。同时，两大地区都重视发展与中国的区域性合作关系，不仅开展形式多样的经济技术合作，而且在反对恐怖主义、打击跨国犯罪等方面都进行着积极的合作，有助于巩固和发展亚太地区的和平与稳定。

（二）不利影响

东南亚地区合作联盟等形式的区域化组织，总体上对我国有排斥性，给我国对周边国家的对外开放带来了一系列新的不利影响。

1. 市场一体化产生的贸易转移效应给我国的对外贸易带来影响

区域内贸易的加强，会增大区域外产品进入的难度，这对我国发展与东南亚国家的商品贸易是不利的。我国的出口商品中有大部分是出口至周边的东南亚国家和地区的，因此从长期看，这种不利影响不可忽视。

2. 东南亚市场一体化发展对我国吸收外国直接投资存在着不利影响

因为东南亚国家在吸引外资方面同中国的竞争性提高了，十分明显的是，在地理区位上，我国同东南亚国家相比，后者处于"沿海"，我国大部分地区则位于"内陆"，同时，我国的交通便利状况，不如东南亚国家。

3. 许多国家和地区加紧了对我国周边东南亚国家的渗透，在经济上和地缘政治上对我国构成新的压力

在东南亚地区，美国正加紧拉拢印度和越南，印度和越南也日趋向美国靠拢。目前，我国与俄罗斯、俄罗斯与印度已建立了战略合作伙伴关系，但中印之间尚未形成这种战略合作伙伴关系。金融危机之后，韩国、日本与泰国之间的合作关系也有了新的加强。外部势力在我国周边国家的渗透和加强，不仅给我国开拓东南亚国家的市场带来了新的竞争压

力，也直接威胁到我国 21 世纪的地缘战略利益。

本章小结

本章主要分析国际分工与东南亚市场的形成，包括四节的内容。

第一节介绍了主要国际分工与贸易理论，包括：比较成本理论、生产要素禀赋理论、里昂惕夫之谜及其解释、国际贸易新要素理论、产品生命周期理论、当代国际贸易分工理论的新发展、马克思主义的国际经济贸易理论。

第二节论述国际分工与东南亚市场的形成，首先介绍了国际分工的定义、国际分工产生的条件及发展阶段、国际分工的类型、国际分工对世界经济和国际贸易的影响，然后介绍了建立和形成东南亚统一市场的动因，东南亚地区建立统一市场的基本制约因素，建立统一的东南亚市场的原则。

第三节论述东南亚市场构成及特点，东南亚市场构成包括：东南亚市场的主体、东南亚市场经济的发展历程。东南亚市场的特点有：人口年轻并且数目众多，市场潜力非常大；有众多的华侨华人；经济发展后劲足；特殊的自然环境、地理条件和多样化的人文环境；东南亚市场的统一性与多样性。

第四节论述东南亚市场发展趋势及影响，包括东南亚市场的发展趋势、我国与东南亚市场的合作、东南亚市场对我国的影响等内容。

思考与练习

1. 主要国际分工与贸易理论有哪些？
2. 绝对成本理论与比较成本理论的区别是什么？
3. 资源禀赋论的主要内容是什么？如何评价？
4. 谈谈你对里昂惕夫之谜的理解？
5. 国际贸易新要素理论包括哪些内容？
6. 什么是产品生命周期理论？
7. 国际贸易分工新理论包括哪些内容？
8. 国际分工的含义及产生是什么？国际分工的类型有哪几种？
9. 东南亚市场形成的动因是什么？建立统一的东南亚市场，包括哪些原则？
10. 东南亚市场由哪些要素构成？东南亚市场的特点包括哪些？
11. 东南亚市场的发展趋势是怎样的？东南亚市场的发展，对我国有什么影响？

☞ 【案例分析】

案例 1：小小打火机称雄了世界

打火机是一个有百年以上历史的传统产品，至今世界上还保留着不少百年历史的品牌。20 世纪 50 年代，欧洲盛产打火机，60 年代末，日本、韩国、中国台湾等地以价格优势迅速取而代之，成了世界打火机生产基地。20 世纪 80 年代，旅居海外华人或出国回来的人带些小礼品回家，这些礼品中就有日本等国外的打火机。一只小小的打火机，当时价值三四百元。80年代末开始，温州人"玩"打火机，完全是个小学生，居然在十几年后称雄世界。

面对温州一下蹿出3000多家打火机厂，日本等国的厂商全傻了。温州的打火机，初看与日本打火机差别并不大，虽然做工粗糙，工艺简单，可是，它便宜！日本等地商人做过多种努力，但他们有劲没处使，也没法使；温州打火机太便宜了，它的价格还抵不上日本工人生产它的工钱的一半！日本广田公司原是日本最大的打火机厂家，在被温州同行打得喘不过气的时候，决定关闭日本的生产线，到温州进行贴牌生产。现在，日本、韩国、美国及欧洲等10多个国家在温州定牌生产打火机。

一只小小的打火机，有数十个零配件，如果这些零配件都由打火机厂商自己生产的话，成本将高得惊人。比如，一只电子点火器，10年前依靠进口，一只要四五元，温州人自己攻克生产难关后，进行分工生产，每只只有0.2~0.3元。温州打火机2001年已占据着世界打火机70%~80%的生产份额，年产打火机5.5亿只，销售额为30~40亿元。

温州打火机成功的启示告诉我们，不仅因为温州人聪明、吃苦耐劳，也不仅因为温州劳动力价格低，温州所特有的社会化大分工的生产环境，使温州形成良好的规模生产格局，这大大降低了生产成本。

案例2：国际分工陷阱

在新一轮全球并购高潮中，发达国家实际上是在强化其在原有贸易格局中的既得利益，而发展中国家则被更加牢固地锁定在国际分工链条的末端，进而掉入"国际分工陷阱"。

在美国市场，中国出口玩具"芭比娃娃"的零售价为9.99美元，它在美国海关的进口价仅为2美元，两者相差的8美元作为"智力附加值"被美方拿走。在剩下的2美元中，1美元是运输和管理费，65美分支付原材料进口的成本，中方只得到区区35美分的加工费。由此可见，包括中国在内的发展中国家在国际分工链条中处于明显的劣势和低端，而发达国家则成为最大的赢家。这样的例子在发展中国家与发达国家的贸易中并不鲜见。

国际分工的收益在发达国家和发展中国家之间的分配是严重不对称的。发达国家拥有先进的技术、充足的资金和高素质的技术管理人员；而发展中国家只有大量闲置的低素质、低技能的劳动力。发展中国家能够从事的生产经营活动，发达国家都能够从事。发达国家的跨国公司在全球范围内投资是为了扩大市场以获得更多的利润，但这不意味着发达国家不能够在国内生产。发达国家完全可以不与某个发展中国家交易，但发展中国家要实现本国经济发展却不能不与发达国家交往。

对于发展中国家来说，它们与发达国家虽然都可能从全球化的产业链条中获得收益，但是它们获得的收益数量却大不相同。国际分工收益的绝大部分由发达国家获得，发展中国家只能获得其中的一小部分。为了这一小部分收益，发展中国家还会进行激烈的争夺。它们竞相开出各种优惠条件，如税收优惠，允诺最大限度地开放国内市场，承诺遵守发达国家制定的严厉的经济规则，甚至作出政治上的让步。

然而，发达国家的资金不可能流向每一个发展中国家，它们总是流向那些能够给他们带来最大收益且风险最小的国家。结果是有的国家开放了市场，却没有资金和技术流入。

也就是说，虽然它们尽力参与到全球化进程中，但并不能够在全球分工链条中获得一席之地。

随着信息和通信技术的迅猛进步，不同国家或经济体之间，在获得接入信息和通信技术的机会与利用因特网进行各种业务活动方面，出现了明显的"数字鸿沟"。这类现象一旦被固定化和普遍化，那么，发展中国家的产业结构就有可能永远地被锁定在国际分工链条的末端，进而掉入"国际分工陷阱"。

在这种情况下，发展中国家面临两难抉择。一方面，加入到全球资本主义体系中，被迫或自愿地接受发达国家制定的于己不利的规则，必将不可避免地付出惨痛的代价。另一方面，如果拒绝接受现行的国际经济规则似乎没有其他出路。即使闭门造车成为可能，其结果往往也是事倍功半。因为各国的比较优势必须在国际分工中才能得以实现。

问题：

1. 何谓国际分工陷阱？发展中国家为什么会掉入这个"陷阱"？
2. 发展中国家为什么在国际分工的链条中处于末端？
3. 探讨发展中国家走出产业链低端局面的战略。
4. 你认为发展中国家怎样才能摆脱文中所说的"两难选择"？
5. 为什么像打火机之类的劳动密集型产业及产品在发展中国家仍有自身生存与壮大的空间？

第四章　东南亚经济与贸易政策

第一节　东南亚经济与贸易政策形成环境

一、区域主义的兴起

区域不仅是一个地理概念，还是一个政治、经济与文化的概念。东南亚地区在历史、地理、民族、宗教与文化背景等方面存在着巨大的差异，这给区域整合带来许多困难，而整合是解决当代国际关系中各相邻的民族国家间的多种问题与纠纷的重要途径。有学者指出："东南亚是一个彼此之间具有极大差异和形成鲜明对比的地区。这一地区十个主要国家中的每一个都代表一种独特的、与他国不同的传统。"斯卡拉皮诺曾指出："世界上很少有别的地区能比东南亚更鲜明地说明在千差万别中求得一致所会遇到的各种问题。"第二次世界大战后东南亚国家在反对殖民主义、争取民族独立的斗争中日益觉醒。它们认识到唯有本地区国家联合起来，形成一个集体，才能壮大自身的力量，并在建立公正的国际政治和经济新秩序的进程中维护自己的权益。

第二次世界大战结束至 50 年代，东南亚的区域合作是与亚洲整个地区的合作运动联系在一起的。1949 年 7 月，在新德里召开第一次亚洲国家会议，会上菲、泰、缅等国代表积极声援印度尼西亚人民反对荷兰殖民入侵的斗争，发生了重大的国际影响。这是东南亚区域意识的萌芽。

1955 年 4 月，在印度尼西亚万隆举行了著名的亚非会议。这是亚非独立国家独立自主举行的第一次区域性国际会议。万隆会议提出了和平相处、友好合作的亚非会议 10 项原则，产生了团结一致、反帝反殖、争取和维护民族独立、增强各国人民之间友谊的"万隆精神"。在这种精神鼓舞下，东南亚区域主义和区域合作运动有所发展。但在 50 年代东南亚尚未形成自己的固定的区域合作组织，东南亚国家之间的合作行动，仅仅停留在一次次地区性的会议上或洲际性会议上。它们的合作运动，还受区外大国特别是印度的主导与影响。

60 年代，随着多极化趋势和各国经济相互依赖的加强，以及本地区国家加强区域合作意愿的推动，东南亚区域主义发展到一个新的阶段。其突出特征是在 60 年代前期，东南亚一些国家开始建立本区域的合作组织：一是 1961 年 7 月成立的"东南亚联盟"，它由马、菲、泰 3 国组成；二是 1963 年 7—8 月由马、菲、印度尼西亚 3 国组成的合作组织——"马菲印多"。后者是将马来人占多数的东南亚国家联合起来的一个尝试，它还打算把新加坡和文莱也囊括进去。这两个组织的建立是东南亚国家努力消除彼此的争端、加强团结合作的成果，表明东南亚国家独立自主地进行区域性合作的区域意识逐步增强。

60 年代下半叶，不结盟运动的兴起和国际上区域合作运动的发展，增强了东南亚国家进行合作的信心。此时东南亚地区除印支三国仍处于战争状态外，大多数国家已进入政治相对稳定和致力于经济建设的时期。1965 年后，印度尼西亚苏哈托取代苏加诺执政，中止了与马来西亚和新加坡的对抗。1966 年，菲马关于沙巴的主权争端在泰国调解下达成一定的谅解。印度尼西亚作为东南亚发展中国家的第一大国全力支持东南亚区域合作，是东南亚区域组织形成的关键因素。

1967 年 8 月 8 日，印度尼西亚、菲律宾、马来西亚、新加坡和泰国在泰国首都开会，会议发表了《曼谷宣言》，正式宣告东盟成立。宣言宣布，东盟的宗旨是"通过共同努力，加速本地区的经济增长、社会进步和文化发展"，"促进东南亚的和平与稳定"。东盟的成立表明，东南亚发展中国家已有自己正式的区域合作组织，它们已具有了共同的制度化框架。

二、东盟意识的培育

"东盟意识"并没有一个统一的定义，它并非广义上的地区文化意识的概念，而是在地区合作运动发展中形成的一种区域合作的共同意识。所谓东盟意识是以要求维护本地区各成员国共同利益为宗旨，并在不断协商与合作过程中形成的一种同甘共苦的融洽气氛，它反映了成员国注重团结一致和求同存异的精神。

东盟意识具有以下几个特点：一是整体性，或称区域性。区域的共同利益是东盟组织存在与发展的基础，东盟意识反映了各成员国的共同利益。它所发表的宣言、纲领，签订的条约、协定，制订的计划，均集中代表了东南亚国家的共同愿望，是各成员国意志的集中体现。二是独立性，或称自主性。它反映了东南亚国家从自身利益出发维护东盟自身利益的要求。在这种意识指导下，东盟以一个整体的姿态出现在国际舞台上，对有关东南亚国家利益与发展命运的问题，对关系东南亚区域和平、安全与稳定的问题表达东盟自己的意见，不允许外部势力干涉。三是融合性，或称兼容性。这体现了东盟国家兼顾各成员国的利益，按照求同存异、协商一致的原则，在多元中寻求统一，并在不断整合过程中融聚内部力量的精神。四是开放性，即适应全球化的发展趋势，将眼光向外看，树立面向世界的开放的意识，而非封闭的区域意识。这反映在东盟与东亚诸邻国密切交往并积极参与亚太经合组织的活动之中。

东南亚的整体意识、自主意识、融合意识与开放意识并非一开始就具备的。在东盟刚建立时，其区域合作意识还比较薄弱，成员国之间的矛盾与问题较多，当国家利益与成员国的集体利益发生冲突时，当各成员国之间的利益发生矛盾时，相互之间是不会轻易让步的。当时人们对其发展前景持颇大的疑虑。然而，历经 40 余年的不断整合与协调，东南亚国家已逐渐培育出一种团结互助、同舟共济的合作意识，开始形成一种兼顾彼此利益的风尚。这种意识正如一位西方学者所描述的，"使其成员国在心理上有所慰藉，有所倚靠"，并"防止了这些国家困惑到孤立无援而依附于大国以求庇护的状况"。

第二节　东南亚经济政策形成及发展

有学者认为，东南亚的经济发展经历了3个阶段：第一阶段，20世纪50年代中期之前的传统社会或前工业化社会；第二阶段，50年代末到60年代末的工业化准备阶段；第三阶段，70年代后的经济"起飞"阶段。这种阶段划分方法，主要是基于罗斯托的"经济增长阶段论"而来，对于80年代中期以后东南亚经济的快速增长及随后的调整没有进行细分。

本书主要从内容上，把东南亚经济政策的形成及发展，划分为3个方面（在时间上有所交叉）：从殖民地经济到雁行模式的分工、从进口替代到出口导向、从"东盟魔法"到萎靡不振。

一、从殖民地经济到雁行模式的分工

东盟成立之初的各国，在经济上有着一些共同特点：第一，经济上还存在着浓重的殖民地经济印痕，农业在国民经济中占据重要地位，工业化限于简单的加工，贸易上主要依赖于原材料的出口；第二，在经济体制上，虽然都存在着一定程度的政府干预，但它们都是以市场机制为基础的经济体；第三，它们对于经济增长都有着高度的渴望，这与它们不发达、贫困和高失业的漫长历史有关；第四，大部分国家都希望建立起"自己的"比较完整的工业体系，这是后来它们一度实施进口替代工业政策的主要动因。

在底子薄弱、结构失衡和初级产品贸易条件恶化的情况下，东盟国家经济发展面临着重大的挑战。当时的世界经济正处于战后恢复的第一个快速增长时期，对于东南亚这些国家而言，选择一条什么样的道路成为一个十分关键的问题。在拉美地区流行已有一段时间的"依附论"，强调的是以进口替代为特征的集体自力更生的发展战略，认为发展中国家处于对发达国家的依附，只有摆脱这种依附才能得到发展。与这些国家不同，东盟国家选择的是一条积极融入世界经济体系、加入国际分工并参与世界经济竞争的道路。后来的历史发展证明，当时的选择对于这些国家来说是如此的幸运。

参与日本主导的"雁行模式"是东盟国家参与世界经济的重要内容。日本主导的"雁行模式"在20世纪60年代后开始在包括东南亚在内的东亚地区推行。到90年代初的时候，在整个东亚范围内已经形成"日本→亚洲新兴工业化经济体→东盟各国→中国→越南及缅甸等国"的经济发展链条。"亚洲四小龙"（韩国、中国台湾、中国香港和新加坡）是加入雁阵最早的成员，新加坡之外的其他东盟国家则是时间更晚、层次更低的成员。总的来说，雁阵的加入使得东盟国家获得了技术、资金和生产能力的注入，工业化有所发展，获得了一定的出口市场，并在这个过程中培育并巩固了参与全球经济、开展地区经济合作的能力和信心，各国的技术和生产能力有所提高，地区市场加快形成。雁行模式的加入，对于东盟的地区经济合作以及地区主义的形成都起到了一定的作用。

从殖民地经济到雁行模式的分工，东盟各国经济同样存在着经济上的对外依赖。所不同的是，殖民地经济是殖民地当局强加于当地并延续下来的，而加入雁阵则主要是东南亚各国自愿选择的结果。

二、从进口替代到出口导向

前面说到，独立初期的东南亚国家有着迫切地建立自己的工业体系的愿望，而且对一个相对更大的国家（例如印度尼西亚）来说尤为如此。20 世纪 50 年代，东南亚各国纷纷制定措施发展各自工业，分别出台了鼓励工业发展的法律法规，进入第一次进口替代时期。这一阶段大约维持到 60 年代末期至 70 年代初期。长期、大规模的进口替代导致了严重的外汇资金短缺，进口替代模式难以为继，于是东盟各国开始转向第一个出口导向时期。这个时期基本贯穿了整个 70 年代，其目标主要是换取出口外汇，其途径主要是出口矿物资源和经济类农产品。

从 70 年代末期到 1985 年期间，东盟进入第二个进口替代时期。其中一个重要的原因在于这个时期的国际资本市场供应充足，"石油美元"供应的大幅增加使得借贷成本下降，从而缓解了东盟各国的资金短缺困难。东盟国家开始通过低利率的外债来发展工业。不过东盟的第二次进口替代战略也不成功，当世界经济形势趋于萧条，借贷资金供应趋于紧张时，东盟要继续实施进口替代再一次陷入困境。80 年代初期爆发于拉美的债务危机，更是给了东盟国家反思的机会。在这种情况下，东盟各国只能选择紧缩政策，进口替代又一次被打入冷宫。

大约从 1985 年开始，东盟各国进入第二次出口导向的发展时期。这次的重点在于劳动密集型出口加工工业，而不是第一次出口导向时期的资源出口。其中一个最重要的外部原因在于"广场协议"（1985 年 9 月）后日元的升值，它使得日本对外投资猛增。随后不久，美国迫使"亚洲四小龙"的货币对美元升值，并取消了它们的贸易普惠待遇。在这种背景下，随着"四小龙"工资水平的上升，东南亚成为日元对外投资的密集区。此后至今，东南亚各国基本上遵循的是以出口导向为主的发展战略，在 90 年代期间部分国家也曾实施过一定的进口替代措施，不过只起补充作用，并且资金来源更多是商业贷款而非政府外债。也有人认为，"直至今日，出口导向和进口替代两种政策在多数东盟国家之内是以平行的方式来运作的，虽然这些国家对于出口导向更为青睐"。

东盟各国的工业化政策在进口替代和出口导向之间摇摆，一方面体现了这些国家通过工业化来发展经济的愿望，这是任何一个民族国家都可能保有的梦想；另一方面也说明东盟各国根据世界经济形势变化不断进行调整的灵活性和务实态度，这是面对着变幻的世界市场时所必需的。东盟进口替代和出口导向之间的转换并没有周期性，但从国家和市场的制约来看，不能排除再次发生转换的可能。正如罗德里克所指出的那样，"发展政策容易赶时髦"，例如 20 世纪五六十年代"进口替代"的时兴到现在"外向型经济"的时髦。他说，"那些经济成功的国家总是'同时'实行上述政策的国家"。

三、从"东盟魔法"到萎靡不振

20 世纪 60 年代的东南亚，在发展程度上与撒哈拉以南非洲并列，是世界上最不发达的地区之一。而在 30 多年过去以后，东南亚经济发展成为世界经济发展史上的一个奇迹，远远走在撒哈拉非洲和众多其他发展中国家前面，是"东亚奇迹"的重要组成部分，东盟则被称为"东盟魔法"（ASEAN Magic）。在 1993 年世界银行发表题为《东亚奇迹——经济增长与公共政策》的著名报告中，新加坡、马来西亚、泰国和印度尼西亚等 4 个新兴工业化国家(NICs)位列于 8 个"实绩优良的亚洲经济体"(High-Performing Asian Economies,HPAEs)之中。该报告指出,1960 年以来,HPAEs 的增长速度比东亚其他国家快 1 倍多,比拉丁美洲和南亚快将近 2 倍,比撒哈拉以南非洲快 5 倍。1965—1985 年之间,东南亚新兴工业国家的实际人均收入增加了 1 倍。而此后,东盟更是进入了经济高速增长的黄金时期。80年代中期到 1997—1998 年金融危机之前,除菲律宾之外的东盟 4 国都保持着很高的 GDP增长率,年均增长均超过 5%(如表 4 - 1 所示)。

表 4 - 1　1950—2000 年东南亚 5 国的年均 GDP 增长率

年份	印度尼西亚	马来西亚	菲律宾	新加坡	泰国
1950—1960	4.0	3.6	6.5	—	5.7
1960—1970	3.9	6.5	5.1	8.8	8.4
1970—1980	7.6	7.8	6.3	8.5	7.2
1980—1990	6.1	5.3	1.0	6.6	7.6
1991	8.9	8.6	-0.6	6.7	8.5
1992	7.2	7.8	0.3	6.3	8.1
1993	7.3	8.4	2.1	10.4	8.3
1994	7.5	9.4	4.4	10.3	8.8
1995	8.2	9.4	4.8	8.9	8.7
1996	8.0	8.6	5.5	6.9	5.5
1997	4.7	7.5	5.2	8.0	-1.8
1998	-13.2	-7.5	-0.5	1.5	-10.4
1999	0.2	5.8	3.2	5.4	4.1
2000	4.0	8.5	3.8	5.9	4.5

资料来源:Raymond K. H. Chan et al eds., Development in Southeast Asia:Review and Prospects, Burlington V. T. : Asbgate Publishing Limited, 2002, p. 88.

　　然而,1997 年起源于东南亚的金融危机引发了几乎波及整个东亚的经济危机,使得人们对于包括东南亚在内的整个东亚经济发展模式产生了担忧和怀疑。危机之后的东盟国家,政局变动、经济萧条,宗教、民族等不稳定因素涌现,以至于有人开始担心东南亚将被"巴尔干化"。东盟在危机期间的无能,各国在恢复经济方面的缓慢,使得人们不得不怀疑东盟是否将从奇迹陷入到萎靡不振的状态。值得庆幸的是,近来几年东南亚的发展表明,这种担心没有变为事实。

　　表 4 - 2 提供了一个增量指标,从 1999 年起,BCLMV 总体的经济增长率开始恢复增长并保持至今,新成员的增长率更快一些(基本在 5%以上)。最新的数据是,2005 年新加坡经济增长 5.7%,马来西亚 5.3%,印度尼西亚 5.5%,菲律宾 4.5%,泰国 4.3%,越南则高达 8.4%。

表 4 - 2　1996—2004 年东南亚 10 国的经济增长率

国家和地区	1996	1997	1998	1999	2000	2001	2002	2003	2004	1996—2000	2000—2004
文莱	1.0	3.6	-4.0	2.6	2.8	3.0	2.8	3.2	2.9	1.2	3.0
柬埔寨	4.6	4.3	3.7	10.8	7.0	7.6	5.2	7.0	7.7	7.1	6.9
印度尼西亚	7.8	4.7	-13.1	0.8	4.9	3.8	4.4	4.9	5.1	-1.0	4.6
老挝	6.9	6.9	4.0	7.3	5.8	5.8	5.7	5.9	5.5	6.0	5.7
马来西亚	10.0	7.3	-7.4	6.1	8.9	0.3	4.4	5.4	7.1	3.5	4.3
缅甸	6.4	5.7	5.8	10.9	13.7	11.3	12.0	13.8	5.0	9.0	10.5
菲律宾	5.8	5.2	-0.6	3.4	4.4	4.5	4.4	3.3	6.0	3.1	4.6
新加坡	7.7	8.6	-0.8	6.8	9.6	-2.0	3.2	1.4	8.4	6.0	2.7
泰国	5.9	-1.4	-10.5	4.4	4.8	2.2	5.3	6.9	6.1	-0.9	5.1
越南	9.3	8.2	5.8	4.7	6.8	6.9	7.0	7.4	7.7	6.4	7.3
东盟	7.3	4.2	-7.1	3.6	5.9	3.5	5.0	5.4	6.1	1.5	5.0
东盟 5 国	7.2	3.8	-8.9	3.1	5.5	2.8	4.5	4.9	6.0	0.6	3.9
BCLMV	7.8	7.2	5.2	6.7	8.4	7.9	8.0	8.8	6.8	1.7	1.1

注：（1）本表经济增长率是以 GDP（按购买力平价计算的当前价格）计算的。

（2）东盟 5 国指印度尼西亚、马来西亚、菲律宾、新加坡和泰国。BCLMV 指文莱、柬埔寨、老挝、缅甸和越南。

（3）因为统计口径方面的原因，上述表格的数值与表 4 - 1 有差异。

资料来源：ASEAN Statistical Yearbook，2005，pp. 36 - 37.

（4）由于东帝汶统计数据不全，因而未加考虑，表 4 - 3、4 - 4 同样如此。

　　表 4 - 3 和表 4 - 4 提供的是存量指标，即 2006 年东南亚各国的人口、面积和贸易概况。从总量上看，东南亚 10 国，人口约为 9.67 亿，面积为 446.55 万平方公里。从国民收入总体水平、货物贸易总量等情况来看，东南亚各国之间存在巨大差别，这是东南亚开展地区经济合作的重要障碍之一。

表 4 - 3　2006 年东南亚各国的基本指标

国家和地区	国土面积	总人口	年人口增长	货物贸易			FDI 流入（2005）
				出口	进口	总贸易	
	万平方公里	万	%	百万美元	百万美元	百万美元	百万美元
文莱	0.58	38.30	3.5	5768.7	1028.7	6797.4	288.5
柬埔寨	18.10	1399.62	2.5	2602.4	2147.0	4749.4	381.2
印度尼西亚	189.08	22205.10	1.3	103964.1	78392.7	182356.8	6107.3
老挝	23.68	613.53	2.5	254.7	423.6	678.3	27.7
马来西亚	33.03	2668.62	2.1	161248.7	131720.1	292968.8	3964.8
缅甸	67.66	5728.91	2.3	3514.8	2115.5	5630.3	71.8
菲律宾	30.00	8691.03	2.0	47037.0	51523.0	98560.0	1132.5
新加坡	0.07	448.39	3.3	271601.0	238503.0	510104.0	20080.5
泰国	51.33	6523.30	0.7	129948.5	126848.5	256797.0	4007.8
越南	3.34	8422.19	1.3	39605.0	44410.0	84015.0	2020.8
东盟	446.55	56739.00	1.5	765544.8	677112.1	1442656.9	38082.9

资料来源：ASEAN, Finance and Macro-economic Surveillance Unit Database and ASEAN Statistical Yearbook 2006.

表 4 - 4　　2006 年东南亚各国的宏观经济信息(％)

国家和地区	GDP增长率	失业率	货物贸易					
			出口/GDP	进口/GDP	贸易/GDP	出口增长	进口增长	贸易增长
文莱	3.8	4.3	48.7	8.7	57.4	23.5	9.3	17.1
柬埔寨	5.0	0.8	42.6	35.2	77.8	12.2	1.0	5.8
印度尼西亚	5.6	10.3	28.5	21.5	50.1	21.4	35.9	27.2
老挝	7.3	–	7.3	12.1	19.3	138.0	7.7	19.8
马来西亚	5.9	3.8	107.7	88.0	195.7	14.8	15.3	15.0
缅甸	7.0	–	29.4	17.7	47.1	12.5	29.6	18.4
菲律宾	5.4	7.4	40.2	44.0	84.1	14.0	8.7	11.2
新加坡	7.9	3.1	205.3	180.3	385.6	18.2	19.2	18.6
泰国	5.0	1.5	62.9	61.4	124.3	18.5	7.5	12.8
越南	8.2	5.3	65.0	72.8	137.8	38.6	36.3	37.4
东盟	5.8	—	71.9	63.6	135.5	18.6	17.7	18.1

资料来源：ASEAN, Finance and Macro-economic Surveillance Unit Database and ASEAN Statistical Yearbook 2006.

第三节　东南亚贸易政策形成及发展

一、东南亚贸易合作的历史沿革

东南亚国家初期的贸易合作，主要侧重在地区政治和安全领域。直到 1992 年东盟自由贸易区(AFTA)成立之前，ASEAN 的贸易合作并未真正开始。这一时期的宣言大部分是为了解决地区争端，维护地区安全稳定。在 1976 年印度尼西亚巴厘首脑会议上，ASEAN 发表了《东南亚友好与合作条约》和《东盟第一协调一致宣言》。《东南亚友好与合作条约》和《东盟第一协调一致宣言》中有如下几个有代表性、有影响的促进经贸发展的措施：

(一)东盟工业工程项目(AIPs)

1976 年提出的东盟工业工程项目，是东南亚各成员政府共同出资，建立规模大、资本密集型的跨国公司，目的是满足地区需求和更有效率地利用资源。由于东南亚国家的国内市场较小，建设大型的工业项目往往遇到国内市场需求的局限，因此东南亚各国领导人决定采纳联合国调查组的建议，合作兴建一批大型工业企业，通过共同集资，产品在成员市场销售，以期获得规模经济效益，也提高区域内一些工业产品的自给程度；提高资源的利用效率。根据东盟工业工程项目规定，每个成员都建立一个大型工业合作项目(耗资在 2.5 亿至 3 亿美元之间)，由 5 个成员共同拥有，东道国拥有 60％的股份，其余由其他成员分摊，产品通过认购和关税优惠制在各成员销售。

但是东盟工业工程项目最后以失败告终，失败的原因有以下几点：

第一，有些成员不能决定选择何种工业生产，或者不能凑足 60％的投资。更深层次的原因是，成员在工业合作上缺乏主动性。大部分东盟成员都更愿意发展本国出口工业，出口到地区外市场而不是东盟内部市场。

第二，那时候东盟5个成员发展程度相近，生产的产品性能类似。因此，它们的经济竞争性大于互补性。这样的结构安排本身是有助于市场整合的，因为他们要依赖国外机械设备、中间产品和其他投入资源的进口，但是同样也威胁一个国家的经济安全。

第三，东盟工业工程项目没有得到微观私人部门的支持。

（二）东盟工业互补计划（AICs）

与东盟工业工程合作项目不同的是，1981年提出的东盟工业互补计划和其变种是由私人部门提出的工业合作计划，目的是便利汽车及汽车零部件在本地区的生产，并使相关产品获得关税优惠。根据这一计划，成员分别承担某一工业部门的互补工业产品的生产，然后按优惠待遇进行贸易。这样，零件和最终产品将拥有较大的市场，从而促进成员有关工业的发展。东盟工业互补计划的指导准则包括降低成员的关税壁垒以及政府提供多种便利条件。

总的看来，工业互补计划进展十分缓慢。每一个项目都要东盟工商会与各国政府进行研究磋商，这要耗费大量的时间。不仅如此，各个项目都至少要有4个成员参加，这也增加了该计划实施的困难。加上东盟多数国家都在发展各自的汽车工业，并采取高关税措施加以保护，它们对本地区汽车工业的专业分工逐步失去兴趣。但是欧洲和日本的6个汽车制造商从中获得了利益。

（三）东盟工业合资计划（AIJV）

1983年发起的东盟工业合资计划是东盟工业互补计划的姊妹计划。这个计划更灵活，而且覆盖了更多的行业。计划的目的是鼓励地区内投资，通过资源集中和市场共享措施刺激地区内工业品产值。

尽管有众多刺激因素，但是自东盟工业合资计划提出以来只有18种产品通过了认证要求。计划中很多项目处于瘫痪状态。东盟工业合资计划失败的原因有：

（1）计划的建立缺乏明确的目标和指导方案，导致关于产品、投资和市场准入的谈判没有依据。

（2）繁杂的官僚行政审批制度拖延了计划实施的效率。

（3）东盟工业合资计划对ASEAN的商界和外国投资者没有吸引力。

（四）东盟特惠贸易安排协议（PTAs）

1977年提出的东盟特惠贸易安排协议是为了在地区内促进贸易自由化。该协议规定从1978年1月起实行特惠贸易安排，为东盟各成员之间的进口产品提供关税优惠。在一开始，各成员是通过志愿提出，而且是就单项产品进行谈判确定的。成员50%以上的产品都可享受优惠关税。但是由于各国又列出了"例外商品"清单来保护特殊产业，而这些"例外商品"清单又囊括了大部分的ASEAN地区内贸易，使东盟特惠贸易安排协议的作用大打折扣。1987年12月在马尼拉举行的第3次东盟首脑会议认为，发达国家的贸易保护主义和东盟各国之间的经济合作缓慢威胁地区的发展。为了加强成员内部的经济合作，该会议签署了《关于改进和扩大东盟优惠贸易安排的协定书》、《关于在东盟国家之间取消非关税壁垒的备忘录》等文件，使经济合作有了一个新的契机，然而特惠贸易安排仍未能给东盟的内部贸易带来飞跃性发展。虽然特惠贸易安排的商品项目从1978年的71种，增加到

1992 年的 16458 种，但是东盟地区内贸易所占份额却只是略微扩大，从 15.84% 上升到 18.40%，仅仅增加了 2.5 个百分点。原因在于东盟各成员政府对把东盟发展成一个自由贸易区缺乏真正的动力。

二、东南亚合作的贸易政策框架

1992 年 1 月 27 日在新加坡召开的东盟第 4 次首脑会议上，东盟各国签署了《新加坡宣言》和《东盟加强经济合作的框架协议》，宣布从 1993 年 1 月 1 日起的 15 年内建成东盟自由贸易区，将关税最终降至 0 ~ 5%，基本实现成员之间免除关税。同时，各成员经济部长批准了作为建立东盟自由贸易区主要运行机制的《共同有效优惠关税协定》(CEPT)。至此，标志着东盟区域经济合作进入新的阶段的东盟自由贸易区计划正式出台了。同年 9 月，东盟在曼谷成立了一个由东盟各成员的经济部长和东盟秘书长组成的，旨在监督、协调和审核 CEPT 计划实施的"东盟自由贸易区理事会"，该理事会工作由"高级经济官员会议"(SEOM)和东盟秘书处协助进行。东南亚贸易政策的发展如表 4 - 5 所示。

表 4 - 5　东南亚贸易政策的发展

阶段与时间	主要内容
第一阶段： 初始合作阶段 (1992—1995)	1. 初始议程(1992 年 1 月)：2008 年实现自由贸易区。 ● 制成品关税降到 0 ~ 5%； ● 不包括非加工农产品； ● 允许成员自行决定实施日期。 2. 东盟自由贸易区计划的巩固(1995 年 12 月)：批准了提前实现自由贸易区的设想和具体实施方案。 ● 2003 年为新设定的最后期限，关税降至 0 ~ 5%； ● 1994 年 1 月 1 日被确定为自由贸易区的启动日期； ● 制定了减少/消除非关税壁垒、促进贸易的行动方案； ● 东盟自由贸易区的加强(1995 年 12 月)：议程的扩展。 3. 扩展后的东盟自由贸易区合作范围和内容包括了非加工农产品、服务业、工业合作、投资、知识产权、争端解决。
第二阶段： 扩展阶段 (1996—1997)	1. 服务业合作： ● 东盟关于服务业合作的框架协定； ● 在服务业七个优先领域开展合作的第一轮谈判； ● 1997 年 12 月，达成关于合作的第一个一揽子承诺； ● 1998 年 12 月，达成关于合作的第二个一揽子承诺。 2. 东盟工业合作计划(1996 年正式启动)： ● 最低 30% 的东盟国家的企业控股要求； ● 来自于最少两个东盟成员的两个企业参与； ● 公司产品必须联合生产或者公司共同成立一个基金/分享原材料和中间产品； ● 批准了关于争端解决机制的协议(1996)； ● 促进贸易方案。 ● 1996 年取消了海关附加税。

续表 4 – 5

阶段与时间	主要内容
第三阶段： 落实与巩固阶段 （1998年至今）	1. 对共同有效优惠关税方案的修订（1998），决定到2002年把关税降到0～5%，这一日期是可以变通的，2003年为最后期限。 2. 1999年决定到2010东盟自由贸易区的初始成员的关税降到0（原定到2015年）。 3. 1998年1月通过了改变共同有效优惠关税执照程序。 4. 2000年11月通过了关于改变最初共同有效优惠关税减让承诺的议定书。 5. 改善投资环境的短期激励措施： • 通过一揽子协议协调成员所提供的优惠措施； • 投资： 　（1）签署东盟投资区框架协议（1998年10月）：到2010年，在制造业领域，给予东盟成员的投资者以完全的国民待遇和市场准入；到2020年，给予非东盟的投资者以完全的投资利益； 　（2）对东盟投资区框架协议的修订（1999）：2003年，在制造业领域，给予东盟成员的投资者以完全的国民待遇和市场准入；到2010年，在其他选定的领域给予东盟成员的投资者完全的市场准入和国民待遇；2020年，将以上待遇给予外国的投资者； 　（3）对东盟投资区框架协议的修订（2001年）：2010年，外国投资者和东盟成员的投资者一样，将在非制造业领域享有完全的市场准入和国民待遇。 • 农业： 1999年批准了关于敏感性农产品自由化的协定书。 • 服务业： 　（1）完成了关于服务业的第二轮谈判，启动了第三轮谈判； 　（2）支持东盟自由贸易区的其他框架协议和行动方案； 　（3）关于运输中的货物的规定（1998年11月）； 　（4）相互承认协议（1998年12月）； 　（5）关于电力贸易的协议（2000年11月）； 　（6）关于促进贸易的行动方案。 • 工业合作： 放宽了东盟工业合作的要求标准。

资料来源：Helen E. S. Nesadurai（2003），"Globalisation, Domestic Politics and Regionalism", London and New York：Routledge.

东盟自由贸易区关税削减历程是成功的，东盟各成员国基本上履行了各自的承诺。东盟原6个成员CEPT列入清单税目的加权平均关税税率从1993年的12.76%降低到2001年的3.21%，而4个新成员也将CEPT列入清单中的12005个税目的加权平均关税税率降低到7.45%。2001年东盟10国加权平均关税税率为3.85%。2002年东盟原6个成员已基本达到其减税目标，使东盟自由贸易区初步形成。

到2006年WTO对马来西亚贸易政策审议报告发布时，东盟6国全部完成了关税削减计划，有98.9%的税目参与了CEPT框架，其中关税税率在0～5%的税目占了99.6%，而且有53%的税目实现了零关税。东盟其他成员关税税率在0～5%的税目占的比例为65.4%，而且15%的税目实现了零关税。

（一）《共同有效优惠关税协议》

新加坡首脑会议决定的《共同有效优惠关税协定》拟定了降低关税的时间表和东盟自

由贸易区所涉及的产品。由于印度尼西亚建议以不同速度削减关税，"东盟自由贸易区理事会"于 1992 年 12 月 11 日在雅加达举行了第 3 次会议，会议决定《共同有效优惠关税协议》实施两种时间表，即快速减税计划和正常减税计划。其主要内容如下：

（1）《共同有效优惠关税协议》从 1993 年 1 月 1 日起生效，到 2008 年之前，所有在区域内贸易的工业制成品的关税税率减至 0 ~ 5%。在 CEPT 框架下，工业制成品包括加工农产品、资本密集产品和不在 CEPT 规定的农产品范围内的产品。CEPT 规定的农产品指：①在 HS 编码第 1 ~ 24 章的农产品原材料及未经加工的产品和其他类似产品；②仅将原产品外形略作改变的产品。

（2）纳入快速减税计划的 15 大类商品（即植物油、药品、肥料、皮革、纸浆、珠宝、水泥、化学品、橡胶制品、塑料制品、纺织品、铜电线、电子产品、木制藤制家具、陶瓷与玻璃制品），税率在 1993 年 1 月 1 日前超过 20% 的商品，应在 10 年内，也就是 2003 年 1 月 1 日前降到 0 ~ 5%；税率在 20% 及其以下的，应在 7 年内，即 2000 年 1 月 1 日降至 0 ~ 5%。

（3）正常减税计划包括上述 15 大类以外的所有应纳入 CEPT 列入清单的产品。产品税率超过 20% 的商品首先在 5 ~ 8 年内，即 2001 年 1 月 1 日前，将关税税率降至 20%，再在 7 年内，即 2008 年 1 月 1 日前，降至 0 ~ 5%；产品税率在 20% 及以下的在 10 年内，即 2003 年 1 月 1 日前，降至 0 ~ 5%。

（4）当某商品开始享受共同有效优惠关税时，各成员须即刻消除该商品的所有数量限制，如进口配额、进口许可证，而且其他的非关税壁垒应在随后的 5 年内逐步取消。

（5）所有享受共同有效优惠关税的产品，其产品价值中至少 40% 必须源于东盟成员。

同时，共同有效优惠关税还包括例外清单，它包括暂时例外清单和一般例外清单。暂时例外清单上的产品是成员认为降低其进口关税将对自身经济造成严重损害，暂时排除在优惠关税范围外的产品，但是要分阶段逐步把这类产品列入清单之中。一般例外清单上的产品，是指根据 WTO 的规则（GATT 第 20 条款），永远排除在优惠关税范围之外的产品，它包括涉及国家安全，保护公共道德、健康，涉及人们、动物和植物生命，保护艺术、文化、环境、历史和考古遗产等的产品。

由于 APEC 会议的召开和 GATT"乌拉圭回合"谈判取得突破性的进展，对东盟产生了强大的冲击。原计划 15 年时间建成东盟自由贸易区的设想已经不能适应形势的要求。1994 年 9 月在清迈召开的东盟自由贸易区理事会同意将自由贸易区计划的实现时间提早 5 年。随后召开的第 26 次东盟经济部长会议达成正式协议，决定在 10 年内，即 2003 年 1 月 1 日之前，建成东盟自由贸易区。

第 26 次经济部长会议还决定扩大 CEPT 的覆盖范围，暂时例外清单上的产品从 1996 年开始 5 年时间分批纳入 CEPT 列入清单。另外，会议还决定把原来未列入东盟自由贸易区计划的非加工农产品也列入计划。各国将非加工农产品分成 3 类，即刻成为 CEPT 列入清单、暂时例外清单和敏感清单。即刻成为 CEPT 列入清单的产品应在 2003 年前将关税税率降到 0 ~ 5%，同时其数量限制和其他非关税壁垒也要消除。对于那些被列入暂时例外清单的农产品，必须在 2003 年之前逐年被纳入 CEPT 列入清单，而且同其他产品同步降低关税。而那些被列入敏感清单的农产品，其减税时间可能更长，减税幅度更小，可以不必在 2003 年之前将关税税率降低到 0 ~ 5%，但是该类产品必须在 2010 年之前将关税降到 0 ~ 5%。为此东盟成立了一个工作组来审核、制定非加工农产品的减税安排。经过两次会议的协商，68.5%、18.5%和12.9%的非加工农产品分别被列入了即刻成为CEPT列入清单、暂时例外清单和敏感清单3类不同的减税过程。

《河内行动计划》使自由贸易区计划提前至2002年。亚洲金融危机爆发后，东南亚各国认识到必须以更紧密地合作和更强有力的团结采取共同行动。1998年12月召开的第6次东盟首脑会议上宣布的《河内行动计划》（Hanoi Plan of Action，HPA）上，东盟6个成员将自由贸易区的实现时间再提前1年至2002年，在实现这一目标的同时，允许存在一定的灵活性。该计划还要求：

一是尽量扩大CEPT列入清单中2002年将关税降至0～5%的税目（越南为2003年，老挝和缅甸为2005年）；

二是尽量扩大CEPT在2003年将关税降至0的税目；

三是减少例外清单和敏感清单的税目以扩大CEPT列入清单的税目。

这种安排要在2000年使东盟6国的所有税目中，至少90%的税率降到5%以下，而且各国须在2000年把列入清单中85%以上税目的商品的税率降到0～5%之间，2001年这一比重提高到90%，2002年列入清单内的税率全部达到0～5%水平。

东盟自由贸易区计划中的新成员：1995年7月28日在第28届东盟外长会议上，越南正式被接纳为东盟成员，同年12月的第5次东盟首脑会议上，越南签署了加入CEPT的草案。越南将从1996年1月1日开始执行CEPT计划，降低其关税税率，于2006年1月1日使其关税税率达到0～5%的水平；1999年1月1日起将暂时例外商品以每年20%的速度纳入CEPT列入清单，2003年1月1日完成；2000年1月1日开始将属于敏感商品的农产品纳入CEPT列入清单，并于2006年1月1日完成。

1997年7月23日，老挝和缅甸同时正式被接纳为东盟成员，并签署了加入CEPT协议的草案。两国将从1998年1月1日开始执行CEPT计划，于2008年1月1日使其关税税率达到0～5%的水平；2001年1月1日起将暂时例外商品以每年20%的速度纳入CEPT列入清单，2008年1月1日完成；2006年1月1日开始将属于暂时例外商品的农产品纳入CEPT列入清单，并于2015年1月1日完成。

1999年4月30日柬埔寨正式成为东盟成员。根据规定，柬埔寨从2000年1月1日开始执行CEPT计划，削减关税，并于2010年1月1日完成。

东盟自由贸易区计划的实施情况评估：东盟自由贸易区计划实施后，为有效贯彻这一总的经济合作计划，东盟各成员积极制订了各自的关税减免计划。经过八九年的实施，东盟各国在执行CEPT减免关税方面取得了较大的进展。东盟6个老成员国有98.3%的税目纳入了CEPT列入清单，其中92.7%的关税税率在0～5%之间。新加坡所有税目的关税税率为零；文莱有97.31%的税目税率在0～5%之间，泰国有90.02%的税率在5%之间；菲律宾有89.7%的税目税率在0～5%之间，另有87个税目的最惠国关税在5%以下；马来西亚有91.7%的税目税率在0～5%之间；印度尼西亚有90.14%的税目税率在0～5%之间。到2002年东盟原有6个成员国建成自由贸易区。

总的来说，除了实施初期一些国家没能按原定的时间实施减税计划和亚洲金融危机爆发后有的国家采取的一些市场保护措施外，东盟各成员基本上履行了各自的承诺。东盟原6个成员CEPT列入清单税目的加权平均关税税率从1993年的12.76%降低到2001年的3.21%，而4个新成员也将CEPT列入清单中的12005个税目的加权平均关税税率降低到

7.45%。东盟10国2001年加权平均关税税率为3.85%。2002年东盟原6个成员已基本达到其减税目标，使东盟自由贸易区初步形成。

（二）服务贸易政策

《东盟关于服务贸易的框架协议》于1995年签署，目的在于优于WTO承诺服务业的自由化，促进东盟成员服务贸易的合作。东盟已经达成了4个大领域的服务贸易自由化，其中包括建筑服务业、电信业、商业服务、金融服务、航空和海上运输、旅游等。优惠政策包括对其他东盟成员在本国建立公司实体、雇用专业人员的优惠政策。在优惠政策安排下，旅游、医疗保健、航空运输预计将在2010年在东盟国家内部全部开放。东盟国家目前正在加紧涉及所有服务贸易的行业和供应方式的谈判。

第一阶段服务贸易自由化谈判在1997年年底完成，主要开放的部门包括旅游业（全部成员国）、空运（文莱、马来西亚和新加坡）、海运（文莱、印度尼西亚、马来西亚和新加坡）、商务服务（菲律宾）、电信（越南）。

1998年完成了第二阶段的谈判，除开放旅游业、空运、海运、商务服务和电信外，还增加了建筑业、金融服务业等领域的开放。

目前，东盟服务贸易自由化的谈判已经进入到第三阶段，东盟决定各成员国在实施服务贸易自由化过程中运用"10-X"原则，允许两个或多个国家率先实现服务贸易自由化，其他国家在准备好后便可加入。

（三）投资政策

1998年签署的《关于东盟投资区的框架协议》，旨在便利东盟成员之间直接投资、技术和专业人员的交流。《关于东盟投资区的框架协议》包含了制造业、农业、渔业、林业和采矿业，以及这些行业相关的服务业。敏感行业可以暂时例外。如马来西亚暂时例外的行业有菠萝罐头制作、棕榈油制造工业、炼糖厂、胶合板、石油冶炼业、蜡染业、人造化学业等等。《关于东盟投资区的框架协议》是为了扩大东盟内部的直接投资，促进东盟内部一体化进程，以及促进东盟成为一个吸引外国直接投资的地区。

在东盟投资区框架下，各国决定提早全面开放制造业、农业、林业、渔业和矿业，东盟原有6个成员国5大部门的全面开放时间从2020年提前到2010年，新成员国的开放时间为2015年。

（四）其他国家（地区）的区域经济一体化安排

东南亚在积极地寻求与其他国家如中国、日本、韩国、澳大利亚、新西兰和印度等建立区域贸易协议。在2002年的东盟首脑会议上，东盟和中国签署了合作框架，框架规定2003年起中国与东盟各国开始谈判建立自由贸易区。中国-东盟自由贸易区预计10年建成，通过的措施有逐步削减关税税率和非关税壁垒、服务贸易和投资上更大范围的自由化。货物贸易协议在2004年11月签署，第一阶段的关税削减覆盖了40%的税目，于2005年1月完成，在活动物、肉类、鱼类、乳制品、其他动物制品、树木、蔬菜、水果及干果等类物品都进行了关税减免。

东盟也在积极寻求与澳大利亚和新西兰合作，通过区域贸易合作协议（AFTA）和澳大利亚与新西兰的密切经济关系协定（CER），东盟国家与澳大利亚、新西兰在电子商务、基础建设、蔬菜水果产品品质互相承认机制、鱼类与水产品品质互相承认机制、包装管理等方面进行了充分的合作。2005年4月双方开始谈判建立ASEAN-CER自由贸易区。

2003 年 4 月举行的第 3 轮东盟经济部长和欧盟贸易专员磋商中，欧盟更进一步提出了一个贸易行动计划，即"跨地区欧盟—东盟贸易启动"（TREATI）。目前东盟正在 TREATI 框架下与欧盟进行工业标准、食品卫生及促进投资方面的谈判。东盟和欧盟正在商讨建立自由贸易协议的可行性。

2002 年 10 月亚太经合组织领导人会议上，美国提出了"激励东盟方案（EAI）"，表示愿与东盟任何成员展开自由贸易协议的谈判。目前东盟与美国正在谈判建立美国—东盟贸易和投资框架协议。

2004 年东盟与印度开启了东盟—印度自由贸易区的谈判，计划 2011 年东盟 5 国以及菲律宾与印度建立自由贸易区，其他东盟成员将在 2016 年加入。

东盟与日本关于建立东盟—日本全面经济合作伙伴关系的谈判也已经启动。谈判内容包括到 2012 年日本与东盟 6 国建立涉及货物贸易和服务贸易自由贸易区，其他东盟成员将于 2017 年加入。

东盟与韩国在 2005 年 4 月开始谈判建立自由贸易区，双方同意到 2009 年 1 月关税减免幅度达到 80% 以上。

2010 年 1 月 1 日，中国－东盟自由贸易区正式建成。根据中国－东盟自由贸易区的《货物贸易协议》，从 2010 年 1 月 1 日起，中国和东盟 6 个老成员国，即文莱、菲律宾、印度尼西亚、马来西亚、泰国和新加坡之间，将有超过 90% 的产品实行零关税。中国对东盟平均关税将从 9.8% 降到 0.1%，东盟 6 个老成员国对中国的平均关税将从 12.8% 降至 0.6%。东盟 4 个新成员国，即越南、老挝、柬埔寨和缅甸，也将在 2015 年实现 90% 的产品零关税。

第四节　东南亚国别经济与贸易政策

一、越南的经济与贸易政策

（一）越南的优惠税收政策

（1）外资企业或合作经营企业进出口商品须根据进出口税法缴税。

（2）外资企业和合作经营企业进口的固定资产免征进口税。

（3）特别鼓励的投资领域或社会经济条件极其艰苦的地区的项目生产所需进口的原料或材料及零件从生产开始之日起 5 年内免征进口税。

（4）政府对鼓励投资所需的其他特殊商品给予免、减进出口税待遇。

（5）拟制定边贸和边境经济区的对华出口特殊机制；统一规划各类型边境口岸，使之与中方相对应；集中力量投资建设贸易、交通等各项基础设施；加强北部边境各省的贸易促进工作，及时向国内企业提供中国的贸易政策信息；工贸部还将配合财政部、央行为口岸建设提供资金，改善边贸结算的方式和效果。

（二）越南对公司组成形式及外资股份和劳工比例的规定

越南允许外国投资注册 3 种类型机构：在合作经营合同的基础上进行合作经营；合资企业；外商独资企业。

外资企业的法定资本不得少于投资资本的 30%。政府的外国投资管理机关规定的特殊项目,比例可低于30%。外资企业在运行过程中不得减少法定资本。合资企业的各方按其在合资企业法定资本中的出资比例确定在董事会中的人选。由双方组成的合资企业,每方至少有两名成员参加董事会。由多方组成的合资企业,每方至少一名成员参加董事会。如果合资企业由一家越方和多家外方或一家外方和多家越方组成,则相应的越方或外方有权指派至少两名成员参加董事会。正在越南开展活动的合资企业与外国投资者或越南公司成立的新的合资企业,正在开展活动的合资企业至少要有两名成员参加董事会,其中一人由越方指定。外资企业和合作经营企业有权根据业务需要招聘和雇用劳工,并且应优先聘用越南公民;对于技术水平和管理程度要求高而越南公民不能胜任的工作可聘用外国人,但必须培训越南公民替代。

二、老挝的经济与贸易政策

(一)老挝的优惠税收政策

(1)实行单一税率(利润的20%)。

(2)国外雇员征收10%的收入税。

(3)所有进口设备征收1%的关税。

(4)出口货物的加工品征收零关税。

(5)成品免征出口税。

(6)对于大项目给予税收优惠。

(7)对于给经济发展带来突出贡献以及位于边远地区的投资项目给予降低关税。

(二)老挝对公司组成形式及外资股份和劳工比例的规定

老挝可以自由雇用国外劳力,投资可以为完全控股或者合资。

三、柬埔寨的经济与贸易政策

(一)柬埔寨的优惠税收政策

柬埔寨对投资的鼓励主要包括全部或部分免征关税及其他税务。

(1)纯赢利税的税率为9%,但不包括国家自然资源、森林、石油、金矿和宝石等的勘探和开采赢利税的税率,此类税率将由其他法律另行规定。

(2)依据每项投资的条件及王国政府内阁法令规定的优惠条件,从第一次获得赢利的年份算起,可免征赢利税的时间最长为8年。如连续亏损5年,其亏损额则被准许用来冲减赢利税。如果投资者将其赢利用于再投资,则可免征其赢利税。

(3)分配投资赢利,不管是转移到国外,还是在柬国内分配,均不征税。

(4)在某些项目的进口建筑材料、生产资料、各种物资、半成品、原材料及所需零配件,免征其关税及其他税务:①占总产量最少80%的产品用作出口的投资项目;②在柬埔寨发展理事会公布的优先发展的特别开发区内投资;③旅游业;④劳动密集型工业、加工工业及农用工业;⑤基础设施建设及能源生产。

(5)产品出口,免征出口税。

(二)柬埔寨对公司组成形式及外资股份和劳工比例的规定

柬埔寨进行经济贸易活动比较宽松,可以个人、合伙、公司等不同的商业组织形式注册,且注册资本标准较低。在柬从事进出口贸易,不受国籍限制。投资者在柬埔寨王国,有权依照柬埔寨王国劳工法和移民法的有关规定，自由选择和雇用柬籍和外籍员工。需要雇用外国专业技术和管理人员的企业，必须在每年 11 月底前向劳工部申请下一年度雇用外劳的指标，每个企业所雇用的外劳不得超过企业职工总数的 10%。未申请年度用工指标，将不被允许雇用外劳。

四、缅甸的经济与贸易政策

（一）缅甸的优惠税收政策

（1）任何生产型或服务型的企业，从开业的第一年起，连续三年免征所得税。如果对国家有贡献，根据投资项目的效益，还可继续适当地减免税收。

（2）企业将所得利润在一年内进行再投资，对其所得的经营利润，给予减免税收；为加强所得税的管理，委员会可按原值比例，从利润中扣除机械、设备、建筑场地及企业设施折旧费后进行征收。

（3）凡是商品生产企业，其产品远销国外所得利润的 50% 减征所得税；投资者有义务向国家支付来自国外受聘于企业的外国人的所得税，此项税收可从应征税收中扣除；外国人的收入按照国内公民支付所得税的税率征收；如属国内确需的有关科研项目和开发性项目的费用支出，允许从应征的税收中扣除；每个企业在享受上述第一款减免所得税后，连续两年内确实出现亏损，从亏损的当年起，连续三年予以接转和抵消；企业在开办期间，确因需要而进口的机器、设备、仪器、机器零部件、备件和用于业务的材料，可减免关税或其他国内税或两种税收同时减免。

（4）2009 年 10 月起，缅商务部开始允许私营商用出口贸易收入自由进口柴油。

（5）2010 年 1 月 1 日起，允许商人用出口贸易所得外汇自由进口规定标准的客车、项目用车、摩托车等。1 月 25 日，又进一步放宽进口贸易政策，即凡持有合法外汇的缅甸公民都能从事上述柴油、汽车及商品的进口贸易。

（二）缅甸对公司组成形式及外资股份和劳工比例的规定

缅甸现有公司形式为：个人所有经营者、合伙人、有限公司、私营公司、外资公司、公有公司和咨询公司等；外国公司可与缅甸国有公司、合作社公司和私人企业举办各种类型的公司，如独资公司、合资公司或合作公司。经许可组建的经济组织，必须优先招聘本国公民，如果确属需要，委员会允许招聘外国专家和技术人员。

五、新加坡的经济与贸易政策

（一）新加坡的优惠税收政策

（1）凡享有先锋工业称号的企业，其资金投资于经批准的有利于创新科技及提高生产力的先进科研项目（本国境内尚无从事相同行业的公司），可减免 20% 的公司所得税。

（2）凡享有先锋科技成果的企业，在获得出口奖励后，在原有基础上增加投资以扩大再生产，仍可在 5 年内减免至少 10% ~15% 的公司所得税。

（3）外商在新加坡任何银行汇出利息、利润、分红、提成费以及从投资所得的其他经常性收入没有限制。所得利息予以免税。避免双重课税，凡与新加坡政府签署"避免双重课税"协定的国家和地区均享受此优惠。

（4）无资本利得税。新加坡政府不征收资本利得税，免征财产税。若是经政府核准的发展行业，则在新加坡地区给予12%的优惠产业税。新加坡还对投资生产设备的国外贷款利息免征所得税。

（5）税务优惠。目前新加坡的公司税率已调低至20%，而最高个人所得税税率为21%。政府将继续把有关税率调低，以便激发投资者和经营者的企业精神，从而在不断变化的市场中保持优势。自2003年6月1日起，所有海外股息、分行赢利和服务收入均可免税。个人的普通国内储蓄、来往户口与定期存款等所得的利息也属于免税范围。

（6）总部计划。新加坡提供各方面的亲商服务及设施以鼓励外商在本地设立总部、积极扩大国际市场。在政府实行总部计划下，有以下有关优惠：①获颁区域总部荣衔的企业将享有15%的税务优惠；②获颁国际区域总部荣衔的企业除享有区域总部荣衔的以上优惠外，还可获得额外优惠。

（7）全球贸易商计划。全球贸易商计划（Global Trading Programme）目前对所有合同的贸易收入提供10%的优惠税率。在现有计划下，获准的全球贸易企业也将能获得5%的优惠税率和10%的合同岸外贸易收入税率。这项计划利于贸易公司开展业务。

（二）新加坡对公司组成形式及外资股份和劳工比例的规定

新加坡公司法规定，新加坡公司股东的责任只限于其认购但又未缴足的数额。在新加坡注册公司至少有两名董事，其中一名必须是新加坡公民或永久居民或工作证的持有者。新加坡公司成立后6个月内，必须委任一名公司秘书。

新加坡公司法令下规定可注册的公司类型：

（1）股份有限公司：公司股东所承担的责任以其所拥有的、以出资或尚未出资（如适用）的股份为限。

（2）担保有限责任公司：公司股东所承担的责任受限于公司结束营业时其个人所同意担保的相关部分公司财产。

（3）无限公司：公司股东承担无限责任。

六、马来西亚的经济与贸易政策

（一）马来西亚的优惠税收政策

（1）目前的公司所得税税率为28%（从事石油开采冶炼的，公司所得税税率为38%）。对于获得"新兴工业地位"资格的外商投资企业，从生产之日（指日产达到最高产量的30%当天）起，5年内只对公司30%的营业利润征缴所得税。

（2）对于高科技公司、从事科学研究与开发及在"多媒体超级走廊"内设立电子信息通信科技企业的，5年内免缴所得税。

（3）对设立机构进行科学技术转让及培训的，10年内免缴所得税。对于向马国内公司或个人转让先进技术的外商企业，其技术转让费免缴所得税。对涉及国家重大利益和对国家经济发展有重大影响的战略性项目，及对生产优先开发的机械设备及其零部件的，10年内免缴企业所得税。

（4）投资于环保产业领域，5年内公司营业利润的70%免缴所得税，但对于从事植树造林的，10年内免缴企业所得税。

（5）对于投资于财政部核定的粮食生产（包括槿麻、蔬菜、水果、药用植物、香料、水产物及牛羊等牲畜饲养）的企业，10年内免缴企业所得税。对于出口鲜果和干果、鲜花与干花、观赏植物和观赏鱼的，可免缴相当于其营业利润 10% 的所得税。

（6）对于生产清真食品（HALAL），为取得 HALAL 食品品质验证和鉴定的支出，可相应从其所得税中扣除。

（7）对于出口型企业，如其出口额增长 30%，出口增加额的 10% 免缴所得税，如其出口额增长 50%，出口增加额的 15% 免缴所得税。

（8）对信息与通信科技企业，其出口增加额的 50% 免缴所得税。

（9）对在兰卡威岛从事豪华游艇维修服务及在马提供豪华游艇出租服务的，5 年内免缴所得税。

（10）对在马设立地区营运总部和采购中心的，5 年内免缴所得税，5 年期满后，经申请核准后，可再延长 5 年免缴所得税。

（11）对参与马来西亚工业发展计划的外商投资企业，5 年免缴所得税，其用于培训员工、产品开发测试及公产审计方面的支出，可从其所得税中扣除。如作为供应商，其产品在价格、品质和技术含量上能达到世界水平，经核准后，可免缴 10 年的所得税。

（12）对为出口产品（出口量占其生产量的 80% 以上）而进口的原材料和零部件免缴进口税。对国内不能生产或虽能生产但质量或标准不符要求的机械设备，免征进口税和销售税。

（13）对国内能生产且质量和标准符合要求的机械设备，如用于环境保护、废物再利用及有毒有害性物品的储存和处理的，用于研发机构和培训的以及用于种植业的机器设备，经申请，也可免缴进口税和销售税。用于旅馆和旅游服务的进口材料和设备免缴进口税和销售税。

（14）对于经核准的外商投资的教育培训设备（包括实验设备、车间、摄影室和语言实验室等）可免缴进口税、销售税和国产税（注：马来西亚对国内生产的一些特定产品，包括香烟、酒类、纸牌和麻将牌及机动车辆等，征收国产税）。

（15）对直接用于财政部核准的服务业项目的原材料和零部件及其消耗品，如国内无法生产或虽能生产但质量或标准不符要求的，可免缴进口税和销售税，本地采购的设备和机械免缴销售税和国产税。

（16）对设在"多媒体超级走廊"内的企业所用的有关设备免征进口税。基础建设及工业建筑税减免。为特定目的建造和购买建筑设施（包括经核准的行业用于工业生产、研发和员工生活自用的房屋等），第一年可免缴 10% 的工业建筑税，以后每年可免缴 3%，最长期限为 30 年。投资在东马和"东部走廊"的公司，可免缴全部的基础建设费，有关费用豁免。

（17）对为促进马来西亚产品及品牌而发生的广告费用支出，经申请核准后，可相应从其所得税中扣除。

（二）马来西亚对公司组成形式及外资股份和劳工比例的规定

（1）马来西亚注册公司，政府要求拥有两个本地人成为股东或董事，但可以不拥有股份。外国投资者只要求一个股东即可，多者不限。外国投资者甚至不出任股东亦可。

（2）马来西亚制造业外资的股权比例：

第一，外资企业出口其产值 80% 或以上者，没有股权条件限制。

第二，其他出口导向的投资企业的股权参与规定如下：① 出口其产值 51%～79% 之间者，外资股权最高可占79%；具体情况视工业技术水平、投资效果、投资规模、地点、产品附加值以及生产产品所有原材料、零配件的本地化程度等因素而定。② 出口其产值20%~50%之间者，外资股权可占 30% ~51%，视前述相同因素而定。③ 出口其产值低于20%者，外资股权最高可占30%。生产高科技产品的投资项目，或由政府随时核定为国内市场优先性产品的投资项目，其外资股权可占100%。上述准则不适用于对外资股权有最高比例限制(30% ~60%)的行业，如塑料包装材料、纸包装材料、电子、电器零配件等。

第三，与矿物开采或加工有关的投资，其外资股权参与最高可占100%。政府核定其比例时，将会考虑投资额、工业技术水平、风险及投资项目和产品附加值高低等因素。

(3)马来西亚公民股权之分配：若外资股权低于100%，则其余股权应依法定原则分配予马来西亚公民。

七、泰国的经济与贸易政策

(一)泰国的优惠税收政策

(1)更有效地利用税务的免税优惠，对真正有利于经济发展的项目，以管理原则及管理组织的原则给予税务方面的优惠。

(2)获得优惠投资的企业必须向投资促进委员会报告获优惠投资项目的业绩，以便投资促进委员会审核给予该年度的免税优惠。

(3)根据泰国的目前经济情况，全国分为3 个区，根据不同区域有不同的税务优惠，无论设在何区，对于泰国特别重视的行业，均可获免缴机器进口税；对于泰国特别重视的行业，无论设在何区，均可获免缴法人所得税8 年；给予边远地区或收入低的地区和设施未完备的地区提供特别优惠待遇，税务优惠权益最高。

(二)泰国对公司组成形式及外资股份和劳工比例的规定

(1)泰国允许外国注册3 种类型的公司：

第一，独资公司；

第二，合作公司(未注册普通伙伴，注册普通伙伴，有限合作)；

第三，有限公司(公共有限公司，私人有限公司，有限合作公司)。

(2)根据农业、畜牧业、渔业、勘探与开采矿业和1999 年颁布的外商投资法中的服务行业中规定：泰籍投资者的持股量必须不低于51%；工业企业的投资，无论生产场所设在何处，允许外商持大股或全部股；除非有特殊理由，投促会将规定某些行业外商投资的限额。

八、印度尼西亚的经济与贸易政策

(一)印度尼西亚的优惠税收政策

(1)外企自用机械设备、零配件及辅助设备等资本物资免征进口关税。

(2)外企2 年自用生产原材料免征进口关税。

(3)生产出口产品的原材料可退还进口关税。

(4)在印度尼西亚东部地区投资，土地和建筑物税减半8 年。

(二)印度尼西亚对公司组成形式及外资股份和劳工比例的规定

(1)在印度尼西亚可以成立100%的外国直接投资(PMA)的独资企业，也可以成立外国与印度尼西亚的合资企业。外资法规定外国投资者可成立独资企业，投入资本不受限制，但自投产和商业运营 15 年后，须至少象征性地将部分股权转让给印度尼西亚公民。外资企业期限一般 30 年，可以延期。

（2）外企的外籍人员仅限于管理人员和当地不能提供的技术人员，要求外企必须雇用一定数量的当地人员并对当地雇员进行培训，为此，外企须按外籍人员数量，每一位每个月交纳 100 美元作为当地人员培训费。

九、文莱的经济与贸易政策

（一）文莱的优惠税收政策

（1）没有个人所得税，也没有出口税、薪工税和销售税、生产税。

（2）独资和合资的商行无须交纳所得税，只有公司需交纳所得税，其数额也是同地区中最低的。

（3）文莱注册公司有义务对其从文莱境外所获的收入交纳所得税。非本地注册公司只需对其在文莱获得的收入纳税。非本地公司的债券，贷款等的利息收入按 20% 比例交纳所得税。

（4）工业用的食品和其他产品免交进口税。电器产品、木材、照相设备和耗材、家具、汽车及零件的进出口税率为 20%，化妆品和香水进口税率为 30%。

（二）文莱对公司组成形式及外资股份和劳工比例的规定

（1）在文莱可以设立 4 种形式的企业：①独资经营企业；②合作经营企业；③私人或公共的公司；④外国公司的分支机构。

（2）所有的企业必须注册名称，名称需要注册师的确认后才能注册。对于外国投资者在持股方面的规定灵活多样，可以 100% 持股。

（3）合伙经营企业允许的最多合伙人为 20 人，私人有限公司由 2 人以上 50 人以下共同设立，股东可以是文莱人也可以为其他，限制股东转让其股份和禁止对公众招股，子公司应当持有母公司的股份。

（4）外国公司的分支机构必须有 1 名或以上的公司董事居住在文莱。

十、菲律宾的经济与贸易政策

（一）菲律宾的优惠税收政策

（1）新投资的先锋企业自开始营业日期起，6 年免征所得税。

（2）新投资的非先锋企业自开始营业日期起，4 年免征所得税。

（3）已成立企业因扩大投资或技术改造而增加的销售收入或销售数量，免征 3 年所得税。

（4）在不发达地区投资，一律免征 6 年所得税。在税收优惠期截止以后，企业可以要求延长。但任何情况下，免税期限不得超过 8 年。

（5）进口零部件免除进口关税及其他国内税务。

（6）产品出口免除出口税、码头费及其他有关税费。

（7）进口育种牲畜和基因物质免除进口关税及其他一切税务；如在国内采购，减免相当于进口应享受的税收优惠的国内税务。该项优惠期为企业注册日或营业日起 10 年。

(8)在国内采购原材料,加工制造后直接或间接用于出口,减免相当于进口应享受的税收优惠的国内税务。

(9)注册之日起5年,企业享有相当于劳工开支50%的应税收入的所得税减免。

(10)企业建造必需的营业场所和重要的基础设施、公用设施,其成本100%在应税收入中抵免。

(二)菲律宾对公司组成形式及外资股份和劳工比例的规定

(1)菲律宾法律允许外国投资者在菲设立合资公司、子公司、分公司、代表机构等组织机构。

(2)外国投资者可与菲律宾人按法律规定的持股比例合资组建合资公司,其中股东不少于5人,不超过15人,多数股东应是菲律宾常住居民。

(3)公司董事会由5~15人组成,董事会成员中菲律宾常住居民应占多数。每个董事会成员至少以其自己的名字持有1股。

本章小结

本章主要分析东南亚经济与贸易政策,包括4节的内容。

第一节主要介绍东南亚经济与贸易政策形成的环境,包括区域主义的兴起和东盟意识的培育。

第二节主要从内容上,把东南亚经济政策的形成及发展划分为3个方面:从殖民地经济到雁行模式的分工、从进口替代到出口导向、从"东盟魔法"到委靡不振。

第三节介绍东南亚贸易政策形成及发展,首先介绍东南亚贸易合作的历史沿革,包括:东盟工业工程项目、东盟工业互补计划、东盟工业合资计划、东盟特惠贸易安排协议。然后论述东南亚合作的贸易政策框架,包括:共同有效优惠关税协议、服务贸易政策、投资政策、其他国家(地区)的区域经济一体化安排。

第四节介绍东南亚国别经济与贸易政策,分别论述了越南、老挝、柬埔寨、缅甸、新加坡、马来西亚、泰国、印度尼西亚、文莱、菲律宾10个国家的经济与贸易政策。

思考与练习

1. 区域主义是怎样兴起的?

2. 什么是"东盟意识",它有什么特点?

3. "雁行模式"的内容是什么?

4. 东盟各国的工业化政策在"进口替代"和"出口导向"之间摇摆的原因有哪些?

5.《共同有效优惠关税协议》包括哪些内容?

6. 东南亚各国的经济与贸易政策包括哪些内容?

☞ 【案例分析】

东南亚为什么采用不均衡发展战略

中国是世界工厂，东南亚亦是，且东南亚由多个小国组成，各个国家发展状况不尽相同，因此必须采取不均衡的发展战略。在相对稳定的环境中，东南亚的经济将较快地全面增长。东盟国家经济经过 20 世纪 80 年代中后期的调整后，开始恢复较快增长的势头。国际经济合作和地区经济一体化的进展，将使这种增长势头能够较长期地保持下去，使东盟国家对于东南亚经济带动作用表现得更突出。越南、老挝的经济已经开始较快增长，经济体制改革、相对稳定的国际环境、国际经济合作的发展和加入地区经济一体化进程等因素，都是越、老两国发展经济的有利条件。柬埔寨和缅甸的经济还有较大困难，但在政局基本稳定后，也会出现较快的增长。

由东南亚全局看来，经济结构改革、调整进展缓慢。东盟 4 国（泰国、马来西亚、菲律宾、印度尼西亚）在 20 世纪 70 年代起开始实施依靠引进外国投资发展面向出口的经济发展战略。80 年代中期亚太地区区域内资本投资高潮形成后，这一趋势更为明显，带动了其经济的高速增长，但也形成了高度依赖出口的经济结构和高度依赖电子、电机及其零部件的出口贸易结构。进入 90 年代以后，东盟 4 国的这种劳动密集型工业产品的出口面临着后起经济增长区的激烈竞争，为此它们在 90 年代初提出了从劳动密集型产业结构向技术密集型产业结构转型的经济结构改革、调整战略目标，但进展却十分缓慢。出口增长速度逐步缓慢，加上 1995 年起以美国市场为中心的国际电子产品市场需求疲软，东盟 4 国的出口贸易受到严重的打击，进而影响到经济增长。

金融自由化实施得过早、过急。80 年代末期，特别是进入了 90 年代以后，东盟 4 国的经济自由化、金融自由化速度不断加快。但是与新加坡、中国香港相比，它们的金融市场体制都并不十分健全，金融监管能力不够，金融管理技术不成熟。金融自由化固然有利于促进国际资本的流入，但在条件不完备的背景下却容易形成一种在缺乏防范，缺少制约手段的条件下把吸引国际资金放在首要目标的金融体制。这就容易为国际投机资金提供操纵当地金融市场以牟取暴利，把当地金融市场搞乱后又迅速撤走资金的机会与条件，并形成以房地产、股市为中心的"泡沫经济"。1997 年的金融危机就是在这种情况下发生的，且由于东南亚各个国家发展程度不一样，各个国家金融危机的影响和所导致的后果也不相同。想要复苏并发展经济必须要采取不均衡的发展战略。

问题：东南亚国家为什么采用不均衡发展战略？

第五章　东南亚货物贸易

第一节　东南亚货物贸易演进脉络

亚太地区向来被认为是全球经济最具活力的区域，东南亚是亚太除了中国、日本、韩国之外表现最为突出的一个区域。在这个区域的 10 个国家(除了东帝汶)当初为了政治目的而组成东盟，但随着世界经济和政治形势的变化，以这个联盟为主体带动了整个区域经济对外贸易的蓬勃发展，在整个世界对外贸易的发展中占有一个比较重要的地位，并对亚太区域的经济体产生了比较深远的影响。整个东南亚地区的对外货物贸易有以下几个特点：

一、东南亚货物贸易额增长迅速

东南亚的贸易总额①从 1980 年的 1395.98 亿美元增长到 2011 年的 23895.24 亿美元，增长了 16 倍之多，其中出口增加 15.8 倍，进口增加 16.5 倍。贸易额在量上是增加了两个级数。如表 5-1 所示。

表 5-1　东南亚货物进出口数据(1980—2011)(单位：百万美元)

年份	出口	进口	总额	年份	出口	进口	总额
1980	73957	65641	139598	1996	340749	375914	716663
1981	75524	73470	148994	1997	355825	381901	737726
1982	71828	77193	149021	1998	331080	290229	621309
1983	72764	78887	151651	1999	362288	310093	672381
1984	79326	76384	155710	2000	431901	380151	812052
1985	72460	66565	139025	2001	387571	347982	735553
1986	67625	64918	132543	2002	407895	366242	774137
1987	84246	81521	165767	2003	469510	410114	879624
1988	105584	106658	212242	2004	569185	514092	1083277
1989	123862	129384	253246	2005	652731	602824	1255555
1990	145284	162349	307633	2006	770686	688437	1459123
1991	165590	183997	349587	2007	865721	776762	1642483
1992	186179	200921	387100	2008	998772	947114	1945886
1993	212335	231057	443392	2009	813450	728064	1541514
1994	262315	281237	543552	2010	1051765	954396	2006161
1995	323454	355349	678803	2011	1239079	1150445	2389524

数据来源：UNCTAD(联合国贸易和发展会议)。

---

① 这里的东南亚是包括整个东南亚经济体 11 国。

二、进出口增长率比较快

如果以 10 年为标准进行划分，东南亚区域的经济增长过程可以划分为如表 5-2 所示的几个阶段。其中出口增长率达到 10.38%，进口增长率达到 9.87%。从表 5-2 可以很清楚地看到东南亚地区对外贸易增长速度最快的阶段是在 1971—1980 年这 10 年，而且进口与出口表现出明显的趋势，其中的出口表现尤为明显，这个现象可能是与东南亚的一些经济发展较好国家如新加坡、马来西亚等国家实施出口导向发展战略相关。在 2000 年之后的发展速度较之前的阶段又有所上升，这点与中国加入 WTO 已经走向东南亚相关，尤其是中国与东盟在签署中国东盟自由贸易区《货物贸易协议》之后。

表 5-2　各十年阶段东南亚进出口增长率(%)

	1951—1960	1961—1970	1971—1980	1981—1990	1991—2000	2001—2010
进口	1.95	5.55	22.88	7.21	8.26	11.50
出口	0.51	3.22	28.11	6.23	11.12	11.15

数据来源：UNCTAD(联合国贸易和发展会议)。

三、东南亚货物贸易以顺差居多

从 1980—2011 年的 32 年期间东南亚货物贸易逆差表现有 12 次，而且主要集中在 1988—1997 年这 10 年之间，但是 1997 年的金融海啸之后，从 1998 年开始东南亚地区的对外贸易出现明显转变，逆差由 1997 年的 260.76 亿美元逆转为 1998 年的 408.51 亿美元，这个巨大的转变，主要是由于金融危机造成东南亚国家货币大幅贬值，出口美元计算价格下降导致，也与中国当时执行外贸以邻为友政策有关。此后十多年东南亚对外贸易一直保持较大的顺差，而且是有顺差增加的趋势，到 2010 年顺差已经达到 973.69 亿美元。其中 2008 年有个较大幅度下滑，这个是与当年美国次贷危机并进而引发的欧洲债务危机相关。图 5-1 描述了 1980—2011 年东南亚货物贸易差额。

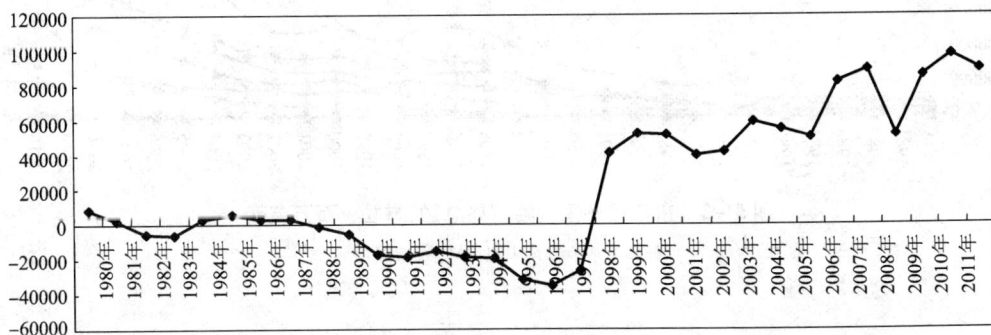

图 5-1　东南亚货物贸易差额趋势(单位：百万美元)
数据来源：根据 UNCTAD 数据整理。

四、东南亚各国对外贸易发展表现呈现较大差异

从 1980 年开始到 2011 年，东南亚各国的货物贸易都呈现出较快发展，但是发展的表现却呈现较大差异，以 2011 年为例，按照东南亚 11 国的进出口数额大小排序依次是新加坡、泰国、马来西亚、印度尼西亚、越南、菲律宾、缅甸、柬埔寨、文莱、老挝、东帝汶。[①]这大致与各国经济发展水平相关。其中新加坡的对外贸易发展无论是在增速还是在总量上都排在东南亚首位，而且与周边国家相比，领先优势越来越明显。此前马来西亚的进出口总额在东南亚排名第2，仅次于新加坡，但是在 2009 年被泰国超越位居第3。表现比较突出的还有一个国家是越南，越南革新开放的时间比较晚，此前的进出口一直处于比较低的水平，但是增长速度确实比较迅猛，在 2007 年成功超越菲律宾位居第 5 位，此前古小松（2007）判断越南经济发展将超过菲律宾，如果单从对外贸易发展的趋势来看的话，这个可能性还是非常大的。

文莱此前的进出口总额在进入 20 世纪 80 年代因为石油天然气的大量出口而呈现比较高的速度，但是因为多元化经济的成效并不是很明显，所以最终在 2009 年被柬埔寨和缅甸超越。缅甸的对外贸易在 2008 年也超过柬埔寨，而且增速也是非常迅猛，在 2011 年之后，伴随缅甸面临的国际大环境的改善，对外贸易应该会有一个大幅度的提升。而老挝的对外贸易基本上是东盟 10 国里面最差的一个国家，这个可能与它是东南亚唯一的内陆国家相关，出口情况仅好于东帝汶，2011 年的进出口总额仅为 50.50 亿美元。

东帝汶独立时间比较晚，2002 年才进行大选，所以这个国家经济基础非常差，2003 年是没有对外贸易统计的，被归类于印度尼西亚，从 2003 年起才开始有自己的统计，所以对外贸易的总量也不能与周边国家相比较，数额非常低。

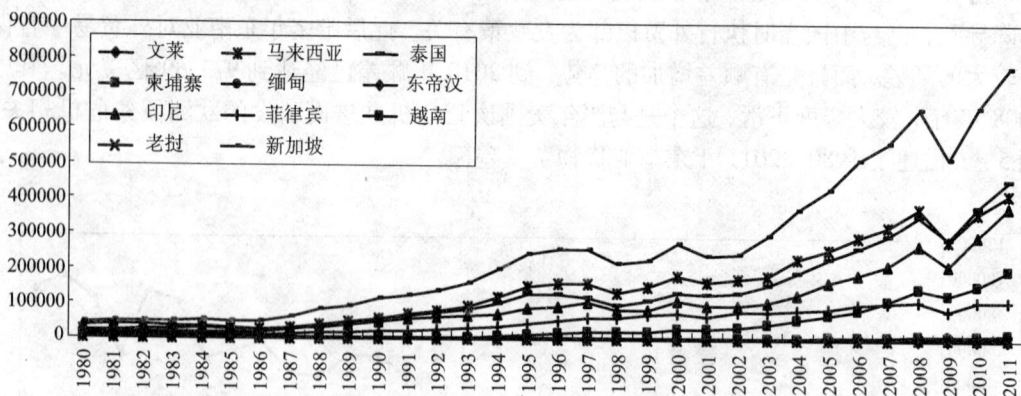

图 5-2   东南亚各国货物贸易总额（单位：百万美元）

数据来源：根据 UNCTAD 数据整理。

第二节　东南亚货物贸易地位与特征

一、东南亚货物贸易占世界货物贸易份额逐步增加

从图 5 - 3 可以很明显地看出东南亚货物贸易在世界市场上所占份额呈现明显上升趋势，1986—1996 年进口份额与出口份额都呈现较快增长，分别从 3% 的比重上升到 6.72% 与 6.3%，1997 年之后进口份额明显下降，但是出口市场份额相反还有所增长，达到 6.37%。1997 年之后就是一个比较缓慢的增长过程，在 2010 年出口贸易份额达到历史最好水平，占到全球出口贸易的 6.89%，进口贸易占到全球进口贸易的 6.2%。

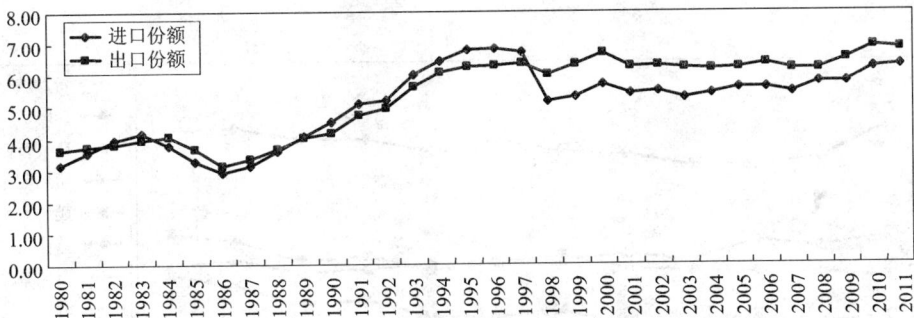

图 5 - 3　东南亚货物贸易进出口占世界市场份额（1980—2011）

数据来源：根据 UNCTAD 数据整理。

二、东南亚各国贸易占世界贸易份额差别较大

东南亚 11 国因为不同经济发展层次不同，所以对外贸易占世界比重的大小表现出较大区别（如图 5 - 4 所示），在出口贸易中 11 国所占比重由大到小依次为新加坡、马来西亚、泰国、印度尼西亚、越南、菲律宾、文莱、缅甸、柬埔寨、老挝、东帝汶。比重最大的新加坡在全球出口贸易中 2011 年所占比重为 2.25%，最小的东帝汶所占比重为 0.0001099075%，几乎可以忽略不计，同样经济发展较差的老挝出口比重是 0.0131889021%。

在进口贸易中比重依次为新加坡、泰国、马来西亚、印度尼西亚、越南、菲律宾、柬埔寨、缅甸、文莱、老挝、东帝汶。同样新加坡的进口额占最大比例，2011 年比重为 2.0%，最小的是东帝汶为 0.0016414043%，同样可以忽略不计。老挝进口比重是 0.014499071%。

三、主要贸易对象分析

基于上述分析，东帝汶的进出口比重实在太小，所以本小节我们主要针对除东帝汶的东南亚经济体，即东盟 10 国的贸易对象。

伴随柬埔寨 1999 年的加入，东盟成为一个人口超过 5 亿、面积达 450 万平方公里的 10 国集团。经过数十年的不懈建设，目前，东盟 10 国无论在整体经济实力、地区影响力，还

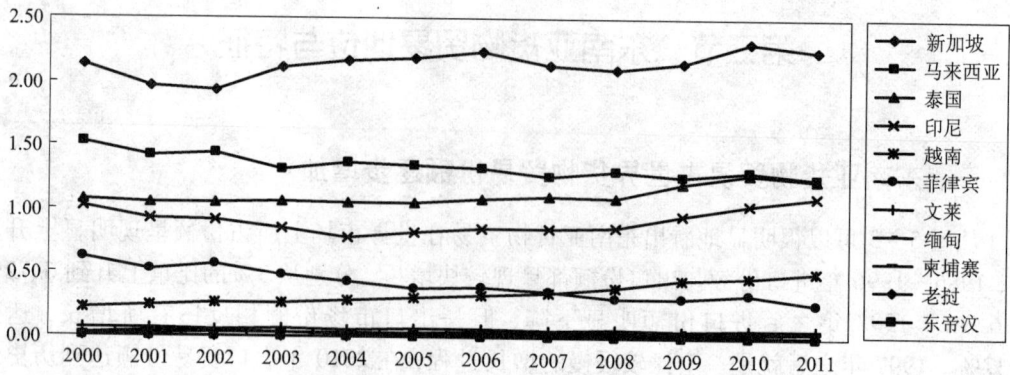

图 5 - 4　东南亚各国出口占世界比重

数据来源：根据 UNCTAD 数据整理。

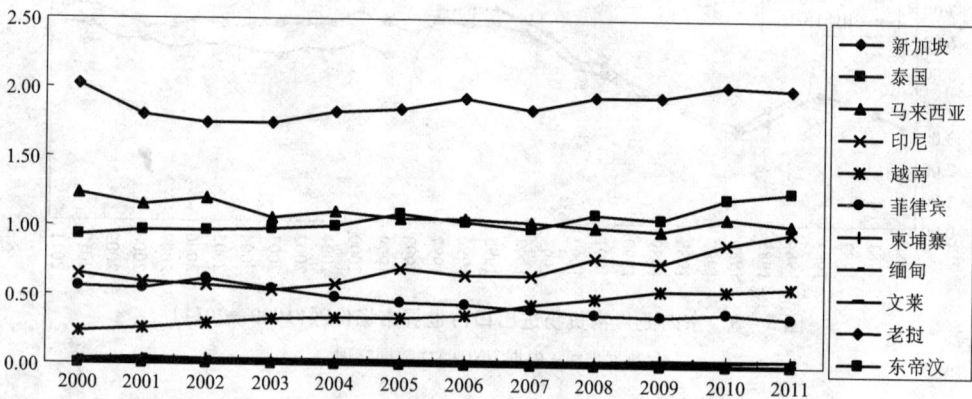

图 5 - 5　东南亚各国进口占世界比重

数据来源：根据 UNCTAD 数据整理。

是国际事务中都发挥着越来越重要的作用，也正因为成立之初就把"同国际和地区性组织进行紧密互利的合作"明确为宗旨，自 20 世纪 70 年代，东盟陆续启动了与多个重要贸易伙伴的战略对话。

截至目前，与东盟保持长期对话关系的共有 10 个经济体：澳大利亚、加拿大、中国、欧盟、印度、日本、新西兰、俄罗斯、韩国和美国。

（一）东盟内部的贸易

自 1993 年东盟自由贸易区进程正式启动以后，东盟区域内部贸易的规模迅速扩大（如表 5 - 3 所示）。据统计，1993—2010 年期间，东盟区内贸易额从 824.44 亿美元增至 5198.05 亿美元，增长了 6.3 倍；东盟区外的贸易额从 3475.14 亿美元增至 9747.89 亿美元，增长了 2.8 倍；东盟总贸易从 4299.48 亿美元增至 20457.3 亿美元，增长了 4.76 倍。可见，东盟区内贸易的增长率要快于区外贸易和总贸易额的增长率。

表 5－3　1993—2010 年东盟区内贸易的变化　　　　单位：亿美元

年份	东盟区内贸易		东盟区外贸易		东盟总贸易	
	出口	进口	出口	进口	出口	进口
1993	436.81	387.63	1629.56	1845.48	2066.37	2233.11
1994	585.72	469.12	1881.93	2203.30	2467.65	2672.42
1995	701.79	536.02	2265.18	2649.53	2966.97	3185.55
1996	809.74	642.11	2423.88	2863.95	3233.61	3506.06
1997	853.52	646.21	2573.18	2913.51	3426.70	3559.72
1998	693.13	516.05	2473.38	2078.52	3166.51	2594.57
1999	749.04	577.71	2669.08	2235.75	3418.12	2813.46
2000	933.80	734.66	3167.61	2723.91	4101.41	3458.57
2001	826.81	676.40	2876.75	2494.89	3703.56	3206.35
2002	867.07	732.02	2971.48	2549.11	3838.54	3299.63
2003	1003.19	758.80	3307.15	2840.10	4367.82	3636.56
2004	1200.69	1017.97	4055.67	3581.48	5517.39	4921.86
2005	1638.63	1410.31	4842.85	4357.12	6481.48	5767.43
2006	1891.76	1635.95	5615.31	4905.03	7507.08	6540.98
2007	2173.34	1845.86	6424.69	5663.97	8598.04	7509.84
2008	2424.60	2155.80	6366.82	6156.49	8791.43	8312.29
2010	2679.81	2518.23	8029.60	7229.66	10709.41	9747.89

资料来源：根据东盟秘书处(http://www.aseansec.org/)历年数据计算整理。

尽管东盟区域内贸易的规模迅速扩大，但区内贸易的比重仍然不大。据统计，1993—2010 年期间，东盟区内贸易的比重从 19.2% 增至 25.4%，上升 6.2 个百分点，其中东盟区内出口贸易的比重从 21.1% 增至 25%，上升 3.9 个百分点；东盟区内进口贸易的比重从 17.4% 增至 25.8%，上升了 8.4 个百分点。从东盟的各成员国在区内贸易的比重来看，文莱、新加坡和马来西亚的区内贸易比重相对较大，但是文莱的比重一直处于下降趋势，而新加坡和马来西亚的变化不大，而印、泰国、菲律宾和越南的比重较小，但是比重升幅较大，这说明东盟自由贸易区的建设使区内原先贸易保护程度较高的国家加强了与区域内其他国家的贸易联系，虽然东盟区内贸易的比重达到的 25%，但是区内贸易主要集中在新加坡和马来西亚，而其中新加坡的转口贸易又占相当大的部分。

（二）东南亚的贸易合作伙伴国相对固定

目前，与东盟开展战略对话的 10 个经济体中，除俄罗斯和新西兰外，都曾经或正在占据其前 10 大贸易伙伴地位，如表 5－4 和表 5－5 所示。过去 10 余年间，日本、美国、欧盟、中国交替充当东盟前四大进口来源地，韩国、澳大利亚稳居进口第 6 至第 8 位，中国台湾省已从 1993 年的第 5 跌落为第 10 位；出口方面，美国、日本、欧盟三强格局不可撼动，中国台湾省与东盟贸易额从第 5 跌到第 10 位, 中国与东盟贸易额则上升到第 1 位, 韩国仍然维持第 6 或第 7 位, 而印度、澳大利亚则稳中有升。

东盟国家的贸易合作伙伴相对固定, 2010 年按照贸易量排名, 依次是东盟内部、中国、欧盟、日本、美国、韩国、印度、澳大利亚、加拿大、俄罗斯、新西兰、巴基斯坦。如表 5 - 6 所示。

表 5 - 4　东盟前 10 大进口贸易伙伴

名次	1996	2000	2005	2010
1	日本	东盟	东盟	东盟
2	东盟	日本	日本	中国
3	欧盟	美国	中国	日本
4	美国	欧盟	美国	欧盟
5	韩国	中国	欧盟	美国
6	中国台湾	韩国	韩国	韩国
7	中国	中国台湾	澳大利亚	中国香港
8	澳大利亚	澳大利亚	中国台湾	澳大利亚
9	中国香港	中国香港	印度	印度
10	瑞士	印度	沙特	中国台湾

资料来源: 根据东盟秘书处(http://www.aseansec.org/)历年数据计算整理。

表 5 - 5　东盟前 10 大出口贸易伙伴

名次	1996	2000	2005	2010
1	东盟	东盟	东盟	东盟
2	美国	美国	美国	欧盟
3	欧盟	欧盟	欧盟	中国
4	日本	日本	日本	日本
5	中国台湾	中国香港	中国	美国
6	中国香港	韩国	韩国	韩国
7	韩国	中国	澳大利亚	印度
8	中国	中国台湾	印度	澳大利亚
9	澳大利亚	澳大利亚	中国香港	中国香港
10	印度	印度	中国台湾	中国台湾

资料来源: 根据东盟秘书处(http://www.aseansec.org/)历年数据计算整理。

表 5 - 6　2010 年度东盟主要贸易伙伴国　　　　单位：百万美元

贸易伙伴国	总额			所占份额		
	出口	进口	贸易总额	出口	进口	贸易总额
东盟内部	267981.00	251823.00	519804.70	25.00	25.80	25.40
中国	112999.80	119013.40	232013.20	10.60	12.20	11.30
欧盟 27 国	115036.40	93548.40	208584.80	10.70	9.60	10.20
日本	102890.80	103746.30	206637.10	9.60	10.60	10.10
美国	100464.70	86220.00	186684.70	9.40	8.80	9.10
韩国	44980.10	53648.20	98628.30	4.20	5.50	4.80
印度	36028.70	19414.70	55443.40	3.40	2.00	2.70
澳大利亚	35250.80	20175.40	55426.30	3.30	2.10	2.70
加拿大	5203.10	4666.80	9869.90	0.50	0.50	0.50
俄罗斯	2590.00	6473.60	9063.50	0.20	0.70	0.40
新西兰	4247.10	3088.30	7335.40	0.20	0.30	0.40
巴基斯坦	5113.80	1142.40	6256.30	0.50	0.10	0.30
以上总计	832786.4	762961.20	1595747.7	77.80	78.30	78.00
其他	238155.0	211828.30	449983.30	22.20	21.70	22.00
东盟整体	1070941.4	974789.60	2045731.0	100.00	100.00	100.00

数据来源：东盟秘书处官网 http://www.aseansec.org/18137.htm。

四、货物贸易结构

货物贸易结构是指一定时期内一国进出口贸易中各类商品的构成，即某大类或某种商品的进出口与整个进出口贸易额之比。一个国家或地区的进出口商品结构可以反映出该国或地区产业的外向度和要素禀赋状况。

东南亚各国在工业化的道路上快慢不一，社会经济发展程度不同。原东盟 6 国中，新加坡的工业化程度最高，马来西亚次之，印度尼西亚最为落后。新成员与原始成员之间的经济发展水平差距比较大，按照世界银行划分经济体的主要标准——人均国民生产总值来看，目前东盟国家可以划分为 4 个层次：新加坡、文莱属于高收入国家；马来西亚属于中高收入国家；泰国、菲律宾和印度尼西亚属于中低收入国家；老挝、柬埔寨、缅甸和越南属于低收入国家。除新加坡外，其他国家基本上还是农业国。

东南亚国家中，马来西亚、菲律宾、新加坡的出口以资本密集型产品为主，机械与运输设备的出口比重占总出口的 60% 以上，菲律宾最高达到 76.13%，初级产品已经退到次要的位置，占出口总额的比重不到 20%。印度尼西亚的出口以初级产品和劳动密集型产品为主，初级产品所占比重在 40% 以上，劳动密集型产品也分别占到 34.42% 和 21.98%，资本与技术密集型产品只占 22.3% 和 34.89%。泰国初级产品、劳动密集型产品和资本与技术密集型产品所占比重分别为 22.27%、31.63%、43.64%，居于前两者之间。越南、缅甸主要是初级产品和劳动密集型产品，占出口总额的 80% 以上。文莱则是比较单一的以出口石油为主。柬埔寨、东帝汶则因国内经济的薄弱，出口量极小，主要是初级产品。从进口商品结构来看，除新加坡以外各国的进口商品主要集中于工业制成品，进口比重远远高于出口比重，说明在资本与技术密集型产业中处于劣势；而初级产品的进口比重大大低于出口比重，说明优势产业仍是初级产品行业。

2010 年东南亚国家进出口前十大贸易产品如表 5-7 所示。

表 5-7　2010 年东南亚国家进出口前十大贸易产品　　　　单位：百万美元

货物	出口	进口	贸易总额
电动机械，设备和零部件；音响设备，电视设备	207602.20	193928.30	401530.40
矿物燃料，矿物油	149879.30	123698.10	273577.50
核反应堆，锅炉，机器及机械用具及零件	126873.60	134579.80	261453.40
车辆(铁路，电车，铁道车辆)；零件及配件	28944.90	36681.20	65626.10
塑料及其制品	29024.70	28537.10	57561.80
橡胶及其制品	36072.50	17565.70	53638.20
天然或养殖珍珠、宝石或半宝石、贵金属、包贵金属及其制品；仿首饰；硬币	23277.70	22470.30	45748.10
有机化工产品	23214.60	18587.70	41802.30
光学，照相，电影，计量，检查，精密，内科或外科仪器/设备零件	20086.20	20290.50	40376.70
动物或植物脂肪及油及其产品；精制的食用油脂，动物或植物蜡	34495.40	4321.70	38817.10

资料来源：东盟秘书处，http://www.aseansec.org/。

在过去的十多年里，东南亚的贸易结构呈现出了一种周期性的变化，制造业产品的重要性日益增长，初级产品的比例逐渐减小。在 20 世纪 70 年代到 80 年代间，东南亚的外贸商品实际上已从初级产品向制成品转化。就制成品而言，像机器和电力设备这样的资本密集型产品在整个 90 年代逐渐变得更加重要，因为原东盟 6 国降低了它们对服装、纺织这样的轻工业和劳动密集型工业的依赖。东南亚各国之间在经济发展水平、资源禀赋、贸易投资自由化进程等方面存在差异，因此各国对外经贸战略和侧重点必然有所不同。

第三节　东南亚货物贸易竞争力判断

衡量贸易竞争力的指标有许多，可以概括为贸易竞争指数(TC)、显示性比较优势指数(RCA)、显示性竞争优势指数(CA)、国际市场占有率(MS)和产业贸易指数等。

一、国际竞争力或贸易竞争力分析的理论依据

分析一个国家或地区国际竞争力或贸易竞争力的理论依据主要有比较优势、资源禀

赋、外部环境决定、国家竞争优势理论等。李文溥（2001）认为资源禀赋是决定一个国家或地区贸易竞争力的基本条件，外部环境则是决定一个国家或地区贸易竞争力的制约变量；应志强（2007）在文章中引进波特国家竞争优势理论，认为生产要素、国内需求、相关产业和企业战略构成国家竞争优势的钻石模型等。

二、国际贸易竞争力的指数分析

国际贸易竞争力，实质上是一个国家（地区）参与国际竞争所具有的某种能力，可以用贸易竞争指数判断一个国家（地区）的某种产品在国际市场上是否具有相对竞争优势。

在本章节中贸易竞争力指数，即 TC（Trade Competitiveness）指数，是对国际竞争力分析时比较常用的测度指标之一，它表示一国进出口贸易的差额占进出口贸易总额的比重，即

$$TC 指数 = （出口额 - 进口额）/（出口额 + 进口额） \tag{1}$$

该指标作为一个与贸易总额的相对值，剔除了经济膨胀、通货膨胀等宏观因素方面波动的影响，即无论进出口的绝对量是多少，该指标均在 -1 至 1 之间。其值越接近于 0 表示竞争力越接近于平均水平；该指数为 -1 时表示该（国家）产业只进口不出口，越接近于 -1 表示竞争力越薄弱；该指数为 1 时表示该（国家）产业只出口不进口，越接近于 1 则表示竞争力越大。

三、东南亚国际贸易竞争力的分析

为了分析东南亚的国际贸易竞争力，我们采取整个东南亚地区经济的贸易总额作为样本，作为一个总体的判断。依据公式（1）的计算得到的 TC 指数如图 5 - 6 所示。

东南亚贸易 TC 指数基本在 -0.06 ~ 0.08 之间摆动，说明整体而言东南亚地区的贸易竞争力是属于平均一般水平，不是很好，但是也不是很差，离指标为 1（-1）还很远。1997年前后发生了较大的变化，1988—1997 年 TC 指数都是小于 0，竞争力偏弱，但是从 1998年开始全部大于 0，竞争力开始增强，这个和前文所述情况相符合，即 1998 年开始东南亚地区的对外贸易开始出现顺差，进而导致 TC 指数大于 0，但从 1999 年到现在 TC 指数缓慢变小，即国际贸易竞争力下降。

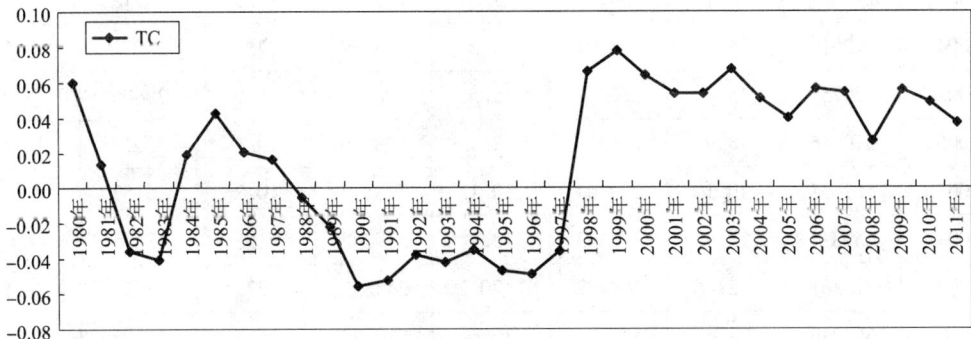

图 5 - 6　东南亚货物贸易 TC 指数分析（1980—2011）

数据来源：根据 UNCTAD 数据整理。

第四节　东南亚国别货物贸易态势比较

如前所述，东南亚作为一个整体货物贸易呈现增长趋势，但是因为东南亚地区 11 个成员国的国情和经济发展水平相差太大，所以有必要对东南亚地区的国别贸易情况进行了解。本节将选择一些具有代表性的国家进行阐述。

一、贸易量最大的新加坡

新加坡的传统经济以商业为主，包括转口贸易、加工出口、航运等。独立后，坚持自由经济政策，加紧发展资本密集、高增值的新兴工业。新加坡既是世界有名的旅游国家、亚洲金融中心和亚洲美元市场中心之一，同时是东南亚最大的海港、重要的商业城市和转口贸易中心，还是世界第三大石油提炼中心，也是重要的物资集散中心。

新加坡的经济高度发展是充分利用了地理位置优势，当然也属于外贸驱动型经济，对外贸易的依存度高达 400%。新加坡历来奉行自由贸易政策，大力推动多边和双边贸易，对外贸易高度发达。新加坡近十年对外贸易额年均增长速度达到 11.14%，是东南亚国家增长速度最快和贸易额最大的国家。

（一）2011 年新加坡货物贸易保持增长态势

据新加坡国际企业发展局统计，2011 年新加坡货物贸易进出口 7756.8 亿美元，比上年（下同）增长 17.0%。其中，出口 4097.2 亿美元，增长 16.4%；进口 3659.6 亿美元，增长 17.7%。贸易顺差 437.6 亿美元，增长 6.5%。

表 5 – 7 列出了新加坡 2001—2011 年对外贸易总额及增长变化。

表 5 – 7　新加坡对外贸易年度表　　　　金额单位：百万美元

时间	总额	同比（%）	出口	同比（%）	进口	同比（%）	差额	同比（%）
2001	237635	– 12.7	121691	– 11.6	115943	– 13.8	5748	76.4
2002	241578	1.7	125156	2.8	116422	0.4	8734	52
2003	296517	22.7	160116	27.9	136401	17.2	23715	171.5
2004	372510	25.6	198791	24.2	173719	27.4	25072	5.7
2005	429755	15.4	229681	15.5	200075	15.2	29606	18.1
2006	510816	18.9	271916	18.4	238900	19.4	33016	11.5
2007	562651	10.1	299404	10.1	263247	10.2	36157	9.5
2008	657891	16.9	338143	12.9	319748	21.5	18395	– 49.1
2009	515761	– 21.6	269909	– 20.2	245852	– 23.1	24057	30.8
2010	663049	28.6	352076	30.4	310973	26.5	41102	70.9
2011	775684	17	409722	16.4	365961	17.7	43761	6.5

数据来源：商务部国别贸易报告——新加坡。

（二）新加坡的贸易伙伴

2011 年新加坡对马来西亚、中国香港、印度尼西亚和中国的出口额分别占新出口总额的 12.2%、11.0%、10.5% 和 10.4%，为 500.3 亿美元、451.7 亿美元、428.2 亿美元和 426.9 亿美元，增长 19.3%、9.5%、29.5% 和 17.3%，对上述 4 个国家或地区出口占新加坡出口总额的 44.1%；自马来西亚、美国、中国和日本的进口额分别占新进口总额的 10.7%、10.7%、10.4% 和 7.2%，为 391.5 亿美元、390.2 亿美元、380.0 亿美元和 262.4 亿美元，增长 7.7%、11.8%、12.9% 和 7.3%。新加坡前 5 大顺差来源地依次是中国香港、印度尼西亚、澳大利亚、巴拿马和马来西亚，逆差主要来自美国、沙特阿拉伯和日本（如表 5 - 8 所示）。

表 5 - 8　新加坡贸易差额主要来源（2011 年）　　金额单位：百万美元

国家和地区	2011	上年同期	同比%
总值	43761	41102	6.5
主要顺差来源			
中国香港	41991	38319	9.6
印度尼西亚	23509	16200	45.1
澳大利亚	12307	9141	34.6
巴拿马	11441	7491	52.7
马来西亚	10885	5600	94.4
越南	8548	5772	48.1
中国	4682	2711	72.7
比利时	2745	2450	12.0
泰国	2674	2413	10.8
孟加拉	2163	1649	31.2
主要逆差来源			
美国	- 17024	- 12156	40.0
沙特阿拉伯	- 16753	- 10434	60.6
日本	- 7854	- 8039	- 2.3
卡塔尔	- 7210	- 5298	36.1
中国台湾省	- 7125	- 5700	25.0

数据来源：商务部国别贸易报告——新加坡。

（三）新加坡的贸易结构

机电产品、矿产品和化工产品是新加坡的主要出口商品，2011 年出口额分别占新加坡出口总额的 43.1%、19.8% 和 9.7%，为 1764.7 亿美元、812.1 亿美元和 395.7 亿美元，增长 2.0%、43.0% 和 32.7%。矿产品和运输设备出口增幅均在 40% 以上，是出口增长最快的产品大类。机电产品、矿产品和化工产品同时也是新加坡进口的前三大类商品，2011 年合计进口 2765.9 亿美元，占新加坡进口总额的 75.6%。同出口相似，进口也全面增长，其中矿产品进出两旺，进口增幅接近 50%。但主要进口产品机电产品进口增长乏力，增幅仅为 2.5%。

表 5-9、5-10 列出了近几年新加坡主要进出口商品构成。

表 5-9　新加坡主要出口商品构成（类）　　　金额单位：百万美元

海关分类	HS 编码	商品类别	2011	2010	2009	2008	2007	2006
类	章	总值	409722	352076	269909	338143	299404	271916
第 16 类	84-85	机电产品	176473	172966	133609	165472	160650	153775
第 5 类	25-27	矿产品	81207	56805	41259	62922	41490	35772
第 6 类	28-38	化工产品	39568	29828	24158	24441	26737	25177
第 17 类	86-89	运输设备	15951	11159	9882	10019	7699	6123
第 7 类	39-40	塑料、橡胶	15433	12784	8269	10331	9595	8802
第 18 类	90-92	光学、钟表、医疗设备	13309	11451	8733	8845	8043	7480
第 15 类	72-83	贱金属及制品	11240	9891	8156	12110	10699	8685
第 4 类	16-24	食品、饮料、烟草	6512	5289	4273	4330	3617	2965
第 14 类	71	贵金属及制品	5653	7610	5589	4307	3308	3016
第 10 类	47-49	纤维素浆、纸张	3862	2696	2065	2260	2015	1790
第 11 类	50-63	纺织品及原料	2042	1908	1780	2468	2789	2914
第 20 类	94-96	家具、玩具、杂项制品	1528	1386	1055	1327	1153	962
第 2 类	06-14	植物产品	1077	515	460	541	535	444
第 13 类	68-70	陶瓷、玻璃	963	530	360	423	527	497
第 1 类	01-05	活动物、动物产品	880	733	473	694	714	647
		其他	34026	26524	19566	27272	19834	12867

数据来源：商务部国别贸易报告——新加坡。

表 5 – 10 新加坡主要进口商品构成（类） 金额单位：百万美元

海关分类	HS 编码	商品类别	2011	2010	2009	2008	2007	2006
类	章	总值	365961	310973	245852	319748	263247	238900
第 16 类	84 – 85	机电产品	136631	133345	104517	131313	125831	120343
第 5 类	25 – 27	矿产品	120416	82048	60414	88692	53432	45355
第 6 类	28 – 38	化工产品	19542	16497	12502	14229	13596	12501
第 15 类	72 – 83	贱金属及制品	16570	12611	12061	17578	13750	12370
第 17 类	86 – 89	运输设备	13847	11186	12988	17909	13147	10926
第 18 类	90 – 92	光学、钟表、医疗设备	11357	10032	7876	9066	8789	8451
第 7 类	39 – 40	塑料、橡胶	9708	7733	4813	5919	5389	4880
第 14 类	71	贵金属及制品	7100	8087	6090	5646	4452	3937
第 4 类	16 – 24	食品、饮料、烟草	5941	4900	3941	4233	3599	3020
第 10 类	47 – 49	纤维素浆、纸张	3540	1988	1712	1984	1742	1607
第 11 类	50 – 63	纺织品及原料	3392	2939	2559	3359	3567	3554
第 1 类	01 – 05	活动物、动物产品	3250	2764	2208	2568	2202	1786
第 20 类	94 – 96	家具、玩具、杂项制品	2439	2284	1920	2228	1880	1445
第 2 类	06 – 14	植物产品	2334	1797	1591	1678	1423	1197
第 13 类	68 – 70	陶瓷、玻璃	1868	1556	1302	1345	1168	1047
		其他	8026	11207	9358	12001	9280	6479

数据来源：商务部国别贸易报告——新加坡。

综合近 6 年的对外贸易情况，新加坡的贸易仍然将会以一个比较快的速度增长，分析新加坡的货物贸易结构，由于新加坡本身也是一个制造大国与货物中转中心，未来几年新加坡的贸易商品主要还是集中在机电产品、矿产品和化工产品等大额贸易与大宗商品上面。与此同时，新加坡的贸易合作伙伴主要还是集中在亚太地区，尤其是周边经济体如马来西亚、中国香港、印度尼西亚、中国、日本、韩国、中国台湾以及美国。这也正反映了新加坡在本世纪初提出的 7 小时经济圈的经济腹地战略[①]产生了良好的经济效果。

新加坡 2011 年提出了新的发展战略[②]，主要注重以下几个方面：

1. 提高技能与创新精神

保持每年 2% ～3% 的生产力增长，成立全国生产力理事会，监督和提高生产力，加强各个阶层的延续教育与培训，减少对外国劳工的依赖。

2. 成为环球—亚洲枢纽

继续作为环球企业开拓亚洲商机及亚洲企业走向国际市场的重要基地。政府须巩固新加坡作为环球—亚洲枢纽的地位，并协助新加坡的经济转型，衔接环球和亚洲企业。

---

① 新加坡副总理李显龙 2001 年 3 月 15 在新加坡中华总商会第 51 届董事会的就职典礼上提出除了东南亚区域的市场之外，新加坡也必须把发展经济的腹地扩大到 7 个小时飞行范围内的国家，包括中国、印度、日本和澳洲，因为这些国家的资源丰富，而且拥有 28 亿人口的庞大市场。

② 新加坡经济发展局 http：//www. edb. gov. sg/edb/sg/zh_cn2/index/news/publications. html.

抓住增长机遇：新加坡应维持一个具有全球竞争力的制造业，通过更复杂和更高增值的制造业，如医药器材零件和生物电子部件等，让制造业占整体经济的 20%～25%。新加坡应发展和制造业相关的服务，继续加强风险管理、资产管理、私人银行等强项。

新加坡也可以吸引和培养一批专注于市场行销、品牌打造、消费研究与市场情报等领域的企业，发展成为通晓消费者倾向的领先商业中心。

此外，新加坡可以制定一些具前瞻性的城市方案如再生能源管理，再将这些方案出口到亚洲甚至全世界。

3. 建立有活力的多元企业生态

吸引跨国企业及环球中小企业根植新加坡：政府须巩固新加坡作为跨国企业和中型环球企业在亚洲的首选基地，培养更多具备环球竞争力的新加坡企业，建立一个大型、小型、本地、亚洲和环球企业共处一地的多元企业生态。

拥有环球竞争力的新加坡企业数量必须增加，理想数量是在 2020 年时达到 1000 家。政府可以成立一个专门金融机构，为新加坡企业提供跨境的融资方案，协助它们克服国际化的挑战。

政府也可以拨出一些资金，与私人企业一起投资在新加坡企业。此外，政府可提供一些优惠，促进跨国企业和新加坡中小企业之间的合作，以及培养一群熟悉亚洲的经理、专家和领袖来协助亚洲企业国际化。

4. 加强研发成果商品化

新加坡在研发方面的总开支应在 2015 年时增加到占国内生产总值 3.5% 的水平。要达到这个目标，政府必须进一步强调创新、研发成果商品化和培养新加坡年轻人的创新思维。

5. 巧用能源

为了确保经济竞争力与成长不受能源所限制，新加坡必须扩大能源来源，包括进口煤炭和电能、探讨核能发电的可能性等。

政府必须在关键能源基础设施方面尽早投资，例如将把裕廊岛发展为低成本及低碳工业圈、建立智能能源系统等。

6. 提高土地效益

经战委建议政府尽早探讨新加坡该如何有规划地往地下发展，扩大可使用的空间，建立土地库存，以供未来的发展用途。政府也应制订地下土地权益和估框架，方便公共部门和私人企业日后发展地下空间。

7. 打造独特环球城市

经战委建议政府继续将新加坡打造成思想与文化交流的环球城市，汇聚亚洲和世界各地的顶尖企业人才。

这是 2001 年的经济发展战略实施 10 年之后的 2011 新战略，相信新加坡在下个 10 年会发展得更快更好。

二、泰国

泰国是中等收入的发展中国家，实行自由经济政策，属外向型经济。

历史上泰国是农业国，19 世纪中叶，西方国家打开泰国市场后，对大米、橡胶、锡和其他原料的需求刺激了泰国经济发展，但经济格局单一，基础落后。第二次世界战前，除小规模和低技术水平的碾米、锯木和采矿业外，泰国几乎没有什么工业。战后，美国加大了对泰国的投资，泰国经济得到恢复和发展。20 世纪 50 年代，政府开始大力发展工业，力图以工业化为中心带动整个经济的发展，并取得成效。1959 年设立国家经济发展委员会（1972 年更名为国家经济和社会发展委员会——NESDB），开始制订全国经济发展计划。20 世纪 80 年代起，积极调整工业结构，引进技术密集型和附加值高的中轻型工业，寻求适合泰国的工业发展模式，取得良好效果。电子工业等制造业发展迅速，经济持续增长，为亚洲"四小虎"之一。进入 90 年代，政府加强农业基础投入，促进制造业和服务业发展。1996 年人均 GDP 达 3035 美元，被列为中等收入国家。

1997 年从泰国开始爆发的亚洲金融危机使泰国经济受到沉重打击，1998 年经济下降 10.8%。1999 年经济开始复苏。进入 21 世纪，泰政府将恢复和振兴经济作为首要任务，采取积极的财政政策和货币政策，扩大内需，刺激出口，并全面实施"三年缓偿债务"、"农村发展基金"、"一乡一产品"及"30 铢治百病"等扶助农民计划，经济持续好转。2003 年 7 月，提前两年还清金融危机期间向国际货币基金组织（IMF）借贷的 172 亿美元贷款。

2006 年 10 月开始实施的泰国第 10 个社会经济发展五年计划制定了发展"绿色与幸福社会"的目标，以泰国国王倡导的"适度经济"为指导原则，在全国创建和谐及持续增长的环境，提高泰国抵御风险能力。2008 年全球金融危机对外向型的泰国经济影响颇深，加之国内政局动荡，泰国经济出现近年来最大幅度衰退，2009 年泰国 GDP 下降 2.3%。2010 年，泰国经济全面复苏，尽管经历了政局问题和自然灾害等负面因素影响，但仍实现 7.8% 的高增长。

泰国是个出口导向型国家，实行自由贸易政策，对外贸易在国民经济中占有重要地位。外贸总额从 20 世纪 90 年代的 700 亿美元增长到 2010 年的 4560 亿美元，年均增幅约 10%。外贸依存度超过 120%，出口依存度为 62%。泰国政府重视出口促进工作并采取了若干鼓励政策，以扩大出口拉动国民经济增长，创造更多就业机会

（一）2011 年泰国货物贸易保持增长态势

据泰国海关统计，2011 年泰国货物进出口额为 4560.5 亿美元，比上年（下同）增长 20.1%。其中，出口 2270.1 亿美元，增长 16.2%；进口 2290.4 亿美元，增长 24.1%。贸易逆差 20.3 亿美元，而上年同期为贸易顺差 108 亿美元。

表 5 - 11 为 2001—2011 年泰国对外贸易总体情况。

表 5 - 11　泰国对外贸易年度表　　金额单位：百万美元

时间	总额	同比%	出口	同比%	进口	同比%	差额	同比%
2001	126861	-2.6	64909	5.3	61952	0.3	2957	-56.4
2002	133207	5.0	68594	5.7	64614	4.3	3980	34.6
2003	155949	17.1	80253	17.0	75679	17.1	4573	14.9
2004	192295	23.3	97098	21.0	95197	25.8	1901	-58.4
2005	227961	18.5	109848	13.1	118112	24.1	-8264	—
2006	259273	13.7	130621	18.9	128652	8.9	1969	—
2007	314822	21.4	163119	24.9	151703	17.9	11416	479.9

续表 5 -11

时间	总额	同比%	出口	同比%	进口	同比%	差额	同比%
2008	358430	13.9	177846	9.0	180583	19.0	-2737	—
2009	286683	-20.0	151948	-14.6	134735	-25.4	17213	—
2010	379817	32.6	195297	28.7	184519	37.1	10778	-37.3
2011	456046	20.1	227010	16.2	229036	24.1	-2027	—

数据来源:商务部国别贸易报告——泰国。

(二)泰国的贸易伙伴

日本、中国和美国是泰国的 3 大贸易伙伴,2011 年泰国对 3 国分别出口 242.4 亿美元、271.3 亿美元和 216.4 亿美元,增长 18.7%、26.4% 和 7.1%,合计占泰国出口总额的 32.2%;自 3 国分别进口 422.7 亿美元、306.6 亿美元和 133.4 亿美元,增长 10.3%、25% 和 23.5%,合计占泰国进口总额的 37.7%。

中国香港是泰国最大的贸易顺差来源地,其次是美国。泰国的贸易逆差主要来自日本、阿联酋和沙特阿拉伯(如表 5 -12 所示)。

表 5 -12 泰国贸易差额主要来源(2011 年) 　　金额单位:百万美元

国家和地区	2011 年	上年	同比%
总值	-2027	10778	—
主要逆差来源			
日本	-18027	-17889	0.8
阿联酋	-11775	-5909	99.3
沙特阿拉伯	-5175	-3582	44.5
韩国	-4693	-4553	3.1
瑞士	-4138	-1111	272.5
中国台湾	-3662	-3666	-0.1
中国	-3524	-3048	15.6
俄罗斯	-3394	-2484	36.7
泰国	-2310	-2308	0.1
卡塔尔	-2240	-1860	20.4
主要顺差来源			
中国香港	13969	11292	23.7
美国	8302	9402	-11.7
越南	4958	4430	11.9
新加坡	3526	2648	33.1
荷兰	3386	2680	26.3

数据来源:商务部国别贸易报告——泰国。

（三）泰国的贸易结构

机电产品是泰国主要出口商品，2011 年出口 642.4 亿美元，增长 2.7%，占泰国出口总额的 28.3%。另外，塑料橡胶、运输设备和食品饮料等分别出口 338.4 亿美元、210 亿美元和 178.4 亿美元，增长 41.5%、4.2% 和 27%，合计占泰国出口总额的 32.1%。

机电产品、矿产品、贱金属及制品是泰国的主要进口商品，2011 年分别进口 636.7 亿美元、442.8 亿美元和 291.8 亿美元，增长 9.8%、35.8% 和 15.2%；另外贵金属及制品进口大幅增长，进口额为 206.3 亿美元，增幅 95.5%；上述 4 类进口产品合计占泰国进口总额的 68.8%。

表 5－13、5－14 为 2011 年泰国主要进出口商品构成。

表 5－13　2011 年泰国主要出口商品构成（类）　　金额单位：百万美元

海关分类	HS 编码	商品类别	2011	2010	同比%	占比%
类	章	总值	227010	195297	16.2	100.0
第 16 类	84－85	机电产品	64239	62531	2.7	28.3
第 7 类	39－40	塑料、橡胶	33835	23912	41.5	14.9
第 17 类	86－89	运输设备	20997	20153	4.2	9.3
第 4 类	16－24	食品、饮料、烟草	17836	14048	27.0	7.9
第 5 类	25－27	矿产品	13703	10696	28.1	6.0
第 14 类	71	贵金属及制品	12200	11648	4.7	5.4
第 6 类	28－38	化工产品	11830	8890	33.1	5.2
第 2 类	06－14	植物产品	10298	8342	23.5	4.5
第 15 类	72－83	贱金属及制品	9539	8521	12.0	4.2
第 11 类	50－63	纺织品及原料	8274	7771	6.5	3.7
第 10 类	47－49	纤维素浆、纸张	6973	3528	97.6	3.1
第 18 类	90－92	光学、钟表、医疗设备	4459	4100	8.7	2.0
第 1 类	01－05	活动物、动物产品	3989	3280	21.6	1.8
第 20 类	94－96	家具、玩具、杂项制品	2427	2341	3.7	1.1
第 9 类	44－46	木及制品	2012	1662	21.1	0.9
		其他	4398	3874	13.5	1.9

数据采源：商务部国别贸易报告——泰国。

农产品是泰国外贸出口的主要商品之一，主要农产品包括稻米、橡胶、木薯、玉米、甘蔗、热带水果等。全国耕地面积 1413 万公顷，占全国土地面积的 45.8%。2010 年泰国农业产值 395.6 亿美元，占 GDP 的 12.4%，农产品出口 168.0 亿美元。

泰国也是世界著名的大米生产国和出口国，全国稻田面积共 1078 万公顷，占国土总面积近 1/5，占全国耕地总面积 2070 万公顷的 52%；从事水稻生产的农户共 400 万户。稻米年产量近 3000 万吨，占全球稻米总产量的 7%～9%；年出口量在 700 万～1000 万吨之间，占世界稻米贸易总量的 25%～35%，是世界第一大稻米出口国。2010 年泰国稻谷总产量 3073 万吨，大米出口 903 万吨，出口金额 53.4 亿美元。

表 5-14　2011 年泰国主要进口商品构成（类）　金额单位：百万美元

海关分类	HS 编码	商品类别	2011	2010	同比%	占比%
类	章	总值	229036	184519	24.1	100.0
第 16 类	84－85	机电产品	63667	57992	9.8	27.8
第 5 类	25－27	矿产品	44276	32611	35.8	19.3
第 15 类	72－83	贱金属及制品	29179	25331	15.2	12.7
第 14 类	71	贵金属及制品	20625	10553	95.5	9.0
第 6 类	28－38	化工产品	18662	15418	21.0	8.2
第 17 类	86－89	运输设备	13328	9142	45.8	5.8
第 7 类	39－40	塑料、橡胶	9993	8868	12.7	4.4
第 18 类	90－92	光学、钟表、医疗设备	5443	4765	14.2	2.4
第 11 类	50－63	纺织品及原料	4917	4057	21.2	2.2
第 4 类	16－24	食品、饮料、烟草	3988	3442	15.9	1.7
第 1 类	01－05	活动物；动物产品	3471	2732	27.1	1.5
第 2 类	06－14	植物产品	3272	2527	29.4	1.4
第 10 类	47－49	纤维素浆；纸张	2663	2485	7.1	1.2
第 13 类	68－70	陶瓷；玻璃	1644	1505	9.2	0.7
第 20 类	94－96	家具、玩具、杂项制品	1260	1001	25.9	0.6
		其他	2648	2091	26.6	1.2

数据来源：商务部国别贸易报告——泰国。

　　泰国也是世界第一大橡胶生产国和出口国，橡胶年产量约 250 万～300 万吨，占全球橡胶总产量 1/3，所产橡胶绝大部分供出口，年出口量占全球橡胶出口总量的 40%～45%。全国 76 个府中有 52 个府种植橡胶，从事橡胶生产的农户共 150 万户。种植面积 230 万公顷左右，约占其国土总面积 4.5%，在世界上排第二，仅次于印度尼西亚。传统的橡胶种植区主要分布在南部和中部，近年来逐渐开始在北部和东北部扩大种植。2010 年泰国橡胶总产量 305.6 万吨，出口 270 万吨，出口金额 78.9 亿美元。

　　泰国是世界第三大木薯生产国（仅次于尼日利亚和巴西）和第一大出口国，全国木薯种植总面积 120 万公顷，主要产区在东北部、北部和中东部，其中东北部产量占全国总产量的一半多。从事木薯种植的农户有 51 万户。2010 年木薯产量 2016.9 万吨，出口 456 万吨，出口金额 21.6 亿美元。

三、发展迅速的越南

　　越南自"革新开放"以来，对外贸易发展迅速。越南抓住国际资本和产业加速向发展中国家集聚的新机遇,大力发展外向型经济。2006年11月,越南正式加入世界贸易组织,其对外贸易进入了一个新的发展阶段,一年一个新台阶。对外贸易不仅为越南经济发展注入了新的活力,成为越南经济发展的重要动力,而且也大大提高了越南经济的整体运行质量、水平和效益。

(一)越南对外贸易发展总体情况

越南以发展外贸、吸引外资为主要形式的外向战略的实施,充分发挥了越南的资源、劳动力优势,在参与国际经济循环中获得了比较利益。其对外经济贸易的迅速发展对越南国内经济的持续高速增长起了重要作用。1990—2011年,除2009年受全球金融危机影响,越南进出口贸易总额基本呈逐年增加趋势,具体数额如表5-15所示。

表 5 – 15 越南 1990—2011 年进出口贸易额　　　　(单位:百万美元)

年份	进出口总额	增长率	进口	增长率	出口	增长率	贸易差额
1990	5156.4	14.3	2752.4	7.3	2404.0	23.54	-348.4
1991	4425.2	-14.2	2338.1	-15.1	2087.1	-13.18	-251.0
1992	5121.4	15.7	2540.8	8.7	2580.7	23.65	39.9
1993	6517.2	27.3	3532.0	39.0	2985.2	15.67	-546.8
1994	9880.1	51.6	5825.8	64.9	4054.3	35.81	-1771.5
1995	13604.4	37.7	8155.4	40.0	5449.0	34.40	-2706.4
1996	18409.0	35.3	11144.0	36.6	7265.0	33.33	-3879.0
1997	20766.0	12.8	11622.0	4.3	9144.0	25.86	-2478.0
1998	20888.0	0.6	11527.0	-0.8	9361.0	2.37	-2166.0
1999	23164.0	10.9	11624.0	0.8	11540.0	23.28	-84.0
2000	30085.0	29.9	15638.0	34.5	14447.0	25.19	-1191.0
2001	31190.0	3.7	16163.0	3.4	15027.0	4.01	-1136.0
2002	36452.0	16.9	19746.0	22.2	16706.0	11.17	-3040.0
2003	45405.1	24.6	25255.8	27.9	20149.3	20.61	-5106.5
2004	58453.8	28.7	31968.8	26.6	26485.0	31.44	-5483.8
2005	69203.0	18.4	36761.0	15.0	32442.0	22.49	-4319.0
2006	84840.7	22.6	45014.5	22.5	39826.2	22.76	-5188.3
2007	111243.2	31.1	62682.2	39.2	48561.0	21.93	-14121.2
2008	143398.5	28.9	80713.5	28.8	62685.0	29.09	-18028.5
2009	127045.1	-11.4	69948.8	-13.3	57096.3	-8.92	-12852.5
2010	155437.7	22.3	83779.4	19.8	71658.3	25.50	-12121.1
2011	198559.0	27.7	104041.0	24.2	94518.0	31.90	-9523.0

数据来源:根据 UNCTAD 数据整理。

　　自革新开放以来，越南政府在制度和政策两个层面营造了较好的环境，为对外贸易提供了大力的支持，使得对外贸易呈现快速增长的发展势头。除1991年和2009年以外，对外贸易的发展整体呈逐年上涨趋势，进出口总额从1990年的51.564亿美元上升到2011年的1985.59亿美元，是1990年的38倍。可以说，1990—1999年是越南对外贸易的起飞阶段，2000—2011年是高速发展的阶段，尤其是2002—2011年对外贸易的年度增长率一直保持在两位数以上。2011年对外贸易总额达到了1985.59亿美元，其中出口贸易总额945.18亿美元，增长率为31.9%，进口贸易总额1040.41亿美元，增长率为24.2%。

　　从1990—2011年出口贸易总额和进口贸易总额的差值可以看出，越南长期处于贸易逆差，且差值逐年增加，进出口贸易逆差的长期存在，对外贸易长期处于不利地位，致使国内资源外流，对外债务增加，影响国民经济正常运行。从1990—2011年间，除了1992年越南贸易顺差外，其余年份均为逆差，从1993年贸易逆差开始经历了先增加再减少，然后增加的过程。1996年贸易逆差曾一度达到38.79亿美元，1997、1998和1999年贸易逆差逐步缩小至0.84亿美元，此后又开始增加，2004年达到54.83亿美元，创造历史最高的一年，2005年贸易逆差有所下降，2008年又高达180亿美元。2009年出口与进口贸易总额均出现大幅下降，降幅分别为12.2%和9.5%，对外贸易逆差120亿美元，同比下降29.4%，从2009年开始贸易逆差在一定程度上得到了控制，并呈现下降趋势(如图5-7所示)。

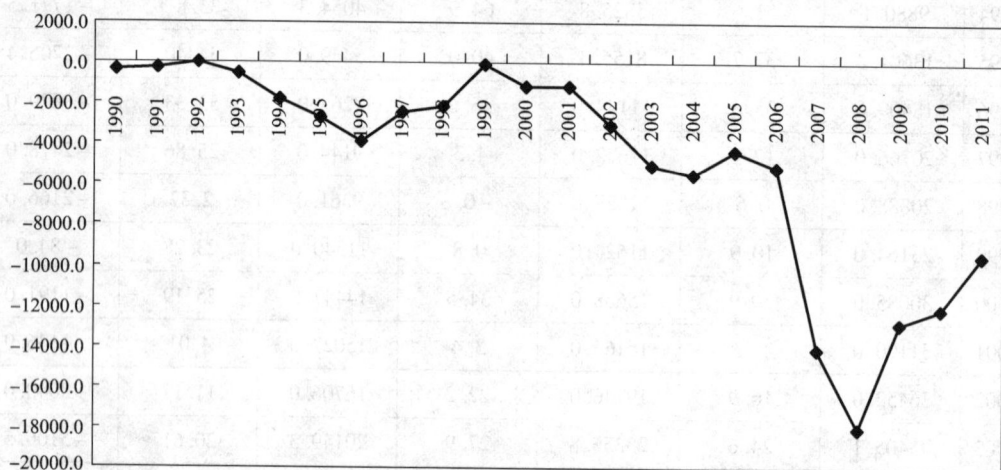

图5-7　越南历年贸易差额趋势(1990—2011)单位：百万美元

数据来源：根据 UNCTAD 数据整理。

（二）越南的贸易伙伴

　　长期以来，越南主要的进口市场为欧盟、东盟、中国、美国和日本，主要出口市场为美国、日本、澳大利亚、中国，其中，越南对发达国家出口贸易金额占对外出口贸易总额的2/3。革新开放以来，亚洲在越南出口市场地区的比重有所下降，而欧美市场则逐渐上升。越南参与了 ASEAN 和 APEC 两个区域性经济组织，2005年从 ASEAN 伙伴国进口94.6亿美元，出口54.5亿美元，区内贸易总额为149.1亿美元，占越南当年贸易总额的24.37%；从 APEC 伙伴国进口298.54亿美元，出口232.23亿美元，区内贸易总额为530.78亿美元，占越南当年贸易总额的 86.78%。越南出口市场结构如表 5 - 16 所示。

表 5 - 16　越南出口市场结构

	2005	2006	2007	2008	2009	2005—2009
商品出口总额	100%	100%	100%	100%	100%	100%
亚洲	57.3	52	48.4	47.7	50.5	50.6
东盟	17	14.6	14.7	14.7	16.8	15.6
中国	8.4	8.9	8.7	10.3	9.5	9.4
日本	16.7	14.6	14.4	13.2	14.3	14.4
欧洲	23.4	21.8	21.5	20.4	18.1	20.5
EU - 25	21	19.8	19.9	18.8	16.8	18.9
美洲	8.9	16.8	21.5	21.3	21.3	18.9
美国	7.1	14.5	19.5	18.8	20.2	17.1
非洲	1.2	0.8	1	1.6	2.1	1.5
大洋洲	7.1	8.2	7.2	7.1	8	7.6

数据来源：根据 UNCTAD 数据整理。

自越南加入世贸组织以后，贸易关系和出口空间范围不断扩大，在发展周边市场的同时迅速开拓新市场。现在越南与 165 个国家和地区有贸易往来，其中 122 个国家和地区属于 WTO 成员，27 个国家和地区为欧盟成员，16 个国家和地区为非 WTO 成员。这些国家和地区中有 11 个国家与越南签订了特别优惠贸易协议，包括 9 个东盟国家，以及中国和韩国。

越南进出口市场结构过度单一化，且对发达国家存在出口依赖，越南这种进出口贸易的过度集中的贸易模式蕴含着较大的风险，不利于国民经济的发展，降低了抵御风险的能力，使得越南经济呈现不稳定的态势。一旦主要贸易国出现异常情况，越南很难全身而退。2008 年全球经济危机越南进出口贸易受到的影响正印证了这一点：金融海啸引发的货币贬值和经济危机造成主要发达国家经济的持续衰退，冲击了越南出口市场，美国经济增长 -0.7%，欧盟中德国和法国分别增长 -0.8% 和 -0.5%，日本的经济继续衰退。这些国家和地区经济的负增长导致越南出口的大幅下降，导致 2009 年越南对美国出口同比下降约 6.4%，欧盟地区下降 9.8%，东盟下降 5.8%，日本下降 3.5%，对上述市场总出口额仅为 79 亿美元，同比减少 22 亿美元，下降约 13.4%，使得 2009 年越南的进出口呈现负增长。近几年来，越南政府意识到此问题的严重性，日益注重发展出口的市场，面向非洲、南美、阿拉伯国家贸易活动不断增加。

（三）越南的货物贸易结构

随着越南对外开放程度的扩大，其对外贸易的商品结构也得到了不断优化。

1. 出口商品结构

20 世纪 80 年代中期到 90 年代初期，越南的大宗出口商品主要有橡胶、鞋类、茶叶和咖啡、刺绣品、铬镁铁矿、煤和地矿木。出口的商品层次低下，基本为工业初级产品和农业初级产品，出口商品种类单一并且过于集中，产品附加值低，说明当时国内的产品加工和科技水平均处在比较低的阶段。90年代中后期，越南大宗出口商品为大米、水产品、原油、煤、鞋类、纺织、服装、咖啡、橡胶、腰果和木材，与80年代中期到90年代初期相比，服装类和纺织类等劳动密集型轻工业在产品出口中的比重迅速增加。

从2000年起，工业制成品逐步在出口商品中占据越来越多的份额。2000年出口总额为144.83亿美元，其中初级产品总额为80.79亿美元，比重高达50%以上，工业制成品为63.98亿美元，比重约为44.2%。到2005年，出口总额为324.47亿美元，其中初级产品总额161.01亿美元，比重约为49.6%，与2000年比有所下降，但降幅较小。说明长期以来初级产品和大宗商品仍占据出口商品的主要地位，工业制成品总额为163.41亿美元，比重约为50.4%，与2000年相比有较大增长，但其增长速度依然小于初级产品。

表 5-17　越南 2002—2009 年出口产品结构　　　（单位：百万美元）

	2002	2003	2004	2005	2006	2007	2008	2009
TOTAL	16706.1	20149.3	26485.0	32447.1	39826.2	48561.4	62685.1	57096.3
初级产品	8289.5	9397.2	12554.1	16100.7	19226.8	21657.7	27698.7	22266.1
食品及活动物	4117.6	4432.0	5277.6	6345.7	7509.2	9191.7	12164.3	11514.6
饮料及烟类	75.2	159.8	174.0	150.0	143.5	155.1	190.8	237.8
食用原料（燃料除外）	516.5	631.3	830.9	1229.1	1845.3	2199.8	2491.7	1928.3
矿物燃料、润滑油及原料	3567.8	4151.1	6233.2	8358.0	9709.4	10061.0	12750.5	8507.1
动植物油、脂及蜡	12.5	23.0	38.4	17.9	19.4	50.1	101.4	78.3
工业制成品	8414.6	10747.8	13927.6	16341.0	20592.0	26886.1	34625.5	34007.6
化学成品及有关产品	262.2	339.9	421.3	536.0	791.9	1028.5	1449.9	1270.4
按原料分类制成品	1124.9	1354.8	1889.6	2165.4	2926.3	3975.7	6398.4	5226.0
机械及运输设备	1336.9	1792.8	2562.1	3145.1	4194.7	5601.2	7368.4	7398.8
杂项制品	5690.6	7260.3	9054.6	10494.5	12679.1	16280.7	19408.8	20112.4
其他未分类产品	2.0	4.3	3.3	5.4	7.4	17.6	360.9	822.6

数据来源：http://www.gso.gov.vn(越南统计局)资料整理。

注：表中数据是根据联合国秘书处的《国际贸易标准分类》(SITC)来划分。

2006年11月越南正式加入WTO，对外贸易迅猛发展。出口贸易总额从2006年的396亿美元增长到2007年的483.87亿美元，增长了近82亿美元，初级产品中咖啡、胡椒、腰果等产品增幅较大，工业制成品中纺织品、计算机零件、电线电缆、塑料制品、木制品有较大增幅，有9种商品出口金额达到10亿美元以上，包括原油、纺织品、鞋类、水产品、木制品、电子和计算机零件、咖啡、大米和橡胶。2008年越南出口总额达629.06亿美元，其中有11种商品金额超过10亿美元以上，主要包括原油、纺织品、鞋类、水产品、大米、木制品、电子产品、咖啡、橡胶、煤炭、电缆，与2007年相比在出口商品的结构和广度上均有大幅提升，高附加值制成品如电子产品、机械设备、电子产品和配件也随着工业制成品的逐步增加而增多。

表5－17，总结了2002—2009年越南出口产品结构情况。

表5－18　越南2002—2009年进口产品结构　　　　　　单位：百万美元

	2002	2003	2004	2005	2006	2007	2008	2009
TOTAL	19745.6	25255.8	31968.8	36761.1	44891.1	62764.7	80713.8	69948.8
初级产品	4200.6	5282.7	7317.5	9308.2	11481.3	15420.8	21766.1	16340.8
食品及活动物	939.2	1262.2	1495.2	1955.2	2299.3	3279.6	4525.0	4631.2
饮料及烟类	149.3	152.7	162.6	175.8	145.0	183.3	269.4	341.6
食用原料（燃料除外）	816.1	1001.0	1454.3	1623.2	2084.3	2740.8	4005.8	3388.5
矿物燃料、润滑油及原料	2165.4	2714.4	3981.8	5365.7	6699.0	8744.2	12329.7	7497.4
动植物油、脂及蜡	130.6	152.4	223.6	188.3	253.7	472.9	636.2	482.1
工业制成品	15531.8	19791.9	24084.3	26633.1	31531.0	46027.8	56219.4	53225.4
化学成品及有关产品	2932.6	3622.9	4693.5	5309.9	6317.4	8368.7	10297.8	10225.4
按原料分类制成品	5414.8	6672.1	8859.1	10172.2	12164.0	17062.3	20112.8	17777.4
机械及运输设备	5757.6	7921.5	8736.6	9252.3	10805.7	17859.8	22425.3	21908.0
杂项制品	1426.8	1575.4	1795.1	1898.7	2243.9	2737.0	3383.5	3314.6
其他未分类产品	13.2	181.2	567.0	819.8	1878.8	1316.1	2728.3	382.6

数据来源：http://www.gso.gov.vn（越南统计局）资料整理。

注：表中数据是根据联合国秘书处的《国际贸易标准分类》(SITC)来划分。

近年来，越南政府有意识地调整出口商品结构，注重品牌战略和以质取胜的战略，鼓励高科技和高附加值产品的出口，基本实现了从工业初级产品和农业初级产品到有一定科技含量和高附加值的工业制成品的出口结构的转变，出口结构得到了不断的优化。

2.进口商品结构

20世纪80年代初，越南的进口主要集中在大米、玉米、奶类、蔗糖、棉布等生活必需品，工业制成品的进口一直占据进口贸易总量的主要份额，并且稳步上升。近几年，初级产品在越南进口总额中的比重逐渐下降，工业制成品比重上升，技术和资本密集型产品成为进口的主导产品，表明入世后越南参与国际分工的程度不断加深，对国外先进的技术和生产设备的需求越来越高。从表5-18可以看出，越南进口商品结构也不断趋于合理，国民经济发展和结构调整所需的技术设备、资源类商品进口大幅度增加，为促进越南经济结构和产业结构的调整和升级，保持国民经济持续、快速、健康发展做出了贡献。然而，进口产品中，对按原料分类的工业制成品也占有很大比重，基本维持在40%左右，这种对原材料和中间产品的依赖性逐渐加强，反映了越南国内一般加工业的国产化能力比较低下。

经过革新开放以来20多年的发展，越南的进出口贸易结构呈现逐步优化的趋势，出口商品的国际竞争力有了很大的提高，贸易结构的升级和优化促进了经济的专业化过程，推动了整体经济效率的提升，确实对经济产生了积极的推动作用。但是不容忽视的是，总体上越南的进出口贸易层次较为低下，说明越南参与国际化竞争的能力仍然不高，产品的附加值低，中低档次的制成品较多且加工程度不深，出口的电子产品和机械产品比重很低，科技的独立研发和生产的能力比较低，生产所需的机械和原材料很大程度上依赖进口，不能带动相关周边产业的同步发展。

本章小结

本章主要分析东南亚货物贸易，从东南亚货物贸易的演进脉络、地位与特征、竞争力的判断和国别货物贸易态势的比较这4个方面来进行分析。综合而言，东南亚的货物贸易在数额上表现出增长较快，顺差居多，以及各国表现出较大差异等特征，同时通过分析也知道东南亚国家货物贸易在世界贸易中份额是越来越大，同时也说明东南亚货物贸易的竞争力也明显增强。东南亚的货物贸易国别之间有较大的差异，本章主要分析了具有代表性的3个国家新加坡、泰国、越南，希望可以从一个方面说明东南亚的货物贸易的特点。

思考与练习

1. 说说东南亚货物贸易近十年的发展特点。
2. 东南亚地区对外贸易自由化对对外贸易的影响表现有哪些？

☞【案例分析】

印度尼西亚贸易顺差26.8亿美元 中国为最大进出口市场

据印度尼西亚国家统计局2日披露，印度尼西亚今年头三个月的贸易顺差为26.8亿美元，中国为最大的非油气进出口市场。

该统计局主任苏雅敏称，印度尼西亚今年3月份的出口价值为172.7亿美元，比2月份增加10.01%。今年1月至3月底的出口价值为485.3亿美元，同比增长6.93%，其中非油气出口为385.3亿美元，同比增长3.87%。

苏雅敏说，今年头3个月非油气最大的出口市场仍由中国所占据，价值约达49.9亿美元，日本以45.2亿美元居次，美国为36.8亿美元，这3个市场占据了总值的34.23%。出口至东盟市场的价值为 79.1 亿美元，占总值的 20.52%，欧盟则有 46 亿美元，约占 11.94%。

在进口方面，印度尼西亚 3 月份的进口价值为 164.3 亿美元，比去年同期增长了 13.4%。其中，油气商品进口增长为 12.48%，非油气进口值增长 9.88%。今年头三个月印度尼西亚的进口价值为 458.5 亿美元，同比增长为 18.18%。非油气商品最大的进口来源同样是中国，其价值为 66.4 亿美元，依次为日本 56.3 亿美元，美国 27.7 亿美元，这 3 个国家所供应的非油气商品占据了印度尼西亚 42.47% 的市场总值。

问题：查找相关资料，分析印度尼西亚对外贸易的发展特点。

附录：东南亚各国对外贸易总额　　　　单位：百万美元

年份	新加坡	泰国	马来西亚	印度尼西亚	越南	菲律宾	缅甸	文莱	柬埔寨	老挝	东帝汶
1980	43383	15719	23724	34784	1653	14033	833	5154	196	120	—
1981	48539	16986	23320	38437	1783	14132	842	4631	190	133	—
1982	48955	15493	24449	39187	1999	13241	808	4525	192	172	—
1983	49991	16656	27366	37498	2143	12866	652	4093	195	191	—
1984	52737	17810	30534	35770	2395	11706	545	3809	198	206	—
1985	49098	16363	27569	28846	2556	10066	591	3549	140	247	—
1986	48006	18054	24496	25523	2944	10066	598	2454	161	241	—
1987	61245	24727	30638	29506	3309	12864	492	2543	162	280	—
1988	83169	36238	37589	32467	3795	15753	413	2452	159	207	—
1989	94317	45849	47527	38520	4512	18938	405	2742	179	257	—
1990	113629	56114	58710	48575	5156	21121	601	3214	250	264	—
1991	125259	65997	70999	55556	4425	21663	1076	3890	458	267	—
1992	135651	73158	80627	61107	5121	25247	1195	3883	708	403	—
1993	159246	83046	92781	65153	6517	29817	1414	3989	755	673	—
1994	199495	99721	118445	72211	9880	35945	1693	4064	1234	865	—
1995	242775	127226	151604	88109	13604	45842	2208	4493	2042	900	—
1996	256352	128052	156745	92743	18409	54534	2125	4975	1715	1012	—
1997	257422	120199	157765	107604	20766	63504	2931	4670	1800	1065	—
1998	214614	97448	131528	85649	20888	60911	3772	3610	1968	922	—
1999	225740	108823	150010	84563	23164	69144	3459	3921	2722	836	—
2000	272349	130886	180192	108482	30085	76810	4047	5010	3325	866	—
2001	237751	126879	161871	95797	31190	67585	5258	4799	3593	830	—

续上表

年份	新加坡	泰国	马来西亚	印度尼西亚	越南	菲律宾	缅甸	文莱	柬埔寨	老挝	东帝汶
2002	241625	132754	173134	96895	36452	77594	5395	5258	4284	748	—
2003	296228	156148	181317	105677	45405	78805	4574	5748	4786	798	138
2004	372218	190658	231042	126794	58454	85783	4576	6479	6067	1076	130
2005	429696	228336	255280	161810	69203	89367	5740	7740	6829	1435	120
2006	510517	259526	291656	184145	84841	101497	7149	9277	8464	1942	110
2007	562427	295152	322795	211829	111243	107978	9597	9769	9520	1990	183
2008	657956	355065	374125	267144	143399	109690	11249	13264	11216	2497	281
2009	515617	286644	281211	213432	127045	84043	11124	9649	10027	2419	304
2010	662658	380492	363536	293397	155438	109660	13556	11368	11934	3807	315
2011	775273	455250	415851	377827	198559	111735	18439	14970	16250	5050	320

数据来源：根据 UNCTAD 数据整理。

第六章　东南亚服务贸易

第二次世界大战以来，在世界新技术革命推动下，国际贸易的传统格局被打破，一个以货物贸易、技术贸易、服务贸易三位一体、协调发展的新格局正在形成，服务贸易发展水平是衡量一个国家或地区竞争力的重要标志。

第一节　东南亚服务贸易演进脉络

一、服务贸易的概念

（一）服务贸易的定义

服务贸易又称劳务贸易，指国与国之间互相提供服务的经济交换活动。服务贸易有广义与狭义之分，狭义的服务贸易是一种有形的服务，即发生在国与国之间的附加在商品货物上的以提供直接服务活动形式满足另一国某种需要以取得报酬的活动。广义的服务贸易既包括有形的活劳动，又包括服务提供者与使用者在没有直接接触下交易的无形活动。服务贸易一般情况下都是指广义的。

根据《服务贸易总协定》（General Agreements on Trade in Services，GATS，1994 年 4 月 15 日）的定义，服务贸易是指跨越国界进行服务交易的商业活动，即服务提供者从一国境内向他国境内，通过商业或自然人的商业现场向消费者提供服务并取得外汇报酬的一种交易行为。这个定义已为各国所普遍认同。

同时，GATS 对服务贸易的判别有 4 个标准。即：服务和交付的过境移动性；目的具体性；交易连续性；时间有限性。从而可以较为有效地鉴别与理解服务贸易。

（二）服务贸易的提供方式

按照 WTO 于 1994 年签署的《服务贸易总协定》，服务贸易有 4 种提供方式。

（1）过境交付（cross border supply）：从一成员国的国境内向另一成员国的国境内提供服务。这种服务不构成人员、物资或资金的流动，而是通过电信、邮电或计算机网络实现的服务，如视听、金融和信息等。

（2）境外消费（consumption abroad）：在一成员国的国境内向另一成员国的消费者提供服务，如接待外国游客、提供旅游服务、为国外病人提供医疗服务、接收外国留学生等。

（3）商业存在（commercial presence）：通过一成员国提供的服务实体（法人）在另一成员国以商业存在提供服务，它是一国的企业或经济实体到另一国开业，提供服务，包括投资设立合资、合作和独资企业。

（4）自然人流动（movement of personnel）：由一成员国的自然人在另一成员国境内提供服务，如一国的医生、教授或艺术家到另一国从事个体服务。

（三）服务贸易的分类

国际货币基金组织根据国际收支平衡表编制的《国际收支手册》（第五版）所提出的，

服务贸易主要包括 10 个组成部分：①运输；②旅游；③通信服务；④建筑服务；⑤保险服务；⑥金融服务；⑦计算机和信息服务；⑧专有权利使用费和特许费；⑨电影、音像；⑩其他商业服务。

在国际收支统计中，服务贸易按照产业标准为 3 大类：运输服务、旅游服务和其他服务。而其他服务又分为 9 个部门：通信、建筑、计算机和信息服务、保险服务、金融服务、专利与许可费、其他商业服务、人文与休闲、政府服务等。

二、东南亚服务贸易的发展及现状

（一）服务贸易总体规模迅速扩大，占世界服务贸易的比重上升

伴随着东南亚经济的飞速发展，东南亚服务贸易规模不断扩大（如图 6 - 1 所示）。从 1980—2010 年，东南亚服务贸易出口额从 93.93 亿美元增至 2215.47 亿美元，扩大了 22 倍多；进口额从 137.48 亿美元增至 2273.60 亿美元，扩大了 15 倍多；贸易总额从 231.41 亿美元增至 4489.07 亿美元，总共增长了 16 倍多。服务贸易总额占世界的比重均在 5% 左右。其中服务贸易出口额在世界服务贸易出口总额的 4% ~ 5%，而服务贸易进口额占世界服务贸易总进口额的 5.5% 左右。直到 2010 年贸易规模创下新高。

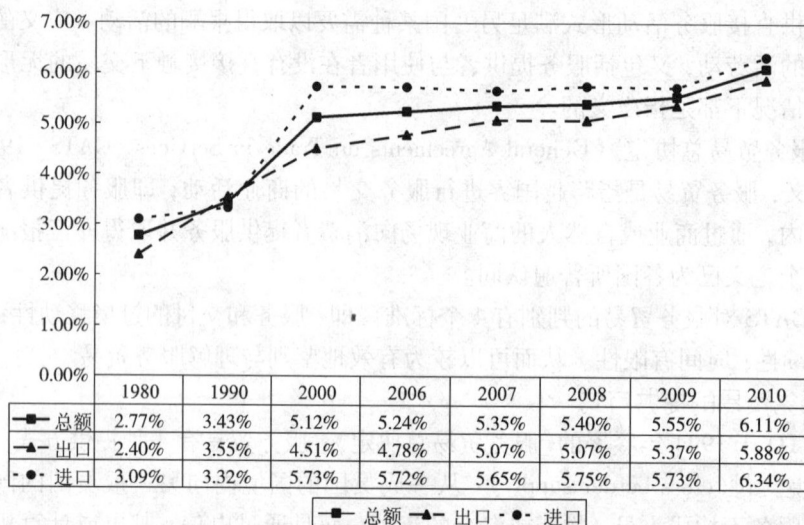

	1980	1990	2000	2006	2007	2008	2009	2010
总额	2.77%	3.43%	5.12%	5.24%	5.35%	5.40%	5.55%	6.11%
出口	2.40%	3.55%	4.51%	4.78%	5.07%	5.07%	5.37%	5.88%
进口	3.09%	3.32%	5.73%	5.72%	5.65%	5.75%	5.73%	6.34%

图 6 - 1　东南亚服务贸易在国际服务贸易中的份额

数据来源：联合国贸发会议：Handbook of Statistics 2011，http://www1unctad1org.

（二）服务贸易增长速度很快，且出口增长速度高于进口增长速度

从东南亚服务贸易的增长速度来看，除了部分年份出现大起大落现象，大部分年份增长势头良好。1995 年前东南亚服务贸易增长缓慢，1997 年达到发展的高峰，1998 年由于金融危机的发生，下降幅度很大，之后获得大幅增长，进出口总额在 2001 年后开始了快速的发展，每年增长率均在 7% 以上，2004 年甚至超过了 25%。《中国 - 东盟服务贸易协议》的正式签订给东盟服务贸易注入了新的动力，在其推动下东盟服务贸易规模会更大，发展速度更快，尤其是 2004—2007 年间，东南亚地区服务贸易总量每年都保持着两位数的增长。

2008 年和 2009 年由于受到世界经济危机的影响，服务贸易总额略有下降，2008 年比 2007 年仅增长了 13%，2009 年出现负增长的现象，到 2010 年东南亚服务贸易的增长率恢复到 19%。

（三）服务贸易的收支结构亟须改善

东南亚地区服务贸易额自 1980 年以来除了极个别年份是贸易顺差外，其他年份均为逆差，且逆差额在 1995 年后有逐渐增大的趋势，服务贸易逆差在不同时期的来源各不相同。2000 年以前，东南亚地区服务贸易的逆差主要来自新加坡和菲律宾，缅甸虽然也是持续逆差，但数额不大。2000 年以后，印度尼西亚、泰国、越南的服务贸易存在着较大幅度的贸易逆差。东南亚各国政府应采取措施，改变逆差局面，实现服务贸易进出口平衡。

（四）东南亚各国家服务贸易规模极为不均衡

2010 年，东南亚服务贸易的进口、出口和总额均比 1980 年有了大幅度的增长，显示出平稳增长的态势，但是东南亚各国的服务贸易总量呈现出不均衡状况。2010 年，新加坡、泰国、马来西亚、印度尼西亚 4 国的贸易总额居前 4 位，其他 6 国菲律宾、越南、老挝、柬埔寨、文莱、缅甸的服务贸易额之和尚不及印度尼西亚一国的服务贸易额。新加坡的服务贸易总额达到了 2087.71 亿美元，是排名第 2 的泰国 2.6 倍多。此外，从增长速度看，除了缅甸在 1993 年曾经有过 143.5% 的高速增长率，并在 1995 年前表现出大起大落外，其他东盟成员国在近 30 年的发展中呈现出较均衡的增长速度。

三、东南亚国家服务贸易自由化

世界贸易组织的《服务贸易总协定》中所指的服务贸易自由化的最终形式是给外资以国民待遇，废除各种服务贸易壁垒。在东南亚国家，则是指在东盟自由贸易区合作框架下实施自由化，其目的是在服务贸易开放的前提下培养有国际竞争能力的国内服务贸易企业。

（一）服务贸易自由化的背景

1. 国际服务贸易自由化快速发展的外部要求

1994 年 4 月 15 日，历时 8 年的关税与贸易总协定乌拉圭回合的多边贸易谈判结束。乌拉圭回合谈判的硕果之一便是《服务贸易总协定》（GATS）。《服务贸易总协定》规定所有缔约国应在协定生效后若干年内就进一步扩大服务贸易自由化问题定期举行实质性谈判。为了推进服务贸易自由化，世贸组织设立了服务贸易理事会专门负责监督《服务贸易总协定》的实施。1997 年服务贸易领域又达成了 3 项重要的服务贸易方面的协议，即《基础电信协议》、《信息技术协议》和《金融服务贸易协议》，目的在于落实上述 3 个领域的贸易自由化。东盟 5 国不仅是《服务贸易总协定》的缔约国，也是达成以上这 3 项协议的成员国，它们在签署这些协议时都作了相应的承诺，其中包括消除自由化壁垒和实行自由化的例外措施等内容。

2. 东南亚各国经济快速增长的内在需要

随着经济的增长，东南亚各国对各种服务的需要，尤其是为生产者提供服务的需求急剧扩大，其服务内容的变化也要求有新的服务提供者，而大部分东南亚国家的国内服务供给能力不足。这表现在东南亚各国中除新加坡、菲律宾以外，其他国家在记录跨境服务贸易收支情况的"其他民间服务"项目上都呈现出持续增大的赤字，这种供需上的差距为各国大量引入外国服务公司创造了客观条件。同时，东南亚诸国基础设施已逐渐老化，由于公共资金对基础建设的投入有限，民间资金对基础设施的投资活动日益活跃，以前由国有企业经营的公共服务业如电力、通信、运输等领域中渐渐有了民营企业加入。但是，更新基础设施仅靠国内的民间资金显然是不够的，通过放松对服务业的管制则可以吸引大量的外资企业进入国内市场，解决各国基础建设资金有限的问题。另外，运输、通信、金融等对应生产者的服务都是经济活动的支援部门，它们的成本对整个经济发展也有很大影响。可见，东南亚各国放松对服务业的管制不仅是外部的要求，也是其经济发展的内在需要。

3. 服务贸易自身发展的客观要求

20 世纪 80 年代末 90 年代初，东南亚国家的服务贸易已经有了较好的发展，但各国国内仍存在一些服务贸易壁垒。例如，对外资经营资格的限制表现为对外国个人与组织在本国经营某种服务业的权力进行限制。例如在公共性强的服务业如在航空、邮政、电信、铁路、广播中，大多数东南亚国家的国有企业仍占压倒性的多数，都存在不同程度的国家垄断，阻止了外国服务业的进入。服务贸易壁垒延缓了各国服务贸易的发展，同时还使各国的服务贸易项目盈余额难以扩大。这使东盟国家意识到放松对服务业的管制有利于提高整体经济效率、降低成本、提升服务业的竞争力。

（二）《东盟服务贸易的框架协定》（ASEAN Framework Agreement on Services）

1995 年 12 月在泰国召开的第 5 届东盟首脑会议上，东盟各会员国达成了《东盟服务贸易框架协定》，这是东盟自由贸易区各成员国推进服务贸易自由化的纲领性文件。

1.《东盟服务贸易的框架协定》的宗旨和目标

《东盟服务贸易框架协定》的宗旨是：加强成员国之间的服务合作，增强效率、竞争力、多种多样的产品供应能力以及增强让本区域的服务提供者在东盟内外的能力；在成员国之间消除服务贸易的实质性限制；使成员国在服务贸易自由化方面进一步扩大和加深自由化的程度。

《东盟服务贸易框架协定》的目的是：拆除服务业市场的壁垒，加强成员国在服务业方面的合作，通过扩大 WTO《服务业贸易总协定》（GATS）的深度和广度来提高东盟各成员国之间的服务贸易自由化水平，提高服务业的效率和竞争力。

2.《东盟服务贸易框架协定》的主要内容

（1）合作领域的安排。

要求东盟所有成员国应根据该框架协定参加合作安排。但是，如果某些成员国还未准备好履行这些合作安排，则两个或更多的成员国可首先进入服务贸易领域；成员国应在服务部门里努力加强现有的合作，并且发展那些还没有被现有的合作安排包括在内的服务贸易里的合作，从而进入下列几个方面：①建立或改进基础设施；②联合生产、营销和购买的协定；③共同研究和发展；④信息交换。成员国应确认合作部门并拟制行动计划、计划进程节目单以及谅解书，为合作的扩展提供细节。

（2）服务贸易自由化的规定。

成员国应该在合理的时间框架内通过下列措施在大多数的服务部门内采取贸易自由化：①在成员国之间真正消除所有现存的歧视性措施和市场准入限制；②禁止新的和更多的歧视性措施和市场准入限制。

（3）具体承诺的谈判的要求。

　　成员国应该以已给出的承诺为指导，进入到影响具体服务贸易部门的措施的谈判中；每个成员都应在承诺表中列明其具体承诺事项；该框架协议的条款不应阻碍任何成员国为了便利而产自或消费于相邻本地的边境服务的商议或者有利于邻近的国家的解释。

　　(4)互相承认。

　　成员国之间可以是基于有关国家签订的协议或安排的基础上，自动给予承认在另一成员国获得的教育或经验，已满足的要求以及所颁发的许可证和证明。

　　(5)利益的拒给。

　　本协定的利益应根据成员国的法律拒绝给予非成员国的属自然人的服务提供者或者属于或受制于非成员国居民的法人，但是，在成员国领土上运作的大型企业除外。

　　(6)争端解决。

　　成员国之间任何有关本协定或任何现今以后的安排的解释或应用出现的分歧通常都可交付给《东盟争端解决机制议定书》(The Protocol on Dispute Settlement Mechanism for ASEAN)。

　　(三)东南亚国家服务贸易自由化进程

　　目前，东南亚国家在电信服务业、金融服务业、运输服务业等几个优先开放部门的自由化都已初见成效：

　　1. 电话服务

　　东盟国家以往的电话服务基本上是实行垄断经营，直到 20 世纪 80 年代末，随着国有企业私有化和民间企业的加入开始有了很大变化，在民间企业介入的过程中，以雄厚技术力量做后盾的欧美、日本、中国香港及域内企业纷纷加入。原则上讲，外资出资比例的上限为：印度尼西亚 95%，泰国 49%，菲律宾 40%，马来西亚 25%。外资的介入大大推动了电话服务的发展，东盟各国的电话线路普及率大大上升。

　　2. 商业银行

　　大多数东盟国家以前的商业银行业务都由几家最大的银行垄断经营，但近年来随着各国管制的放松，外国银行的业务范围也在扩大。

　　3. 酒店

　　东盟国家中，除新加坡外，其他国家的酒店业都实行合资的原则，一般以高级酒店为主实行连锁经营。除新加坡外，各国的住宿设施数量在 20 世纪 90 年代以后，都以每年增长 10% ~ 15% 的速度发展，而平均运转率则都有下降的趋势。

　　4. 海运

　　东盟国家自独立以来，纷纷致力于减少对发达国家的海运依赖，由政府出资建立船运公司，力图以这些国营船运公司为中心扩大运输能力。但是相对于急剧扩人的贸易，海运业发展过缓，货物运输支出额在服务支出额中占了很大的比例，而且还在逐渐加大，而本国船运公司的海外运输量所占份额很低，马来西亚只有 15%，泰国只有 5%。新加坡、马来西亚规定各国船运公司的活动应以亚洲内部为中心，在主干线中应配备本国的定期船。目前东盟各国希望同发达国家的大型船运公司协调合作以增加本国船只的航运量。对于港湾的货物集散业务，东盟期待着委托给民营企业以实现效率提高，许多国家显示出了吸引包括仓储业等相关服务业外资企业的决心。

5. 空运

东盟各国都采取了相应的开放政策,新加坡、泰国、马来西亚、印度尼西亚等国都加强了与国际大型航空公司的合作,相互开放航线,扩展第 5 航权①。文莱政府也逐步降低空运行业的市场准入原则,实行领空开放政策,允许国外航空公司在国内自由经营而不受运输能力、飞行频率和机型的限制。但仍规定外国投资者持股不得超过40%。越南也加大了空运行业的开放力度,放宽了外资对本国航空公司持股比例的限制。

6. 建筑工程

在东盟国家的国内建设中,外国企业设立现场法人时,除新加坡外,原则上规定以合资为前提,对参加比例没有限制。但是泰国规定,对于建筑设计、计划、监督等业务,除有特殊技能者外,外国人不能参加。各国都强烈希望从外资企业学到新技术,为此印度尼西亚规定外资企业必须与当地企业共同投标。此外,为了维护行业秩序,许多国家要求团体登记。例如,马来西亚于 1995 年规定向建筑业开发委员会登记的义务。

(四)东盟国家服务贸易自由化的特点

东南亚国家服务贸易自由化又显示出自己的特点:

1. 服务贸易自由化谈判缓慢

东盟服务贸易自由化的谈判机制是一种极其复杂的谈判机制。东盟国家的服务贸易自由化主要是由东盟各国经济部长会议决策和领导的,具体的谈判和实施由服务业合作委员会负责,并由东盟经济高官会议进行审核和监督,最后由东盟经济部长会议审议并由各国经济部长批准。服务业合作委员会根据服务部门的类别成立不同的服务部门工作组对不同的服务部门进行分组谈判。这个机制的复杂性在一定程度上也造成了东盟国家服务贸易自由化谈判进程的缓慢,各成员国逐步地开放本国的服务部门,从最开始的海运、电信、旅游等行业到后来的教育、建筑、法律等行业,逐步实现服务贸易自由化。

2. 服务贸易自由化进程灵活机动

东南亚各国服务贸易发展水平差距较大,各国国内的服务行业发展也不平衡,因此,东南亚国家服务贸易自由化的进程是按先易后难,先局部后整体这种灵活机动的模式逐步实现区域内的服务贸易自由化的,其基本原则是:①对于国民经济起重要作用的服务业先开放;②国内供给不足的行业应该先开放;③竞争力较强的行业先开放;④敏感度较弱的行业先开放。

具体措施是:

(1)分部门逐步实现服务贸易自由化。

东南亚各国大都根据各服务部门在国民经济中的敏感度和重要性,一些敏感度较低、服务贸易壁垒较低、相对更容易自由化的部门和行业率先开放,然后逐步地带动其他各服务部门的自由化。旅游业也成了目前东盟国家开放程度最高的行业,而电信、金融、运输、

---

① 第 5 航权是 1944 年芝加哥会议提出的,当时称"空中自由"(Air Freedoms)或称"特权"(Privleges)。第五种权利也叫第三国运输权,是指市场准入权授权国允许承运人的定期国际航班在授权国下载来自第三国的客、货,或从授权国装载客、货飞往第三国。第五航权在各种航权中属于比较复杂的,也是内容最丰富、最具经济实质意义的航权。它是对航权对等原则的颠覆性突破,航权对等是指交换彼此的资源,从本国出来到达他国某地,获得两点之间的客源和货源,第五航权相当于允许他国飞机还可以获得本国与第三国之间的航线客源与货源,使本国航空公司飞往第三国的航线客源与货源受到了分流与竞争。

信息技术等行业由于在国民经济中占有重要地位属于要害部门，所以各国对于这些行业的开放都较为谨慎，速度较为缓慢，开放程度也比较低。而对于娱乐、教育、环境等关系到国家政治独立和经济安全的行业开放程度是最低的，开放速度也最慢。

（2）分国家逐步实现服务贸易自由化。

经济发展水平相对较高的国家先实现自由化。新加坡作为国际金融中心以及海运和空运中心，其服务业的开放程度最高；其次是泰国和马来西亚；与此同时菲律宾和印度尼西亚也加快了本国服务贸易自由化的进程。而越南、柬埔寨、老挝等国由于经济相对落后，服务业开放比较晚，开放程度也较低，所以承诺开放的服务部门相对较少。

3. 在开放服务业的同时也要对一些行业采取保护措施

服务业的对外开放必然会给本国服务业带来一定的冲击和风险。对于一些重要的服务部门和一些幼稚产业采取适当的保护措施是十分必要的。对此《服务贸易总协定》中也有着相应的规定，成员国为了维护国家的经济安全，政府可以对某些产业进行干预和保护。GATS 还规定"贸易自由化进程应适当尊重每一成员国内的政策目标与发展水平"，逐步实行自由化；同时，《服务贸易总协定》还给予发展中国家一些优惠待遇。东盟国家在开放本国服务行业的过程中，对一些较弱的产业都存在着较为严格的外资持股比例限制，以此来实现对这些行业的保护。

4. 致力于东盟成员国内部的服务贸易自由化的广度和深度

根据 AFAS 的规定，东盟各成员国要在 GATS 的基础上，逐步开放本国服务业，争取实现更为深入更为广泛的服务贸易自由化。

首先，从目前东盟成员国在区内承诺开放的具体行业和部门的数量上看，大多数国家对十几个服务部门的 65 种服务行业作出了开放承诺，但是在 WTO《服务贸易总协定》中，东盟各国所作出的承诺水平都相对较低。

其次，各国之间的服务业市场准入和国民待遇条件也比 GATS 更为优惠，积极引进成员国内部资金进入服务贸易，同时对国内的私人资本也放宽了准入条件，以此来促进一些垄断性的国有企业的改造，同时也提高了服务业的生产效率和服务质量，降低了服务业对外开放所面临的风险，保护了本国的服务业。

5. 充分重视服务业基础设施的建设，保证服务业的健康发展

与许多发达国家相比，东盟各国在服务业的基础设施建设上都存在着比较严重的欠缺。服务业经营的基础设施在许多方面都有着比较大的差距。因此，东盟国家在服务业基础设施建设上颁布了许多措施。例如积极吸引外资和私人资本的参与，以弥补政府在基础设施建设方面投资的不足。这些举措都收到了不错的成效。

第二节　东南亚服务贸易地位与特征

一、东南亚服务贸易的地位

（一）东南亚国家服务贸易在其对外贸易中的地位

东南亚服务贸易与货物贸易发展是极为不平衡的。东南亚服务贸易在其对外贸易中所占比重除了极个别年份外，一直持续上升，但都保持在 20% 以下，均低于同期货物贸易额

在东南亚对外贸易额中的比重，最高是 2009 年为 19.53%，2010 年又有所回落。

从东南亚服务贸易进出口方面来比较，东南亚服务贸易进口在其总进口（货物加服务）中所占比重大于其服务出口在总出口中所占比重（如表 6－1 所示）。

表 6－1 东南亚各国服务贸易在东南亚对外贸易中的比重 单位：百万美元

			2000	2006	2007	2008	2009	2010
东盟	出口	服务	69086	138474	176340	198423	185662	221547
		货物	431901	652731	865721	998771	813634	1052127
		总额	500987	791205	1042061	1197194	999296	1273674
		比重 服务	13.79%	17.50%	16.92%	16.57%	18.58%	17.39%
		比重 货物	86.21%	82.50%	83.08%	83.43%	81.42%	82.61%
	进口	服务	88180	157501	183617	212462	188479	227360
		货物	380151	602824	776769	946542	728224	952146
		总额	468331	760325	960386	1159004	916703	1179506
		比重 服务	18.83%	20.71%	19.12%	18.33%	20.56%	19.28%
		比重 货物	81.17%	79.29%	80.88%	81.67%	79.44%	80.72%
	总额	服务	157266	295975	359957	410885	374141	448907
		货物	812052	1255555	1642490	1945313	1541858	2004273
		总额	969318	1551530	2002447	2356198	1915999	2453180
		比重 服务	16.22%	19.08%	17.98%	17.44%	19.53%	18.30%
		比重 货物	83.78%	80.92%	82.02%	82.56%	80.47%	81.70%
世界		服务	19774353	32096006	42501100	49052370	37851364	45880949
		货物	13111462	21295855	28248872	32587570	25181281	30527694
		贸易总额	32885815	53391861	70749972	81639940	63032645	76408643
		比重 服务	60.13%	60.11%	60.07%	60.08%	60.05%	60.05%
		比重 货物	39.87%	39.89%	39.93%	39.92%	39.95%	39.95%

数据来源：联合国贸发会议：Handbook of Statistics 2011，http：//www1unctad1org.

（二）在世界服务贸易中的地位不断上升

东南亚服务贸易的飞速发展使得它们在世界服务贸易的地位不断上升（如表 6－2 所示），主要体现在两个方面：

1. 在世界服务贸易总额中的排名不断上升

东南亚服务贸易的飞速发展使得它们在世界服务贸易的排名不断上升，在 2010 年世界服务贸易前 40 强中，新加坡排第 10 位，其次是泰国和马来西亚，分别占据了第 27 和第 29 的位置，而印度尼西亚占据了世界 40 强的最后一位。在进口贸易中，新加坡居世界排名第 11 位，泰国和马来西亚分占第 23 和 30 位，而印度尼西亚则上升到第 32 位。

2. 在世界服务贸易总额中的比重不断上升

东南亚服务贸易出口总额从 1980 年占世界总额的 2.1% 上升到 2010 年的 5.8%，进口从 1980 年占世界总额的 2.7% 上升到 2010 年的 6.1%。1998 年东南亚所占比重有所下降，原因是当时的亚洲金融危机大大影响了东南亚服务贸易的发展，但是，在摆脱了金融危机的影响之后，各国的增长速度又开始不断回升。

表 6-2　东南亚服务贸易进出口、增长率、贸易差额及其在世界服务贸易中的地位

单位：百万美元

		2000	2006	2007	2008	2009	2010
东南亚	出口	69086	138474	176340	198423	185662	221547
	增长率	135.23%	100.44%	27.35%	12.52%	-6.43%	19.33%
	进口	88180	157501	183617	212462	188479	227360
	增长率	203.81%	78.61%	16.58%	15.71%	-11.29%	20.63%
	进出口总额	157267	295976	359957	410885	374141	448907
	增长率	169.32%	88.20%	21.62%	14.15%	-8.94%	19.98%
世界	出口	1532259	2897783	3476343	3910422	3454563	3764890
	增长率	85.30%	89.12%	19.97%	12.49%	-11.66%	8.98%
	比重①	4.51%	4.78%	5.07%	5.07%	5.37%	5.88%
	进口	1538738	2751636	3247339	3696687	3291334	3585832
	增长率	76.16%	78.82%	18.01%	13.84%	-10.97%	8.95%
	比重②	5.73%	5.72%	5.65%	5.75%	5.73%	6.34%
	进出口总额	3070998	5649420	6723682	7607109	6745897	7350722
	增长率	80.60%	83.96%	19.02%	13.14%	-11.32%	8.97%
	比重③	5.12%	5.24%	5.35%	5.40%	5.55%	6.11%
	比重④	—	—	4.96	5.07	5.11	5.24

数据来源：联合国贸发会议：Handbook of Statistics 2011, http://www.unctad.org.

注释：①东南亚服务贸易出口额占世界服务贸易总额的比重；②东盟服务贸易进口额占世界服务贸易总额的比重；③东南亚服务贸易总额占世界服务贸易总额的比重；④东南亚 5 国（新加坡、泰国、马来西亚、菲律宾、印度尼西亚）服务贸易总额占世界服务贸易总额的比重。

（三）在本区域内对外贸易中的地位低于世界平均水平

东南亚服务贸易的发展在本区域的国际贸易中仍明显处于弱势地位，主要表现在：

（1）服务贸易出口在世界服务出口总额中所占比例一直低于货物贸易出口在世界货物出口总额中的占比。如 2010 年东南亚实现的货物贸易出口总额为 10521.27 亿美元，占世界同期出口总额的 6.93%，明显高于服务贸易仅占世界服务出口 5.88% 的比例。

（2）东南亚服务贸易进出口额占其对外贸易总额的比重一直都是在持续上升的（如表 6-1 所示），从 1980 年的 14.22% 持续增长到 2010 年的 18.30%，但显著低于世界 60% 的

平均水平。表明东南亚整体上的服务贸易发展水平滞后，低于世界平均水平，对外贸易的发展转型仍未完成。

（四）服务业在外国直接投资中的地位总体趋于上升

东盟国家是从 20 世纪 60 年代中期以后开始引进外国直接投资的。那时起至 20 世纪 80 年代初，这些国家引进的外国直接投资部门构成中，印度尼西亚服务业约占 7.9%、马来西亚约 26%、泰国约 32.9%、菲律宾约为 32.9%（新加坡 1975 年该比例是 52.9%）。

20 世纪 80 年代，东盟 5 个老成员国服务业的外资投资比重平均分别为：印度尼西亚 3.55%、马来西亚 34.55%、泰国 51.35%、菲律宾 26.9%、新加坡 51.3%。

进入 90 年代以后，东盟 5 国（特别是印度尼西亚、马来西亚、泰国）服务业的需求增大，外资在东盟 5 国服务业的投资比重不断趋于上升。1997 年 7 月爆发的东南亚金融危机导致东南亚地区各国金融形势不稳、经济衰退乃至政治动荡，使外国直接投资处于不利的地位。整个东南亚地区 1997 年的外国直接投资（FDI）存量大幅下降，1998 年以后，外国直接投资对东南亚地区服务业反复波动，2002 年以后，在外国直接投资流入东盟的产业结构变化方面，服务业地位总体才趋于上升。

二、东南亚服务贸易的特征

（一）服务贸易增长速度快

东南亚服务贸易的发展速度较快，其中，1990 年达到了 153.34%，2000 年再创新高，达到 169.32%，之后东南亚服务贸易的增长率有所回落，2009 年出现了负增长，到 2010 年东南亚服务出口额的增长率又回复到 19.98%。与同期世界服务贸易的增长率相比，东南亚地区的服务贸易增长水平一直高于同期世界服务贸易的增长水平，尤其在 2000 年以前，东南亚服务贸易的增长水平更高，2000 年几乎是同期世界服务贸易增长率的 2 倍。

东南亚地区的进口增长率与出口增长率呈现交替上升的趋势，但双双超过同期世界的平均水平。

（二）服务贸易发展结构仍不平衡

服务贸易结构发展不平衡主要表现在 3 个方面：

1. 服务贸易的地区结构不平衡

东南亚 11 国服务贸易发展水平有三个层次：第一层次为服务贸易规模最大的新加坡；第二层次为泰国、马来西亚、印度尼西亚、菲律宾和越南；第三层次为柬埔寨等经济发展水平较落后的东盟新成员国。

2. 服务业内部发展不平衡

当前东南亚各国发展起来的服务行业多集中在旅游业等消费者服务行业，包括泰国、马来西亚、菲律宾和柬埔寨等以旅游为支柱的国家出口比重远超过其他服务部门。而对于专业服务、金融业及电信服务等生产者服务业，除了少数国家外都处于刚刚起步的阶段，大多数国家受到各国本身经济发展水平的限制，没有政府的支持或市场化，发展水平落后于世界平均水平。

3. 传统服务贸易与新兴服务贸易发展不平衡

东南亚各国的服务贸易总体上仍以传统服务贸易为主，集中在劳动密集部门和资源禀赋优势部门，其中，传统服务贸易中旅游服务的实力较强；东盟的出口服务贸易中，旅游服务业是占东盟服务贸易总出口比重最大的行业，其他商业服务排在第 2 位，运输服务业为第 3 位。新兴服务贸易的比重约占 40%。在进口服务贸易中，运输服务业为第 1 位，第 2 位为其他商业发展服务，第 3 位为旅游业。新兴服务贸易的比重约占 40.05%。

尽管东南亚各国的传统服务贸易仍然居于主要地位，但包括计算机与信息服务、金融保险、通信以及个人文化休闲在内的新兴服务也有较大的发展前景，金融服务和通信服务有较大的发展空间；部分成员国出口服务贸易中的新兴服务贸易额比重较大，甚至有部分国家的贸易额超过了本国的旅游或者运输服务额，进口又以其他商业服务、保险和专有权利使用费和特许费为主，出口以其他商业服务、金融服务、通信服务贡献度较大。

（三）服务业产业内贸易不断发展

在东南亚国家中，新加坡、马来西亚服务业产业内贸易发展水平最高，泰国、印度尼西亚两个国家的服务业产业内贸易日趋明显，菲律宾的服务业的发展正在向产业内贸易模式过渡。而缅甸、老挝、柬埔寨这 3 个国家服务贸易的发展还是处于产业间的发展模式。

从行业上看，文莱的运输、旅游、通信、保险和其他商业服务的整体发展水平较好。新加坡的运输业产业内贸易发展程度非常高，旅游、通信、计算机与信息、政府服务产业内贸易已经形成并且较稳定。泰国通信行业产业内贸易水平较高，建筑业向产业内贸易的发展趋势较明显。马来西亚计算机与信息产业内贸易发展程度非常高，其次是通信行业。印度尼西亚的旅游、建筑行业产业内贸易的程度较高。各国的版税与特许权费的产业内贸易还是处于产业间贸易的阶段。

（四）东南亚国家已经成为发展中国家离岸外包服务业的主要目的地

在服务业的外包中，东南亚的菲律宾、马来西亚和新加坡都是离岸外包服务业的主要目的国，承接过相当部分的服务业产业转移，尤其是 IT 服务方面。这些国家和地区吸引外国公司不仅仅在于低成本和专业人才优势，而且还具有先入为主和聚集效应等优势，这对这些国家服务业的发展具有积极意义。

（五）东南亚国家和地区服务贸易的构成与世界略有不同

东南亚国家服务贸易结构在一定程度上反映出各国的经济资源禀赋和经济发展水平的差异性。在东南亚国家中，新加坡、菲律宾与马来西亚的其他商业性服务出口比重最高，旅游次之，运输服务比重最小。而泰国与印度尼西亚的服务构成基本相似，即旅游服务出口比重最大，其他商业性服务次之，运输服务出口比重最小。说明这些国家中服务出口中旅游是强项，其他商业性服务次之，运输服务最弱。一般来说，运输服务，特别是航空运输与远洋运输属于资本密集型服务，旅游服务属于自然资源或人文历史资源密集型或两者相结合。其他商业性服务中的建筑服务、其他商业服务是劳动密集型的，通信、金融等服务资本相对密集，而教育则是人力资本密集型的。

从进口方面看，东南亚各国进口服务贸易构成差别相对较小，这种相似性反映出这些国家相互间的经济特征比较相近。除泰国外，新加坡、印度尼西亚、马来西亚、菲律宾三大部门进口构成比重中，其他商业性服务比重最高，运输次之，旅游最低。泰国的运输服务比重最高，其他商业性服务次之，旅游最低。

（六）东盟国家服务业市场的逐步开放

1. 对东盟自由贸易区外的逐步开放

东南亚各国通过《服务贸易总协定》、《基础电信协议》、《信息技术协议》和《金融服务贸易协议》对非成员国作出了包括消除自由化壁垒和实行自由化的例外措施等内容的承诺。

通过《东盟与中国全面经济合作框架协议》、《东盟与印度全面经济合作框架协议》、《东盟与日本全面经济合作伙伴框架协议》和《东盟与韩国全面合作伙伴联合声明》等专门协议，进一步拓展了与中国、印度、日本及韩国在服务贸易自由化方面合作的深度与广度，增进各缔约方在服务领域的合作以提高效率和竞争力。

2. 逐步开放东盟自由贸易区内服务贸易市场

东盟国家从 90 年代中期开始加强在服务贸易领域的合作，主要涉及的服务业部门有：航空运输、商业服务、建筑、金融服务、海运、电信和旅游。东盟自由贸易区内服务贸易市场的开放以《东盟服务业框架协议》(AFAS)基本原则，通过 4 个《实施〈东盟服务业框架协议〉的一揽子协议》解决包含所有服务部门及服务提供方式的市场准入、国民待遇和附加义务等问题。

第三节　东南亚服务贸易竞争力判断

一、东南亚服务贸易竞争力指标分析

(一)服务贸易净出口

服务贸易净出口表示的是服务贸易出口额与服务贸易进口额的差额，体现国家服务贸易收支余额的状况，在一定程度上可以表示出服务贸易竞争力的状况。如果该国的服务贸易处于逆差地位，说明该国服务贸易竞争力较弱；如果一国的服务贸易处于顺差地位，则说明该国的服务贸易具有较强的竞争力。

表 6-3　1980—2010 年东南亚地区服务贸易的净出口额　　　单位：百万美元

年份	1980	1990	2000	2006	2007	2008	2009	2010
出口	9393	29369	69086	138474	176340	198423	185662	221547
进口	13748	29025	88180	157501	183617	212462	188479	227360
进出口总额	23141	58394	157266	295975	359957	410885	374141	448907
贸易差额	-4355	344	-19094	-19027	-7277	-14039	-2817	-5813

数据来源：联合国贸发会议：Handbook of Statistics 2011, http://www1unctad1org.

如表 6-3 所示，1980—2010 年期间，东南亚各国的服务贸易总体规模不断扩大，但出口额增长值基本与进口额增长值持平，甚至个别国家出口低于进口增长，净出口状况没有得到优化。除了 1990 年出现低水平的服务贸易顺差外，其他年份基本处于逆差状态。其中，2008 年东南亚服务贸易出口为 1984.23 亿美元，进口 2124.62 亿美元，服务贸易进口增速快于出口，逆差规模进一步扩大，达到 140.39 亿美元，比上年增长 93%，是自 1997年以来逆差最大的一年。说明东南亚地区的服务贸易竞争力并没有随贸易规模的扩大而显著地提高。

(二)国际市场占有率

服务贸易国际市场占有率是指一个国家或地区服务贸易当年出口总额占世界服务贸易出口总额的比率,是衡量贸易竞争优势的一个重要指标,国际市场占有率指数数值越高,表明该产业的国际竞争力越强。用公式可以表示为:

服务贸易出口市场占有率＝服务贸易出口总额/世界服务贸易出口总额×100%

根据联合国贸发会的有关数据计算,在1980—2010年期间,东南亚地区的服务贸易的国际竞争力水平在不断提高,但由于国际市场占有率低,服务贸易出口额尽管呈现不断扩大的趋势,甚至高于世界服务贸易出口额的平均增长速度,但服务贸易竞争力没有得到显著的提高(如表6-4所示)。

表6-4　1980—2010年东盟服务贸易国际市场占有率　　　　　单位:百万美元

	2000	2006	2007	2008	2009	2010
东南亚	69086	138474	176340	198423	185662	221547
世界	1532259	2897783	3476343	3910422	3454563	3764890
国际市场占有率	4.51%	4.78%	5.07%	5.07%	5.37%	5.88%

数据来源:联合国贸发会议:Handbook of Statistics 2011, http://www1unctad1org.

(三)显示性比较优势指数

显示性比较优势指数(Revealed Comparative Advantages, RCA)由美国经济学家巴拉萨(Balassa)首次于1965年测算部分国家贸易比较优势时使用的一种方法。

服务贸易显示性比较优势指数指一国某种服务的出口额占所有产品(服务和货物)出口总额的份额与世界该种服务的出口额占世界所有产品(服务和货物)出口总额的份额的比重,用来反映该国该类服务的相对出口比率,体现了一国的某种服务在国际竞争中的地位。用公式表示为:

$$RCA_{ij} = (X_{ij}/Y_i)/(X_{wj}/Y_w)$$

其中,X_{ij}为i国服务贸易出口额,Y_i表示i国全部商品与服务出口总额,X_{wj}表示世界服务贸易出口额,Y_w表示全世界商品与服务出口总额。

若RCA指数大于2.5,表示该国服务贸易具有极强的国际竞争力,RCA指数介于2.5～1.25之间,表示该国服务贸易具有很强的国际竞争力,RCA指数介于1.25~0.8之间,表示该国服务贸易具有较强的国际竞争力,RCA指数小于0.8,表示该国服务贸易具有较弱的国际竞争力。

东南亚地区总体服务贸易显示比较优势指数如表6-5所示。

表6-5　1980—2010年东南亚地区总体服务贸易显示性比较优势指数

	1980	1990	2000	2006	2007	2008	2009	2010
RCA指数	0.19	0.28	0.23	0.29	0.28	0.28	0.31	0.29
TC指数	-0.18819	0.005891	-0.12141	-0.06429	-0.02022	-0.03417	-0.00753	-0.01295

数据来源:联合国贸发会议:Handbook of Statistics 2011, http://www1unctad1org.

表6-5显示，东南亚地区服务业显示性比较优势指数均小于0.8，表明其服务业均处于国际竞争弱势地位，服务贸易竞争力处于较低水平。

（四）服务贸易依存度

服务贸易依存度也叫服务贸易开放度，是指一国或一地区服务贸易的进出口总额与该国的GDP之比，服务贸易依存度是衡量服务贸易市场自由化的一种指标，反映一国参与国际服务贸易的程度，也体现了一国经济增长对国际服务市场的依赖程度。一国参与国际市场的程度越深，出口能力就越强。一般说来，服务贸易自由化会导致商品价格的降低和更大程度的生产专业化，提高一国的总体福利的水平，尤其对贸易小国收益更大。

服务贸易开放度公式为：

$$ODS = 100(S_i + S_x)/GDP$$

其中 S_i 和 S_x 分别表示服务贸易的进口、出口总额，GDP 是国内生产总值。

表6-6　1980—2010年东南亚地区服务贸易ODS指数

	1980	1990	2000	2006	2007	2008	2009	2010
出口	9393	29369	69086	138474	176340	198423	185662	221547
进口	13748	29025	88180	157501	183617	212462	188479	227360
进出口总额	23141	58394	157266	295975	359957	410885	374141	448907
GDP	196391	355590	600251	1083665	1293572	1500194	1473107	1835769
ODS指数	11.78	16.42	26.20	27.31	27.83	27.39	25.40	24.45
ODS指数[①]	7.04	7.66	9.52	11.40	12.06	12.44	11.62	11.64

数据来源：联合国贸发会议：Handbook of Statistics 2011，http：//www1unctad1org.

注释：①是根据联合国贸发会议：出版物《Handbook of Statistics 2011》计算出来的世界服务贸易依存度。

由表6-6可知，东南亚地区的服务贸易依存度从长期来看呈现出上升趋势，1980年为11.78，到2004年上升到24.25，反映了这些东南亚国家服务贸易总体规模偏小，服务业开放度较低的特点，东南亚各国的服务业存在较高的贸易保护措施，东南亚地区服务贸易壁垒较为严重。

（五）服务贸易竞争优势指数

贸易竞争优势指数（Trade Competitive Power Index，TC）是用于测定一国某一产业国际竞争力指标之一，又称TC指数。服务贸易竞争优势指数表示一国进出口贸易的差额占其进出口贸易总额的比重。用公式表示为：

$$TC = (出口 - 进口)/(出口 + 进口)。$$

该指标作为一个与贸易总额的相对值，无论进出口的绝对量是多少，它均在±1之间。指数值越接近0表示竞争力越接近于平均水平；指数值越接近于1，竞争力越大，等于1时表示该产业只出口不进口；指数值越接近于-1表示竞争力越薄弱，等于-1表示该产业只进口不出口。

东南亚服务贸易的TC指数在-0.18819~0.005891之间变化（如表6-5所示），进入

2000 年以后一直为负数，表明了东南亚服务贸易的竞争力一直在平均水平徘徊。整体竞争力比较弱，除 1990 年接近世界平均水平外，其余年份均落后于世界平均水平。从发展趋势上看，东南亚服务贸易的竞争力在不断提升，从 1980 年 −0.1881 上升到 2010 年的 −0.01295，2007 年以后稍有波动，但变动幅度不大，总体呈现良好的发展趋势（如图 6 −2 所示）。

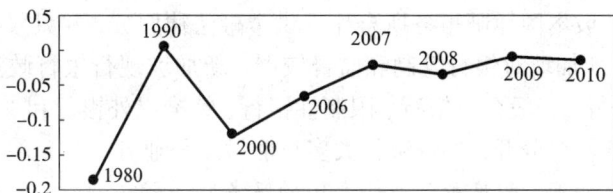

图 6 −2　东南亚服务贸易 TC 指数变动趋势

数据来源：联合国贸发会议：Handbook of Statistics 2011，http：//www1unctad1org.

二、东南亚国家服务贸易壁垒

（一）国际服务贸易壁垒的概念

国际服务贸易壁垒是指一国政府制定并采取的阻碍国际服务贸易进行的措施，既包括政策措施，也包括法律措施。

从阻碍服务贸易的要素，即人员、资本、服务产品、信息在国际市场上流动的角度对其划分，国际服务贸易壁垒可以分为资本移动的壁垒、人员移动的壁垒、信息移动的壁垒、经营的限制壁垒等 5 种类型。

与国际货物贸易壁垒传统的关税和非关税手段相比，国际服务贸易壁垒有以下几方面主要特点：①以国内政策为主；②较多对"人"（自然人、法人及其他经济组织）的资格与活动的限制；③由国内各个不同部门掌握制定、庞杂繁复，缺乏统一协调；④灵活隐蔽，选择性强，保护力强；⑤除了商业贸易的利益外，还强调国家的安全与主权利益等作为政策目标。

东南亚各国目前存在的服务业贸易障碍，以限制外资股权比例为最多，且普遍存在于金融、保险及电信等行业。此外，行政程序繁杂（如申办工作准证、临时居住证等流程繁杂及申请延期困难等）、内陆运输不便、通信设备不足，以及信息取得不易等，也成为服务业贸易发展的瓶颈。

（二）东南亚主要国家服务贸易壁垒

1. 新加坡服务贸易壁垒

新加坡政府认为服务贸易，特别是金融服务领域的完全开放有可能对本国经济产生危害，所以对开放服务业采取较谨慎的态度。

新加坡服务业开放分几个层次：

（1）对外资完全开放：如商业、外贸、租赁、电信、直销广告等，外商可以自由申请设立企业，但在审批时也要求外商所属国家政府给予新加坡企业同等的市场准入机会。

（2）对外资开放，但限制外资在某些具体项目上的权利：如进出口检验，对外资股份没有限制，但外资企业只对一般进出口货物进行检验，食品检验、卫生检疫、家电安全检测等项业务不对外资开放。

（3）对外资开放，但对经营项目、经营者的资格有限制：新加坡对外资在当地开设律师事务所、会计师事务所、旅游公司等都没有股份限制，但对公司的主要执业人员有较高的要求，如外资会计师事务所在新分所的会计师必须是新加坡的执业会计师，且须以合伙形式注册；外国律师事务所到新加坡设立分所必须经由新加坡总检察长批准，也只能以合资或联盟方式与新加坡本国律师事务所合作提供金融法律服务，并只限于提供咨询意见。

（4）严格限制。新加坡对银行管制和监督较严，新加坡现行银行政策把外资银行分为5类：特准全面性银行、一般合成银行、限制性银行、特准岸外银行和一般岸外银行等，对国内和岸外银行业务严格分开，外资银行大多只能做岸外业务。

2. 菲律宾、马来西亚、印度尼西亚和泰国的服务贸易壁垒

（1）银行。

主要通过股权和开业权的限制、货币控制和交易限制等方式限制服务业进口。

马来西亚不允许外资银行在当地开设新的分支机构或配置自动提款机。外资银行中30%的管理者必须是马来西亚公民，在马来西亚设立的代表处只能有2名外籍人。外资银行在马来西亚境内对外资企业和外国机构的贷款不得超过贷款总额的40%；外资对当地银行的参股最多不超过30%。

泰国政府规定，外资银行在泰国只能设立3个分支机构，且只能在曼谷开设1个分支机构；外资银行必须至少投资1.25亿泰铢购买泰国政府或国有企业的证券或直接将其存于泰国银行。禁止外资银行使用泰资银行的电子网络，外资银行股权投资最多为实收资本的25%。

菲律宾法律规定：在菲律宾注册的银行资产总和的70%及资本金总和的50%应由菲律宾本地银行控制，外资银行分行从其总行及同业拆入资金与存放、拆放总行及同业的资金净额不能超过永久性资本金的4倍。菲律宾只允许10家外国银行以全资附属分行的形式设立分行。每家外国银行的分行限定为6个，1948年前已在菲律宾经营的4家外国银行每家可各再设立6个分行。

印度尼西亚政府规定，凡在本国开设分行的外资银行其注册资本金最低限额为3万亿印度尼西亚盾。外资参股金融公司实缴资本额为内资金融公司的两倍。

（2）证券和保险。

主要通过股权和开业权的限制、政府采购、数量/质量限制、特殊就业条件、进口许可、货币控制及交易限制等方式限制外资进入该领域。

作为1997年WTO《金融服务协定》的成员方，马来西亚承诺允许合资保险公司中已有的外资股权由49%提高到51%，但新进入外资的股权累计不得超过30%；尽管早在2001年1月，马来西亚证券委员会就宣布在2003年前逐步实行外资准入自由化，允许外资购买现有的证券经纪从业执照，并可在信托公司中获得控股地位，但直到2004年底，外资在证券、信托公司所占股权仍分别不得超过49%和30%。

菲律宾法律规定，证券、保险公司中的外资限定在60%以内，外资共同基金的董事会必须由菲律宾公民组成，不允许外资保险公司承保以政府资金为来源的工程，并在1994年将这一政策扩展至公用和私营的BOT（建设—营运—转让）工程。

（3）电信。

菲律宾、马来西亚、印度尼西亚和泰国4国的电信业是由政府控制的国有企业占支配地位，电信服务领域政府行为较为明显，贸易壁垒主要在政府利用补贴、技术标准、进口许可、海关估价、货币控制及交易限制以及歧视性的税收和股权限制方面的措施，阻碍外资同业的平等进入。

根据WTO《基础电信协定》，马来西亚在大多数基础电信服务行业作出了有限的承诺，保证给予某些符合其承诺的外资基础电信服务企业，如公共基础电信经营商、基础电信设备供应商、基础电信增值服务供应商，以市场准入和国民待遇，但外资股权限制在30%以内。

1989年以来，泰国政府虽已允许外商投资电信服务，但泰国国有企业一直控制着电信服务市场。泰国承诺在2006年1月全面放开电信服务，并于2004年建立了国家电信委员会实施电信产业调整，但在经营许可、相互联网、竞争、关税调整、标准制定等方面尚未作出重大调整。

（4）专业服务。

在会计、法律、医疗等专业服务领域，东南亚各国普遍采取限制措施有特殊就业条件、开业权限制以及数量和质量限制等。

菲律宾宪法将律师、医药、护理、会计、建筑、报关员等特定行业的执业资格的获取条件限定为菲律宾公民，外援工程施工应优先雇用当地顾问和专家。

马来西亚规定，外籍律师不得以任何名义在马来西亚执业，外资在合资律师事务所中的股份不得超过30%，服务范围限于与其母国法和国际法的相关问题提出建议。

印度尼西亚规定，外国律师事务所必须和印度尼西亚律师事务所建立合作关系才有可能进入该国市场。印度尼西亚执业律师必须是毕业于印度尼西亚法律院校或其他得到印度尼西亚承认的院校的印度尼西亚公民，外国律师在印度尼西亚只能从事咨询服务，并需要得到印度尼西亚司法及人权部的批准；外国会计师事务所不能以其原有的国际名称营业，只能使用如"与某某公司联合"等名称，并且必须和印度尼西亚当地公司有技术援助协议才能进入印度尼西亚市场。外国的会计师和审计师只能以顾问身份在印度尼西亚执业且不能在审计报告上签字。注册会计师必须取得印度尼西亚公民身份。

泰国规定，在律师事务所中外资股权不得超过49%，不允许外籍律师在泰国执业，只能在一定条件下作为代理人从事咨询业务。泰国政府还对保健服务领域（如医院、门诊、体检服务）的市场准入采取严格限制，且缺乏透明度。

（5）工程和建筑。

马来西亚政府规定，外资建筑公司只能以合营企业合营方身份参与某些特定的项目，不可作为记名股东。在一般情况下，外商投资工程企业中，至少30%股权必须由马来人或其他土著人持有。外国建筑师可成为马建筑公司的管理者、股东或雇员，但不能担任董事，也不能获得马来西亚执业资格，不能进行建筑设计，一些由马来西亚工程公司承包的特定项目中，外国工程师可获得临时职业证书，但项目结束即失效。

在泰国，建筑业属于受限制的行业。在建筑企业中，外资股权不得超过49%。外资建筑企业不得承揽民用建筑工程。承揽大中型项目时，外国投标人必须同当地一家或几家企业成立合资公司，并以联营体的名义参与资格审查和投标。对外国承包商引进经营管理类人员方面也有严格限制，注册资金在 1 亿泰铢以上的企业，每引进 1 名外籍人员需雇用 4 名泰国劳工；注册资金在 1 亿泰铢以下的企业，每引进 1 名外籍人员需雇用 5 名泰国劳工。

菲律宾有关法律规定，水、电、通信、运输等基础设施工程的承包商必须具有公用事业特许证，且菲方控股应在 60% 以上。其他工程（如 BOT）的承包商可不受上述条件约束，但外资承包商必须具备其母国有关机构出具的相关资质证明。

为印度尼西亚政府项目工作的外国咨询顾问只能按政府规定的费率收取费用。对于印度尼西亚企业无法独立实施的建设项目，只允许外国公司作为分包人或以咨询公司名义参与。由政府投资的项目，外国公司必须与印度尼西亚公司组成合资公司才能参与。

（6）零售。

菲律宾《零售法》规定，零售业投资者需满足互惠的要求，只有该国允许菲公民或法人在其国内经营零售业时，其公民或法人方可在菲经营零售业。注册资金在 250 万美元以下的零售业必须由菲律宾公民经营。

在印度尼西亚，外资只有在和印度尼西亚的小型企业建立合作关系后才被允许进入印度尼西亚的分销和零售市场。

（7）劳务。

马来西亚内政部规定，国内雇主只有在无法发现合适的本国公民人选时，才能考虑申请外籍劳工。同时，为了保证本国公民就业，马政府按行业规定了外来劳工的比例，电子行业为 2∶1，家具业为 1∶1。

泰国是世界劳务输出大国，同时严格控制劳务输入，外来普通劳务无法取得泰国工作签证。马来西亚不允许外籍劳工参加工会，限制了外籍劳工的合法权益。

（8）其他领域。

为免受外资企业竞争，保护本国服务业的发展，东南亚国家在广告、运输、视听、快递服务等领域有不同程度的保护措施。

菲律宾有关法律规定，外资在广告企业中的股权不能超过 30%，且从事广告代理的所有经营管理者都必须是菲律宾公民。外资航空快递公司必须与一家菲律宾全资公司签约，或者建立一家由菲律宾公民至少控股 60% 的国内公司，方可提供服务。泰国陆运快递领域外资股权不得超过 49%。

印度尼西亚禁止外资进入国内公共运输业，如出租车、公共汽车、国内海运业等。不允许外国电影和音像制品分销商在印度尼西亚建立分支机构。菲律宾禁止外国船只参与国内运输业务。

（三）东盟新成员国的服务贸易壁垒

在东盟新成员国中，以越南服务业的发展最为活跃，但为免受外资企业竞争，越南政府对本国服务企业采取保护。

1. 银行

根据 2004 年 10 月 1 日生效的《信贷组织法修改补充法令》，外资商业银行经许可可以在越南设立合资银行（外资比例不得超过 50%）、外国银行分支机构和代表处以及外资独资银行。根据规定，外资银行分支机构（除美国以外）自 2003 年 10 月起可以吸收无信贷关系客户的存款，但不得超过其法定资本金的 50%。

2. 证券

外国证券服务机构不能在越南提供跨境服务。根据规定，越南准许外资进入证券投资基金和基金管理公司，但有资本比例限制。国内股份公司中外资的最高持股比例为30%，在外资证券公司和基金管理公司中外资比例不得超过49%。

3. 建筑和工程承包

越南不允许外商跨境提供建筑服务，同时也不准许外国建筑公司在越南设立分支机构。外国承包商必须获得承包商许可证后，才能在越南境内经营建筑服务，而只有在与越南承包商合作或者分包给越南的承包商的情况下，外国承包商才能获得此许可。中标的外国公司必须优先选用越南技术人员和工人，外方只能选派少数技术和管理人员参与项目管理；施工中使用的原材料和机械必须优先在当地市场购买等。

4. 通信

越南境内的公共邮政网络被越南邮政公司垄断，其他企业可以从事国内和国际邮递业务。外国通信公司不能在越南提供网络基础建设服务，外商投资企业不能从事国内的邮递业务。

5. 分销

越南的分销服务业对外商是限制的。根据规定，从事进口与分销业务的外商直接投资必须满足单行法规所规定的条件，然而该部单行法规至今未颁布。目前，越南给予外商投资企业的分销许可权依个案而定。

6. 海洋运输

越南虽然取消了外国海运公司出入境许可证要求，但仍然规定入境时需通过越南的代理商。此外，外国船舶与国内船舶在码头停靠、仓库储存、领航以及货物装卸等方面的收费仍然存在差别待遇。

第四节 东南亚服务贸易态势比较

一、东南亚各国服务贸易进出口额的比较

（一）服务贸易进出口额

东南亚各国服务贸易进出口额差异很大，按2010年东南亚各国服务贸易总额大小依次顺序是新加坡、泰国、马来西亚、印度尼西亚、文莱、菲律宾、越南、柬埔寨、缅甸、老挝、东帝汶。其中，列第一位的新加坡服务贸易总额达2087.71亿美元，已经跨入世界服务贸易先进国家的行列，而泰国、马来西亚、印度尼西亚属于第二梯队，2010年服务贸易总额分别为799.01亿美元、676.68亿美元、428.52亿美元。文莱、菲律宾和越南属于第三层次，服务贸易额在200亿美元左右。而第四层次的柬埔寨、缅甸、老挝和东帝汶三国的服务贸易直到2010年一直未超过10亿美元。

在服务贸易出口方面，新加坡、泰国、马来西亚和印度尼西亚2010年服务贸易出口均进入世界服务贸易出口的前40名。新加坡的服务贸易出口额最大，达1123.08亿美元。占当年世界服务出口额的3%，比1980年增长了22倍，与21世纪初的2000年相比，也增长了几乎3倍。东南亚国家中的第二大服务出口国是泰国，2010年出口额为340.46亿美

元，占当年世界服务出口额的 1.3%。

　　在服务贸易进口方面，东南亚各国进入世界服务贸易进口前 40 名的顺序依次新加坡、泰国、马来西亚、印度尼西亚，其中，新加坡 2010 年的进口额是 964.63 亿美元，占世界服务贸易进口额的 2.7%。泰国的进口额为 183.32 亿美元，占世界服务贸易进口额的 1.4%。

　　（二）服务贸易差额

　　东南亚各国服务贸易差额在不同时期表现各不相同，新加坡在 20 世纪 90 年代出现了较为长期的贸易逆差，但从发展态势来看，1993 年为 72.82 亿美元，到 2000 年下降到了 15.55 亿美元，呈逐步降低之势。之后，新加坡的服务贸易顺差不断扩大，到 2010 年达到 158.45 亿美元。说明新加坡服务贸易出口竞争力不断增强，并在 2000 年以后出现了强劲的发展势头。

　　作为第二梯队的泰国、马来西亚和印度尼西亚则呈现出相反的趋势，在整个 90 年代，3 国服务贸易都保持着贸易顺差（受泰国金融危机影响，1997、1998 两年泰国服务贸易是逆差），但 2000 年以后，3 国服务贸易持续逆差，且有逐年递增的趋势，泰国 2010 年服务贸易逆差更是高达 118.09 亿美元。说明这 3 个国家的服务贸易国际竞争力有逐渐减弱的趋势。

　　第三梯队的文莱、菲律宾、越南 3 国的服务贸易差额变化较大，菲律宾在 1990—1993 年期间，服务贸易总体上保持着顺差趋势，但是 1993 年以后菲律宾由顺差国变为了逆差国，2000 年以后，菲律宾的服务贸易出口开始逐步超过进口，说明该国服务贸易的国际竞争力开始上升。越南服务贸易逆差在 2000 年以后不断扩大，从 2000 年的 5.5 亿美元扩大到 2010 年的 24.61 亿美元。导致越南服务贸易逆差扩大了近 4 倍的原因主要在于越南货物贸易高速增长带动运输业出口上升，特别是其加入东盟后，加工贸易快速发展引起运输需求大幅增长，国内供给不足，导致运输服务大量进口。

　　第四梯队的柬埔寨和老挝、缅甸和东帝汶，它们在各个年份中虽然以贸易顺差居多，但由于服务贸易总量太小，没有明显的特征。

　　（三）服务贸易年增长率

　　东南亚各国服务贸易的年增长率基本保持高速增长，但服务贸易较发达的东南亚国家，其增长率受经济危机的影响较大，如 1997 年爆发了东南亚金融危机后，东南亚服务贸易大幅度下降，其中，印度尼西亚、马来西亚、菲律宾、泰国、新加坡服务贸易下降服务尤为严重，出口出现了平均 25% 的负增长，进口下降的幅度接近 31%，出口下降幅度最大的是泰国，为 30.74%，进口下降幅度最大的是菲律宾，为 50.66%，并且菲律宾将这种负增长的势头一直拖到 1998 年。2008 年，受全球性金融危机的影响，东南亚各国的服务贸易增长速度放慢，到 2009 年，新加坡、泰国、印度尼西亚的服务贸易进出口都出现了不同程度的负增长，但 2010 年，各国服务贸易普遍又恢复到了 2 位数的增长水平。

　　而服务贸易较为落后的东南亚国家，如柬埔寨、老挝、缅甸等，服务贸易的增长呈现出较大的波动性，其增长趋势不明朗。

二、东南亚各国服务贸易开放度的比较

　　在东南亚国家中，新加坡的服务贸易开放度最高且逐年上升，2010 年为 97.03，说明新加坡的服务贸易在一定程度上已进入专业化分工的阶段；东帝汶自脱离印度尼西亚以来，工业和农业发展缓慢，经济主要依靠外国援助和国际机构拉动当地消费，因此服务业

在国内生产总值中呈现出畸高的状态；马来西亚服务贸易的开放度也较高，接近30；文莱、泰国和柬埔寨的服务贸易开放度达到了20以上，作为发展中经济体显示了较好的外向性，其中，柬埔寨虽然服务贸易数额较小，但是其旅游资源有优势，故而显示出了一定的竞争力，服务贸易的开放度达到了较高水平；越南、菲律宾的服务贸易开放度指数均在20以下，反映了这些国家服务贸易总体规模偏小，服务业开放度较低；老挝和缅甸由于政治等因素，使得其服务贸易优势受到了较大的影响；印度尼西亚的服务贸易开放度在除缅甸以外的所有东南亚国家中是最小的，主要是因为印度尼西亚的经济总量大，但也说明印度尼西亚的服务业存在较高的贸易保护(如表6-7所示)。

表6-7 2010年东南亚各国服务贸易依存度　　　　单位：百万美元，%

	文莱	柬埔寨	印度尼西亚	老挝	马来西亚	缅甸	菲律宾	新加坡	泰国	东帝汶	越南
贸易总额	2495	3007	42852	596	67668	929	24540	208771	79901	545	17381
GDP	10574	11362	708396	6457	236261	18989	188402	215166	319293	760	99312
贸易依存度	23.60	26.47	6.05	9.23	28.64	4.89	13.03	97.03	25.02	71.71	17.50

数据来源：联合国贸发会议：Handbook of Statistics 2011，http：//www1unctad1org。

三、东南亚各国服务贸易结构比较

新加坡服务业发展得益于它一直处于亚洲的金融业和航运业的中心。新加坡除了金融服务、版税和特许权费这两个行业还没有实现产业内贸易之外，其他服务业产业内贸易都已形成，其中，运输业产业内贸易最为发达，旅游、通信、计算机与信息、政府服务等行业的产业内贸易已经形成并且较稳定；建筑业、保险业的产业内贸易也呈上升的趋势。

马来西亚除了版税和特许权费行业没有达到产业内贸易的水平之外，在通信和计算机与信息这两个行业体现了很强的产业内贸易特点，运输、旅游这两个行业的产业内贸易基本维持原状。建筑业的产业内贸易总体呈现上升趋势，保险、金融服务行业也体现出产业内贸易的特点。

泰国的通信行业显示出较强的产业内贸易的水平，建筑业向产业内贸易的发展趋势较明显，运输和旅游业这两个行业产业内贸易的发展趋势不是很明显。保险、版税和特许权费还是停留在产业间贸易；其他商业服务和政府服务有小幅波动。

菲律宾各行业产业内贸易发展水平比较低，运输、通信、保险、版税和特许权费基本还是产业间贸易，但运输业有向产业内贸易发展的趋势。旅游、建筑、金融服务产业内贸易较不稳定，旅游业产业内贸易有减弱的趋势，金融服务业的产业内贸易波动。

印度尼西亚在旅游、通信、建筑、金融服务、个人文化和娱乐、其他商业服务和政府服务这些行业都显示了产业内贸易的特点。其中旅游业和建筑业产业内贸易水平较高，其次是金融服务业，个人文化和娱乐、其他商业服务和政府服务的产业内贸易有减弱的趋势。其他行业如运输、保险、计算机与信息、版权和特许权费则还是属于产业间贸易。

四、东南亚各国服务贸易国际竞争力比较

在东南亚服务贸易规模较大的 4 国中，新加坡的竞争力指数 2001—2007 年均为负数，数值逐年有增加的趋势，趋向于平均水平，变动区间在 -0.07 ~ -0.02 之间，2008 年发生扭转，竞争力指数为正 0.06359，之后逐年提高，表明其服务贸易的竞争力水平在逐年的提高。

泰国的服务贸易竞争力 2001—2004 年有下降的趋势，但是 2005 年开始又出现回升，2007 年几乎接近世界平均水平，表明泰国的服务贸易竞争力逐渐增强。马来西亚的服务贸易竞争力 2006 年以前均为负数，2007 年后转为正数，之后持续增长。印度尼西亚是东南亚服务贸易前 4 国的竞争力最弱的。

在服务贸易规模较小的国家中，菲律宾 2001—2005 年的 TC 指数均为负数，在 2006 年以后出现了逆转，竞争力有了较大的提高。柬埔寨、越南、老挝等国，虽然服务贸易数额较小，但是其旅游资源有优势，故而显示出了一定的竞争力。缅甸由于政治等因素，服务贸易竞争力下降是东盟成员国中幅度最大。

表 6-8 为近几年东南亚各国服务贸易 TC 指数。

表 6-8　东南亚各国服务贸易国际竞争力 (TC) 指数

年份	文莱	柬埔寨	印度尼西亚	老挝	马来	缅甸	菲律宾	新加坡	泰国	东帝汶	越南
2001	-0.37	0.20	-0.49	0.68	-0.07	0.061	-0.17	-0.07	-0.06	—	-0.09
2002	-0.34	0.23	-0.44	—	-0.05	0.16	-0.23	-0.06	-0.04	—	-0.11
2003	-0.41	0.12	-0.53	—	-0.13	-0.26	-0.22	-0.05	-0.07	—	-0.10
2004	-0.33	0.22	-0.27	—	-0.29	-0.70	-0.04	-0.10	—	-0.10
2005	-0.29	0.27	-0.26	—	-0.06	-0.32	-0.13	-0.02	-0.15	—	-0.12
2006	-0.24	0.24	-0.30	—	-0.04	-0.34	0.03	-0.02	-0.15	—	-0.13
2007	-0.38	0.32	-0.32	0.73	0.002	-0.63	0.07	-0.005	—	-0.04
2008	-0.23	0.23	-0.30	0.65	0.001	-0.27	0.06	0.06	-0.16	-0.83	-0.06
2009	-0.21	0.23	-0.27	0.53	0.02	-0.37	0.11	0.08	-0.12	-0.84	-0.17
2010	-0.21	0.22	-0.22	0.58	0.004	-0.36	0.08	0.076	-0.15	-0.75	-0.14

数据来源：联合国贸发会议：Handbook of Statistics 2011，http://www1unctad1org。

五、东南亚服务贸易市场占有率比较

1. 国际市场占有率

东南亚各国在国际服务贸易市场占有率都极低，服务贸易最发达的新加坡，其服务贸易国际市场占有率 1980 年仅为 0.9%，到 1990 年上升到 1.26%，2003 年突破 2%，到 2010 年，达到了 2.84%；而位居东南亚服务贸易第 2 位的泰国自 2000 年以来，一直在 1% 左右徘徊，2010 年仅为 1.09%。东南亚其他国家的服务贸易在国际市场上所占的份额都很小。

2. 东南亚市场占有率

在东南亚市场内部，各国服务贸易的市场占有率也相差悬殊，服务贸易高度集中，新加坡、泰国、马来西亚、菲律宾和印度尼西亚这5国的服务贸易进出口额一直保持在94%以上，其他国家总共只占不到6%的市场份额。5国中，新加坡的服务贸易市场占有率2010年达到46.51%，几近东南亚服务贸易市场的一半(如表6-9所示)。

表6-9　东南亚各国服务贸易市场占有率　　　　单位：%

	1980	1990	2000	2006	2007	2008	2009	2010
东南亚	100.00	100.00	100.00	100.00	100.00	100.00	100.00	100.00
文莱	—	—	0.89	0.66	0.59	0.55	0.63	0.59
柬埔寨	0.00	0.00	0.48	0.71	0.68	0.65	0.71	0.67
印度尼西亚	0.00	0.00	0.00	11.12	10.23	10.58	9.64	9.55
老挝	0.00	0.09	0.14	0.09	0.09	0.12	0.14	0.13
马来西亚	17.68	16.00	19.51	15.32	16.15	14.75	15.03	15.07
缅甸	0.55	0.29	0.51	0.28	0.27	0.24	0.25	0.22
菲律宾	12.47	8.57	5.48	4.31	4.80	4.45	5.32	5.47
新加坡	33.57	36.74	37.28	44.43	44.41	45.51	46.31	46.51
泰国	13.54	21.80	18.65	19.54	19.11	19.38	18.09	17.80
东帝汶	—	—	—	0.09	0.11	0.13	0.16	0.12
越南	—	1.27	3.79	3.45	3.56	3.64	3.73	3.87
东盟5国	—	—	—	94.72	94.70	94.67	94.39	94.39

数据来源：联合国贸发会议：Handbook of Statistics 2011, http://www1unctad1org。

思考与练习

一、名词解释

国际市场占有率　显示性比较优势指数　服务贸易依存度　服务贸易竞争优势指数国际服务贸易壁垒

二、问答题

1. 什么是国际服务贸易？国际服务贸易包括哪四种方式？
2. 东南亚国家服务贸易的主要特点是什么？
3. 试述东南亚国家服务贸易领域的壁垒。
4. 简述《东盟服务贸易框架协议》的内容，比较东南亚国家与中国服务贸易的异同点。
5. 试述东盟自由贸易区服务贸易自由化的进程及其影响。
6. 试比较东南亚各国服务贸易发展的不同特征。

第七章 东南亚技术贸易与国际投资

第一节 国际技术贸易基本知识

一、技术贸易的含义

（一）技术转让的概念

技术的所有人与他人达成协议，允许他人使用自己所拥有的技术，这种转让称为技术转让（Technology Transfer），出让技术的一方称为供方或出让方（Licensor），获得技术使用许可的一方称为受方或受让方（Licensee）。

联合国贸易发展会议（United Nations Conference on Trade and Development，简称 UNCTAD）1981 年起草的《国际技术转让行动守则（草案）》中，对技术转让所下的定义是：转让关于制造一种产品、应用一项工艺或提供一项服务的系统知识。该定义使用了世界知识产权组织对技术的定义[①]。

（二）技术贸易的含义

1. 技术贸易的概念

技术转让可以分为有偿的和无偿的两种。

有偿的技术转让是指在转让过程中，供方从受方获得报酬，这种商业性的技术转让成为技术贸易。

不论是在国内还是在国际上，绝大多数的技术转让都是通过技术贸易的方式进行的。无偿的技术转让只是少数，它主要是指两国政府间以技术援助方式所进行的免费技术转让，或以交换技术情报、学术交流、技术考察等形式进行的转让。

2. 技术贸易的基本特征

技术贸易与一般商品贸易一样，同属买卖活动，但技术贸易有其自身的特征，其基本特征有以下两个方面：首先，技术贸易的标的是无形的知识，而一般商品贸易的标的是有形的货物；其次技术贸易大多数是技术使用权的转让，在一般商品贸易中，卖方把货物出售给买方后，卖方即失去了对货物的所有权，而买方获得货物的所有权。在技术贸易中，供方把技术转让给受方后，供方仍然保持技术的所有权，受方只获得技术的使用许可，并没有获得技术的所有权。在一般情况下，供方可以再把技术转让给第三方，而受方未经供方的许可却无权把技术转让给他人。

---

① 世界知识产权组织（The World Intellectual Property Organization，简称 WIPO）1977 年出版的《供发展中国家使用的许可证贸易手册》中对技术这样定义："技术是制造一种产品、应用一项工艺或提供一种服务的系统知识。"这是目前国际上公认的比较完整的定义。

二、国际技术贸易的含义

（一）国际技术贸易的概念

技术跨越国境的有偿转让，称为国际技术贸易。技术的供方与受方应居住于不同的国家，技术供方称为技术输出方，技术受方称为技术引进方。

如果技术供方和受方居住在同一国家内，供方是外国的子公司或受外国子公司控制的公司，而它所转让的技术不是在受方国家研究发展的技术，那么这种转让是否属于国际技术贸易，各国对此存在分歧，尚不能取得一致意见。许多发展中国家认为，虽然技术转让是在一国境内进行的，但技术内容的转移具有跨国性，应视为国际技术贸易，而发达国家对此基本上持否定意见，认为这种转让应视为国内技术贸易。

区分国内技术贸易与国际技术贸易十分重要，因为两种技术贸易的适用法律不同。各国技术贸易的法规一般包括两部分，一部分适用国内技术贸易，另一部分适用国际技术贸易，两部分法规往往区别很大。此外，国际技术贸易有时还受到某些国际公约的制约。

一些发展中国家认为，如果按国内法来管理外国子公司在本国的技术转让，技术贸易受到的法律约束要小得多，是不合理的，会损害本国的政治和经济利益。

（二）国际技术贸易和国际商品贸易的区别

国际技术贸易和国际商品贸易是国际贸易的两大组成部分，两者有很大的区别，技术商品和实物商品是两种性质不同的商品，它们的市场结构和功能也有很大区别，因此决定了这两种贸易也有很大的差别，这种差异可以主要归纳为以下几点：

1. 贸易标的物性质不同

技术贸易的标的是技术商品，它是一种无形的知识，而商品贸易的标的物是有形的实物。技术商品可以不经再生产而多次出售，出售或转让后，技术的供方并不失去技术的所有权。它出售或转让的仅是该技术的使用权、技术产品的制造权和销售权等。实物商品一经出售，卖方即失去了对商品的所有权，无法继续支配和使用该商品，也不可能将同一商品出售给多个买主。

2. 贸易的过程不同

技术贸易双方当事人在传授和使用技术的过程中，在合同期内，将会构成较长时间的合作关系。技术转让的双方在达成交易协议后，一般要经过提供技术资料、传授技术知识、经验和技艺、实施技术、产品检验，必要时还要继续提供改进技术等步骤，这些过程通常需要一定的时间，甚至是较长的时间才能完成。技术贸易不仅涉及工业产权保护、技术风险、报酬的确定、支付的方式，当事人双方的责任、权利和义务、限制与反限制、保密、权利和技术保证、支持办法等特殊而复杂的种种问题，而且涉及的国内法律和国际法律、公约也较多。而一般的商品贸易通常以现货方式进行，买卖双方当场成交，钱货两清。

3. 贸易当事人的关系不同

技术贸易活动的双方当事人一般是同行，他们在传授和使用技术的过程中，构成了较长时间的合作关系，但同时又构成了一种竞争关系。技术的受方希望通过使用供方的技术，提高自己的生产能力，生产更多更好的产品，而这些产品就可能与技术供方的产品在市场上发生竞争；技术供方既想通过技术贸易，获得更多的利润，又不想对方成为自己的竞争对手，因此技术供方总是想方设法对受方施加种种限制，如限制受方产品的销售区域等。在一般的商品贸易中，当事人双方不一定是同行，通常也不存在这种性质的合作与竞争关系。

4. 政府干预的程度不同

各国政府对国际技术贸易的干预远远大于对国际商品贸易的干预。国际技术贸易，就出让方来说，由于技术出口实际上是一种技术水平、制造能力和发展能力的出口，所以为了国家的安全和经济利益上的考虑，世界上各个国家都会对技术输出进行管理，甚至是管制，许多国家为了控制尖端、保密和军事技术的外流，对技术输出项目都实行严格的审批制度；就受让方来说，由于在转让过程中，转让方往往在技术上占优势，为了防止其凭借这种优势迫使受让方接受不合理的交易条件，也为了国内经济、社会、科技发展政策上的考虑，国家对技术引进进行相应的管理。

为了协调国际技术贸易中的各方关系，国际社会还制定了一些国际或地域性的协定和公约，如《保护工业产权的巴黎公约》、《商标国际注册的马德里协议》、《国际商标条约》、《联合国国际技术转让行动守则(草案)》等，公约的成员国，在国际技术贸易中必须遵循这些国际条约。

一般的国际商品贸易与国际技术贸易相比，政府干预要小得多，所涉及的法规也少得多。

5. 价格确定的难易程度不一样

技术的无形性和可多次转让性，给转让价格的确定带来了困难；而技术转化为产品后的市场风险又使转让价格存在复杂性。技术价格不像商品价格那样，主要取决于生产商品的成本。技术引进方所获得的经济效益，在谈判和签订合同时往往是难以准确预测的；技术输出方也并不因为转让失去对被转让技术的所有权，仍然可以使用被转让技术的所有权，还可继续进行转让。

三、国际技术贸易的动机

国际技术贸易的动机可以从供方和受方两方面来看。

（一）供方进行国际技术贸易的动机

1. 缺乏利用技术的能力

由于技术转化成产品需要资金、生产能力、管理能力、市场经营能力等生产因素的密切配合，所以，当技术持有者不能全面支配这些因素时，为了取得效益，就会进行技术的转让。企业通过技术输出，可以获得国内生产需要的质优价廉的原材料或在东道国生产经营所需要的成本低廉的劳动力，从而改善了国内外的生产条件，降低成本、提高效益。

2. 获得充分的补偿

技术拥有者可以向多个需求者转让相同技术，补偿技术研究与开发的费用，并取得较高的收益。

3. 挖掘其他市场的潜力

由于现代技术生命周期缩短，更新速度加快，尽快收回技术成本，有利于企业技术研究与开发计划的实施。企业可以合理地选择区位，延长技术的使用期，充分利用技术优势，增加收益。一方面可以向尚无这种技术的市场转让技术获取收入，另一方面可以在新市场树立企业和产品形象，为以后的产品扩展提供潜在的市场机会。当出口技术需要软件支持的机器设备时，企业则可以出口制成品；当出口的技术是整个技术的某一部分，企业则可出口技术输入方不能生产的有关部件；当企业以加工装配方式转让技术或者在技术输入方生产的初期，技术输出方可根据输入方的需要，提供零部件、中间产品和原材料。企业输出技术，可以创造或扩大需求，增加销售量，扩大企业在市场上的影响，提高企业的竞争力，这是企业实现国际化的强有力的手段。

4. 适应特定的市场环境

由于存在贸易障碍，企业可以输出技术在东道国从事生产经营，以避开贸易壁垒。而且东道国为了进口先进技术发展经济，对国外企业的技术转让和投资一般都提供优惠待遇。

5. 有利于产业技术标准化，获得竞争优势

在多家企业同时推进某项技术发展的情况下，对外进行技术转让，可以有利于自己的技术成为产业标准，在市场竞争中获取主动权。

(二)受方国际技术贸易动机主要有

1. 可节省开发费用，尽快缩小与先进水平的差距

企业引进技术，可以节省技术开发费用和时间，减少风险，提高国际市场竞争力，实现企业技术进步的跳跃式发展，在尽量短的时间内赶超世界先进水平。

2. 拓宽进入国际市场的渠道

企业可以利用技术输出方的商业信誉和销售渠道，进入国际市场；也可以利用技术产品的国外市场，加速产品的市场渗透，扩大出口，扩大企业及其产品在国际市场的影响，为企业未来的发展创造有利条件。

3. 优化产业结构和产品结构，合理利用各种资源

首先，企业引进技术，可以充分利用企业内部资源和外部条件，优化资源配置，降低成本，提高效率；利用国内外两个市场，适度规模经营，获得规模经济效益。其次，对于一个国家来说，可引进技术发展新的产业，促进产业结构合理化，使本国的人力资源、自然资源、信息资源以及现有的各种生产条件得以充分利用，从而实现本国经济长期、稳定、协调、高速地发展。

4. 提升发展能力

企业引进技术，不仅获得了设计、生产制造、管理和销售等方面的技术和经验，而且培养了国际化的人才；国家引进技术，不仅提高了本国的科学技术水平和管理水平，而且通过国际技术合作还可提高本国经济与世界经济一体化的程度，改善贸易条件，进一步提高本国的国际地位。

四、国际技术贸易的内容

国际技术贸易的基本内容是专利使用权、商标使用权和专有技术使用权的转让。

(一)专利

世界知识产权组织给"专利(Patent)"下的定义是：专利是"由政府机构(或代表几个国家的地区机构)根据申请而发给的一种文件，文件中说明一项发明并给予它一种法律上的地位，即此项得到专利的发明，通常只能在专利持有人的授权下，才能予以利用(制造、使用、出售、进口)……"。在这里，"专利"被理解为3层意思，一是指专利证书本身；二是指专利机关给发明本身授予的特定法律地位，技术发明获得了这种法律地位就成了专利发

明或专利技术；三是指专利权(Patent Right)，即获得法律地位的发明的发明人所获得的使用专利发明的独占权利，它包括专有权(所有权)、实施权(包括制造权和使用权)、许可使用权、销售进口权利放弃权。简言之，专利权就是专利持有人(或专利权人)对专利发明的支配权。在我国，专利权是以申请在先原则授予的。

根据专利技术的创造性程度的高低和其他特点，常把专利分为发明、实用新型和外观设计 3 种类型。

（二）商标

商标(Trade Mark)是附在商品上的一种标记，俗称牌子，是商品生产者或经营者在其生产或销售的商品上所加的特殊标志，以便使自己的商品与他人同类的商品相区别。

商标通常用文字、图形或文字和图形的组合构成。文字可以是字、词、拼音或数字，图形可以是事物的图形、几何图形或特定标记。

对商标使用的文字和图形有一定的限制，这种限制在各国商标法中规定不完全相同。大多数国家都规定商标不得使用下列文字和图形：同国家的名称、国旗、国徽、军旗相同或者相似的标记；同政府间国际组织的名称、旗帜、徽记相同或相似的标记；违反道德和公共秩序，尤其是带欺骗性质的标记；伤害宗教感情和带有民族或种族歧视性的标记等。我国商标法对商标禁用标记作了详细的规定，基本上包含了以上内容。

商标必须具有显著的特征，以便将自己的商品与他人的同类商品相区别。不具备显著特征的标记不能用来作为商标。商标是商品经济发展的产物，是一种无形资产，也是商品竞争的重要工具。为了对商标进行保护，世界上大多数国家都制定了商标法。商标的所有人可以向政府的商标管理机构注册申请，经审查合格获准注册后，就获得了商标专用权，并受商标法的保护。未经注册商标所有人的许可，他人不得在同一种商品或类似商品上使用相同或近似的商标，否则属侵犯商标权的行为。商标法对于加强商标管理、保护商标专用权、促进生产企业提高商品质量以维护商标的信誉方面起了重要的作用，保障了消费者的利益，推动了商品经济的发展。

（三）专有技术

专有技术(Know-how)，意为"知道如何制造"。它有许多中文名称：技术诀窍、技术秘密、专门知识等。最常用的名称是"专有技术"。

专有技术的一般含义是指在实践中已使用过了的没有专门的法律保护，制造某一特定产品或使用某一特点的工艺所需要的一切知识、经验和技能，它包括各种工艺流程、加工工艺、产品设计、图纸、技术资料、配方、技术规范等秘密的技术知识，在有的情况下，还包括有关管理、商业、财务等方面的内容。

专有技术可以是产品的构思，也可以是方法的构思。其表现形式，既可以是有形的，如图纸、配方、公式、操作指南、技术记录、实验报告等，也可以是无形的，如技术人员所掌握的、不形成书面的各种经验、知识和技巧。无论哪一种形式体现的专有技术，其内容一般都是保密的，而且对生产具有一定的实用价值。

五、国际技术贸易的方式

（一）许可证贸易

许可贸易(Licensing)是指专利权所有人或商标所有人或专有技术所有人作为许可方

(licensor)通过与被许可方(引进方)签订许可合同,将其所拥有的技术授予被许可方,允许其按照合同约定的条件使用该项技术,制造、销售该技术项下的产品,并由被许可方支付一定数额的报酬。

许可贸易按其标的内容可分为专利许可、商标许可、计算机软件许可和专有技术许可等形式。在国际技术贸易实践中,一项许可贸易可能包括上述一项内容,如单纯的专利许可,也可能包括上述两项或两项以上内容,称为一揽子许可。

许可贸易实际上是一种许可方用授权的形式向被许可方转让技术使用权,同时也让渡一定市场的贸易行为。根据其授权程度大小,许可贸易可分为如下5种形式;

1. 独占许可

它是指在合同规定的期限和地域内,被许可方对接受转让的技术享有独占的使用权,即许可方自己和任何第三方都不得使用该项技术和销售该技术项下的产品。

2. 排他许可

排他许可,又称独家许可,它是指在合同规定的期限和地域内,被许可方和许可方自己都可使用该许可项下的技术和销售该技术项下的产品,但许可方不得再将该项技术转让给第三方。

3. 普通许可

它是指在合同规定的期限和地域内,除被许可方被允许使用转让的技术和许可方仍保留对该项技术的使用权之外,许可方还有权再向第三方转让该项技术。

4. 可转让许可

可转让许可又称分许可,它是指被许可方经许可方允许,在合同规定的地域内,将其被许可所获得的技术使用权全部或部分地转售给第三方。

5. 互换许可

互换许可,又称交叉许可。它是指交易双方或各方以其所拥有的知识产权或专有技术,按各方都同意的条件互惠交换技术的使用权,供对方使用。

许可贸易是国际技术贸易中使用最为广泛的技术贸易方式。这些方式有时单独出现,如单纯的专利许可或单纯的商标许可,但多数情况是以某两种或几种类型的混合方式出现。

(二)特许专营

特许专营是指由一家已经取得成功经验的企业,将其商标、商号名称、服务标志、专利、专有技术以及经营管理的方法或经验转让给另一家企业的一项技术转让合同,后者在向前者支付一定金额的特许费(Franchise Fee)后,有权使用前者的商标、商号名称、专利、服务标志、专有技术及经营管理经验。特许专营的一个重要特点是,各个使用同一商号名称的特许专营企业并不是由一个企业主经营的,被授权人的企业不是授权人的分支机构或子公司,也不是各个独立企业的自由联合。它们都是独立经营、自负盈亏的企业。授予人不保证被授企业一定能获得利润,对其企业的盈亏也不负责任。但特许专营授予人比一般的许可方要更多地涉入被授人的业务活动,从而使其符合特许方的要求。

特许专营的受方与供方经营的行业,生产和出售的产品,提供的服务,使用的商号名称和商标(或服务标志)都完全相同,甚至商店的装修、用具、职工的工作服、产品的制作方法、提供服务的方式也都完全一样。

特许专营合同是一种长期合同,它可以适用于商业和服务行业,也可以适用于工业。

（三）技术服务

技术服务，是指独立的专家或专家小组或咨询机构作为服务方应委托方的要求，就某一个具体的技术课题向委托方提供高知识性服务，并由委托方支付一定数额的技术服务费的活动。技术服务的范围和内容相当广泛，包括产品开发、成果推广、技术改造、工程建设、科技管理等方面，大到大型工程项目的工程设计、可行性研究，小到对某个设备的改进和产品质量的控制等。企业利用"外脑"或外部智囊机构，帮助解决企业发展中的重要技术问题，可弥补自身技术力量的不足，减少失误，加速发展自己。例如，由供方协助企业改革管理制度和经营组织，制订生产计划，改进企业质量控制，改善企业内部的劳动关系，加强财务管理、营销管理，等等。近些年，发展中国家的采矿、石油、制造业以及旅游部门，采用这种方式从外国获得管理技术的情况是相当多的。

（四）"交钥匙"项目

"交钥匙"项目或称成套工程承包，是委托工程承包人（contractor）按规定条件包干完成某项工程任务，亦即负责工程设计、土建施工、提供机器设备、建立工艺流程、设备的安装调试、原材料供应、提供技术、培训人员、投产试运行、质量管理等全部过程。这种成套工程承包方式，用形象化的说法，称之为"交钥匙"方式。

国际工程承包是一种综合性的国际经济合作方式，既是国际技术转让的一种方式，也是国际劳务合作的一种方式。在国际承包工程项目建设过程中，包含有大量的技术转让内容，特别是项目建设的后期，承包人要培训业主的技术人员，提供所需的技术知识（专利技术、专有技术），以保证项目的正常运行。老挝的南吞欣本水电站就是以这种技术转让的方式建成的。中国在与老挝、柬埔寨等东南亚国家的经济合作中，也有不少这样的项目。

（五）含有知识产权和专有技术转让的设备买卖

在国际贸易实际业务中，在购买先进设备时，通常会含有知识产权或专有技术的转让内容。这种设备买卖也属于技术转让的一种方式。

含有知识产权和专有技术转让的设备买卖，其交易标的包含了两方面的内容：一是硬件技术，即设备本身；二是软件技术，即设备中所含有的或与设备有关的技术知识。这些技术知识又分为两部分：一部分属于一般的技术知识；另一部分是专利技术和专有技术。

（六）合作生产

从国际技术转让的角度来看，合作生产是指分属不同国家的企业根据它们签订的合同，由一方提供有关生产技术或各方提供不同的有关生产技术，共同生产某种合同产品，并在生产过程中实现国际技术转让的一种经济合作方式。合作生产中的一方或各方拥有生产某种合同产品的特别技术，在合作生产过程中通过单向许可或双向的交叉许可的方式，可能再辅以一定的技术服务咨询，从而实现国际技术转让。合作生产作为一种国际技术转让方式，其目的与单纯的技术贸易不同，它是为各方的合作生产服务的。实际上它只不过是建立在各方合作生产目的之上的许可贸易和技术服务而已。

此外，补偿贸易也是一种常用的技术转让方式，这是一种由一方以设备出口和技术许可的综合方式向对方提供含有专利或专有技术的设备，对方以该项设备生产的产品或其他产品补偿其技术和设备的价款的许可贸易做法。可以是拥有专利和专有技术的一方直接转让其技术，实行技术作价入股；也可以是经过许可方式获得他人专利或专有技术使用权的一方，经技术产权方的允许后，以分许可的方式向合资企业进行技术的再转让。

第二节　东南亚国家与中国的技术贸易

一、东南亚国家的国际技术贸易概述

为了促进国内经济的发展,东南亚各国不同时期都纷纷开展了国际技术合作,通过直接投资实现技术贸易,通过技术合作实现技术转让,近年来更是加大了力度。

根据 2005 年达成的一系列协议,新加坡与日本在多媒体领域展开更加密切的合作。协议制订了一个框架,以加速新加坡与日本的科研机构在宽带多媒体应用开发领域的技术贸易。而与美国,新加坡开展了国防技术合作。

马来西亚在化肥和农业等研究领域有着很强的实力,现有的生产优势和人力资源都将是日本和马来西亚进行生物技术合作的潜在机遇。日本的生物技术研究者热切希望能够与马来西亚在食品和药品领域展开合作。2006 年,马来西亚计划与印度正式签署卫星和空间技术使用协议。马卫星技术将被用于教育、农业、渔业、医疗等领域,有助于马来西亚人民增加收入和提高生活水平,尤其对农村地区而言,这项技术更为重要。2007 年 6 月,阿尔卡特朗讯与马来西亚领先的通信业务提供商马来西亚电信公司(TM)签署了价值 1000 万欧元的合同,为其提供下一代万兆 IP/以太网解决方案,这将为马来西亚电信将来更多新业务的推出节约大量开支。

泰国在工业化过程中利用外国的直接投资实现技术贸易,通过国际合作实现技术转让,使科技开发与工业发展相结合。同时,泰国也重视传统农业的发展,泰国—日本技术合作的"水管理系统现代化项目"极大提高了泰国农业的生产效率;泰国与其邻国在科技教育、研究和培训方面进行合作。技术与经济合作部组织泰国国际合作计划,此项计划可分为 6 种形式:双边计划,国际培训课程,发展中国家间技术合作计划,部门联系计划,第三国家培训计划以及其他泰国国际培训计划活动。泰国通过双边与多边合作的形式与其他一些国家、国际组织和地区进行科技联系。泰国与澳大利亚、加拿大、日本、韩国和美国及许多欧洲国家建有双边合作关系,与欧盟和联合国则建有多边合作关系。在这些合作下的各种计划中,有很多有关科技发展的项目。与缅甸、老挝、柬埔寨和越南之间的地区合作,主要领域为农业、教育和保健。

菲律宾和日本签订了《信息技术合作协议》,其政府和韩国政府在 2005 年签署了一系列经贸和技术合作条约,包括有关韩国帮助菲律宾加强基础设施建设以及信息技术合作的项目协议。2007 年,菲律宾国家石油公司(Philippine National Oil Company)替代能源分公司(PNOC – AFC)宣布与英国生物能源技术提供商自然资源集团公司(Natural Resources Group, NRG)化工公司达成总额为 13 亿美元的生物能源技术合作协议,根据该协议,将在菲律宾建立全球最大的生物炼制工厂和麻风树种植园,这也是菲律宾与国外生物能源企业合作的最大一笔投资。

越南近年来经济发展迅速,对外开放力度大,与印度在生物技术方面进行了合作。现在正成为东南亚地区最想积极引进韩国核电技术的国家,韩国在各个领域对越南的人才进行了培养和教育。

柬埔寨、老挝、缅甸、东帝汶这些经济亟待发展的国家也在积极融入国际经济的发展中，在多个领域寻求国际技术合作。

在东南亚国家的国际技术合作中，与中国的合作在广度、深度上不断发展，特别是在中国－东盟自由贸易区建设启动后，合作成效显著。

二、中国与东南亚国家可进行技术贸易的领域

东南亚各国在经济技术发展水平上存在较大差异，大体分为 4 个层次：一是经济富裕国家，如新加坡、文莱；二是新兴工业化国家，如马来西亚、泰国、菲律宾、印度尼西亚；三是经济转型国家，如越南、缅甸、老挝、柬埔寨；四是经济刚起步的东帝汶。我国科技水平对东南亚国家有一定的优势，因为我国工业门类齐全，企业和科技机构的研发能力强，可针对东南亚不同国家的需求，区别对待，挖掘商机，推动合作。如与新加坡，主要是技术引进和合作开发；与缅甸、老挝主要就是援助和技术输出。

（一）与经济富裕国家的技术贸易

1. 新加坡

新加坡是科技发展国际化程度最高的东南亚国家，重点发展信息与通信、电子制造和生命科学等高科技产业。我国与新加坡技术贸易可选择以下重点领域：①生物和中医药现代化研发方面；②信息技术，特别是在建立电子商务法律和技术规范、网络安全、电子认证技术等方面；③电子制造方面；④海洋高新技术方面；⑤卫星通信与卫星遥感技术方面。

2. 文莱

文莱盛产石油、天然气，经济结构单一，基础设施薄弱，技术和劳动力严重匮乏，技术贸易领域可考虑：①石油勘探开采、天然气液化工程、发电站建设；②热带农业资源的利用开发技术；③家用电器、机械设备、建筑材料等。

（二）与新兴工业化国家的技术贸易

1. 马来西亚

马来西亚自然资源丰富，橡胶、棕油和胡椒的产量和出口量居世界前列，有一定的工业基础，但机械工业和成套设备制造业较薄弱。我国与马来西亚可以在以下重点领域开展技术贸易：①棕榈油加工、油脂化工、棕榈油副产品的综合利用；②水产资源、热带农业和经济作物资源的开发和利用；③高科技领域；④生物技术；⑤IT 产业。

2. 泰国

泰国工业化进程的一大特征是充分利用其丰富的农产品资源发展食品加工及其相关的制造业。对此，应发挥我国有航天、超导、生物工程及信息技术、软件开发等高科技领域中的优势，引导企业来泰投资。泰国在上述方面的技术水平相对落后，存在较好的合作和发展前景。我国华为、中兴公司在泰投资，凭借技术和价格优势，取得较好的效果，已成功进入泰国电信市场。

我国可以在下列领域与其技术贸易：①科研成果产业化、商品化方面，例如水果加工、保鲜、贮藏、包装、运输等，而农产品的加工、保鲜、贮藏、包装、运输等，是我国的"软肋"；②高新技术领域；③在农业、医药卫生、食品加工、化工、地质矿产、交通运输、新材料、生物技术、信息技术、卫星通信、地震、遥感、气象、能源和环境等领域。

3. 印度尼西亚

印度尼西亚是世界上最大的群岛国家，人口 2.2 亿，居世界第 4 位，是东南亚人口最

多的国家，市场容量大。其经济发展存在地区发展不平衡，经济发达地区主要集中在爪哇岛；城乡差别大，全国还有52%的农村不通电；贫富悬殊突出；基础设施普遍落后；在政策上存在产业结构不合理等问题。我国的轻工、家电、农产品加工机械、中成药、农用化工、精细化工及实用高新技术产品等，在印度尼西亚有较大发展空间。中国和印度尼西亚可以在以下领域进行经济技术贸易：①橡胶塑料加工材料、电子计算机、农产品加工材料等领域；②天然气、铜、锰、铝等资源开发加工；③传统医药研究。

4. 菲律宾

农业是菲律宾的主要经济部门，主要粮食作物有水稻和玉米，主要经济作物有椰子和甘蔗。其中，椰子的产量约占世界一半。进口替代工业发展战略的实施，使菲律宾的工业（特别是制造业）在20世纪五六十年代获得较快发展。但是，直至1990年，制造业在国内生产总值中所占的比重仍略低于农业。工业部门主要集中在城市，以加工组装消费品为主。菲律宾的科研能力不强，技术开发和应用方面也比较薄弱。与菲律宾合作可考虑在以下领域进行：①椰子产品的深加工；②小型农机具；③水稻育种。

（三）与经济转型国家的技术贸易

越南、缅甸、老挝、柬埔寨为东盟新4国。除越南效仿中国进行体制改革获得较大的经济发展速度外，其余的国家经济发展水平都较为落后，国民收入低。对于与这些落后国家的技术合作，通常是将无偿转让和技术贸易相结合。可为其培养各类专业技术人才；通过援助项目、项目投标承包，以项目带动技术人才和设备的输出。此外，针对各自的特点，可进行技术贸易的具体领域有：

1. 柬埔寨

柬埔寨工业门类单调，技术落后，大部分原材料及工业产品依赖进口，与柬埔寨合作可以考虑在农业、农副产品加工、制糖、盐业加工、精细化工、家电、建材、轻工等领域开展技术经济、技术贸易相结合的合作。

2. 缅甸

缅甸林业资源、矿产资源丰富，但工业基础和科技力量相当薄弱，矿产开发和制造业水平落后，大量生活资料和生产资料需要进口。中缅两国在农林渔业、生物技术、矿产资源开发利用、机械、建材、轻工纺织、水电等领域开发技术经济、技术贸易相结合的合作。

3. 老挝

老挝种植业、水产业、食品加工业、水力发电等领域急需国外技术，过于依赖外援。我国企业可利用我国"星火计划"的成果、技术，在农业的种植业、畜牧业、水产业、农副产品加工、经济作物、建材、水电、轻工、纺织等领域，开展技术贸易。老挝气候适宜、土地肥沃且租赁价格便宜，为我国企业"走出去"发展农业经济合作，提供了良好条件。

4. 越南

越南全国科技队伍比较庞大，但科研人员老化，科技水平落后。国家对科技投入很少。我国企业参与对越经济技术贸易可突出适用技术领域：①水产品加工；②各类家电产品制造技术；③开发中西药市场；④服装加工、制鞋技术；⑤机械制造技术；⑥电力设备、建材；⑦农作物品种、小型农机具、海水养殖、农副产品加工、小型医疗器械等技术贸易。

（四）与经济刚起步国家的技术合作

东帝汶2002年才独立，经济刚开始发展，工业基础薄弱，自然资源丰富，尤其是石油和天然气。中国与东帝汶的经济技术贸易领域主要是基础设施，帮助东帝汶利用当地资源发展经济，通过贸易合作获取能源、资源等东帝汶具有比较优势的产品。

三、中国与东盟技术贸易状况

1994年，中国与东盟成立了科技合作联合委员会（CAJSTC），并于1995年3月在文莱举行首次联委会会议。会上，双方签署了会谈纪要并通过了"中国－东盟科技合作联委会条例"和"中国－东盟科技联委会工作程序指南"。

目前，我国与东盟的科技与贸易合作呈现良好的发展态势，为双方进一步开展经济技术合作奠定了良好的基础。据了解，我国与东盟大多数国家签订了双边科技合作协定或备忘录，开展了一定规模的科技贸易，双方经济技术贸易涉及了农业、功能食品、生物技术、遥感技术、电力、地震学、湄公河次区域开发、人力资源等领域。

中国是发展中国家又是科技大国，在农业和制造业方面已拥有较强的生产制造能力和创新能力，开展技术贸易是一项重要的具有现实意义的选择。农业技术试验示范是向东南亚国家展示中国农业技术实力，争取国际信任，推动农业科技成果输出和促进农业经贸合作的重要形式。对东南亚国家来说，中国的许多农业技术和设备"价廉物美"，比较实用，易于推广。就实用技术来看，杂交水稻等农作物栽培技术、温带蔬菜水果、食用菌栽培、畜牧业和淡水鱼养殖业技术、海洋捕捞、动物健康、农村能源技术（特别是沼气）、水土保持技术、农产品（特别是清真食品）加工、饲料加工技术、橡胶苗木培育技术和天然橡胶加工技术等受到了东南亚国家的欢迎。

2002年11月，在"10＋1"领导人会议上签署的《中国－东盟农业合作谅解备忘录》将杂交水稻种植、水产养殖、生物工艺、农场产品和机械等方面列为中国与东盟在农业科技方面长期合作的重点。中国将在动植物检疫检验、优势新品种、新技术开发、农村沼气建设、农业机械、农业项目管理人力建设等方面加强与东盟国家的合作。目前，中国已经与柬埔寨、印度尼西亚、老挝、缅甸、菲律宾、泰国、越南和马来西亚8个国家签订了双边农业合作协定或谅解备忘录，进一步促进了双边农业合作政策的制定和农业技术的交流。

四、中国企业参与对东盟技术贸易前景

最近几年，我国与泰国、新加坡、马来西亚、印度尼西亚、越南等国的科技合作、技术贸易取得了一定成果。然而，我国与东盟在资源结构、产业结构、市场需求、技术水平等方面具有明显的互补性，双方经技术贸易的潜力还有待进一步挖掘。随着中国－东盟自由贸易区的建成，我国与东盟各国的技术贸易前景广阔。与东盟开展技术贸易，有利于我国企业在更大范围、更广领域和更高层次上参与国际竞争，充分利用国际和国内两个市场，优化资源配置，促进发展。

在技术贸易方面，我国有较大的优势，东盟有着广泛的需求，双方有着广泛的贸易领域。我国工业部门齐全，科研开发力量雄厚；东盟各国科研队伍很小，门类不齐，难成体系，加工制造技术普遍比较落后，但劳动力成本低，因此，我国输出技术的空间非常大。同时，东盟国家一些特色农产品，如热带作物、热带水果、橡胶、棕榈等加工技术值得我们引进。

值得企业关注的是，我国与东盟在21世纪初确定了农业、信息产业、人力资源开发、

相互投资和湄公河次区域开发等 5 个重点合作领域，目前正在不断扩大和深化。其中在湄公河次区域开发中，重点在人力资源开发、水利资源开发、交通运输、环境保护和农业等领域。

此外，中国和东盟在气象、环境、地震、海洋等技术含量高的领域，也有着巨大的合作潜力。

由于东盟 10 国发展程度相差悬殊，国情各异，对外技术需求不尽相同，我国企业在开展对东盟技术贸易时，应区别对待。

第一，要选择适当的合作领域和重点项目，以项目为载体，带动技术输出。

第二，要推动示范基地、科技园区、企业孵化器的建设。通过科技示范，让对方了解我们的情况，把技术和产品推出去，为企业"走出去"提供全方位服务。

目前我国已经在东盟运行和准备建设的科技园区包括：在越南的中越农业技术示范研究推广基地；在新加坡的中国火炬新技术创业中心；在泰国的泰北科技经济贸易区；在缅甸的中缅边境经济开发区。其中，广西农科院与越南河内第一农业大学合作在河内建立的"中越农业综合技术示范研究推广基地"，开展杂交水稻组合和瓜菜品种的种植示范，示范品种不仅在越南受到欢迎，而且其影响已辐射到泰国、老挝和柬埔寨等，成为中国农作物品种和农业综合技术与越南交流的示范窗口。

从 2004 年 11 月起，中国－东盟博览会在广西南宁市每年举办一次，博览会的内容集货物贸易、投资合作、服务贸易、高层论坛和文化交流于一体。博览会期间，还举行中国－东盟商务与投资峰会，东盟各国政要、中国和东盟各国大企业的首席执行官及各大商会会长参加。这无疑为我国企业参与对东盟技术贸易提供一个新的窗口。

五、中国与东南亚国家技术合作中应注意的问题及展望

(一)发展中国与东盟国技术贸易应注意的问题

中国与东南亚尤其是中南半岛开展技术贸易，有一个需要解决的问题，就是从总体上看双方都较缺乏资金，技术水平也不高。因此，应该把中国与东南亚的经济技术合作与尽可能争取从发达国家和地区取得资金和技术结合起来。具体来说，应注意以下几个问题：①在推动技术贸易中要追求实效，不要流于形式；②在技术贸易中要汲取多方面的经验和教训，注重技术效益和商业信誉；③顺应区域经济一体化的趋势，加强中国与东盟国家技术贸易；④企业在发展技术贸易中，要具备战略意识，制定适宜的价格，政府要在这个方面加强信息服务和管理。

(二)中国与东南亚技术贸易展望

1. 加强制度和政策的协调

中国和东南亚各国都希望通过发展技术提升国家的经济发展水平，科学技术的水平直接影响各国的经济总体发展，发展中国与东南亚地区的技术贸易是一件互惠互利的好事，各国可以通过技术贸易充分发挥本国的资源优势，实现战略分工，对国内经济的发展可以起到重要的促进作用。要进行合作，最重要的事情莫过于各国相关的制度和政策的协调。所以，中国与东南亚国家之间开展技术贸易首先就是各方制度和政策协调。

2. 技术贸易的便利化

技术贸易是技术合作最基本的内容之一。中国与东南亚各国的技术贸易虽然从量上看

有增长的势头，但是也要看到关于技术贸易出现的摩擦也时有发生，贸易壁垒仍然存在，有的国家从本国利益出发，在技术贸易上采取保护主义的做法。从世界上比较成功的几个大经济圈来看，技术合作要取得进展，各方都需要不断地减少贸易壁垒，加强协商，出台具体措施促进技术贸易的便利化，来推动技术合作的深入开展。

3. 加强各领域的技术贸易

技术是发展现代化的重要条件。我国在技术方面有很多强项，东南亚一些经济发展较快的国家在技术方面也有自己的长处；如果想要提高中国与东南亚技术合作的整体水平，加强各领域技术的国际贸易无疑是必要的。对各方来讲，在技术上的交流还可以发挥各方的长处，提升经济发展的整体质量。

东南亚的许多国家都为传统的农业国。对于中国而言，农业技术贸易还是实现"走出去"战略的机会。我国在与东南亚国家开展的农业技术交流与输出中，在实现农业"走出去"战略方面已经取得了一些成功经验。比如，中国政府无偿援助菲律宾的"中菲农业技术中心"项目已于2003年3月20日完工，目前，技术合作工作已全面展开。这一项目将有力促进菲律宾杂交稻技术的发展。再比如，湖南省和印度尼西亚的杂交水稻种植示范合作项目也已启动。中方派出的技术人员指导试种的杂交水稻组合均比当地大面积种植的组合增产，增幅为16.8% ~ 44.7%，对印度尼西亚的杂交水稻生产起到了很大促进作用。

六、东南亚国家知识产权保护

（一）知识产权的国际保护及《与贸易有关的知识产权协议》

知识产权包括工业产权和版权，它们都受到专门法律的保护。工业产权是指法律赋予产业活动中的知识产品所有人对其创造性的智力成果所享有的一种专有权。专利权和商标权均属工业产权。国际间的货物和技术贸易的开展，使得知识产权的国际保护成为必要。从19世纪末叶起，资本主义各国先后签订了一些有关知识产权的国际公约，在多边公约中，影响力最大、参加国最多的公约有：1883年签订的《保护工业产权巴黎公约》、1891年签订的《商标注册马德里协定》、1886年签订的《保护文学艺术作品伯尔尼公约》、1952年签订的《世界版权日内瓦公约》、1989年签订的《关于集成电路知识产权条约》、1991年签订的《专利合作条约》(PCT)和1994年签订的《与贸易有关的知识产权协议》。这7个国际知识产权公约和协议，几乎都涉及以专利、商标、计算机软件、专有技术和高新技术产品为客体的技术贸易。

表7-1是中国与东南亚国家参加的关于知识产权保护的国际公约的统计。

表7-1　中国与东南亚国家共同参加的主要国际公约

公约国家	巴黎公约	马德里协定	伯尔尼公约	PCT	《与贸易有关的知识产权协议》
中国	√	√	√	√	√
新加坡	√	√	√	√	
印度尼西亚	√		√	√	√
菲律宾	√		√	√	√
泰国			√		√

续表 7 – 1

公约国家	巴黎公约	马德里协定	伯尔尼公约	PCT	《与贸易有关的知识产权协议》
马来西亚	√				√
文莱					√
越南	√	√		√	
柬埔寨	√				
老挝	√				
缅甸					√
中国香港	√			√	√
中国台湾		√			√
中国澳门	√				√

根据中华人民共和国商务部网站资料整理。

(二)东南亚部分国家知识产权保护简介

1. 新加坡保护知识产权的政策措施

新加坡保护知识产权始于 1937 年,当时作为英殖民地,依照英国的有关法律,对注册商标实施保护,这种状况一直延续到 1995 年"专利法"的出台。1999 年新加坡成立知识产权局,隶属律政部,作为主管部门,主要负责草拟和监督政策和法律的实施。

1995 年专利法的出台,标志着新加坡对知识产权的保护进入到新的阶段。此后,新加坡出台了一系列的法律政策和保护措施,形成了以知识产权局和有关政府部门及专业团体等相关机构组成的运行机制,以加强知识产权保护工作。

(1)知识产权保护政策。新加坡知识产权保护的范围包括专利、商标、注册设计、版权、集成电路、属地品牌、植物品种以及商业秘密等。自 1995 年以来,先后出台了《专利法》、《商标法》、《设计注册法》、《版权法》、《集成电路设计保护法》、《属地品牌保护法》、《植物品种保护法》等。新加坡的知识产权保护是以法律的形式体现的,构成了保护知识产权的法律框架。

(2)保护知识产权的有关措施。保护措施主要有服务、管理、调解、执法和教育等 5 个方面。在服务方面,其核心是对专利、商标和设计等登记注册。为方便注册申请,提高效率,建立了网上商标(eTrademarks)和网上专利(ePantents)注册系统,为申请人提供了便捷的"一站式"服务;此外,作为配套服务,还开发了"冲浪 IP"(SURFIP)服务项目,为使用者提供与知识产权密切相关的网址。在管理方面,在新加坡出台的有关规定和法律中,对知识产权代理人应具备的资格、资格申请程序、从业执照的获取以及从业行为等都作了明确的规定,活跃了中介市场,为技术发明人提供了专业服务。在执法方面,新加坡加大了对盗版行为的打击力度,2004 年修订的版权法,将盗版行为划为刑事犯罪的范畴,条文规定,初犯予以罚款 2 万元和/或监禁半年的处罚,重犯罚款 5 万元和/或监禁 3 年;版权法对个人盗版行为做了明确的界定,非法下载歌曲和电影等都属于犯罪行为。在教育方面,针对不同的对象,分别开展了面向学术、公众、商务以及公共部门等的教育。

尽管新加坡在知识产权保护方面的努力已取得了显著成果,政府仍定期检讨现有的措施和计划,以确保它们的时效性、有效性和充分性,并紧紧跟上科技发展一日千里的速度和瞬息万变的环境。

新加坡知识产权保护措施比较显著的特点是:对于创办公司的知识产权参股即技术股份的比例是由投资者按市场情况来评估,而不是由政府来决定,淡化行政干预;研究院参与创办公司或市场运作一般不控股,不以从事经营活动为主,而是以知识产权不断投入而拥有一定股份,达到与工业界保持联系的目的。由于知识产权所有者不控股,而且技术股份由投资者评估,加上社会依法保护知识产权的大环境,因此在技术转化过程中较好地保护了研究开发投资者的权益和科学家的积极性。

2. 菲律宾知识产权保护新举措

菲律宾政府认识到知识产权在促进国家创新、推动技术转移、吸引外国投资以及确保本国产品市场准入等方面发挥着重要作用。因此,菲律宾政府一贯致力于各类知识产权保护以及宣传普及工作。近期,菲律宾知识产权局与政府协作采取了多项新举措,在提升公众知识产权意识、推动知识与信息的传播以及促进国家发展及各领域进步等方面发挥了积极作用。

在专利方面,菲律宾知识产权局拟借助国会刚刚通过的《廉价药品法案》呼吁改革专利相关法规。《廉价药品法案》将修改《知识产权法典》中有关不可专利的发明、专利权的限制、政府使用发明以及商标权利人药品进口权利限制等方面的规定。该法案旨在通过明确《知识产权法典》中的有关规定,维持菲律宾公众的健康利益和专利权人利益之间的平衡。法案中的有关规定将使公众能够以低于国内其他同类产品的价格获得国外药品,这与TRIPS 协议相一致。此次修订更多地考虑了 21 世纪人们的健康需求,使菲律宾长达 60 年的专利制度日趋现代化。

此外,为鼓励科技创新,菲律宾知识产权局专利局还对发明人进行了一次知识产权意识普及活动,向科学工作者、研究人员宣传专利制度,并讲解如何利用专利制度保护科研成果并得到经济回报。另外,专利局还计划使 80% 的专利审查员完成"专利审查员证书课程"并通过考核,以提升专利审查员的专业水平。

在商标方面,菲律宾知识产权局采取措施,缩短了商标注册审批周期。以前,从申请到批准的商标注册过程需要大约 4 年的时间。2005 年,这一周期从 4 年缩短到 2 年,2006年,又缩短到 12～15 个月,目前整个过程最快只需 6 个月。商标注册数量因此由 2005 年的 10475 件上升到 2006 年的 13263 件。这里的商标包括 4 类:商品商标、服务标记、企业名称和网络域名。

另外,菲律宾知识产权局还通过启用网上申请系统,增加个人商标申请量。通过网上商标申请系统,申请人可提出商标、服务标记、地理标志和其他标记的注册申请。截至2006 年中期,系统已受理了 800 余件申请。2006 年,该系统使商标申请量增加了 14%,远远高于往年 3% 的平均增长率。

3. 泰国对知识产权的保护

泰国实行知识产权制度的历史比较长,甚至可以追溯到 1901 年的《作者所有权法》和1914 年的《商标和商品名称法》。然而在过去泰国人并不认为商标或者版权是知识产权,而是将它们当作保护商业利益,特别是与西方世界加强联系的某种工具。直到 20 世纪 70年代,泰国政府在国外贸易伙伴的压力下,陆续制定和修改了有关知识产权的法律,使泰国的知识产权保护水平得到飞跃。

泰国在知识产权保护方面尤为值得一提的是其对传统知识的特殊保护。泰国有很多历史悠久的独特传统知识。在保护这些传统知识方面，泰国探索出一套以国家立法的形式对传统知识做特殊保护的方法，对发展中国家具有很大启发性。

传统知识，是指我们所熟知的中药材、基因资源、民间音乐和手工艺品等。这些都是特定民族在其生活的特定地域内，经过长年积累、总结和完善而形成的有特性的自然科学和社会科学知识，包括传统或基于传统的文学艺术和科学发明、发现、外观设计、商标、未公开的信息及其他一切来自产业、科学、文学艺术领域的智力活动，传统的或在传统基础上的革新和创造成果等。

早在20世纪90年代，泰国就开始通过制定法律政策、明确具体制度措施的形式保护传统知识。在泰国相关法律中，最为详尽的莫过于《传统泰医药知识产权保护法》。

泰国1997年《宪法》第6条规定，传统社区成员有权保存和恢复其习俗、本土知识及本社区或本民族的艺术和优良文化，并有权按照法律规定依平衡模式持续地参与管理、维持、保存和利用自然资源和环境。随后，泰国通过了《传统泰医药知识产权保护法》，为传统泰医学建立了全面的专门保护制度。

4. 马来西亚知识产权发展新动向

（1）知识产权管理。

2005年，马来西亚知识产权管理机构——马来西亚知识产权公司在本国知识产权日将其注册商标由PHIM更新为MyIPO。MyIPO在行政管理和财务上完全自治。近年，MyIPO致力于解决知识产权权利人面临的最大难题，即注册延迟的问题。此外，在缓解专利和商标注册申请积压方面，MyIPO也取得了一定成果，特别是2006年成绩显著。

2006年8月16日，马来西亚加入《专利合作条约》，成为该条约的第131个缔约国。在加入条约后的最初5个月内（从2006年8—12月），该条约并未被广泛应用，只有34件PCT申请。但随着工商业界对PCT申请理解的逐步加深，不久的将来，申请将会显著增多。

（2）专利制度方面的新进展。

根据2006年4月20日生效的新修订的《马来西亚专利法》第34条，自发明专利申请日（或优先权日）起满18个月，公众可获取申请号、申请日、优先权日以及权利人变更等专利信息以及专利申请说明书。而在改法前，公众只有在授权后才可查看专利申请说明书。此外，MyIPO决定，该规定适用于所有未决专利申请，没有申请日的限制。此规定可使公众尤其是竞争对手充分利用该规定，查阅说明书等专利信息。

专利制度的另一发展是自2006年8月16日起，专利申请人选择"简化改进的实质审查"（MSE）时，延期审查期限由4年延长到了5年。MyIPO还规定此新期限适用于所有2006年8月16日之后（含当日）的未决专利申请，并且所有已选择MSE的申请都将按新期限自动延期。

5. 越南的知识产权保护体系

近年，越南经济发展迅速，增速居亚洲第二，仅次于中国，许多大型跨国企业纷纷在越南建厂。然而全球大多数专利申请人未将其列为重点战略目标。事实上，除去经济快速发展的因素，由于越南存在大量隐蔽性中小型仿制企业，因此注重知识产权在越南的保护对于专利申请人来说同样重要。2005 年 11 月 20 日，越南国民大会讨论通过该国首部《知识产权法》，旨在使越南知识产权制度与 TRIPS 协议相协调。

越南《知识产权法》分为总则、著作权及相关权、工业产权、植物品种权、知识产权保护和附则 6 编，于 2006 年 7 月 1 日开始实行。因此，之前由越南民法或其他法律文件规定的知识产权（intellectual property, IP）相关规章都将由一部独立的法律——知识产权法处理。

越南还是多项知识产权国际公约和条约的成员国。越南于 1967 年加入《巴黎公约》，1970 年成为《专利合作条约》的成员国。随着加入 WTO，为履行使国内法符合 TRIPS 规定的义务，越南正逐步完善国内知识产权体系。

通过制定新知识产权法律以及积极参与国际合作等一系列活动，越南正不断发展其专利保护和专利执法体系。随着越南经济的持续发展，知识产权体系的不断完善，越南将很快成为专利申请人的战略重点区域。

6. 柬埔寨

柬埔寨政府从 1995 年以来已经草拟了有关知识产权的法律，包括商标法、专利和设计保护法、版权及其他权利保护等。其中，关于保护专利、实用新型和工业设计的法律于 2001 年 10 月被内阁采纳，关于商标、商号和不公平竞争行为的法律于 2001 年 12 月通过。根据"商标、商号和不公平竞争行为法"的规定，柬埔寨商务部是商标注册管理部门。

7. 缅甸

缅甸政府已于 2006 年 1 月份开始实行知识财产权保护法律草案，该法包涵世界知识产权保护的 4 个基本方面，即发明权、工业设计、商品注册商标及专利权法律。草案由缅文及英文各 1 份报章颁布。

（三）中国与部分东南亚国家技术贸易法规比较

国际技术转让，既是中国与东南亚地区经济贸易迅速增长的基本驱动力量，又是本区域经济合作的基本方面之一。它不仅对于正在致力于工业化和现代化的区域成员是重要的，而且有利于技术的供方。技术转让与投资及贸易紧密相关，因为它或以投资和贸易为载体，或以其为渠道。

技术转让在发展地区经济、促进地区合作中具有非常重要的作用。1994 年，中国与东盟成立了科技合作联合委员会（CAJSTC），以促进地区技术交流及经济合作。

相互了解地区间的法规，可减少技术转让的障碍，促进地区间的经济合作。

1. 技术贸易的概念

由于技术及其载体的多样性以及技术所涉及领域的广泛性，地区间对技术贸易的概念是很不相同的。

中国：通过各种方式进行技术或其载体贸易，包括：工业产权的许可或转让；专有技术的许可或转让；计算机软件的许可；技术服务；生产线、成套设备和关键设备。

中国香港：虽然中国香港没有明确的技术贸易概念，但对于任何产品和技术的进口没有限制。鼓励引进新生产工艺，鼓励对所有工业部门的投资，但不能与现行的法律相抵触。

印度尼西亚：指通过投资带入技术，政府鼓励外国投资，投资者可带入任何技术，没有限制,政府仅在申请或投资的程序中检查和分析引进技术是否违反环境保护法规和劳工安全保障法规。政府还规定引进的技术应在一定时间之后逐步地转让给当地的企业,使之适应当地的条件。

新加坡:强调吸收外资中的技术含量,鼓励引进高附加值的技术密集型工业项目,包括金融和信息技术等服务部门项目。

泰国:技术贸易指进口原材料、资本货物及其他,包括机械设备、提成费、商标、技术费及管理费。

从各成员技术贸易不同的概念中可以看出,各国及地区的国民经济水平使之对技术贸易的侧重有所不同。国民经济发展的水平决定了它所需技术的水平。

2. 各成员国与技术贸易有关的法规简况

比较各国的专利、商标、版权等知识产权法,各成员国在知识产权法的宗旨、含义、功能、保护客体、知识产权授予与获得的条件、程序等方面都存在着自己的特点。

中国自 1984 年实行专利法、1991 年实行著作权法和计算机软件保护条例、1993 年颁布反对不正当竞争法以来,知识产权在法律保护方面不断完善。

中国的专利法规定,专利的保护客体是发明、实用新型和外观设计;取得专利权的发明和实用新型,应当具备新颖性、创造性和实用性。经修订后的专利法,扩大了专利保护的范围,对药品、化学产品、食品、饮料和调味品实行保护。延长专利保护期限,发明专利权的期限由 15 年延长至 20 年,实用新型和外观设计的专利权的期限由过去的 5 年延长至 10 年。加强对专利产品进口的保护,中国也修订了商标法,扩大了不同商标的保护范围,增加了对服务商标、防御商标、集体商标、证明商标、驰名商标的保护,缩短了注册时间。

菲律宾专利法规定,对发明、工业设计及实用型可授予专利权。

新加坡。根据新加坡的专利法,投资者可以寻求对其专利的保护不仅在新加坡,而且在专利合作条约其他所有签字国。

泰国。泰国专利法规定,专利的客体是:①发明——指的是任何创造新产品或工艺流程的发明,或者是对已知产品及工艺的改进;②产品设计——指的是赋予产品特别外观的任何形式、构成或色彩,并可以作为工业产品或手工业产品的样式。

作为 WTO 的成员,泰国不仅根据自己的国际义务修改其知识产权法,而且把赋予所有人的保护权延伸到实用型、植物品种、地理标志和信息。泰国商务部正履行 TRIPS 的义务,将在 5 年内完成修改。

第三节 国际投资的基本知识

一、国际间接投资

间接投资也可称为证券投资,国际证券投资是指在国际证券市场上通过购买外国企业发行的股票和外国企业或政府发行的债券等有价证券,来获取利息或红利为主要目的投资行为。

有价证券的概念范畴如图 7 - 1 所示。

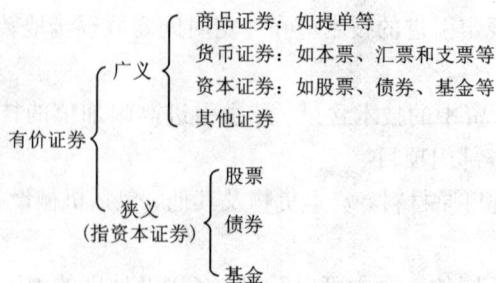

图 7-1 有价证券的概念范畴

（一）国际股票投资

股票起源于 1600 年，由英国东印度公司（British East India Co.）发行。1602 年，荷兰的阿姆斯特丹首先建立了世界上最早的股票交易所，主要经营英国东印度公司的股票和皇家债券。1773 年，英国成立了自己的最初股票交易所，美国最早的股票交易所成立于 1790年。

所谓国际股票投资，是指在股票的发行和交易过程是跨国进行的，即股票的发行者和交易者，发行地和交易地，发行币种和发行者所属本币等至少有一种不属于同一国度。

国际股票投资的本质特征在于国际股票投资整个融资过程的跨国性。

第二次世界大战后，随着生产国际化和资本国际化的发展，购买他国股份公司的股票已成为国际投资的重要形式之一。

股票的种类很多，通常按股东享有的权利不同，可分为两类：普通股和优先股。

股票投资收益主要来源于股息、红利和股票的溢价，收益的大小我们常用收益率来表示。

投资者要提高股票投资的收益率，关键在于选择购买何种股票以及在何时买进或抛出股票。

任何股票投资者都希望自己能买到赢利丰厚、风险小的股票，因此，在作出投资决策时，一般要考虑投资对象的企业属性和市场属性。

（二）国际债券投资

债券是发行人直接向社会借债筹措资金时，向投资者发行，并且承诺按规定利率支付利息和按约定条件偿还本金的债权债务凭证。发行人可以是政府、金融机构、工商企业等机构。

债券作为一种重要的融资手段和金融工具，具有偿还性、安全性、收益性的特征。

国际债券投资收益率是指国际债券投资人进行债券投资所获得的收益，一般包括以下3 种：①按债券票面利率所获得的利息收入；②债券到期偿还时的差损和差益；③债券利息进行再投资所获得的收益。

（三）国际证券市场

国际证券市场是由国际证券发行市场和流通市场组成，一般有两层含义：一是指已经国际化了的各国国别证券市场；二是指不受某一具体国家管辖的境外证券市场。

国际证券的发行市场又叫一级市场或初级市场，是指进行证券募集，以筹集资金的市场，实际上是指新证券的发行人从策划到由投资银行等中介机构承销，直至全部由投资人认购完毕的全过程。

国际证券的发行市场涉及的当事人有：发行人、证券监管机构、公证机构、承销机构、投资人。

国际证券的流通市场又叫二级市场，是指将证券在证券交易所登记注册，并有权在交易所挂牌买卖，是买卖、转让已发行证券的市场，由证券交易所、经纪人、证券商和证券管理机构等组成，通常可分为场内交易市场（证券交易所）、场外交易市场（柜台交易）、第三市场和第四市场。

二、国际直接投资

（一）国际直接投资的概念

国际直接投资指一国的自然人、法人或其他经济组织单独或共同出资，在其他国家的境内创立新企业，或增加资本扩展原有企业，或收购现有企业，并且拥有有效控制权的投资行为。

国际直接投资有时又称为对外直接投资（Foreign Direct Investment，FDI）、境外直接投资或外国直接投资。

国际直接投资的突出特征是投资者对所投资的企业拥有有效控制权。这种有效控制权是指投资者实际参与企业经营决策的能力和在企业经营决策与管理中的实际地位。只要投资者拥有一定数量的股份，就能行使表决权并在企业的经营决策和管理中享有发言权，就可以认为拥有了有效控制权。具体到每个企业，取得有效控制权所需的股权比例有所不同。

与一般投资所涉及的投资主体、投资领域、投资范围和投资目的不同，国际直接投资具有实体性、控制性、渗透性、跨国性等突出特征。

（二）国际直接投资的基本形式

国际直接投资从形式上看有3种：独资企业、合资企业、合作企业。

独资企业是指由某一外国投资者依据东道国的法律，在东道国境内设立的全部资本为外国投资者所有的企业。独资企业的投资者独享企业利润并独自承担经营风险。

独资企业的形式主要包括国外分公司、国外子公司和国外避税地公司。

国际合资企业是指由外国投资者与东道国投资者为共同经营一项事业，联合出资，以东道国的法律在其境内设立的独立企业。合资企业由投资人共同经营、共同管理，并按照投资的股权比例共担风险、共负盈亏。合资企业是一种股权式的合营企业。它是国际直接投资中最常用的形式。

国际合作企业是指外国投资者和东道国融资者在签订合同的基础上依照东道国法律共同设立的企业。它的最大特点是合作各方的权利、义务均由各方通过磋商在合作合同中订明。合作经营是以合同为基础的一种契约式合营经营，合同是合作各方共事的依据和保证。

（三）国际直接投资环境

国际直接投资环境是指一国的投资者进行国际直接投资活动时所面对的各种外部条件和因素。

　　国外投资与国内投资的一个根本不同之处就在于国外投资者需要在一个陌生的环境中生存和发展。各国政治、经济、社会、文化等方面的差异使外国投资者面临着许多不确定的因素，这些不确定因素可能对投资的安全和生产经营活动带来不利的影响，亦即一般所称的投资风险。国外企业对投资环境的认识和分析首先是从一般的政治风险开始的，以后又扩展为能够影响投资和经营活动的广泛意义的各种外在条件，也就是投资环境。

　　狭义的投资环境是指国际投资的经济环境，即一国的经济发展水平，经济发展战略，经济体制，金融市场的完善程度，产业结构，外汇管制和货币稳定状况等。

　　广义的投资环境不仅除经济环境，还包括自然、政治、法律、社会文化等对投资发生影响的所有外部因素。

　　从影响投资的外部条件和范围进行划分，分为国际环境和国内环境。前者指东道国与其他国家相互关系的各种国际性因素；后者指东道国本身的各种国别性因素。

　　从投资运动的过程进行划分，可以分为前期环境、建设期环境和生产期环境。前期环境是指某一项目正式实施或某一企业正式营业之前所需的外部条件。建设期环境是指项目或企业在建过程中的外部条件。它是前期环境的继续，又是企业能否按时投产的基本前提。生产期环境是指项目或企业在生产过程中的外部条件，它最为重要，它直接决定着项目或企业效益的好坏。

　　从环境因素所具有的物质和非物质性来看，有投资硬环境和软环境之分：所谓硬环境是指能够影响投资的外部物质条件或因素，如能源供应、交通和通信、自然资源以及社会生活服务设施等。所谓软环境是指能够影响国际直接投资的各种非物质形态因素，如外资政策、法规、经济管理水平、职工技术熟练程度以及社会文化传统等。

　　1. 国际直接投资环境的主要内容

　　（1）政治环境。

　　它是指东道国的政治状况与政策。政治环境因素包括政治制度、政治稳定性、当政者、政策的优惠性和连续性、政府状况、行政效率、治安以及国际关系。政治环境直接关系到投资成败。

　　（2）法制环境。

　　指东道国有关投资的，特别是外国投资的法律、法规等情况。一个良好的法律环境应该具备完备的法律体系、公正的法律仲裁和法律的稳定性。

　　（3）经济环境。

　　指一国的经济发展状况（如国民收入水平、经济的年增长幅度等）、经济发展前景以及影响进一步投资的各种基础设施状况等。经济环境因素主要包括经济发展阶段、收入水平、基础结构、经济政策、贸易状况、国际收支状况、经济制度以及市场状况等。在影响国际投资活动的众多因素中，经济环境因素是最直接、最基本的因素。

　　（4）社会文化环境。

　　指对投资有重要影响的社会和文化等方面的关系。包括当地的宗教信仰、社会风俗、意识形态、语言文字及教育、文化水平等。

　　（5）自然环境。

　　它是指自然或历史上形成的与投资有关的自然、地理条件。自然环境包括气候、人口和地理等基本环境因素。

（6）基础设施。

基础设施包括两个方面的内容：一是工业基础设施的结构和状况；二是城市生活和服务设施的结构和状况。基础设施的好坏是吸引国际直接投资的基本条件。它的内容主要包括：①能源，包括基础能源和水力、电力、热力等供应系统和供应状况；②交通运输，包括铁路、公路、水路和航空运输等方面的条件；③通信设施，包括邮政、广播、电视、电话、电传等方面的设施；④原材料供应系统；⑤金融和信息服务；⑥城市生活设施状况，如住房、娱乐、饮食等；⑦文教、卫生设施和其他服务设施。基础设施的建设是与国际投资密切相关的外部物质条件，外国投资者是不可能到一个能源供应短缺、交通不便、信息闭塞和生活条件艰苦的地区进行投资的。正因为如此，东道国政府都很重视基础设施的建设和完善。

2. 国际直接投资环境的基本特征

（1）综合性。

投资者在进行投资决策时，必须对东道国的各种因素进行综合分析，统筹考虑。因为国际直接投资环境是由许多因素交织而组成的矛盾综合体。这些众多的因素形成整体"合力"后才具有吸引外资的功能。它不仅包括经济因素，还有政治、法制、管理、物质技术、社会文化、自然地理等其他因素，而每一方面的因素又包含着若干了要素系统，所有这些因素都以其特有方式作用于投资。这种综合性特点，要求人们在改善或评价投资环境的实践中，必须全面顾及所有的因素及其系统。

（2）系统性。

国际投资环境是一个有机的整体，涉及范围广，包括内容多，各部分相互连接、协调，互为条件，构成一个纷繁复杂的庞大系统。任何一个因素的变化，都可使涉及投资活动的其他因素发生连锁反应，进而导致整个投资环境的变化，影响到投资者对投资环境的评价。所以要运用系统分析方法，在把握整个系统功能的基础上，分别考虑各子系统的结构功能。

（3）先在性。

国际直接投资环境是先于投资行为而客观存在的。不仅自然条件和地理位置这些不可变因素如此，而且政治、经济、物质技术、社会文化等可变因素也如此，正是这种先在性特点，影响和决定着投资者的投资决策、投资方向、投资规模以及投资收益。所以，东道国和地区为了吸引更多外资，必须创建良好的投资环境。

（4）动态性。

影响国际投资的各种因素都处在不断变化之中，因此投资环境也是在不断地变化的。如政局的稳定、政策的变更、自然界本身的变化等，都会使投资环境改善或恶化。因此在进行国际投资活动时，要注意发现各种因素变化的情况和规律性，根据投资环境的动态性特点，合理选择投资的规模和方式，决定投资的流向。

（5）差异性。

国际直接投资环境在不同的国家或地区之间，以及对不同投资行业适应性的差异是绝对的。

3. 投资环境的评价方法

（1）投资障碍分析法。

投资障碍分析法是依据潜在的阻碍国际投资运行因素的多少与程度来评价投资环境优劣的一种方法。

　　国际投资者根据投资环境的内容结构,分别列出阻碍国际直接投资的主要因素,并在潜在的东道国之间进行比较,障碍少的国家被认为拥有较好的投资环境。这一方法中包含了以下 10 个方面的障碍因素(如表 7 - 2 所示):

表 7 - 2　国际直接投资的障碍因素

1. 政治障碍	2. 经济障碍
3. 资金融通障碍	4. 技术人员和熟练工人缺乏
5. 国有化政策和没收政策	6. 对外国投资者实行歧视性政策
7. 政府对企业过多的干预	8. 普遍实行进口限制
9. 实行外汇管制和限制汇回	10. 法律和行政体制不完善

　　投资障碍分析法是一种宏观层次上的定性分析,它使投资者可以根据阻碍因素的存在与否对投资环境作出一般性评价。

　　障碍分析所评价的内容只是不利于投资的方面,没有考虑到有利的或优惠的因素。如果投资者较关注东道国所能提供的优惠条件,或者是权衡优惠条件对某些不利因素的缓解情况,可以在此基础上作些专门的分析。

　　(2)抽样评估法。

　　抽样评估法是指对东道国的外商投资企业进行抽样调查,了解它们对东道国投资环境的一般看法。

　　其方法是:首先选定或随机抽取不同类型的外资企业,列出投资环境评估要素,它没有确定指标体系,但遵循的是因素分析,然后由外企管理人员进行口头或笔头评估,评估通常采用回答调查表的形式。

　　东道国的政府常采用这种方式来了解本国投资环境对外国投资的吸引力如何,以便调整吸引外资的政策、法律和法规,改善本国的投资环境。

　　组织抽样评估的单位通常是东道国政府,或国际咨询公司。有些发达国家的大学、研究机构专门建立世界上投资地区的案例资料库。例如,美国哈佛大学商学院的跨国公司案例中心,为潜在的投资者提供咨询服务。

　　抽样评估法的最大优点是能使调查人员得到第一手的信息资料,它的结论对潜在的投资者的投资决策来说具有直接的参考价值。

　　(3)投资环境等级评分法。

　　投资环境等级评分法又叫多因素等级评分法,它是美国学者经济学家罗伯特·斯托伯提出的。他将能够影响投资环境最重要的 8 个因素列举出来,然后把每一个因素分为几个层次,依据它们对投资决策的意义给出确定的分值,最后把各因素的等级得分加总作为对其投资环境的总体评价。总分越高,表示其投资环境越好,越低则表示其投资环境越差(如表 7 - 3 所示)。

表7－3 投资环境等级评分法计分表

环 境 评 估 因 素	评分
1. 资本撤回 Capital repatriation	0～12
（1）无限制	12
（2）只有时间上的限制	8
（3）限制资本撤回	6
（4）限制资本及利润撤回	4
（5）严格限制	2
（6）禁止资本撤回	0
2. 外商股权 Foreign ownership allowed	0～12
（1）准许并欢迎全部外资	12
（2）准许但不欢迎全部外资	10
（3）准许外资占大部分股权	8
（4）准许外资最多占半数股权	6
（5）准许外资占少数股权	4
（6）外资不得超过股权的30%	2
（7）不准外资拥有股权	0
3. 差别待遇与管制——外资、自资比例 Discrimination	0～12
（1）外资企业与本国企业同等待遇	12
（2）对外资企业略有限制，但非管制	10
（3）对外资企业无限制，但有一些管制	8
（4）对外资企业限制及管制	6
（5）对外资企业有些限制，并严加管制	4
（6）对外资企业严格限制及管制	2
（7）禁止外商投资	0
4. 货币的稳定性 Currency stability	4～20
（1）可自由兑换	20
（2）黑市与官价差异小于10%	18
（3）黑市与官价差异在10%～40%	14
（4）黑市与官价差异在40%～100%	8
（5）黑市与官价差异在100%以上	4
5. 政治稳定性 Political stability	0～12
（1）长期稳定	12
（2）依赖主要人物的稳定	10
（3）内部分裂，但政府尚能控制	8

续表 7 - 3

环 境 评 估 因 素	评分
(4)强烈的内在、外在力量影响政治	4
(5)有变动或改变的可能	2
(6)不稳定、极可能有变动或改变	0
6. 给予关税保护的意愿 Willingness to grant tariff protection	2 ~ 8
(1)给予充分的保护	8
(2)给予相当保护,尤其是新的主要产业	6
(3)给予少数保护,以新的主要产业为主	4
(4)很少或不予保护	2
7. 当地资本可用性 Availability of local capital	0 ~ 10
(1)具有资本市场、公开证券交易所	10
(2)有一些当地资本及投机性证券交易所	8
(3)有限的资本市场,少数外来资本可供使用	6
(4)极有限的短期资本	4
(5)严格的资本管理	2
(6)高度资本逃避	0
8. 近 5 年的年通货膨胀率 Annual inflation	2 ~ 14
(1)小于 1 %	14
(2)1% ~ 3%	12
(3)3% ~ 7%	10
(4)7% ~ 10%	8
(5)10% ~ 15%	6
(6)15% ~ 35%	4
(7)35% 以上	2

表中的关键因素不是固定的,国际投资的决策者可以根据不同的时期不同的国家进行适当调整。比如,知识经济时代,跨国公司对人力资本的渴求与对技术的研究开发显得十分重要,评价分析时可以作为关键因素或项目加以考虑。

(4)加权等级评分法。

加权等级评分法是前述投资环境等级评分法的演进,该方法由美国学者威廉·戴姆赞于 1972 年提出。

企业在运用这种方法时大体上分 3 个步骤:①对各环境因素的重要性进行排列,并给出相应的重要性权数;②根据各环境因素对投资产生不利影响或有利影响的程度进行等级评分,每个因素的评分范围都是从 0(完全不利的影响)到 100(完全有利的影响);③将各种环境因素的等级评分得分乘上相应的重要性权数,然后进行加总。

某公司对 A,B 两国的投资环境进行了评估,得到如表 7 - 4 所示数据。

表7-4　采用加权等级评分法对A, B两国投资环境进行评估和比较的情况

按其重要性排列的环境因素	A 国			B 国		
	重要性权数	等级评分0~100	加权等级评分	重要性权数	等级评分0~100	加权等级评分
1. 财产被没收的可能性	10	90	900	10	55	550
2. 动乱或战争造成损失的可能性	9	80	720	9	50	450
3. 收益返回	8	70	560	8	50	400
4. 政府的歧视性限制	8	70	560	8	60	480
5. 在当地以合理成本获得资本的可能性	7	50	350	7	90	630
6. 政治稳定性	7	80	560	7	50	350
7. 资本的返回	7	80	560	7	60	420
8. 货币稳定性	6	70	420	6	30	180
9. 价格稳定性	5	40	200	5	30	150
10. 税收水平	4	80	320	4	90	360
11. 劳资关系	3	70	210	3	80	240
12. 政府给予外来投资的优惠待遇	2	0	0	2	90	180
加权等级总分		5360			4390	

上表中 A 国的加权等级总分为 5360 分，大于 B 国的 4390 分，这意味着 A 国的投资环境优于 B 国的投资环境。如果公司面临在 A, B 两国之间选择投资场所的机会，A 国是比较理想的选择。

（5）国际直接投资环境评估的注意事项。

在做投资环境评估时需要注意的几个问题：①需要有各行各业专家的配合；②注意一般与特殊、静态与动态、定性与定量方法(指标)相结合；③根据变化的情况及时调整模型的相关因素。

第四节　东南亚国际投资

一、东南亚外国投资的发展阶段

战后，外国资本在东南亚国家的投资规模与方式均发生了较大的变化。流入东南亚的外国投资主要可分为：官方开发援助、官方非优惠性贷款、外国直接投资（FDI）、商业银行贷款、证券投资等。从东南亚外国投资的发展阶段看，大致经历了 20 世纪 50—70 年代初以外国官方开发援助为主,70 年代中期至 80 年代中期外国商业银行贷款规模扩大,80 年代中期以后外国直接投资的涌入,90 年代初出现的国际证券股权投资热等几个时期。

(一)50—70 年代初外国官方开发援助

20 世纪 50—70 年代初,东南亚国家基本上处于经济恢复和工业化起步的阶段。战后初期,东南亚国家刚取得政治独立,国内政局尚不稳定,通货膨胀和失业问题严重,经济处于恢复状态。各国的经济恢复急需建设资金,但国内的资金极为匮乏,因而许多国家战后的经济恢复主要依靠来自外国的官方开发援助,包括赠款、优惠和非优惠的贷款。即使在东南亚国家工业化的初期阶段,外国官方开发援助仍是各国推动工业发展和结构转变的主要外部资金来源。60 年代中期印度尼西亚的经济恢复就得到了"援助印度尼西亚国际财团"的巨额资金的援助,使得印度尼西亚经济能在较短时间里得以稳定,并很快开始实施工业化计划。

这一时期,东南亚国家以吸收外国官方援助为主,是与整个发展中国家吸引外国投资的方式相一致的。实际上,直到 80 年代中期前东南亚国家吸收的外国官方开发援助仍颇具规模。其中,印度尼西亚是吸收外国官方开发援助最多的国家。据世界银行统计,1985 年东南亚国家吸收的外国官方开发援助额为 22.29 亿美元,其中印度尼西亚为 6.03 亿美元[1]。直到 80 年代中期外国直接投资的大量涌入后,这些国家吸收的外国私人资本才超过官方援助,外国直接投资开始逐渐居主要地位。

(二)70 年代中期至 80 年代中期外国商业银行贷款规模扩大

70 年代中期开始,东南亚国家吸收的外国商业银行贷款的规模迅速增长,使得各国的外债总额不断扩大。据世界银行统计,1970—1986 年期间,东南亚 4 国的外债总额从 55.76 亿美元增至 911.31 亿美元,增长 15.3 倍[2]。

各国外债总额的急剧扩大,导致外债偿债率的大幅提高。与此同时,印度尼西亚的外债余额与 GNP 比率大大超过国际公认的 8% 的警戒线;偿债率(到期外债还本付息/货物和劳务出口额)也超过国际公认的 20% 的警戒线。这一时期,东南亚国家吸收的外国商业银行贷款规模的迅速扩大,是与当时整个发展中国家大量举借外债的状况相一致的。一方面,由于 70 年代两次石油危机,大量的"石油美元"流入国际金融市场,资金充裕,利率较低;另一方面,也因为石油危机使得油价大幅上涨,工业品的价格随之上涨,初级产品的价格急剧下跌,非产油发展中国家的贸易条件日益恶化,国际收支出现巨额逆差,这就迫使菲律宾、泰国等非产油国大量向外国商业银行借款来填补这一逆差。

1982 年 8 月,墨西哥宣布无力偿还当年到期的债务,导致发展中国家债务危机的爆发。1983 年 10 月,菲律宾也宣布延期偿还债务。不过,除菲律宾外,其他东南亚国家虽债台高筑,但未爆发债务危机。印度尼西亚、马来西亚和泰国基本上没有陷入全球性债务危机的困境中,究其原因主要是,尽管这些国家的债务规模庞大,但它们在国际金融市场的资信地位未受到动摇。由于当时东南亚国家仍保持较高的经济增长和出口增长,这些国家仍能从国际金融市场得到新的贷款,这使它们在遇到偿债问题时能取得喘息的时机,实施宏观经济政策的调整,并有足够的资金及时偿还外债;当时东南亚 3 国的外债期限结构仍

① World Bank (1987). World Development Report 1987, Oxford University Press. Table 22.

② World Bank (1988). World Development Report 1988, Oxford University Press. Table 18.

较为合理，短期债务的比率较小，因而没有出现像菲律宾那样集中还债的困境；80 年代初各国采取了一系列宏观经济的紧缩政策，这些应急性措施对减缓外债压力起到了积极的作用。

（三）80 年代中期以后外国直接投资的涌入

80 年代中期，由于日元的急剧升值以及随后的韩元和新台币升值，在东南亚掀起了外资的热潮，外国直接投资大量涌入东南亚国家。从 1987 年开始，外国直接投资首先涌向泰国，其后逐渐扩展到马来西亚、印度尼西亚、新加坡和菲律宾。1987 年和 1988 年，泰国率先出现了外国直接投资的高潮。由于外资的大量涌入，泰国的基础设施缺乏，工业用地不足，投资成本上升，阻碍了外资的继续流入，外资转向马来西亚、印度尼西亚，新加坡和菲律宾吸收的外资也大幅增加。

90 年代上半期，在东南亚国家的外国直接投资继续呈现扩展之势。尽管日本和亚洲"四小"的投资开始转向周边新兴国家，但来自欧美国家的投资有较大的增加。据联合国贸易及发展会议统计 1988—1997 年期间，东南亚 10 国吸收的外国直接投资总额已达1825.88 亿美元。

这一时期，外国直接投资的大量涌入，主要由于当时国际主要货币相对价值的变化而引发国际直接投资的转向和东南亚国家经济加速开放与投资环境改善。从 1985 年西方 5 大国财长会议到 1988 年，日元大幅度升值，而美元相应出现下浮，国际资本在亚太地区的直接投资迅速增长，该地区吸收的国际直接投资比重日益上升。1988 年，发达国家对发展中国家直接投资的 59% 流向亚太地区，其中 40% 集中在东南亚国家和韩国、中国香港及中国台湾。其中，日本在该地区的直接投资增长最快。仅 1985—1989 年日本在这一地区的直接投资就高达 265.13 亿美元，远超过前 34 年日本在该地区的累计投资额。另一方面，80 年代中期起，东南亚国家加快了经济自由化的步伐，放宽了对外资投资部门和股权的限制，采取了优惠的税收政策，加上这一时期各国的政局相对稳定，经济快速增长，使得投资环境有了较大改善①。

1997 年金融危机爆发后，东南亚国家的经济急剧衰退，各国货币大幅贬值，投资环境日益恶化，导致流入东南亚地区的外国直接投资趋于减少。印度尼西亚还出现了严重的外资撤资现象。2003 年，外国资本在东南亚国家的直接投资有所回升。

（四）90 年代初出现的国际证券股权投资热

90 年代初，全球投资领域出现了国际证券股权投资开始大量流入发展中国家的新兴市场的新现象。1993 年，流入新兴市场国家的国际证券股权投资达到最高峰。由于 1994 年 12 月墨西哥金融危机的影响，1994 年和 1995 年国际证券股权投资流入减少。1996 年，新兴市场国家的国际证券股权投资流入再次兴起。

在东南亚，马来西亚、泰国成为国际证券股权投资流入的主要国家，而印度尼西亚的国际证券股权投资的流入量也迅速增加。据统计，1993 年流入马来西亚的国际证券股权投资额达到 89.39 亿美元，超过了当年国际直接投资的流量；1993 年和 1994 年，流入马来西亚的国际证券股权投资还超过了当地证券市场的新股发行额。1993 年和 1995 年泰国的国

---

① 王勤. 亚太地区国际直接投资的新特点. 经济学动态, 1992(8).

际证券股权投资均超过了当年国际直接投资的流量①。

国际证券股权投资大量涌入马来西亚、泰国等新兴市场国家，主要因为金融自由化与国际化的加速发展和国际机构投资者的不断壮大。80 年代中期后，东南亚新兴市场国家的金融自由化步伐加快，各国纷纷推出一系列金融自由化改革的政策措施，证券市场的开放程度大大提高。1988 年国际金融公司就将马来西亚等国界定为外国投资者可以自由投资的新兴证券市场，泰国、印度尼西亚等国家界定为相对自由的新兴证券市场②。

90 年代初国际证券股权投资大量流入马来西亚、泰国等新兴市场国家，为对这些新兴市场国家的国内企业融资开辟了重要渠道。通过原始股认购进行的国际证券股权投资，直接为国内企业提供了巨额资金；而通过推动股票市场价格指数的上扬，鼓励企业上市和发行新股，二级市场的国际证券股权投资有利于降低企业的融资成本。但另一方面，由于国际证券股权投资流入的易变性，导致国内的潜在金融风险增大，容易引发金融市场的波动，从而造成宏观经济的不稳定性。这一时期，国际证券股权投资大量流入是导致 1997 年东南亚金融危机的重要原因之一，而国际证券股权投资的大量撤出又加剧金融危机的破坏程度。

二、东南亚投资环境概况

（一）越南

越南在吸引外资方面具有众多优势：资源丰富；政局稳定；经济发展势头良好；投资成本低，在工资、电话费、工业用地、租金和水电费等方面比同处东南亚地区的泰国、马来西亚和印度尼西亚等更有竞争优势；市场潜力大；地理位置优越，可以辐射整个东盟地区。《2008—2009 年度全球竞争力报告》显示，越南在全球最具竞争力的 134 个经济体中排名第 70 位。不利因素主要有：一些政府官员办事拖沓，各种申办手续繁杂；政策法规透明度低，随意性强；存在贪污腐败现象等。总体来看，越南在吸引外资方面取得了良好的成绩。据越南计划投资部统计，2008 年越南吸收外商直接投资协议总金额为 717 亿美元。截至 2009 年 5 月底，越南吸引外资有效项目 10192 个。吸收外资最多的 10 个行业分别是：加工制造业、科技专业、通信传媒、农林渔业、建筑业、房地产经营及运输仓储、酒店和餐饮业、批发零售和修理、休闲娱乐。另据统计，在 87 个对越投资的国家和地区中，中国台湾省、韩国、马来西亚和日本分列对越投资四大来源地。

（二）老挝·

老挝拥有丰富的包括矿产资源在内的自然资源，同时政府出台积极促进投资的政策，且近几年老挝经济维持高速增长（2008 年为 7.9%，列东南亚国家经济增长第 1 名），因此，目前老挝的投资环境总体来说是好的和有吸引力的，但仍存在人口少、市场小、工业不配套、物流成本高、劳动力素质偏低等种种不利因素。根据 2009 年 5 月 4 日老挝《经济社会报》，在老挝 2007—2008 财政年度，政府共批准 146 个外资项目，总投资金额为 14.34 亿美元。老挝 2008—2009 财政年度前 6 个月，共批准 116 个投资项目，外国投资总金额为 28.57 亿美元。越南、中国和泰国对老投资项目数、金额分列前 3 位，主要投资领域为矿产和服务业。

① 联合国贸易及发展会议.1997 年世界投资报告(中译本).对外经济贸易大学出版社,2001:208.
② International Finance Corporation (1989). Emerging Stock Markets Factbook 1989. Washington, D. C. : IFC.

（三）柬埔寨

柬埔寨是一个资源丰富的国家，且实行开放的自由市场经济政策，经济活动高度自由化。近年来，柬社会政治稳定，经济持续快速平稳地发展。随着经济的发展，柬埔寨的全球竞争力也不断上升，《2008—2009 年度全球竞争力报告》显示，柬埔寨排名第 109 位，比上年上升一位。该国吸引外资的不利因素主要有：基础设施条件差；相关成本费用高；工人工资水平高于越南等。柬政府加强与发展合作伙伴关系，积极争取外援，吸引外国投资，使得外国固定资产投资逐年增长。2007 年柬埔寨全年固定资产投资总额约为 21.07 亿美元，比 2006 年增长了 19.05%，其中国外资本为 10.58 亿美元。2008 年柬埔寨全年固定资产投资总额约为 26.97 亿美元，占当年 GDP 的 25.8%，其中国外资本为 12.13 亿美元，占当年 GDP 的 11.6%。这有力地改善了经济社会硬件设施，更好地促进该国的经济发展。

（四）缅甸

缅甸虽然是世界上最不发达的国家之一，但它是东南亚国土面积第二大的国家，市场潜力大，又是连接东南亚和南亚两大市场的重要通道之一。该国资源丰富，尤其是石油与天然气储量大，且大多数还没有得到开发和利用。因此，这个国家蕴藏着众多投资机会。缅政府也十分欢迎外商到缅甸投资。但该国也存在一些吸引外资的不利因素，如法律法规不健全；基础设施落后；双重汇率相差悬殊等。据缅方统计数据：2007—2008 年，外国对缅甸投资项目 7 个，投资协议金额 1.72 亿美元。2008—2009 年，外国对缅甸投资项目 4 个，投资协议金额 9.69 亿美元。外国对缅投资领域排序分别为：水电、石油与天然气、制造业、矿业、房地产业、饭店与旅游业、交通通信业、工业区建设、建筑业和农业等领域。对缅投资前 5 位的国家分别为：泰国、英国、新加坡、中国和马来西亚。

（五）泰国

泰国地理位置优越，经济环境比较稳定，对周边国家辐射性强，国内市场容量较大，生产成本相对欧美较低，基础设施较为完善，一直以来都是东南亚地区的投资热点。泰国投资促进委员会(BOI)于 2002 年推出了新的鼓励投资政策，把吸引外资的重点放在以下 5 个行业：农业、汽车业、电子业、时尚业（包括信息技术和电信）及高增值服务业。《2008—2009 年度全球竞争力报告》显示，泰国排名第 34 位。该国吸引外资的不利因素主要是政治因素：近几年来，泰国政局持续动荡，各派政治斗争较为激烈，使泰国社会秩序经济发展和人民生活受到不同程度的影响，严重打击了投资者的投资热情和信心，如 2009 年 4 月红衫军示威导致东盟峰会取消一事严重破坏了泰国的国家形象，并将对泰国经济产生深远影响。按来泰投资额计算，排在前几位的依次为日本、美国、欧盟、东盟；外资投入的主要行业为：金属加工和机械制造业、电子业、服务业。

（六）菲律宾

菲律宾是位于东南亚地区的一个群岛国家，它有着吸引外资的有利因素，突出地表现在拥有大量廉价而受过教育的讲英语的劳动力，而且资源丰富，尤其是矿产资源。《2008—2009 年度全球竞争力报告》显示，菲律宾排名第 71 位。该国吸引外资的不利因素主要有：政局时有不稳，基础设施陈旧，存在腐败现象，法制改革进展缓慢等。据菲相关资料显示，2004 年以来，菲律宾矿业投资累计达到 21.1 亿美元；到 2013 年有望达到 100 亿~120 亿美元，矿业投资前景乐观。而 2008 年 11 月份菲律宾外国直接投资净流入 2.32 亿美元，同比增长 68%，这一罕见的增长也是因为中国香港第一太平有限公司出资 1.23

亿美元收购了全菲最大矿业公司 Philex 公司 20% 的股份所致。外资主要来源地为日本、美国、英国、德国、韩国、马来西亚和中国香港等，投资的主要领域有制造业（包括造船、电子、造纸、烟草等）、服务业、矿业、通信业、房地产、金融业等。

（七）马来西亚

马来西亚地理位置优越，原材料产品资源丰富，政局相对稳定，经济增长前景较好，人力资源素质较高，具有很强的投资吸引力。《2008—2009 年度全球竞争力报告》显示，马来西亚排名第 21 位。其吸引外资的不利因素主要有：外资公司注册和申办各种执照的申请程序复杂，文件繁多，审批时间较长，需要交涉的事务头绪纷繁；当地雇工总体工资水平较高等。作为东南亚地区经济较发达的国家，马来西亚同样十分重视吸引外资，尤其是在制造业领域。2008 年，马来西亚制造业领域共吸引外资 461 亿林吉特（131 亿美元），创历史新高，比 2007 年增长 35%，占 2008 年制造业领域投资总额的 73.4%。外商投资主要集中在电子电器、基本金属制造、石油、化学和化工、食品加工以及交通运输设备等行业。外资主要来源地是澳大利亚、美国、日本和德国。从外资流入地域来看，马来西亚伊斯干达、沙捞越、北部、东部和沙巴等五大经济发展走廊吸引投资成效显著，投资者反应良好。

（八）印度尼西亚

印度尼西亚是东南亚面积最大、人口最多的国家。该国地理位置重要，自然资源丰富，政局相对稳定，经济增长前景看好，市场潜力大，人力资源丰富且价格低廉，市场化程度高，金融市场充分开放，相当具有投资吸引力。《2008—2009 年度全球竞争力报告》显示，印度尼西亚排名第 55 位。该国吸引外资的不利因素主要有：法律环境复杂，许多法律规定模糊，可操作性差；外资公司注册手续繁多，审批时间较长；税收体制比较复杂，企业的税收成本比较高等。2007 年印度尼西亚吸引外国直接投资达 103.4 亿美元，2008 年则达到 149 亿美元。外国投资比较集中的行业是运输仓储、通信、金属机电、机动车及其他运输工具、化学、制药及贸易等；外资来源前几位为新加坡、日本、英国、韩国、马来西亚等。在吸引劳工数目方面，外国投资吸收了 242654 人，为解决印度尼西亚的劳动就业问题做出了突出贡献。

（九）新加坡

从硬件上看，新加坡面积狭小，自然资源匮乏，内部市场也非常狭小，这就决定了新加坡在经济发展上对外部世界的依赖性，因此，新加坡将吸引外资定为基本国策。从软件上看，新加坡又是东南亚地区经济最发达的国家，地理位置优越，基础设施完善，法律法规健全，政治社会稳定，政策透明度高，商业网络广泛，有着诸多吸引外资的有利条件。《2008—2009 年度全球竞争力报告》显示，新加坡排名第 5 位。根据新加坡统计局数字，截至 2007 年底，新加坡累计吸引外国直接投资 4372.9 亿美元。前五大直接投资来源地分别为英国、荷兰、美国、日本、瑞士。新加坡吸收的直接投资主要集中在金融保险服务业（包括投资控股公司）、制造业、批发零售贸易和酒店餐饮业，上述 3 个领域在新加坡外国直接投资存量中约占 87%。在制造业领域，石油化工、生物医药、电子元器件等行业的大型跨国企业均在新加坡有投资项目。

（十）文莱

文莱有和平之邦的美称，社会稳定，人民富裕，市场化程度高，政策透明度较高，且地理位置优越，从亚洲各地都可以很方便地到达文莱，能为外国投资者提供优惠的投资条件和良好的投资环境。《2008—2009年度全球竞争力报告》显示，文莱首次参加全球竞争力排名，列第39位，其中宏观经济稳定性指标排名全球第二。该国吸引外资的不利因素主要有：劳动力短缺；政府机构办事较慢，项目审批时间长等。作为一个经济结构单一的油气生产国，面对经济全球化和激烈的国际竞争，文莱政府多年来采取积极应对措施，加大实施经济多元化力度，积极鼓励中小企业和私人投资，努力在石油、天然气的下游产业、制造业、服务业等领域有所突破。2007年4月至2008年6月，文莱共吸收外资6.892亿文莱元（约4.14亿美元）。外资来源前几位为英国、荷兰、日本、美国。投资领域主要在石油勘探和开采、天然气液化工程及发电站建设等方面。

三、东南亚国际间接投资

东南亚间接投资重点介绍东南亚主要证券市场。

目前，东南亚国际证券市场基本属于第一层次含义的国际证券市场，即东南亚国际证券市场是国际化了的东南亚各国国别证券市场。

20世纪80年代以来，东南亚各国的证券市场得到了很快发展。1997年初，一场金融风暴席卷了整个东南亚地区，导致这一地区出现了近30年来最严重的经济危机，并最终演变为亚洲金融危机。

目前，新加坡、马来西亚、泰国、印度尼西亚、菲律宾和越南都有证券交易市场，由于历史条件和经济发展基础程度的不同，东南亚各国的证券市场存在较大的差异。其中，新加坡证券市场已具有一定的规模，管理比较成熟，制度、运行机制较为健全；而马来西亚、印度尼西亚、泰国、菲律宾和越南初步形成了证券市场，但市场稳定性差，功能不健全，市场体系、规章制度有待于完善，作用局限于本国（地区）范围。

在东南亚地区规模最大且最具影响力的是新加坡证券市场。

（一）新加坡证券市场

1. 新加坡证券市场的特点

1930年新加坡第一个股票经纪联合会成立，1960年证券交易所成立，1999年新加坡股票交易所（SES）和前新加坡国际金融交易所（SIMEX）合并而成新加坡证券交易所（Singapore Exchange，SGX）。

目前，新加坡证交所已成为东南亚地区第一大证券交易所和亚洲仅次于东京、中国香港的第三大交易所，是全亚洲首家实现全电子化及无场地交易的证券交易所。2000年11月23日新加坡交易所上市，成为亚太地区首家通过公开募股和私募配售方式上市的交易所。主要指数：新加坡海峡时报指数（STI），由新加坡海峡时报所汇整的市值加权平均指数，主要涵盖在新加坡证交所挂牌的最重要及最活跃的个股。

同东南亚及亚洲其他证券市场相比，新加坡证券市场有以下特点：

（1）制造业及科技企业所占比例较高。

新加坡市场对制造业公司更为青睐。在新加坡交易所的上市公司中，36%来自制造业（包括电子业），15%来自商贸业，此外，服务业、金融业及建筑业公司各占10%、9%及9%。在服务业上市公司中，有许多是属于没有实质产品的科技公司如网络服务及咨询公司。近年来，新加坡市场对环保企业有更深的认识，估价较高。

（2）区域性和国际化程度高。

新加坡采用了国际标准的披露标准和公司治理政策,为本地和海外投资者提供了管理良好的投资环境。同亚洲的中国香港、东京交易所相比,新加坡交易所是一个更为开放的区域性和国际化市场。

(3)证券相对流通性大。

新加坡没有外汇及资金流动管制,发行新股及出售旧股所募集的资金可自由流入、流出新加坡。因此,尽管新加坡证券交易所规模相对亚洲的中国香港和东京交易所而言较小,但证券的相对交易量(换手率)表现突出,一直保持在55%左右。此外,有些股市的交易量通常都非常集中在几个活跃股上,其他股票就不太受重视;而新加坡在交易量方面是比较分散,前10名最活跃股票的交易量,仅占在整个市场总量的30%~40%。其中,具有中资背景的股票流动性更佳,上市挂牌中国公司的换手率普遍高于其他企业,具有中国效应。高换手率显示新加坡的股市是一个相当活跃的市场。

(4)拥有较多专业人员及大量交易基金。

参与者以机构投资者为主体,机构投资者拥有众多的投资专家、基金经理,以及各类专业投资分析员,投资者结构比较合理。此外,由于市场相对较成熟,新加坡交易所拥有大量交易基金。

(5)企业融资方便,后续融资能力强。

新加坡证券市场具有成熟和活跃的二级市场供增发融资,特别是新交所二级市场融资的手续十分简便、快速、灵活。公司发行股份可以选择发售新股或由股东卖出原有股份,除了在上市时发行新股、募集资金外,在信息披露完全的条件下,上市后公司还可以随时在二级市场上再次募集资金的形式、时间和数量。

(6)上市速度快和费用相对低。

新加坡本地上市公司发行融资比在纽约、中国香港或内地A股上市要快得多。如果公司是在新交所首次上市,从开始准备那天起到正式挂牌上市,大概需要4~6个月时间;如果公司已经在新加坡上了市,从决定再次集资到收到钱为止,通常仅要3~5个工作日。新加坡投资者比较欢迎中国内地的公司到新加坡上市,而且在新加坡上市的费用比纽约和中国香港低,为融资额的1.5%~3.5%。

2. 新加坡交易所上市基本条件

相对于中国香港交易所,新加坡交易所上市的门槛相对低。新加坡交易所分主板市场及自动报价板市场,其上市标准如下:

(1)主板标准。

新加坡主板上市有3个标准,企业仅需符合任何一个标准即可,具体如表7-5①所示:

---

① 说明:上市要求中的每一条适用于不同类型的公司,对于某些公司,例如,快速成长的短期高额赢利的高科技公司,或者快速成长的目前正在试图赢利的高科技公司,只要满足以上条件,也可允许在主板市场上市。不论何种公司,主板上市前,都必须聘请承销经理进行辅导,而且承销经理有责任进行尽职调查,以确认该家公司是否适合在主板上市。

表7-5　新加坡交易所上市基本条件

	标准一	标准二	标准三
税前利润	过去三年总和750万新元且每年至少100万新元	过去一或二年总和1000万新元	无
市值	无	无	上市时8000万新元（以上市时发行价计算）
营业记录	三年	无要求	无要求
公众持股比例	至少1000名股东持有公司股份的25%；如果市值大于3亿，股东的持股比例可以降低至12%~20%之间；对于再次公开发行的公司，必须在全球至少有2000名股东持有公司股份的25%		
持续管理时间	3年	1或2年，视情况而定	无要求
会计准则	新加坡或国际或美国公认的会计准则		
持续性上市义务	是	是	是

如果公司在国外另一家公认的证券交易所上市，可不必遵守持续性上市义务的有关规定。

（2）自动报价板市场（SESDAQ）标准。

SESDAQ设立目标是为让新兴的有潜力的公司上市融资，因此企业在自动报价板市场上市的标准很低，除规定"15%的股份或50万股股票由至少500名股东持有"外，对于税前利润、资本额大小、营业记录等均无具体要求，但在新加坡交易所自动报价板市场上市的企业必须注意对信息进行充分披露（如表7-6所示）。①

表7-6　新加坡自动报价板市场（SESDAQ）标准

税前利润	有生存下去的可能和赢利前景，要有良好的成长性
实收资本	无要求
业务记录	无业务记录的公司，必须要能充分证明，其融资是为了资助一个项目或开发一项产品，而且该项目或该产品已经经过了充分的研究与论证
公众持股比例	至少500名股东持有500000股或公司已发行股份（当然大于500000股）的15%
持续性上市义务	有，但是当公司在国外另一家公认的证券交易所上市，可不必遵守持续性上市义务的有关规定

除上述上市数量标准外，所有上市申请者也需要披露公司经营的业务、前景、管理层的组成、经验、与公司的利益冲突以及其他要求披露的事项。

（二）东南亚其他证券市场的发展

1. 泰国证券交易所（The Stock Exchange of Thailand, SET）

泰国拥有一个活跃的证券市场，现代的泰国资本市场基本可以分成私有性质的曼谷证

---

① 说明：创业板上市的公司，当未来条件许可且符合主板上市条件时，可以转为主板上市。

券交易所和泰国证券交易所两个发展阶段。

泰国证券市场最初始于1962年7月，由一个私有集团建立了一个有限合伙制的证券交易所。1963年定名为曼谷证券交易有限公司（BSE）。1975年4月30日，泰国证券交易所（The Securities Exchange of Thailand）正式开始运营。1991年1月，正式更名为泰国证券交易所（The Stock Exchange of Thailand，SET），成为泰国投资者的单一统一市场，也是泰国最重要的金融服务中心之一。

泰国证券交易委员会（SEC）是泰国资本市场宏观管理的主管机构，由财政部长、央行行长、财政部、商业部次长及有关专家组成，主要负责证券监督、促进、开发及运作方面法律法规的制订，以确保资本和金融市场的公平发展，提高运行效率，保持长期平稳发展，以及增强泰国资本市场的国际竞争力等。

SEC办公室是资本市场的具体管理机构，下设法律事务部、信息技术部、法律执行部、人力资源部、财务管理部、公司金融部、会计监督部、投资监管部、投资顾问管理部、研究部、法人事务部、资本市场教育部和经纪人管理部等13个部门，另设内部审计部。

泰国证券交易所（SET）是证券交易机构，又称为一板市场，下设信息技术、战略和经营开发、资本市场机会中心、市场管理、金融和管理、公司事务6大部门。另设报酬、提名、风险管理和审计4个委员会。

泰国债券交易中心（TBDC）的目的是为二级债券市场交易提供场所，并促进对债券市场发展问题的讨论及研究。其定价的透明度很低，并且也不能为小型投资者们提供参与机会，甚至机构投资者们也只能主要围绕着政府债券投资而非企业债券。

泰国在2004年建立了电子化债券交易所（BEX），一些新发行的公司债券可以在该所上市交易，为个人投资者开通了交易渠道。目前，泰国政府正致力于建立一个可以囊括所有债券的电子化交易平台（ETP），旨在促进债券交易、减少交易成本和费用。

泰国的新生股票投资市场（MAI）是从属于证券交易所的二板市场，于1999年6月21日正式开始营业。MAI的主要目标是：为中小企业提供有选择的资金渠道；为债务重组提供方便，尤其是通过债转股的方法，为现在债权人的早期投资提供一条出路；鼓励风险资金向中小企业投资；提供更多的投资机会，分散投资风险。

2. 马来西亚交易所有限公司（Bursa Malaysia Berhad）

马来西亚交易所是东盟地区最大和最早的股票交易所之一，1965年新加坡脱离马来西亚后，分别设立了马来西亚与新加坡股票交易所。1976年，吉隆坡股票交易所（KLSE）接管了股票交易的操作。马来西亚2003年4月发布的资本市场十项措施包括审查经纪人佣金的内容。当年，马来西亚证券委员会（Malaysian Securities Commission）成为公司债发行和说明书登记的唯一监管机构。2004年，马来西亚吉隆坡证券交易所由会员制改革为公司制，称为马来西亚交易所有限公司（Bursa Malaysia Berhad）。

马来西亚交易所有限公司是一个在交易所买卖的证券与衍生产品的前线管制者及市场操作者，它设有本身的公司组织大网和章程，管理它的参股单位及交易单位在证券与衍生产品交易方面的运作。同时也负责监督市场及执行公司的上市条件，列明公司上市的准则、信息公开的条规以及上市公司须保持的行为标准。

目前马来西亚交易所有限公司有34家股票经纪行，这些被称为参与机构的公司为在马证券交易所上市的证券提供交易服务，其中6家被授予综合经纪商的地位。综合经纪商可提供全面性的综合资金市场服务，即公司融资、债券交易及股票交易。在 2004 年 11 月 19 日有 953 家公司在它的主板、第二板和自动报价板上市。马来西亚交易所主要指数是印度尼西亚雅加达综合指数（JCI）——依据所有雅加达证交所挂牌公司所编制的修正市值加权平均指数而形成。

3. 印度尼西亚交易所

目前的印度尼西亚交易所是 2004 年 12 月雅加达与苏拉巴耶两个证券交易所合并而成，同邻国马来西亚、泰国和新加坡相比，印度尼西亚在资本市场建设方面是落后的。

印度尼西亚是亚洲证券交易最久的国家之一。早在 1912 年，印度尼西亚还是荷兰殖民地的时候，就建立了有组织的证券交易制度。1942 年，随着日本的入侵，证券市场曾一度关闭，到 50 年代中期才重新开张，但成绩平平。到 1986 年底，证券交易所上市公司只有 24 家，股票总市值只有 1.33 亿印度尼西亚卢比，1986 年的交易额为 17.25 亿印度尼西亚卢比。

印度尼西亚证交所有两种证券交易制度：唱名交易制度和连续交易制度。唱名交易制度主要用于新上市证券的交易。连续交易制度一般用于交易较活跃的股票。通常新上市证券经过 5 个营业日的唱名交易后，经纪人和交易商就可以用连续交易法自由地交易这种证券。在连续交易制下，所有证券是同时交易的。

外国人在印度尼西亚投资必须得到"投资协调委员会"（Badan Koordinasi Penanaman Model）的批准，而且只能投资于外资投资公司（合资企业）。

印度尼西亚银行是印度尼西亚的中央银行，负责管理银行系统和进行外汇管制。总的说来，印度尼西亚银行对资金进出印度尼西亚是不加限制的。但在外资投资的公司免税期内，该公司的资本不得汇出国外，除非是把股票卖给印度尼西亚公民而得到的资金。

根据 1986 年 5 月 6 日公布的外商投资政策，外商投资公司在创办时，外国参与率可达 80%，有时甚至 95%，但在投产后的 10 年内这一比率必须降到 49%。在把外国所有权降到规定的比率时，股票必须首先卖给原有的印度尼西亚合伙人。如果这些合伙人不买或无法全部购买，则可以交给印度尼西亚其他个人或公司。如果找不到购买者，则可以卖给国家银行、非银行金融机构或通过资本市场卖给公众，如果所有这些降低外国参与比率的努力都未成功，投资协调委员会主席可以把降低外资参与率的期限延长到 15 年。

4. 菲律宾证券交易所

菲律宾的证券交易有较久的历史。早在 1927 年，作为美国殖民地的菲律宾模仿纽约证交所的模式，建立了菲律宾第一家证交所——马尼拉证交所。该证交所是一个自愿的、非营利性的组织。此后，菲律宾又先后建立了马尼拉证交所、首都证交所。但实际上首都证交所的作用很小。

菲律宾证券市场的参与者以个人为主，但机构投资者（包括几个共同基金）和外国投资者发挥着重要的作用。

菲律宾最重要的股价指数是综合股价指数，该指数是根据从工商业（10 家）、矿业（9 家）、石油业（6 家）三大行业中选出的 25 家样本公司的股票，经过加权使其面值相同后计算出来的。

5. 越南胡志明市证券交易中心

2000 年 7 月，越南胡志明市证券交易中心正式运营，虽然首次上市公司仅有两家，但使越南成为东盟 10 国中第 7 个开辟证券市场的国家。2005 年 3 月,越南第二家证券交易所河内市证券交易中心正式开业,其规模较胡志明市证券交易中心小,交易设在胡志明市证券交易中心上市的证券。随着越南经济的快速发展,越南股市也跟着繁荣起来。

越南证券交易市场具有以下特点:

(1)从证券市场管理制度来看,越南法律制度的建设处于起步阶段。

(2)从证券市场发展的情况看,越南证券市场的发展速度较慢、规模较小。

(3)从股权性质来看,越南上市公司的股票是全流通的。

(4)从证券市场对外开放程度来看,越南证券市场准入制度宽松。

越南目前采取的是一种宽松的外资准入制度,允许国外投资者直接进入越南证券市场买卖股票或债券。越南政府规定,外国组织和个人进入证券市场,最多可以买卖、持有 30% 的正在流通的上市股票,一个外国组织最多可以买卖、持有 1 家上市公司 3% 的股票,一个外国人最多可以买卖、持有 1 家上市公司 3% 的股票。这些政策被国外投资者利用来投机炒作股票,对新兴市场的稳定发展带来不利影响。

(5)政府制定的政策对股票价格涨跌影响大。

经过近些年的发展,东南亚国家证券市场向前迈进了一大步,无论是市场规模还是市场结构都有了较大的提高,推动了国内金融体系的改革和经济的发展。

但是,东南亚各国的证券市场的发展仍很不成熟,在市场结构、基础设施建设和监管方面与发达国家成熟的公司证券市场相比还有很大差距,我们应清醒地认识到它本身的缺陷以及背后隐藏的风险。

四、东南亚国际直接投资

(一)外国直接投资在东南亚的特点

随着各国经济迅速发展和投资环境改善,东南亚成为外国直接投资的重点地区。尤其是 80 年代中后期,外国直接投资大量涌入东南亚国家,它们在东南亚的投资规模、产业分布、地区来源和投资方式均呈现新的特点。

1. 外国直接投资的流量与存量

一国国际直接投资的流量和存量是衡量其生产国际化程度的重要指标,因为国际直接投资导致了外国跨国公司的形成与发展,从而使东道国生产领域的国际化程度提高。东南亚国家的外国直接投资的流量经历了较大的波动起伏,东南亚的国际直接投资存量增长,表明了各国的生产国际化程度的提高。

(1)80 年代中后期国际直接投资流入量加大,金融危机后进入调整期。

80 年代中期,由于日元的急剧升值和随后的韩元和新台币升值,在东南亚掀起了外资的投资热潮,国际直接投资开始大量涌入东南亚国家。80 年代上半期,在东南亚国家的国际直接投资以日本和亚洲"四小"为主体。90 年代上半期,来自欧美国家的投资有较大幅度的增加。1989 年东南亚国家吸收的外国直接投资额首次超过 100 亿美元,1994 年达到 200 多亿美元,1997 年突破 300 亿美元,创下历史最高纪录。据联合国贸易及发展会议统计,1980—1997 年期间,东南亚 10 国吸收的外国直接投资额从 24.14 亿美元增至 340.99 亿美元,增长 13.1 倍。其中,以新加坡、马来西亚、印度尼西亚和泰国吸收的外资额最多。

　　1997 年东南亚国家爆发了严重的金融危机，各国货币大幅贬值，国内经济急剧衰退，投资环境显著恶化，导致流入东南亚地区的外国直接投资日趋减少。据统计，1998 年东南亚 10 国吸收的外国直接投资下降 34.3％。其中，印度尼西亚出现外资的持续撤资现象，马来西亚吸收的外资额仅为金融危机前的 50％，菲律宾、新加坡尚未达到金融危机前的水平，泰国、越南仍不及金融危机前的一半。2004 年，东南亚流入的外国直接投资又开始超过历史最高水平，到 2007 年达到 657 亿美元，受美国次贷危机影响，2008 年、2009 年外国直接投资流入持续下降，2010 年又再创新高，达到了 791 亿美元（如表 7－7 所示）。

表 7－7　1980—2010 年东南亚 10 国的国际直接投资流入量　　　　单位：百万美元

国别	1980	1990	1995	1997	1998	2000	2005	2007	2008	2009	2010
文莱	-20	3	583	702	573	549	289	260	239	370	496
柬埔寨	1	…	151	168	243	149	381	867	815	539	783
印度尼西亚	180	1092	4346	4729	-356	-4550	8336	6928	9318	4877	13304
老挝	…	6	88	86	45	34	28	324	228	319	350
马来西亚	934	2611	5815	6323	2714	3788	4065	8595	7172	1430	9103
缅甸	0	161	318	879	684	208	236	715	976	579	756
菲律宾	-106	550	1557	1249	1718	1345	1854	2916	1544	1963	1713
新加坡	1236	5575	11503	13753	7594	12464	15460	37033	8588	15279	38638
泰国	189	2575	2070	3882	7491	3350	8067	1355	8448	4976	5813
越南	0	180	1780	2587	1700	1289	2021	6739	9579	7600	8173
合计	2414	12753	28231	34358	22406	18626	40737	65732	46907	37932	79129

资料来源：根据 http：//unctadstat. unctad. org/TableViewer/tableView. aspx 数据编制。

（2）外国直接投资存量迅速增长，生产国际化程度趋于提高

　　全球的国际直接投资存量是衡量生产国际化的重要指标，1980—2010 年，全球国际直接投资存量从 6989.51 亿美元增至 19.14 万亿美元，增长 26.4 倍，世界的国民生产体系的国际化程度迅速提高。在东南亚，80 年代中期以后国际直接投资的大量流入，各国外国直接投资存量规模逐步扩大。据统计，1980—2010 年期间，东南亚 10 国的外国直接投资存量从 184.54 亿美元增至 9380.59 亿美元，增长 49.8 倍（如表 7－8 所示）。其中，增长速度由大到小依次为缅甸、老挝、文莱、柬埔寨、泰国、新加坡、越南、菲律宾、印度尼西亚、马来西亚。东南亚外国直接投资存量的迅速增长，各国的生产国际化程度不断提高，除菲律宾、印度尼西亚和马来西亚外，东南亚国家的国际直接投资存量增速高于世界的平均水平。2010 年，东南亚国家国际直接投资存量由大到小依次为新加坡（50.07％）、泰国（13.56％）、印度尼西亚（12.95％）、马来西亚（10.08％）、越南（6.99％）、菲律宾（2.65％）、文莱（1.20％）、缅甸（0.88％）、柬埔寨（0.63％）、老挝（0.22％）。

表7-8 1980—2010 年东南亚 10 国的国际直接投资存量   单位：百万美元

国别	1980	1990	1995	1997	1998	2000	2005	2007	2008	2009	2010	增长倍数
文莱	19	33	642	1997	2570	3867	9427	10120	10360	10729	11225	589.8
柬埔寨	38	38	356	956	1199	1580	2471	3821	4637	5176	5958	155.8
印度尼西亚	4559	8732	20626	31600	31393	25060	41187	79927	72227	108223	121527	25.7
老挝	2	13	211	458	503	588	681	1192	1420	1738	2088	1043.0
马来西亚	5169	10318	28731	42351	45065	52747	44460	75736	73601	78895	101339	18.6
缅甸	5	281	1210	2669	3353	3211	4715	5962	6938	7516	8273	1653.6
菲律宾	914	4528	10148	12917	14669	18156	14978	20463	21746	23180	24893	26.2
新加坡	5351	30468	65644	74768	86840	110570	194581	322978	326790	343599	469871	86.8
泰国	981	8242	17684	13333	25481	29915	60408	94112	93500	109629	127257	128.7
越南	1416	1650	7150	13282	15647	20596	31136	40275	49854	57454	65628	45.3
合计	18454	64303	152402	194331	226720	266290	404044	654586	661073	746139	938059	49.8

资料来源：根据 http://unctadstat.unctad.org/TableViewer/tableView.aspx 数据编制。

2. 外国直接投资的产业分布

与战后全球国际直接投资的产业流向相对应，东南亚国家的外资产业分布也发生了一系列新的变化。这主要体现在：外资从第一产业部门转向第二产业部门，服务业投资比重不断上升；外资在制造业部门投资的技术层次有所提高，重化工业部门的投资比重趋于上升；外资在第三产业部门的投资扩大，金融、商贸服务业成为投资的重要领域。

（1）外资从第一产业部门转向第二产业部门，服务业投资比重不断上升。

从 20 世纪 60 年代到 70 年代初期，东南亚国家的外国直接投资主要投向第一产业部门和进口替代型工业部门。各国的外资产业部门分布基本上是以第一产业部门为主，制造工业部门居次，第三产业部门所占比重甚小。70 年代开始，东南亚国家相继转向重点发展面向出口型工业，外资在第二产业部门，尤其是面向出口工业部门的投资规模迅速扩大。外资在第二产业部门的投资比重日益增大，而在第一产业部门投资的比重大幅下降（印度尼西亚除外）。80 年代中期以后，外国直接投资大量涌入东南亚国家的制造业部门，特别是日本和亚洲"四小"将劳动密集型产业和部分技术密集型产业转到当地，使得东南亚国家制造工业部门的外资比重急剧上升。到 80 年代末 90 年代初，外资在马来西亚、菲律宾、新加坡和泰国第二产业部门的投资比重均超过了 40%。进入 90 年代以后，随着国际直接投资转向服务业和各国第三产业部门需求增长，外资在东南亚国家第三产业部门直接投资的规模不断扩大，尤其是在金融服务、贸易和商业领域的投资迅速增加，使得它们在各国第三产业部门的投资比重不断上升。1999—2001 年期间，外资在东南亚国家的第三产业部门的投资均超过了 30%，菲律宾和新加坡均超过了 90%。

（2）制造业部门投资的技术层次提高，重化工业部门的投资比重上升。

80年代中期，日本和亚洲"四小"向东南亚国家以转移劳动密集型和部分技术密集型产业与工序为主，整体的技术层次相对较低，增值量也小。日本向东南亚国家转移的电子电器工业多半是劳动密集型的装配工业，亚洲"四小"更是以纺织成衣、鞋类、玩具、体育用品等行业居多。进入90年代，外资在东南亚国家投资的产业技术层次有所提升，欧美国家开始将部分技术密集型产业和工序转移到当地，日本、中国台湾等也把一些高增值和高技术企业转到当地设厂。欧、美、日在泰国汽车工业的投资规模迅速增大，外国的汽车部件生产企业已达400多家，其中大部分为日资企业。

由于80年代亚太地区经济的蓬勃发展，该地区对石油产品的需求大增，导致90年代西方跨国公司在印度尼西亚、马来西亚、菲律宾、新加坡、泰国的炼油与石化工业部门的投资急剧扩大。马来西亚在1991—1996年外资对石化工业的投资约占30%，而1992年外资在石化工业的投资就占当年制造业部门外资额的一半。2000年，荷兰、德国等石油跨国公司参与马来西亚国营石油公司的合资项目。1993年，美国的多家跨国石化公司在菲律宾的炼油和石化工业投下巨资。1995—1999年，外资在新加坡炼油和石化工业的投资占制造业的比重基本保持在30%以上。1992年，美国的埃克森、美孚、德士古等石油公司在泰国进行了一系列大型炼油工业的投资项目。1998年，俄罗斯也在越南投巨资兴建炼油厂。

此外，外资在东南亚国家的电力工业、金属工业、材料工业部门的投资比重有较大增加。90年代以来，西方跨国公司在印度尼西亚、菲律宾、泰国就有多个大型发电厂投资项目，在纤维、木材、金属、非金属等材料工业的投资扩大。

（3）外资在第三产业部门的投资扩大，金融、商贸服务业成为投资的重要领域。

进入90年代以后，随着全球的国际直接投资转向以服务部门的投资为主，跨国公司在东南亚国家第三产业部门的投资迅速增长。由于各国服务贸易自由化的步伐加快，外资在当地金融服务、电信服务、运输服务等领域的市场准入条件降低，尤其是金融危机后引起的收购与兼并当地银行金融机构和其他服务企业的热潮，外资在各国第三产业的投资比重呈现上升趋势。据统计，1999—2001年外资在东南亚国家（不包括柬埔寨和马来西亚）金融服务的投资比重占外资总额的29%，贸易与商业占18.7%，其他服务业占18.6%、房地产业占1%[①]。

在各国的服务业部门，1999—2001年，新加坡吸收的外资主要集中在金融服务和贸易与商业领域，分别占外资总额的55.4%和30.1%；外资在菲律宾金融服务业的投资比重为43%，其他服务业为49%；外资在泰国贸易与商业的投资比重为20.2%，金融服务业为12.2%，其他服务业为10.6%，房地产业为6.5%；外资在越南其他服务业的投资比重为32.1%，金融服务业为0.9%。此外，金融危机后，外资在各国房地产业的投资急剧下跌，如印度尼西亚从1996年的26.3亿美元降至1999年的1.05亿美元。

3. 外国直接投资的地区来源

在经济全球化与区域化的背景下，东南亚国家注重调整外国投资的地区来源，致力于投资来源的多元化，使外国直接投资的地区来源结构发生了新的变化。这些变化主要表现为：国际投资来源日趋多元化，欧、美、日仍为主要投资国，东南亚区内投资初具规模，来自周边地区的投资有所扩大。

---

①　ASEAN Secretariat（2003）. ASEAN Statistical Yearbook 2003, p. p. 163－164.

（1）外国直接投资的来源日趋多元化，欧、美、日仍为主要投资国。

战后初期，东南亚国家的外国投资主要来自于殖民地时期宗主国的资本。印度尼西亚的外国资本以荷兰为主，菲律宾的外国投资中美国占主导地位，马来西亚和新加坡的外资来源以英国资本居多。各国独立以后，原宗主国的投资垄断地位逐步消失。由于原有老牌殖民势力的退出，美国在东南亚的政治、经济、军事势力不断扩张，并在该地区占据绝对优势。在 20 世纪五六十年代，美国对东南亚国家的直接投资规模迅速扩大。直到 1960 年末，美国在东南亚国家的直接投资仍占 50% 以上，西欧资本占 1/3 左右，日本投资甚少。从 60 年代末起，随着日本经济实力的迅速恢复和壮大，日本在东南亚国家的直接投资不断扩张。在 70 年代东南亚的外资来源构成中，日本已取代美国而成为东南亚最大的投资国。其中，印度尼西亚、泰国外资的 1/3 来自于日本，马来西亚外资的 1/4 也来自于日本。而菲律宾、新加坡的外资仍以美国资本居多。

80 年代中期，由于日元的急剧升值和随后的韩元和新台币升值，引发了日本、亚洲"四小"在东南亚国家的投资热潮。在 80 年代下半期，东南亚国家吸收的外国直接投资以日本和亚洲"四小"为主体，日本将部分技术密集型和低附加值的产业和工序转到东南亚，亚洲"四小"则将劳动密集型产业和工序转到当地，使得日本、亚洲"四小"在东南亚国家制造业的投资比重迅速上升，到 1990 年日本、亚洲"四小"在印度尼西亚、马来西亚、菲律宾、泰国、越南的直接投资所占的比重分别达到 55.2%、76.3%、71.8%、69.2%、36%[①]。进入 90 年代，欧美国家对东南亚的直接投资规模迅速增长，尤其是它们对这些国家的石油、天然气、化学工业以及基础设施的投资加大。而日本、亚洲"四小"开始转向其他新兴市场投资，以及随后的金融危机的影响，使得它们在东南亚国家的投资比重有所下降。2010 年，在东南亚国家投资比重，欧盟 27 国为 22.4%，美国为 11.3%，日本为 11%。

（2）东南亚的区内直接投资初具规模，新、马、泰成为主要的投资国。

由于东盟区域经济一体化进程的加快，区内贸易与投资壁垒不断降低，带动了区内资本的流动。在金融危机之前，东南亚区内的相互投资十分活跃，曾一度居外资流量的第 3 位。金融危机之后，各国区内的相互投资急剧萎缩，2000 年以后开始回升。据统计，1995—2001 年期间，东南亚国家吸收的区内外国直接投资达 152.57 亿美元，占各国吸收外国直接投资总额的 10.8%，仅次于欧盟、美国和日本。

在东南亚区域投资中，一方面，新加坡、马来西亚和泰国凭借自身的经济实力和比较优势，成为区内主要的投资国。1995—2001 年期间，新加坡、马来西亚和泰国是主要的投资国，其中来自新加坡的投资占 65.1%，马来西亚占 14.4%，泰国占 9.3%[②]。另一方面，在吸收的区内成员国的直接投资中，泰国、新加坡、马来西亚、越南是主要的东道国，其中泰国占 25.6%，新加坡占 18.5%，马来西亚占 15.9%，越南占 15.7%。东南亚区域投资中，以制造业、服务业和采矿业的投资居多。

（3）欧、美、日在东南亚投资重点各异，各国的外资主要来源国也不相同。

虽然东南亚外国投资的总体以欧、美、日为主，但欧、美、日在东南亚国家的投资重点不尽相同。1995—2001 年期间，欧盟在东南亚的投资主要集中在新加坡（占 52.6%）、泰

①　日本贸易振兴会.1992 年白皮书·投资篇：世界和日本的海外投资（日文版），1993.

②　ASEAN Secretariat（2004）. ASEAN Statistical Yearbook 2003, Jakarta, pp. 141.

国(占 10.1%)、印度尼西亚(占 9.2%)、马来西亚(占 7.9%)、文莱(占 7.4%);美国在东南亚的投资主要集中在新加坡(占 51.7%)、马来西亚(占 22.2%)、泰国(占 16.7%)、菲律宾(占 11.6%),印度尼西亚则出现了大量撤资;日本在东南亚的投资主要集中在新加坡(占 40.8%)、泰国(占 30%)、菲律宾(占 10.3%)、越南(占 7.8%)。

从各国 5 大外资来源国看,1995—2001 年期间,文莱的 5 大外资地是欧盟、东盟区内、新西兰、美国、澳大利亚;印度尼西亚的 5 大外资地是欧盟、日本、韩国、加拿大、东盟区内;老挝的 5 大外资地是东盟区内、韩国、中国、澳大利亚、欧盟;马来西亚的 5 大外资地是美国、欧盟、东盟区内、日本、中国台湾;缅甸的 5 大外资地是欧盟、东盟区内、美国、日本、中国香港;菲律宾的 5 大外资地是美国、日本、欧盟、东盟区内、中国香港;新加坡的 5 大外资地是欧盟、美国、日本、东盟区内、加拿大;泰国的 5 大外资地是日本、美国、东盟区内、欧盟、中国香港;越南的 5 大外资地是东盟区内、中国台湾、日本、欧盟、韩国。

（二）东南亚国家的投资自由化

1. 东盟工业合作计划（AICO）

为在完成自由贸易区之前,加速区域内的贸易自由化、吸引投资、促进零部件与制成品的分工互补以及提升整体国际竞争力,1996 年 4 月在新加坡召开东盟国家经济部长会议,签署了"东盟工业合作计划"（ASEAN Industrial Cooperation Scheme）,简称 AIC0,于 1996 年 11 月 1 日开始实施。

（1）东盟工业合作计划宗旨是:①加强东盟在区域及全球市场上制造的竞争力;②增进效率与生产力,提高区内工业生产力;③提升市场占有率,增进东盟在制造工业中的竞争地位。

（2）东盟工业合作计划优惠措施:①经过核准的产品可享有 0~5% 的优惠关税;②参与 AICO 计划的国家所制造出的产品视为国内产品,可纳入其国内自制率内,自其他当事国进口同一申请计划的半成品或原料,视同进口国制造的产品,可列入进口国自制率计算;③可享受其他非关税优惠措施,如进口数量限制等。

2.《东盟投资区框架协议》与东盟自由投资区

1998 年 10 月第 30 届东盟经济部长会议签署了《东盟投资区框架协议》（Framework Agreement on the ASEAN Investment Area, AIA）,决定 2010 年建成东盟自由投资区（越南的期限为 2013 年,缅甸和老挝为 2015 年）。

《东盟投资区框架协议》是东南亚国家实现区域内投资自由化的纲领性文件,共有 21 个条款,它的主要内容有:

（1）《东盟投资区框架协议》的目的。

《东盟投资区框架协议》的目的与世贸组织的《与贸易有关的投资措施》的主旨相一致:出于建立东盟自由贸易区和履行东盟工业合作计划以及鼓励更多的投资流进本地区,重申通过自由化贸易方面的联系,努力地在全体成员国内保护经济的增长和发展,以加强东盟的直接投资的吸引力和竞争力,实现建立东盟投资区的目标。

具体目标是:为在东盟成员国里建立起具有更自由、更有透明度的投资环境的同时又拥有强大竞争力的东盟投资区。

（2）《东盟投资区框架协议》的适用范围。

《东盟投资区框架协议》的适用所有方向的投资,但除了有价证券的投资和有关包括在其他东盟的协定中的投资,如东盟服务贸易框架协定。

(3)东盟成员国的一般义务。

《东盟投资区框架协议》规定了东盟成员国的一般义务:

①确保其包括法律、规则、程序、决定、行政行为或任何由成员国采取的影响投资的行动等措施是建立在公平互利的基础上的。

②采取适当的措施以保证投资法、投资规则和行政程序在应用和解释中与透明度的一致性,以在东盟内创造和保持一个真正意义的投资区。

③开始一个便利的、促进自由化的进程,这一进程将持续不断地有助于达到更自由化和更透明的投资环境的目的。

④采取适当的措施以增强成员国的为直接投资而创造的投资环境的吸引力。

⑤采取合理的行动以保障地区、地方政府和官方当局在其领土内遵守协定。

(4)最惠国待遇。

①对于来自东盟其他成员国的投资者和投资(包括但不仅限于准入、建立、收购、扩张、管理、运作和投资处置方面),每个成员国应立即无条件地给予不低于它给予任何其他成员国的待遇。

②关于属于本协议范围的投资,如果某一成员国在现存或将来的协定里是得到优惠的一缔约方的话,这一优惠应该是在最惠国待遇基础上给予并扩展到所有其他的成员国。

③上述第②款的内容不应应用到在本协议签字后的 6 个月内的由成员国通知到东盟投资理事会的现存的协议和安排中。

④在第①款中的任何内容都不能阻止成员国给予特别待遇或有利于与"经济三角区"相关的成员国和其他的次区域的安排的地区以及与其相邻近的国家。

总的来说,在促进国际投资便利化和投资自由化方面,《东盟投资区框架协议》与世贸组织的《与贸易有关的投资措施》是一致的,但是,《东盟投资区框架协议》里的原则与世界贸易组织中的《与贸易有关的投资措施》有一定的差异性:在法律框架中互惠互利的地域范围方面,即互惠、公平、最惠国待遇、国民待遇、开放工业等都是主要限于东盟 10 国范围内。而关贸总协定的最惠国待遇原则不仅要保护双边减让的成果,而且企图通过建立起一个多边体系的基础来扩散这一成果。

《东盟投资区框架协议》的内容较为完整、公平,具有一定强制性和操作性,为建立东盟投资区提供了法律依据。

(三)东南亚各国对外直接投资

1. 东南亚各国对外直接投资发展概况

对外投资是东南亚国家经济发展的必然结果。东南亚国家在积极吸引外资促进本国经济发展的同时,也大力开展对外直接投资活动。

新加坡政府从 20 世纪 70 年代开始就将劳动密集型产业向马来西亚和中国香港等地转移,80 年代后期,由于亚太地区投资机会的增多,新加坡政府大力鼓励各种形式的海外投资,对外投资开始迅速增长。1990 年,新加坡的对外投资额为 8.4 亿美元,1994 年增长至 105 亿美元,54% 的投资流向亚洲,并把触角伸至许多发达国家。

泰国在大力引进外资的同时,也鼓励国内企业到国外去投资。泰国最早对外投资是 1978 年,投资额仅为 1.24 亿铢。进入 20 世纪 90 年代以后,泰国的对外投资大幅度增加。

泰国对外投资主要集中在美国、东盟各国、中国及中国台湾，近年来重视对印支三国投资。泰国对外投资的产业是工业项目，包括食品加工、糖、纺织、金属和有色金属、电器、机械和交通设备、化工及石油产品、建筑材料、农业、矿产开发、贸易及服务业。

1997 以后，两次经济衰退造成东南亚对外投资的萎缩。首先是亚洲金融危机后东盟国家普遍陷于严重经济衰退。一方面，金融危机导致大量资金外流，东盟企业普遍资金周转受阻，一些原有的投资计划被迫取消或推迟。另一方面，为了留住资金，刺激内需，支持经济增长，扩大就业，多数东盟国家加强了对资金汇出、产业转移的审批管理，外汇管制措施比过去更为严厉，这在客观上抑制了东盟对外投资。

2002 年后，东南亚国家经济开始缓慢回升，对外投资活动也逐步活跃起来。根据马来西亚中央银行资料显示，2000—2004 年马来西亚对外投资总额达 217.63 亿美元，主要集中在美国(约 40.53 亿美元)、新加坡(约 24.74 亿美元)、印度尼西亚(约 10 亿美元)和英国(约 6.05 亿美元)，投资领域涵盖服务业、制造业、石油及天然气等。

东盟新成员国对外投资发展也有起步，且迅速发展。截至 2004 年底，越南共在国外投资 113 个项目，注册资金达 2.26 亿美元。

东南亚国家对外投资活动的一个共同特点是：首先是向东南亚区域内的其他国家移动，然后进入中国市场，进而向发达国家市场挺进。

东盟国家的对外投资活动不仅改善了投资国国内资源匮乏的窘境，而且通过对发达国家的投资，特别是近年来对欧美企业的收购，了解或获得了尖端技术、市场信息，同时，海外企业大量利润的汇入，为该地区提供 FDI 的新资源。因此，尽管东南亚国家近年吸引外资的数额虽逐年增加，但外资在其资本形成总额中所占的比例却逐年下降。从依赖外资到利用外资再到对外投资，这一渐进的过程使东南亚国家走进利用外资——发展经济——对外投资相互促进的良性循环。

与外来投资相比，东南亚国家的对外投资规模仍然偏小，但发展潜力很大。2005 年上半年统计，东南亚的民间资金超过 1 万亿美元，拥有很强的对外投资能力。在东南亚各国政府的促进和投资利益的驱动下，东南亚对外投资作为长期发展战略，必然会稳步发展。

(四)中国与东南亚各国双向投资的发展

相互投资是东盟与中国共同确立的 5 大重点合作的领域之一。东盟国家自 20 世纪 80 年代开始对我国进行投资。近年来，东南亚国家对我国直接投资连续增长。2010 年和 2009 年相比，对华直接投资额增加的是新加坡、菲律宾、泰国、缅甸和老挝，但是占对华直接投资比重增加的只有新加坡，其他的都呈下降趋势(如表 7-9 所示)。

表 7-9　2009、2010 年东盟国家对华直接投资统计　　　　单位：万美元

国家	2009 年		2010 年	
	投资额	比重	投资额	比重
新加坡	360484	77.1%	542820	85.8%
马来西亚	42874	9.2%	29433	4.7%
文莱	34812	7.4%	30956	4.9%

续表 7 – 9

国家	2009 年		2010 年	
	投资额	比重	投资额	比重
印度尼西亚	11172	2.4%	7684	1.2%
菲律宾	11101	2.4%	13806	2.2%
泰国	4866	1.0%	5134	0.8%
柬埔寨	1337	0.3%	1035	0.2%
越南	592	0.1%	203	0.0%
缅甸	339	0.1%	352	0.1%
老挝	243	0.1%	945	0.1%
东盟合计	467820	100.0%	632368	100.0%

资料来源:《中国统计年鉴》(2011)。

1. 东盟对中国的直接投资的主要特点

(1)投资来源集中于 5 个老成员国,新加坡高居首位。截至 2010 年底,东盟对华直接投资几乎全部(98.8%)来源于新、文莱、马、菲、印度尼西亚 5 个国家,仅新加坡一国就占了 85.8%。

(2)东盟对华投资主体是华人企业。在新加坡、泰国、菲律宾、印度尼西亚等东盟国家,华人资本实力雄厚,在生产技术、经营管理、资金运营等方面积累了丰富的经验,在很多行业占绝对优势地位,他们最有能力到中国大陆进行投资。另外,由于民族同宗性、语言相通、风俗习惯相近,东盟华人与中国人更易沟通,因此,东盟华人比驻在国其他族群更有兴趣和信心来中国投资。

(3)东盟对华投资的主要领域是制造业、饭店酒店业和房地产业。东盟 5 个老成员国进入 20 世纪 80 年代后,基本完成了国内工业化。由于本国劳动力成本不断提高,为了节约成本、提高产品在国际市场上的竞争力,东盟国家逐渐将许多劳动密集型产品的制造和组装转移到中国大陆。我国的纺织服装、鞋类、电子电器组装、家具、石化产品、饲料加工等是东盟资本投资比较集中的部门。新加坡等国还将大量资本投向饭店餐饮业和房地产业。

(4)东盟对华投资的主要地区是东南沿海各省。广东、福建是东盟资本最早流向的区域,90 年代中期,大量资本投向长江三角洲的江、浙、沪地区和山东省。目前,绝大多数东盟资本仍停留在这些省份。但是,近年来,部分东盟投资者已开始将目光转向中国西部地区进行尝试性投资。

(5)东盟对华投资以中小项目为主,70% 的项目投资额在 300 万美元以下。

2. 中国对东盟国家直接投资的特点

(1)投资总额迅速增长。

中国赴东盟国家投资起步较晚,在过去相当长一段时间内,中国与东盟国家的投资基本上是东盟资金流向中国。随着中国经济实力的不断加强,中国在东盟的投资已呈现出稳步增加的趋势,近年来中国对东盟的直接投资也以每年60%以上的速度增长。2002年11月4日签署的《中国东盟全面经济合作框架协议》启动了中国与东盟建立自由贸易区的进程,同时也给中国企业在东盟地区注入了一剂强心剂。截至2003年12月,中国企业在东盟国家投资857个项目,总投资9.4亿美元,占我国对外直接投资总额的8.25%。2009—2010年,中国对东南亚的印度尼西亚、新加坡、泰国、越南4个国家直接投资总额由18亿美元增加到了23亿美元,截至2010年,对这4个国家的直接投资存量达到93亿美元(如表7-10所示)。

表7-10　中国企业对东盟部分国家直接投资　　　　　　单位:万美元

国家	对外直接投资净额		截至2010年对外直接投资存量
	2009年	2010年	
印度尼西亚	22609	20131	115044
新加坡	141425	111850	606910
泰国	4977	69987	108000
越南	11239	30513	98660
总计	180250	232481	928614

资料来源:《中国统计年鉴》(2011)。

(2)投资领域和投资形式不断拓宽。

20世纪90年代以前,中国在东盟国家的投资主要是加工、装配和生产性的小型项目。此后,中国企业已涉及东盟国家的能源开发、金融、建筑、化工、纺织、电气、医药和运输等行业,投资领域非常广泛,而且投资形式也从直接投资发展到包括技术投资、BOT等多种形式。

(3)投资在东盟各国分布极不均衡。

中国对东盟的投资的85%集中在泰国、印度尼西亚、柬埔寨、新加坡和越南5国,这当然与这几个国家本身的经济和投资环境以及与中国长年的经贸往来密不可分。

从以上对中国-东盟双向投资的特点中可以得出一个结论:中国-东盟双向投资今后将继续保持稳步增长的发展趋势,尤其是中国对东盟的投资发展速度将高于东盟对中国的投资。

3. 中国-东盟双向投资的发展前景

(1)政治风险相对较低。

经济上的高速发展与政治上的和平稳定是中国与东盟国家近年来经济一直保持高速发展的一个重要前提,这也成为各国的共识。目前,中国的改革进入了关键时期,非常需要一个和平稳定的国际环境。东盟各国也都进入了发展经济的新阶段,纷纷制定了符合本国国情的新世纪发展战略。中国与东盟都意识到,一个和平安定的国际环境,特别是和平安定的周边地区环境是必要条件。

(2)东盟和中国官方关系日益密切,共同推动作用显著。

双方宣布互为战略伙伴,双方领导人之间有多种磋商机制,如"10+1"、"10+3"、

APEC 等，近几年双方签署了一系列经贸合作框架协议，从构建中国－东盟自由贸易区到《中国与东盟全面经济合作框架协议》和《中国与东盟农业合作的谅解备忘录》等文件的签订，以及永久性的中国－东盟博览会(南宁)，都为双方的投资合作搭建了广阔的平台，有助于推动中国与东盟扩大相互投资合作的范围和空间。

（3）东南亚地区的华人网络优势。

东南亚各国分布着规模庞大的华人网络，这一网络在东盟和中国相互投资进程中起着重要的纽带作用。华人企业家鉴于市场规模和社会安全等诸多方面的考虑，仍将把中国大陆作为他们投资的优先考虑对象，而且有可能带动东盟国家的非华人企业家积极来华投资。华人网络的存在使我国去东盟投资的企业可以更好更快地融入当地市场并大大降低交易成本；华人网络还能为我国在当地投资扩展融资渠道，筹措资金，提供投资信息；另外，海外华人群体既了解东道国的风俗文化，又与中国有着千丝万缕的关系，正是我国企业进行跨国直接投资所需要的人才。

（4）地理上的邻近优势。

对外直接投资发展初期的区位选择通常都要遵循"就近原则"和"地区渐进原则"。日本及亚洲新兴工业化国家和地区的对外直接投资一般从邻近国家开始，因为对邻近国家的投资可以使经营风险得到一定程度的减缓。中国与越南、老挝和缅甸 3 国直接接壤，与其他东盟国家也是近邻，拥有相互投资的地缘优势。可以说，东盟早已充分利用了这一优势，在中国进行了较多的投资，在不久的将来，东盟也将成为中国大规模对外投资的首选对象。

（5）东盟各国经济实力差别很大，中下游国家是中国企业投资东盟的战略突破口。

东盟多层次的经济水平与产业结构，正好与我国沿海内地的不同区域相互对应，形成产业结构上的互补。我国企业在东盟中下游国家进行投资有着独特的优势。

首先，我国企业在石油化工、电站工程、电信、输变电、港口机械、有色金属、路桥工程施工等众多领域的技术装备水平已具备较强的国际竞争能力，同时利用自身劳动力相对优势，小规模制造技术也日趋成熟，取得了发达国家不可比拟的优势。从东盟一些失业问题严重的国家的角度出发，吸收中国企业的劳动密集型产业投资更有利于其解决经济中突出的矛盾和问题；适应东盟各国的市场需求规模，能从事小批量、多品种的生产，并且操作比较简单，技术含量不高；由于我国生产技术和层次与当地消费需求偏好相吻合，同时小规模技术也比较容易转产，所以有更高的设备运用率。

其次，东盟中下游国家与中国存在一定的产业梯度，可以成为中国转移"边际产业"（主要是劳动密集型产业）的重要场所，加上这些国家劳动力价格低廉，也适于发展劳动密集型投资。

再次，中国在东盟中下游国家有大量的援助项目，中国企业可以以政府优惠贷款为依托，发展对这些受援国的直接投资，以对外直接投资巩固援助的成果，起到相辅相成的效果。

最后，根据产业、区位比较优势准则（即早半拍原则），如果甲比乙的发展早半拍，那么乙可能是甲对外投资的最佳选择。我国目前的发展水平好于东盟（尤其好于东盟新成员国），但差距又不是很大，因此，东盟中下游国家是我们比较理想的投资对象。只要中国政府对中国企业对外直接投资进行顺势引导，中国对东盟的直接投资必将迎来一个较高的增长期。

本章小结

1. 国际技术贸易和国际商品贸易是国际贸易的两种重要形式。技术跨越国境的有偿转让，称为国际技术贸易。它们之间的区别主要在于：(1)贸易标的物性质不同；(2)贸易的过程不同；(3)贸易当事人的关系不同；(4)政府干预的程度不同。

2. 国际技术贸易的动机分供方动机和受方动机。供方动机可能是：(1)缺乏利用技术的能力；(2)获得充分的补偿；(3)挖掘其他市场的潜力；(4)适应特定的市场环境；(5)获得竞争优势。受方动机可能是：(1)可节省开发费用，尽快缩小与先进水平的差距；(2)拓宽进入国际市场的渠道；(3)优化产业结构和产品结构，合理利用各种资源；(4)提升发展能力。

3. 国际技术贸易的内容：专利使用权、商标使用权和专有技术使用权的转让。国际技术贸易的方式主要有：许可证贸易、特许专营、技术服务、"交钥匙"项目、含有知识产权和专有技术转让的设备买卖、合作生产。

4. 中国与东南亚各国家的技术贸易领域、贸易状况各有不同，尽管技术贸易中存在问题，但前景广阔。

5. 中国与东南亚国家都在不同程度上对技术贸易法规进行立法，参加了国际条约的签署。

6. 中国在国际技术贸易形成了一定的原则和程序，同样适用于与东南亚国家的技术贸易中。

7. 国际投资分为国际间接投资和国际直接投资。间接投资也可称为证券投资，国际证券投资是指在国际证券市场上通过购买外国企业发行的股票和外国企业或政府发行的债券等有价证券，以获取利息或红利为主要目的的投资行为。国际直接投资指一国的自然人、法人或其他经济组织单独或共同出资，在其他国家的境内创立新企业，或增加资本扩展原有企业，或收购现有企业，并且拥有有效控制权的投资行为。

8. 国际直接投资环境是指一国的投资者进行国际直接投资活动时所面对的各种外部条件和因素。各国政治、经济、社会、文化等方面的差异使外国投资者面临着许多不确定的因素，这些不确定因素可能对投资的安全和生产经营活动带来不利的影响。投资环境既包括政治、法律、经济方面的内容，也包括社会、文化、自然、地理等方面的内容。它们都会不同程度地对外国投资产生影响。常见的国际直接投资环境的评估方法有国别冷热比较法、投资障碍分析法、抽样评估法、利润因素评估法、投资环境等级评分法。

9. 东南亚各国经济发展水平差异较大，但近年来，各国在经济发展方面都取得骄人成就，对外资的开放程度不断提高，外资投资环境取得很大改善，以税收优惠吸引投资是东南亚国家政府鼓励投资的重要措施。

10. 东南亚外国投资分为主要分为四个时期，不同时期外国投资具有不同特点。

思考与练习

一、单项选择题

1. 下列情况中不属于专利的是(　　　)
A. 外观设计专利　　　　　　　　B. 发明专利
C. 工艺流程加工工艺　　　　　　D. 实用新型专利
2. 国际间接投资是一种主要以(　　　)为媒介的国际投资活动
A. 商品贸易　　　　B. 对外援助　　　　C. 贷款　　　　D. 证券
3. 国际直接投资的最大特点是投资者对所投资的企业拥有(　　　)
A. 资产所有权　　　B. 绝对控制权　　　C. 有效控制权　　　D. 分让派息权

二、名词解释

1. 国际技术贸易　2. 国际直接投资　3. 国际间接投资

三、简答题

1. 中国与东南亚国家技术贸易中应注意什么问题？
2. 国际技术贸易与国际商品贸易有哪些不同？
3. 国际直接投资有哪些方式？
4. 投资环境的主要评估方法有哪些？
5. 国际债券有哪几种类型？
6. 优先股和普通股的区别是什么？
7. 开放型投资基金与封闭型投资基金有什么区别？
8. 简述东南亚各国投资环境和鼓励外资投资的重点领域。

☞ 【案例分析】

广西有色与柬埔寨深化重工业合作

从广西有色金属集团了解到，该集团柬埔寨公司钢铁项目一期工程近日在柬埔寨柏威夏省罗文县正式开工，总投资约为 1 亿美元。这标志着中国与柬埔寨重工业合作得以深化，有助于推动柬埔寨重工业发展进程。

柬埔寨地广人稀，矿产资源丰富。但由于多方面原因，柬埔寨工业发展缓慢，在重工业领域相对薄弱。本次开工建设的钢铁项目主要依托柏威夏省罗文县格高—石山矿区铁矿资源，一期工程包括年产 100 万吨的矿山建设、年产 60 万吨的选矿厂建设和年产 30 万吨的还原铁厂建设，总投资约为 1 亿美元，建设周期 1 年。

据了解，在一期工程完成后，广西有色金属集团还将继续投入近 7 亿美元资金，结合柬埔寨电力发展因素，配套建设电力工厂和年产 100 万吨的联合工厂，并以钢铁联合工厂为主设立集冶金、金属加工、机械加工、国际贸易、仓储物流为一体的工业经济特区，以此推动柬埔寨重工业发展进程。

广西有色金属集团是广西有色金属工业的航母企业。

案情资料来源：http://www.china.com/03/0303/030303/news/20040804/165246.asp.

问题：广西有色金属集团为什么要选择在柬埔寨投资？你认为广西有色技术集团在柬埔寨投资要注意什么？

第八章　东南亚经济与贸易格局
演进中的东盟因素

第二次世界大战结束后，特别是近 20 年来，随着科学技术的突飞猛进，国际分工的不断深化，全球贸易和投资的迅速发展，世界各国经济的相互依存程度不断加强。为了谋求打破国家边界对资源配置和市场的地理限制，实现对资源的跨国配置以及对客观经济和市场运行规则的联合调控，以促进经济的持续发展，世界各国在紧紧抓住经济全球化和一体化机遇的同时，纷纷组建了区域性一体化组织。作为东南亚各发展中国家组成的区域性一体化组织——东盟，在成立的几十年来促进了东南亚各国和整个东南亚经济的快速发展。随着东盟内部的利益协调机制和领导协调机制越来越完善，东盟对东南亚地区的经济和贸易格局的形成和发展具有越来越重要的影响，已经成为东南亚区域经济一体化进程中的一个决定性因素。

第一节　东南亚经济与贸易格局演进中的东盟因素概述

一、东南亚各国经济与贸易结构概述

东南亚各国因自身条件、经济发展水平不同，因而对外贸易商品结构的发展状况不尽相同。出口商品结构大致可分为以下几种情况：

1. 马来西亚、菲律宾、新加坡以资本密集型产品为主

东南亚国家中，马来西亚、菲律宾、新加坡的出口以资本密集型产品为主，机械与运输设备的出口比重占总出口的 60% 以上，初级产品已经退到次要的位置，占出口总额比重的 20% 不到。新加坡是东南亚国家中经济发展水平最高的国家，已进入工业化国家行列。以电子产品为中心的机电产品在新加坡进出口商品中占主导地位，高新技术产品出口比例高达 72%。

2. 印度尼西亚和泰国以初级产品和劳动密集型产品为主，资本密集型产品比重逐步增加

印度尼西亚、泰国的经济发展水平相近，对外贸易发展状况相似。20 世纪 70 年代以前，其出口商品主要是农产品及原料，货物出口依存度比较低，进口的商品绝大部分是一般生活消费品和奢侈品，生产资料所占比重不高。到 20 世纪 70 年代除了出口传统的农副产品外，增加了轻纺产品的出口，打破了由资源密集型产品出口一统天下的格局，但由于出口资源密集型产品见效快、国际市场扩张、国内产业结构的发展相对于外贸扩大而停滞等原因，资源密集型产品在出口总额中的比重依然不断上升。自 20 世纪 80 年代以来，泰国、印度尼西亚的出口产品由过去以农产品为主逐步转为以工业品为主。出口主导型的外向型经济的基础已经建立，出口贸易对各国经济的增长已起到了日益明显的推动作用。货物出口贸易结构以劳动密集型产品为主，而高附加值、高科技含量商品所占比重相对较

小，机电产品出口中加工贸易占很大比重。2003年，在印度尼西亚的出口中，初级产品所占比重在40%以上，劳动密集型产品占34.42%，资本和技术密集型产品只占22.3%；而泰国的初级产品、劳动密集型产品、资本和技术密集型产品所占比重分别为22.27%、31.63%、43.64%。

3. 越南和缅甸以初级产品和劳动密集型产品为主

越南、缅甸主要是初级品和劳动密集型产品，占出口总额的80%以上。

4. 柬埔寨、东帝汶以初级产品为主

柬埔寨、东帝汶等经济发展较落后的农业国，因其基础设施落后，工业基础薄弱，产业结构不合理，对外贸易规模较小。其出口商品主要是农副土特产品和少量服装纺织品等，机械设备甚至一般生活消费品均需进口。

5. 文莱比较单一的以出口石油为主

文莱是个以原油和天然气为主要支柱的国家，总产值几乎占整个国家国内生产总值的50%。出口的石油与天然气约占总出口的90%。

二、东盟在东南亚区域经济与贸易合作中所起的作用

目前看来，东盟区域经济合作的成效比其他许多发展中国家的区域经济合作要明显得多。东南亚区域经济合作的特色就是形成了其特有的运作模式——"东盟方式"，突出地显示出东盟在区域经济合作中所起的独特作用和地位。

第一，东盟的成立为东南亚各国经济的发展提供了一定的基础，因为它培育、形成了区域合作精神，这是提高合作水平和层次的思想基础，东盟各种组织结构，以及经过长期摸索建立起来的许多行之有效的合作方式，则是今后进一步合作的基础。

第二，世界范围内南南合作的主要目的是维护自身的经济权益。东盟成立后积极参与维护其成员国经济权益的活动，表现在国际组织内和国际生产国、出口国组织中的斗争，以及以东盟组织出面的斗争。同时，为提高其国际地位，东盟各国团结起来"用一个声音说话"，与发达国家展开一系列谈判。

第三，在东盟不同的发展阶段，通过各种形式的区内贸易自由化和便利化措施谋求贸易创造，减少对发达国家的依赖，实现对外关系的多边化。另外，通过区域合作提高各国的产业竞争力，促进各国产业结构升级，并通过集体力量改善贸易条件。

第四，东盟区域经济合作的范围不断扩大。由于东南亚地区的政局、国家间的矛盾等原因，东盟早期合作的重点放在政治安全领域比较多，经济合作进展缓慢。20世纪80年代后经济合作的进展加快，进入21世纪经济合作的成效更为明显，影响不断扩大。而且，东盟经济合作的范围越来越广阔，突破了自由贸易区、关税同盟等传统模式，不仅仅局限在贸易领域，而且还涉及投资、金融、通信、交通、能源、粮食、旅游等各个领域。

三、"东盟方式"对东南亚区域经济与贸易合作的影响

从东盟成立到今天，东南亚地区所形成的经济贸易格局和区域经济合作的现状与东盟运作方式有紧密关系。

第一，东盟国家间的合作始于非敏感领域。尽管在成立时有政治和安全背景，东盟倾向于回避更深层次更体制化的政治和安全合作的必要性，在其合作议程中回避处理"敏感"

问题。事实上，在 1967 年 8 月成立后的 20 多年里，东盟的议程中有意不明确提安全合作，而是注重经济合作，在曼谷宣言明确体现出对"通往和平的经济道路"的信心。但并不意味着东盟完全忽视处理成员国之间政治和安全问题的必要性。相反，东南亚各国政府认识到了建立一种地区秩序的必要性，让成员国更加注意和将资源用于更紧迫的国内稳定与发展任务上。这样一个目标需要地区国家间的友好关系，这种关系须通过恪守作为防止冲突主要手段的不干涉国内事务的原则来实现。换言之，通过严格遵循不干涉原则来处理政治和安全问题。

第二，在经济政治和安全事务方面，东盟成员国更喜欢双边途径而非多边途径，并且运用平静外交的方式解决事务。平静外交的原则构成了所谓"东盟方式"的重要因素。按照这种方式，东盟国家严格克制自己，各国政府不公开宣布他们的分歧，不公开评论各自的国内问题或国内形势。当成员国之间发生问题时，他们常常关上门加紧磋商，以解决这些分歧并且尽量避免媒体介入。

第三，东盟喜欢用非正式的方式处理冲突和解决纠纷，东盟成员国更愿意"在正式架构和制度范围之外"处理纠纷，尤其在解决双边领土争端方面。另外，东盟很大程度上依赖领导人之间的个人关系，在领导人间发展更紧密个人关系方面，非正式性变得更为有效。

第四，东盟采取渐进的合作方式，东盟的合作以各国都满意的速度进展。比如，东盟为召开其 1976 年第一次峰会准备了 10 年。更重要的是，直到 1992 年，即成立 25 年后，它才将政治和安全合作写入东盟合作的正式议程。通过使合作更集中于"非敏感"领域，东盟设法培养了一种合作习惯和成员国之间的信任，从而最终将敏感问题纳入正式合作议程。

作为一个地区组织，传统东盟模式的主要特点是：①从性质来说，它不是一个超国家组织，而是一个松散的多国联合体。强调各国主权的独立，反对权力让渡；只承认一个中央协调联络机构。②从运作方式来说，坚持开放性和非排他性；坚持非强制性和非约束性；主张协商一致，反对"多数决定"原则；容忍差异性，反对干涉内政。③从功能上说，传统的东盟重在同区外大国的协调关系，以及自身在地区和世界舞台上的地位和作用，而自身一体化方面则显得相形见绌。

同欧盟不一样，东盟从未打算成为一个要求成员国交出某些国家主权的超国家组织。东盟没有欧盟委员会和欧洲议会那样的超国家机制来制定集体的经济和政治政策。正是由于东盟在演进过程中采取了独特的运作方式和特点，导致东盟存在着严重的先天不足，其局限性首先表现在对自身经济一体化向更深层次发展的制约作用上，具体表现在东南亚在区域经济合作中呈现出与其他区域经济合作不同的特色。

四、东盟区域经济与贸易合作的特点

在过去 40 多年里，东盟逐渐形成了一整套独特的决策和行动方式，即协商一致、不干涉内政、强调循序渐进和照顾各方舒适度的决策和运作模式。在这种独特的区域运作机制下，东南亚多边区域经济与贸易合作也呈现出自己鲜明的特色。

第一，经济合作沿着由小到大、由弱至强的道路平稳发展。东盟的经济合作最初是在贸易方面。1977 年 2 月签署了特惠贸易协议，以建立和发展区域特惠贸易制度；1987 年进一步签定了《改进的东盟优惠贸易协定关税议定书》；1990 年在东盟第 22 届经济部长会议上又采纳了以产品种类为基础的共同特惠关税的做法。进入 20 世纪 90 年代后，更是以提出建立东盟自由贸易区的计划，从而使区域内贸易迈上了新的台阶。

除贸易之外，东盟的区域经济合作还扩展到工业合作方面。工业合作的内容，一是建立东盟共同的大规模工业企业，由各国政府支持，这被称为"东盟共同工业建设项目"；二是鼓励私人中小型企业进行合作，由民间的东盟商会具体执行经政府批准的"东盟与补贴工业建设项目"。另外，东盟还在能源、粮食和通信方面以及财政金融等方面进行全方位合作。

第二，在区域经济合作上充分调动私人企业的积极性。在东盟进行区域经济合作的初期，不仅政府间的合作很少，而且成员国的私营企业都对东盟持怀疑态度。为此，1972 年在雅加达成立了民间性质的东盟商业联合会，各成员国分别成立了商业联合会，以支持东盟的区域经济合作。但最初几年基本上没有发挥什么作用。1975 年 7 月在吉隆坡举行东盟商会第一次会议时，为与东盟的经济合作在政府一级重新又活跃起来相适应，出现了合理发挥东南亚实业家在东盟内的作用的想法。于是成立了 5 个工作小组及其召集者：放宽贸易小组——马来西亚，工业互相补充小组——印度尼西亚和菲律宾，航运小组——印度尼西亚和新加坡，旅游小组——印度尼西亚和泰国，银行小组——菲律宾和新加坡。1977 年将放宽贸易小组和旅游小组合并，新成立一个粮食和农业小组。这样它们就与政府一级的委员会对口了。私营企业与政府之间的交流渠道是东盟工业和商业常设委员会（即后来的工业、矿业和能源委员会），通过它，私营企业可以就东盟的政策和计划向政府提出意见和建议。商会和政府的代表经常就东盟的事务举行会晤，会员们被邀请参加东盟商会和工业俱乐部的各种正式的和非正式的会议。在上述小组中，最能体现私营企业作用的是"工业互相补充小组"。所谓工业互相补充指的是在东盟国家的工业系统，进行生产与交换的一整套计划。其特点是"需要投入大量的私人资金"，主要由私人企业经办。工业互相补充工作小组首次全体会议于 1976 年 6 月在新加坡召开，东盟地区工商界巨头近 100 人出席了这次会议。会议的重要成果是提出了成立工业俱乐部的主张，因为这些俱乐部可以作为各国私人企业的协作团体和基层组织、来承办、指导和扶助已确定和同意的工业互相补充的具体项目。为使工业互相补充的目的更加明确、措施更加可行，东盟于 1976 年 11 月在吉隆坡召开的工业互相补充工作小组第二次全体会议上提出了一套工业互相补充指导方针。

除了东盟工商会外，东盟其他私人组织也主动同东盟合作，如东盟旅游协会、东盟新闻工作者联盟、东盟电影制片商协会、东盟石油合作理事会、东盟钢铁俱乐部等。

在世界各种类型的区域经济合作组织中，像东盟这样在区域经济合作中政府和私营企业结合得这么充分、完好者并不多见，私营企业的积极参与使东盟的这种努力有别于其他已经出现的区域合作形式。

第三，东盟国家在区域内经济合作上尽管存在一些分歧，但对外却用一个声音说话。东盟国家的经济合作包括区域内和区域外。区域内的合作因主观的和客观的种种原因，以及国际环境的变化和历史遗留问题的影响等，难免产生这样或那样的分歧，尤其是在合作的初期。李光耀曾经指出，从心理上说，处理与东盟外部伙伴的关系比起在东盟伙伴之间做出地区内部的安排更为容易。然而，在联合国大会、联合国贸易和发展会议、海洋法会议、关税与贸易总协定以及其他一些国际会议和多边谈判中，东盟国家均十分注意协调自已的立场，用一个声音说话。东盟国家除新外都是外向型的发展中国家，对发达国家的市场、资金和技术的依赖性都比较大，因此，处理好与西方工业国家的关系是东盟国家经济合作的一个重要方面。早在 20 世纪 70 年代东盟就与工业发达国家和联合国的发展计划署等机构建立起正式的对话关系。欧洲经济共同体是与东盟最早建立对话关系的区域外组织。

第二节 东盟演进对东南亚经济与贸易格局演进的影响

一、东盟成立初期对东南亚区域经济与贸易合作的影响

第二次世界大战后到 20 世纪 60 年代中期，东南亚国家均想发展彼此之间的关系，东南亚地区曾先后出现过几个地区性组织，但由于一些国家之间的矛盾和冲突对合作构成了严重障碍，经贸领域的联系也没有促使这些国家增强内聚力，导致这些区域性组织都先后失败了。例如在 1948 年曾成立过东南亚同盟，其目的是加强本地区国家的团结，协调独立斗争，但是该组织很快就解散了。此后，1961 年 7 月由马来亚、菲律宾、泰国 3 国组成的东南亚联盟，该组织的建立旨于促进 3 国经济、社会、文化和科技领域的合作，召开过一系列会议，但是实效甚少，最后也不了了之。1963 年菲律宾倡议提出的"马菲印度尼西亚联盟"在诞生不久后也夭折了。

20 世纪 60 年代中期之后，东南亚国家之间的矛盾和冲突有了一定缓和，同时，东南亚地区的外部力量急剧变化，美国等西方大国的势力逐步从东南亚地区撤出，从而使东南亚各国意识到要加强本地区内部的团结以增强自身的力量，最后，东南亚各国认识到完全依靠加强与发达国家的联系来实现经济的快速增长是不够的，也是不可靠的，必须通过加强区域内的经济合作，依靠集体的力量来捍卫自身的经济权益。于是 1967 年 8 月印度尼西亚、马来西亚、菲律宾、新加坡和泰国 5 国外长在曼谷举行会议，通过了《东南亚国家联盟宣言》（即曼谷宣言），正式成立了东盟。该宣言明确表明这一组织的目标和宗旨，即"本着平等与伙伴的精神，通过共同努力促进经济增长、社会进步和文化发展"。东盟的建立为东南亚各国增加经济联系，解决争端，共同防止外来干涉，繁荣地区经济提供了一个有效的途径。

虽然东盟成立时发表的《曼谷宣言》着重强调"经济、社会、文化"3 个方面的合作，并未提及政治领域的合作。但由于当时国际环境的影响，东盟初期的合作主要还是侧重在地区政治和安全领域，因为它们认为受到当时周边的社会主义国家和东南亚国家内部共产党势力的威胁，因此，直到 20 世纪 70 年代中期，东盟的区域经济合作进展十分缓慢。

从 1970—1975 年东盟成立了 11 个有关经济事务的常设委员会。这些机构就成员国之间的经济合作进行了广泛的讨论。在 1971 年提出了贸易自由化、举办交易会和统一贸易统计体系以及开展工业互补计划的建议。另外，为了发挥私人企业在东盟经济合作中的作用，1972 年成立了东盟工商会（ASEAN-CCI）。该机构除了为东盟的官方合作提供建议外，还着手开展各国私人部门的合作。据统计，从 1967—1975 年东盟各有关机构提出了 1343 项建议，其中仅有 238 项获得采纳并付诸实施。至 1975 年，东盟区域内贸易额仅为 66 亿美元，约占东盟国家外贸总额的 15%。工业部门的合作尽管讨论多次，但未能有实质性

进展。

这一时期经贸合作开展缓慢的一个重要原因是东盟成员国之间的双边关系不融洽，存在的多种矛盾和分歧阻碍了东盟的区域经济合作。例如，东盟才成立一年多，菲律宾和马来西亚之间就出现"科里基多事件"，马来西亚断言，是菲律宾在训练派往沙巴进行破坏的人员。1968年9月菲律宾国会通过了《沙巴合并法令》，宣布沙巴在菲律宾版图之内。在1968年10月召开了东盟工商常设委员会的会议上，菲律宾对马来西亚代表沙巴的权利提出保留。马来西亚当即表示，在菲律宾收回其保留态度之前，马来西亚将不参加东盟的任何会议。此后经过东盟其他国家的调解，到1969年初菲律宾才答应收回其保留态度。在1969年12月第3次东盟外长会议上菲律宾和马来西亚才宣布两国关系正常化。1968年印度尼西亚与新加坡也因印度尼西亚船只被指控搞破坏活动一事而造成两国关系一度紧张，此外泰国与马来西亚的边界纠纷也时有发生。这一系列东盟各国内部双边关系中存在的问题必然阻碍区域经济合作的顺利开展。所以这一时期仅仅是东盟国家开展经济合作的初始阶段。

二、20世纪70年代中期至80年代东盟对东南亚经济与贸易合作的影响

20世纪70年代中期，东盟的区域合作步伐明显加快。这与这一时期印度支那局势的急剧变化和来自外部的压力加大直接有关。1975年成立了民主柬埔寨。同年5月越南取得了抗美救国的胜利，实现了南北统一，12月老挝成立了人民共和国。美国的势力开始从亚洲收缩。面对这一地区政治局势的剧变，东盟国家深感自身安全受到内外部势力的严重威胁，在这种情况下，东盟区域合作于1976年进入了快速发展第二阶段。

这时期，东盟对组织机构作了一系列调整。设立了东盟秘书处，并设秘书长一职。外长年会仍是东盟的决策和协调机构，其部长会议可直接向政府首脑报告。原来的11个常设委员会重组为5个经济委员会。这些委员会对经济部长会议负责。另外还有4个非经济委员会通过常务委员会对外长会议负责。东盟经济部长独立进行经济合作项目的协商工作。

1976年第一次东盟首脑会议后，东盟的经济合作主要包括两大领域。首先，在处理与区域外国家和组织的关系问题上进行磋商，统一对外口径。它们认为与区域外的国家和组织的关系事务中，东南亚单个国家说话往往不起多大作用，而几个国家团结起来用"一个声音说话"影响则大得多。因此，它们在一些重大的国际会议上采取相同的立场。比如在联合国大会、联合国贸易与发展会议、海洋法会议、关税与贸易总协定以及其他一些国际会议和多边谈判中，东盟国家均十分注意协调立场。此外东盟国家还以整个组织的名义与日本、美国、欧洲经济共同体等进行多次谈判，在所参加的一些产品生产国和出口国组织中发挥积极作用，依靠集体力量来维护自身的利益。其次，在东盟内部，各成员国在特惠贸易安排、工业部门的合作和一些重要商品购销方面的合作也取得一定的成效。

从20世纪70年代起，东盟作为一个整体与发达国家保持对话关系，其对话主要集中于发达国家增加直接投资和开发援助，开放市场以便增加从东盟进口，协助稳定东盟国家的出口产品在国际市场上的价格等。

东盟与发达国家的对话中，重点放在改善对外贸易条件，增加向发达国家出口方面，但由于发达国家主张进行国与国之间的双边贸易谈判等原因，使东盟与发达国家的贸易谈

判进展不明显，成效比较有限，相对而言，争取发达国家增加开发援助的工作则较为显著。至 1984 年，东盟与发达国家在经济建设以及人力资源开发、科技、文化、信息等领域已先后达成 150 个以上的协议，涉及金额在 3 亿美元以上，其中日本所占的比重最大。

东盟除了与发达国家进行谈判和磋商外，还在多边经济合作组织中协调立场，共同斗争，以维护自身的经济权益。例如，东盟作为一个多边组织在天然橡胶贸易领域与美日的斗争。东南亚是世界上天然橡胶的主要产地，20 世纪 70 年代东南亚各国的产量之和占世界总产量的 80% 以上，但西方国家却控制了橡胶的定价权，长期压低胶价，直接影响了东南亚产胶国的贸易收入和广大胶农的生活。为了维护自己的经济权益，1970 年主要由东盟国家（马来西亚、印度尼西亚、泰国和新加坡）组成的天然胶生产国协会成立，该组织在协调橡胶的生产与销售、促进会员国之间的技术合作和稳定胶价方面起了很大的作用。该协会除了与美国抛售囤胶展开斗争外，还讨论运输和增加橡胶新用途的问题以及推行成员国之间橡胶良种的交换计划。1975 年初，产胶国就统一橡胶贸易达成协议。东盟的外长会议和经济部长会议多次讨论维护橡胶价格的问题。1973 年东盟第 6 次外长会议就强烈谴责日本扩大人造胶生产以及加速这种橡胶出口的做法。1973—1976 年东盟代表团与日本进行了 4 次正式会议，要求日本保证不增加人造胶的生产和限制出口。由于东盟的努力，日本不得不答应不增加人造胶的产量。1976 年东盟经济部长就有关天然胶价格稳定计划的方案达成协议。除了天然橡胶外，东盟还在缓冲锡储存，保证锡价公平，保持木材生产稳定，维护木材生产国和出口国的共同利益以及协调对东南亚胡椒的生产和研究，参与太平洋椰子共同体等方面做出了积极的贡献。

东盟各国除了在对外经济关系方面协调彼此立场，共同对外，同时也在多个领域不断加强区域内部的经济合作。

1. 东盟促进了贸易领域内的合作

为了改变对外贸易过分依赖几个发达国家的状况，东盟努力促进对外贸易的多边化。扩大区域内的贸易合作。1977 年东盟外长正式签署《东盟特惠贸易安排协议》该协议规定，各成员国均采取一系列特惠贸易安排，如提供利率优惠的贷款以及政府部门购货优惠和减税优惠，放松非关税措施，签订长期贸易合同等。

东盟采取的一系列区域性经济合作措施，使成员国之间的贸易有了一定的扩大，它为东南亚初级产品生产国解决了部分产品销路，扩大了东盟各国初级产品和劳动密集产品的生产和出口，开拓了这些产品的市场，扩大了区域内贸易。比如 1985 年马来西亚出口的石油有 25.6% 输往新加坡，11.1% 到泰国，9.2% 到菲律宾，这 3 国就占了马来西亚石油出口总量的 46%。1982 年新加坡出口的石油产品也有 46.6% 销往东盟其他国家。泰国出口的大米半数以上也是在本地区销售。贸易的扩大促进了成员国之间的互通有无，资源贫乏的新加坡从其他成员进口大量原油、锡、橡胶、棕榈油、原木和大米，其他国家则从新加坡进口本身发展工业所需的生产资料。粮食不能自给的国家从泰国进口大米以满足国内需求。其次区域内贸易的发展在一定程度上减少了对西方工业发达国家的市场依赖。据统计，东盟国家间的贸易额占东盟外贸总额的比重从 1973 年的 14% 升至 1983 年的近 21%，同期东盟与工业发达国家的贸易额占东盟外贸总额的比重则从 63% 降到 54%，这说明东盟区域贸易合作已取得一定的成效。

但是东盟国家间的贸易发展很不平衡。区域内贸易大部分集中在新加坡。以 1983 年为例，仅新加坡与印度尼西亚和新加坡与马来西亚的进出口贸易额就约占东盟区域内总贸易额的75%。如果加上新加坡与泰国的贸易额，那么新加坡与这3个成员国的贸易额就约占东盟内部总贸易额的85%。也就是说，除新加坡、印度尼西亚、马来西亚和泰国以外的成员国之间的贸易额仅约占区域内贸易额的15%。而这一基本格局自70年代起并没有多大变化。其原因是新加坡生产力发达，人均收入水平远高于其他东盟国家，市场容量相对较大，而本国又缺乏自然资源，需进口大量原材料，而其他相邻各国又能提供其所需的产品，加上新加坡历来是东南亚地区的主要转口贸易中心，因此它与东盟其他国家的贸易关系就比较密切。而其他成员国的经济发展水平相近，产品互补性差，所以它们双边贸易发展比较慢。尤其是菲律宾，它与其他成员国的贸易占东盟区域内贸易总额的5%不到。

东盟内部的商品构成也比较集中，石油与石油产品始终占东盟内部贸易的一半以上。1982年在该地区两对最主要的贸易伙伴国中，新加坡与印度尼西亚的贸易有3/4是石油和油品贸易。新加坡对马来西亚的出口，油品占72%；原油占马来西亚对新加坡出口的55%。这一年原油和油品占东盟区域内贸易总额的62.2%。造成这种贸易商品构成的原因是，新加坡为世界第3大炼油中心，拥有日加工110万桶原油的生产能力，而其成品油有90%以上要外销。印度尼西亚和马来西亚又是东南亚主要的石油生产国，本国的炼油能力有限，所以需将原油销往新加坡提炼，然后运回成品油供国内消费。菲律宾和泰国则是缺油国家，所以也需要从新加坡进口大量成品油。1982年在新加坡对其出口中，油品就分别占了66.3%和77.9%。

除了石油贸易外，其他商品贸易额比较小。由于各国产业结构和需求有所不同，在供需之间也存在一些差异，泰国对其他4国的出口，主要是动植物食品；印度尼西亚对马来西亚和泰国的出口，大多是燃料以外的非食用原料；马来西亚对其他4国的出口中，除了对印度尼西亚以机械及运输设备为主外，对其他3国均以油、气占最大比重；菲律宾除了对印度尼西亚以出口食品为主外，对其他3国的出口均以杂货为主。

2. 东盟对工业领域内合作的促进

东盟区域内经济合作的另一个重要内容是工业领域内的合作，它促进这一地区工业发展，也加强区域内工业品的贸易。其合作的方式和内容包括以下几个方面：

一是东盟工业工程项目。东盟领导人决定采纳联合国调查组的建议，合作兴建一批大型工业企业，通过共同集资，产品在成员国市场销售，以期获得规模经济效益，提高区域内一些工业产品的自给程度。东盟提出的基本做法是每个成员国都建立一个大型工业合作项目。由5个成员国共同拥有，东道国拥有60%的股份，其余由其他成员国分摊。产品通过认购和关税优惠制在各成员国销售。1976年东盟第二次经济部长会议确定的5个工业工程项目是：分别建于印度尼西亚和马来西亚的尿素厂、菲律宾的过磷酸盐厂、新加坡的柴油机厂和泰国的纯碱厂。1984年年初，印度尼西亚的尿素厂投产，生产能力为年产57万吨，产品约一半在印度尼西亚销售，其余销往东南亚各国。1985年位于马来西亚的尿素厂也建成投产，日生产能力为1500吨。但由于各种资金、市场、原料、价格等原因其他3个项目最终均未落实。

二是东盟工业互补计划。1978年东盟第8次经济部长会议确定了工业互补计划的指导准则。工业互补计划是安排成员国分别承接某一工业部门的互补工业产品的生产，然后按优惠待遇进行贸易，包括成员国降低关税壁垒以及政府提供多种便利条件。1981年经济部长们批准了东盟汽车联合会有关生产机动车零部件的提议，并决定从 1982 年 6 月起对这类产品削减关税 50%。1983 年确定了具体的生产分工。各种东南亚国家具体分工生产柴油机、摩托车车轴和轮辋、客车的仪表盘、变速器、传动轴、后轴、万向节等汽车和摩托车的零部件。但后来在执行过程中由于每一项目都要东盟工商会与各国政府进行研究磋商，耗费时间长，而且每个项目都至少要有 4 个成员国参加，系列问题增加了计划实施的困难。加上东盟各国都在发展自己的汽车工业，并采取高关税措施加以保护，所以本地区汽车工业的专业分工合作逐步流产了。

3. 东盟在金融领域的合作

1972 年东盟设立了"中央银行与金融管理局特别委员会"，专门筹划东盟区域金融合作。1977 年该委员会为配合特惠贸易安排基本协定的实施和解决各成员国所面临的国际收支和国际流动资金的困难，签署了总贷款额为 1 亿美元的"东盟互惠外汇信贷协定"，这对促进了东盟区域内贸易和投资具有重要作用。20 世纪 80 年代初东盟主要出口商品价格暴跌，企业面临利润下降和资金不足的严重困难。为了促进区域经济合作，增加各成员国之间的资本流动，东盟于 1981 年成立了东盟金融公司。它通过发行证券和债券方式从政府、民间机构和国际金融机构和市场筹资，成为东盟共有的贮备资金总库。它为东盟的经济合作项目和陷入困境的东盟企业提供资金援助。比如它与日本东盟投资公司合作兴办东盟日本开发公司，推动日本在东盟地区的投资。在开业 3 年中它为东盟合作企业与工业互补计划进行了一系列资金调拨、集资和投资承诺担保活动。东盟金融公司为东盟工业项目的投资承诺担保总金额达 3550 万新元，对菲律宾的农业和农产品加工工业企业投资达 1000 万新元。

另外，还成立了一个私人性质的东盟保险理事会，于 1982 年开始在东盟地区从事再保险业务。在税务方面，东盟大部分国家已通过双边协商签订了避免双重征税的协定。

4. 东盟在其他领域的合作

1977 年 3 月，东盟制定了石油应急分配方案，保证了成员国石油供应不足和供过于求时优先供应和购买。东盟石油理事会在促进东盟国家石油资源开发和有效利用方面的合作也起了很大作用。1986 年东盟外长又签署了《能源合作协议》和石油安全保障协议，前者涉及能源的发展计划、开发、人才培训、各类能源的供应与处理，后者则保证成员国石油的供应和销售。

1979 年东盟签署了《粮食安全储备协定》协调各国的粮食储存政策和粮食储备，保证在粮食短缺时成员国间相互支援和交流粮食供求情况。此外，东盟建立了 5.3 万吨的东盟应急粮食储备。

1976 年东盟贸易与旅游委员会设立了专门负责旅游合作的分委员会，促进了东盟的旅游合作。1981 年开始，东盟旅游论坛每年举行会议，1988 年在吉隆坡设立了东盟旅游信息中心，以促进东盟成员国旅游信息的交流。

此外，东盟还在 1981 年开始了矿业合作计划，包括在矿产的勘探、开采、利用和销售以及开采技术等方面的合作。1983 年东盟签署了海关行动准则，规定了东盟国家双边贸易的海关估价、商品分类和检查技术等方面的基本原则和标准。东盟会计师协会统一成员国的会计制度。东盟还在港口、航空、邮政、电信等诸多领域开展合作。

综合考察东南亚国家在这一时期经济合作的成果，可以看出在对外处理与发达国家的关系方面，各成员国容易协调意见，成效显著。但涉及区域内的贸易、工业和金融领域的合作则困难较大，进展也较为缓慢。尤其在贸易领域，尽管优惠贸易商品项目数量不断增加，但其占东盟国家间贸易总额的比重仅约20%。诸多大宗贸易商品被排除在优惠贸易商品之外。这主要有以下3个方面的原因：第一，有些国家提出的优惠商品项目实际上在东盟区域内贸易中并不存在，或者交易量很小；第二，受到"例外商品"的限制，因为东盟大多数国家都开列了一批"例外商品"，且这些商品的贸易额均占实际贸易的相当大比重；第三，受到原产地条款的限制，因为东盟国家间享受贸易优惠的商品均须符合原产地规则，而实际上拥有原产地证书的商品的比重很小。

三、20 世纪 90 年代东盟对东南亚经济与贸易合作的影响

在1992年1月东盟首脑会议之前，尽管东盟为加强区域经济合作实施了一系列计划，如优惠贸易安排和工业领域的各种合作计划，但由于这些计划本身的缺陷，效果并不理想，促进区域内贸易的成效也不很明显。比如东盟4国（印度尼西亚、马来西亚、菲律宾和泰国）之间的贸易占其贸易总额的比例，只从1980年的3.2%提高到1990年的4%。但是1992年1月在新加坡举行了第4次首脑会议使东盟的区域经济合作进入一个新阶段。《巴黎和平协议》的签署使得柬埔寨问题得到政治解决，冷战的结束使东盟能够集中精力专心于区域内的经济合作，从而使东盟成为真正的区域性经济合作组织。1992年的首脑会议签署了《关于推动东盟经济合作的框架协定》，确定了在15年内建立基于共同有效优惠关税协议的东盟自由贸易区。东盟自由贸易区计划的实施成为20世纪90年代东盟区域经济合作最主要的内容。东盟自由贸易区计划实施仅3年时间，区域内贸易占东盟贸易总额的比重从20%上升到25%左右。到1997年金融危机前，东盟对外和内部贸易额均不断扩大。到2001年底，东盟6个老成员国已经把列入东盟自由贸易区进程90%的产品的关税降到0~5%。在20世纪90年代东盟各国除了大力推动东盟自由贸易区计划外，还在以下领域展开了区域经济合作：

1. 工业

在90年代，东盟为了进一步推进区域内产业分工，于1996年11月开始进行东盟工业合作计划，该计划旨在鼓励已在东盟不同国家建立的公司在东盟工业合作计划项目中开展合作。该计划根据共同有效优惠关税给予获准的公司享受比东盟工业合资计划更多的关税和非关税优惠。但是因为申请享受优惠关税的审批过程花费时间过长，加上未明文规定的苛刻细则繁多，所以该计划进展并不令人满意，到2001年底，获得该计划认可的项目总共才70余项，而且绝大多数是在东盟国家已建立广泛生产基地的日资企业。

2. 服务贸易

东盟1995年第5次首脑会议签订了《东盟服务贸易框架协议》，大幅削减了成员国间服务贸易的限制（如歧视措施和市场准入措施），促进了东盟各国服务贸易的自由化。协议要求各成员国超过其在《服务贸易总协定》中承诺的范围和程度，实施更加开放的政策，以使东盟成为服务贸易的自由贸易区。该框架协议还涉及"相互承认"，即相互承认其他成员国的学历、标准和证书等，以及部门或产品的互相认证安排。

3. 引进外国投资

1995年在曼谷首脑会议上，东盟领导人同意建立东盟投资区，以吸引更多的资金到东

盟地区投资。会上东盟通过了《促进外国直接投资和区内相互投资行动计划》。为了加快引资步伐，东盟于1996年9月修订了《促进和保护投资协定》，简化了投资手续和审批程序。1998年10月东盟第30届经济部长会议正式签署关于东盟投资区的框架协议。其主要内容是，通过撤除影响资本自由流动的各种壁垒，简化投资手续和增加政策法规的透明度，提高东盟对外国直接投资的吸引力和竞争力。对在其他成员国投资的东盟投资者提供优惠。在对等的基础上仅仅允许对东盟投资者开放的制造业特定部门投资。东盟各国都列出仅允许东盟成员投资的部门清单，但是这些对区外不开放的部门的引资限制，东盟6个老成员国和缅甸在2003年撤销，越南和老挝将尽早撤销以参加东盟投资区，最迟不超过2010年须撤销对投资的限制。现在东盟多数国家已经对投资者提供最惠国待遇和国民待遇。

4. 海关

东盟在海关领域的合作主要侧重在关税定名，海关估价方法和海关程序的统一，并已取得很大的进展。有关关税定名由东盟的关税定名专家小组负责，而后两项则由东盟海关程序工作小组负责。东盟正致力于简化和统一关税定名，根据世界海关组织的6位数统一商品分类和编码系统，草拟东盟统一的8位数关税定名。该系统于2002年开始在东盟所有国家中使用。在海关估价方面，东盟成员国原来差异很大，有的用布鲁塞尔的价值定义，也有采用产地消费价格、出口市场估价或进口国市场实际价格等。目前东盟已经统一使用原关贸总协定的交易价值系统，这有助于减少东盟国家间的交易成本。在海关程序方面，1994年9月东盟经济部长第26次会议强调东盟的海关程序必须统一，以便东盟内部贸易。简化和统一海关程序的具体措施包括：设立共同有效优惠关税产品的绿色通道，编撰《东盟海关程序指南》，以及使用统一的东盟海关表格。1997年3月第一次东盟财政部长会议签订了《东盟海关协议》，为东盟在海关领域的进一步合作制定了法律框架。

5. 旅游

由于旅游业是东盟国家的重要收入来源，每年旅游收入几乎为出口额的10%，东盟国家十分重视旅游领域的合作。1995年东盟第5次首脑会议确定了促进可持续旅游的发展方向，保护文化和环境资源，改善交通和其他基础设施，简化人口流动和开发人力资源。东盟各国的国家旅游组织在1997年的第6次会议上提出旅游业的行动计划。该计划包括5个方面的合作：把东盟作为统一的旅游目的地，鼓励投资，加强旅游业从业人员的培训，促进在环境领域可持续发展的旅游业，以及便利东盟国家间的旅行。1998年东盟国家旅游部长第一次正式会议通过了《东盟旅游合作行动计划》。部长会议还签署了部长谅解备忘录，确定在每年的国家旅游组织年会后举行旅游部长年会和东盟旅游论坛会议。2000年的旅游部长会议决定2001年在文莱开始"访问东盟"运动，以便使该地区今后成为统一的旅游目的地。会议还决定由泰国作为协调国组织特别工作组，主持有关旅游服务贸易自由化的协商谈判。2002年的第5次旅游部长会议签署了《东盟旅游协议》，强调了旅游对东盟经济一体化，东盟各民族扩大共识和团结的重要性。该协议包括旅行的便利化、市场准入、旅游质量、安全、市场的共同开发、促进人力资源开发等多方面的合作。

6. 能源

东盟在能源领域合作的一个重要举措是建设东盟能源网络。东盟能源网络包括两个项目：跨东盟电力网和跨东盟天然气管道。2000年的东盟能源部长会议提出了加速实施东盟能源网络的时间表。跨东盟电力网旨在连接各国的电力，构成单一的电力网，以提高东盟地区电力网络的使用效率，并使那些电力开发能力较弱的国家能通过电力联网尽快满足本国的能源需求。东盟次区域的电力网也在建设之中，如沙捞越与西加里曼丹，沙巴和文莱，东、中、南和西加里曼丹等的次区域电网。这些电网的建设将促进东盟各国的经济合作和经济发展。跨东盟天然气管道在于连接现有管道和计划修建新的国内管道。但东盟能源合作存在建设资金不足问题，另外，东盟也缺乏统一的立法和法规标准和技术标准等各种原因，导致东盟能源合作迟迟难于启动。

总之，在东盟及东盟下属的各种机构和组织的推动下，在90年代，东南亚的区域经济合作不论在广度还是深度均比过去有很大的进展。东盟通过大量不同形式的经济合作计划，使东南亚经济一体化进程不断加快，东盟竞争力得到很大增强。

四、21世纪东盟自由贸易区的建立对东南亚经济与贸易合作的影响

20世纪80年代末和90年代初，世界政治经济形势发生了巨大的变化，这种强大的冲击力促使东盟采取新的措施来应对新形势的挑战。

东盟作为一个组织在国际社会威望的树立与形象的提升主要归因于其在柬埔寨问题上的政治处理。随着冷战的结束，国际地缘政治均衡发生了重大变化，国际紧张关系得到缓和，国与国之间的关系重心已从政治转为经济。另外，印支集团的瓦解，使东盟失去了促使组织内部团结的粘合剂，东盟面临新的挑战。正如罗尔斯（Rolls，1991）所指出的："在东盟面临的许多新的挑战中一个最为严峻的挑战，是它必须面对地区和国际环境的新变化。它所面对的这种变化与它过去所熟悉的那种地区与国际环境有明显的不同……如果东盟不想使自己的作用和影响萎缩的话，它就必须快速地作出自己的决定。"为此，"如果东盟想要作为一个有活力的实体生存下去，它就很有必要具有政治约定以便通过东盟内部的经济合作来增强其凝聚力"，建立东盟自由贸易区被视为增强该区域内部凝聚力的一种新的途径。

除此之外，中国经济的迅速发展，尤其是中国内地、中国香港和中国台湾经济合作趋势的日益加强，也是促成东盟组建自由贸易区的一个重要因素。

在1992年1月东盟首脑会议上，东盟首脑决定设立东盟自由贸易区或AFTA，共同执行具有约束性的优惠关税税率，称CEPT。CEPT框架的主要目的是在15年内将工业品和农产品的关税税率削减至0~5%。1994年9月东盟部长例会决定将原来的15年缩短为10年，即2003年实施东盟自由贸易区。东盟自由贸易区框架同意未加工农产品于2010年完成并入。

自东盟自由贸易区形成以来，随着《共同有效优惠关税》等协定计划的制定与落实，其所产生的静态经济效应主要体现在以下几个方面：一是使得区内各成员国之间对外贸易流量的增长速度明显加快。据统计，2002年东盟区内的对外贸易总额为7580亿美元，与1992年的3870亿美元相比增加了96%；而与对外区域的贸易相比，东盟区域内各成员国之间的贸易增长率要提高得更快，其中，1994年、1996年两年东盟区内贸易的年增长率就高出区外贸易的10个百分点左右。尽管如此，如果从单个成员国的情况来看，东盟自由贸易区的影响则又各不相同；马来西亚与文莱的区内贸易比重有所下降，印度尼西亚、菲律宾、泰国的区内贸易比重升幅较大，年均增幅分别达6.67%、7.92%、4.79%，这一点其实

也就说明了东盟自由贸易区的建设已使区内原先贸易保护制度较高的国家因贸易自由化的发展而无形中加强了与区外成员国的贸易往来。二是部分地优化了区内贸易的商品结构并进而有助于实现"贸易重整"。伴随着制成品进口关税的下降,在东盟区内贸易中,制成品特别是资本机械设备所占比重上升明显。其中,新加坡从马来西亚、菲律宾、印度尼西亚、泰国等东盟4国进口的资本机械设备占其GDP的比例,从1995年的5%上升到了1996年的20%,超过了同期从日本、美国的进口升幅;与此同时,柬埔寨、越南、老挝等国家的此类设备也主要是从东盟区内进口。三是区域内成员国的对外贸易地理方向并未发生实质性的改变。据统计[①],在1986—1996年的10年中,东盟成员国对外贸易的地理方向主要是区外的东亚、美国、西欧三个地区,而其中增长最快的地区又属于东亚地区;而同一时期,东盟内部成员国之间的进出口额仅增长了2.7%与6.07%。由此可见,自由贸易区的建立对东盟成员国对外贸易地理方向的影响并不大。四是区域内贸易分布不均衡与成员国对一体化福利的分享不均等。事实也的确如此。长期以来,东盟的区内贸易大多以新加坡为核心。印度尼西亚、马来西亚、菲律宾、泰国等东盟成员国与新加坡之间的进出口一般约占东盟内部贸易的80%以上;而其中发生在新、马之间以及新、泰之间的进出口又分别约占50%与20.8%[②]。由于成员国各自在东盟区内的贸易地位不同,再加之各国进出口商品结构又并不相同,因此它们对贸易利益的分享也并不均等;一些成员国的获利要多于另一些成员国,某些成员国的某些部门甚至还遭受了一定程度的损失。例如,在目前的新加坡,尽管其区内的进口贸易量很大,然而由于其进口关税率本就很低,因此自由贸易区对其福利影响就并不明显;马来西亚因其出口产品的60%属于CEPT的关税削减范围,但其CEPT的进口份额却只有12.5%,因而它在自由贸易区便获得了较大的贸易创造效应;柬埔寨与老挝由于它们主要是从东盟区内进口自己需要的制成品的,因而它们从贸易自由化中获得的贸易创造效应也要大于贸易转移效应;而越南受其多元化进口态势的影响,东盟自由贸易区给它带来的贸易转移效应则要明显大于贸易创造效应。不仅如此,区域内的贸易自由化对不同成员国不同行业的影响也不尽相同,并进而在短期内产生了一些"赢家"与"输家"[③]。

东盟自由贸易区形成与发展的动态经济效应主要体现在以下几个方面:一是在投资效应方面,尽管东盟特色的区产地规则吸引了区外国际直接投资的流入与区内专业化分工格局的初步形成;然而,因其本身的投资规模偏小以及金融危机等因素的影响,东盟的投资创造效应也受到了相当程度的制约。虽然一直以来,区产地规则因其对产品的生产成分设限而被认为是国际区域经济一体化发展中的一个黑箱[④];然而,由于东盟的此方面规定只

---

① 樊莹. 国际区域一体化的经济效应. 北京:中国经济出版社,2005:289.

② 其所以如此,原因在于:新加坡不仅是东盟地区跨国公司总部的聚集地,而且随着20世纪90年代新加坡推行以高科技产业为中心的"经济发展战略计划"(SEP),一些从事劳动密集型装配业务的跨国公司不得不加大了从邻国的进口。可以说,这也就是新马之间的贸易增幅远远超过新加坡与其他成员国之间贸易增幅的根本性原因。

③ 例如,收益较多的包括印度尼西亚的水泥、化学产品、药品、纺织品等,马来西亚的陶瓷、化纤产品、电子产品、化肥等,菲律宾的水泥、电子产品、药品、泥浆等,泰国的珠宝与橡胶产品;而受损较大的有印度尼西亚的电子与化肥产业,马来西亚的水泥、纺织与珠宝产业,菲律宾的陶瓷、玻璃、化肥、塑料等产业。

④ 因为它迫使区外的生产厂商必须要以直接投资而不能以输出商品的形式来进入一体化的内部市场。

有 41% 而远不及欧盟与北美自由贸易区，再加之区产地规则又有可能会导致贸易偏转[①]；因而东盟这样的一种原产地规则反而吸引了区外进行垂直一体化生产的跨国公司[②]前来投资；而这些跨国公司依据东道国比较优势而在生产价值链的各个阶段更有效地进行资源配置，又使得东盟内部初步形成了专业化的分工格局，其中拥有熟练劳动力与丰富技术资源的新加坡理所当然地被推到了管理中心的角色，而东盟的其他国家则负责零部件的生产与装配；此外一些跨国公司还在马来西亚、泰国、菲律宾等东盟成员国中建立起了一系列的合作项目，并从而又形成了东盟的次区域劳动分工。从东盟各成员国吸引资金的来源上看，东盟国家对区外发达国家的直接投资依赖程度并未因 1997 年的金融危机而下降，而且从总体趋势上看反而更加严重；与此同时，来自区域内其他成员国的相互投资却因金融危机的影响而遭受到了重创[③]。尽管近些年东盟各国对外资的需求量依然很大，然而由于亚洲金融危机已严重地打击了区外投资者的积极性，再加之 20 世纪 90 年代以后来自中国等发展中经济体的竞争的影响，东盟近些年来外国直接投资的流入呈现出了比较明显的下滑态势[④]。应该说这一点对东盟经济的持续稳定发展还是有着相当的负面影响的。二是成员国之间的产业内贸易水平也得到了一定程度的提高。事实上，伴随着东盟自由贸易区的建设，一方面成员国之间的进口关税水平逐步下降，各国的贸易保护程度也随之降低。这样一来不仅促进了区域内部资源的重新配置和有利于实现成员国进出口产品的多样化，而且也无形中提高了区域内各成员国的产业分工水平；另一方面，投资东盟的跨国公司以中间产品配件为生产对象的内部贸易也大大促进了区内各成员国之间的产业内贸易[⑤]。此外，实证研究也表明，整体而言，1993—2000 年东盟自由贸易区的产业内贸易与产业间贸易分别提高了 75% 和 18%；不仅如此，从部门看，除动植物油脂等商品外，其他类别的区内贸易额也都有不同程度的增加；其中，机电音像设备与化工产品的区内贸易增幅最大，分别达到了 1.45 倍与 1.42 倍；其他绝大部分商品的产业内贸易的贡献率也大多要高于产业间贸易的贡献率[⑥]。三是以亚洲金融危机为契机，欧美的跨国公司加紧了在东盟自由贸易区内的兼并活动。自 1997 年下半年起，借助着东盟国家货币贬值而带来的以美元计价企业的收购成本大幅度下降以及东盟成员国进一步放宽外商投资限制性政策等方面的利好因素，一些欧美跨国公司便频频对那些陷入沉重债务危机、资金严重短缺、经常处于困境乃至是破产边缘的东盟企业进行了收购与兼并[⑦]；应该说这一点对东盟的一体化建设也是产生了一定的影响的。

---

① 例如北美自由贸易区对区内生产份额的要求就达到了 60%。
② 主要是日本、韩国、中国香港、中国台湾等东亚新兴经济体中的企业。
③ 从 1885 年后的 15.04% 下降到了 2001 年的 9.11%。
④ 1999 年与 2000 年，外国对东盟的直接投资分别为 162 亿美元和 138 亿美元，仅占世界总量的不足 20%。
⑤ 例如日本丰田汽车公司便按照将产业内分工与专业化生产原则而将其汽车零部件生产配置到了东盟主要成员国。依据《共同有效优惠关税协定》，由于这些产品的区内贸易可以享受跨国界的进口关税减免，因而东盟区内汽车工业化跨国生产网络与生产工序也就此建立起来了。
⑥ 陈雯. 试析东盟 5 国区域贸易合作的局限性. 国际贸易问题, 2003(3).
⑦ 据联合国贸发会议《1998 年世界投资报告》的披露，从 1997 年 7 月到 1998 年 6 月的一年间，欧美跨国公司对泰、马、菲、印度尼西亚等 4 个东盟主要成员国的企业兼并金额就高达 131 亿美元。

五、东南亚国家经济与贸易格局的基本特征

(一)东南亚各国经济发展水平差距较大

新加坡、泰国、马来西亚、印度尼西亚、菲律宾 5 国是东南亚国家中经济比较发达的国家,在东南亚的对外贸易中占有重要的地位。2004 年东盟 5 国的出口额占东盟出口总额的 90.5%,进口额为东盟进口总额的 94.1%。针对此种情况,2001 年 7 月召开的东盟外长会议通过了一项旨在推动 4 个新成员国经济社会发展、缩小东盟各国间发展差距、加速一体化进程的《河内宣言》。2001 年 9 月东盟经济部长会议同意从 2002 年起,对柬、老、缅、越 4 个新成员国向东盟老成员国的出口实行优惠税率机制。

(二)东南亚经济对外依赖程度较高

东南亚国家的外贸经济对外国资金、市场和技术的依赖性很大。制造业生产中的机器设备、中间产品、零配件、生产技术等很大程度上依赖进口,许多生产企业只是从事产品的装配、包装。在市场结构上,进口市场以日本最为重要,出口市场以美国和西欧为主。

(三)贸易伙伴比较集中

在早期,东南亚对外贸易 90% 集中在东亚、美国和西欧三大地区,虽然从 90 年代起其贸易范围迅速扩大,贸易伙伴亦不断增多,但贸易流向仍比较集中于欧美。

(四)对外贸易商品结构逐步高级化

东南亚各国的贸易商品结构不断优化,已形成电子产品为主的格局。尤其在出口产品中,工业制成品比重不断上升,初级产品比重逐渐下降。尤其老东盟国家已由过去主要以农产品出口为主的农业国逐步向新兴工业国转化,工业制成品成为其主要出口商品。

(五)加快调整优化产业结构

随着世界经济一体化进程发展和外部竞争加剧,东南亚国家意识到要重振其产品在国际市场的竞争力,亟须尽快优化产业结构,提高产品档次。东南亚产业结构调整措施的重点是围绕出口产业实现结构优化。加快技术引进和对传统出口产业技术改造的步伐;不断增强传统出口产业的国际竞争力;同时,实施科技兴贸战略,加快产业的升级,大力推动高新技术产品出口,从政策制定上为本国产业的高级化和国际化创造必要的条件。比如马来西亚鼓励技术含量较高的电子产品发展,减少对以来料加工为主的半导体生产的过分依赖。

六、东南亚国家经济与贸易格局存在的问题

(一)主要出口商品过于单一

随着面向出口工业的发展,东南亚的出口商品结构基本上实现了由初级产品向工业制成品方向的转变。但出口工业品的构成仍较狭窄,加工工业制成品结构的高度化并不显著,其工业制成品中,主要以电子电器为主,而电子电器工业多被跨国公司垄断,这些企业大都是以装配加工业务为主,而且用于装配的零部件或半成品严重依赖进口。同时,初级产品的出口以棕油、原油、木材、橡胶、锡等农产品和资源性产品为主,受国际市场价格变动的影响较大。

（二）出口商品结构中初级产品比重仍较大

除新加坡以外的其他东南亚国家均是资源基础经济，即主要依靠出口国家资源和初级产品来获得经济增长。例如，在 90 年代初期，东盟 6 国出口的主要产品就是矿物燃料和农产品、木材等产品。到 2000 年后，这种情形已有所改变，东盟的对外贸易从日用品、初级产品逐步转为制造业商品。不过东南亚各国的农产品出口仍占到各自出口的相当比例，东盟 10 国作为一个整体的农产品出口规模甚至大大超过亚洲最大的农产品出口国——中国。而在印度尼西亚和马来西亚的出口商品中，由于两国独特的资源条件，决定了其资源型商品占相当比重，如天然橡胶、木材及动植物油等，但这些初级产品的深加工程度及工业化程度均较低，因而，不仅获利少而且市场波动频繁风险较大。

（三）出口市场严重依赖少数国家

东南亚的出口市场主要是美、欧盟，使其贸易发展严重依赖于少数国家经济、贸易的兴衰及政策的变化。例如，1995 年初，欧美国家电子工业不景气，大幅度减少订单，使得依靠电子原配件出口成品的马来西亚电子工业遭受沉重打击，出口年增长率由上一年的30% 降到 17%；"9·11"事件使东盟各国都不同程度地受到负面影响。

（四）主要出口工业过分依赖外资

目前，外资控制着东南亚制造业产量和出口的约 70%。第一大出口工业电子电器工业，几乎所有的企业都处于外国公司的控制之下，美国和日本的跨国公司就占该部门企业总数的 2/3 左右；纺织业主要被日本的公司所垄断。例如，仅"东洋人造丝公司"出口的纺织品就占马来西亚纺织品出口量的 70% ~80%。此外，外资在石油化工、木材加工和橡胶加工等方面的出口也占优势。

第三节 东盟主要国家对东南亚经济与贸易格局形成的影响

一、新加坡

新加坡 1965 年 8 月退出马来西亚联邦，建立了独立的新加坡共和国。新加坡传统经济以商业为主，包括转口贸易、加工出口、航运等。独立后，坚持自由经济政策，加紧发展资本密集、高增值的新兴工业。工业化推动了新加坡的经济转型。主要有制造业，包括炼油、石化、修造船、电子电器、纺织、交通设备等部门。新加坡是世界第三大炼油中心。电子工业是增长最快的部门，在低成本、高技术领域保持竞争优势。新加坡对经济的调整和改造还包括：在金融、电信和能源实施竞争开放的基础上，对服务业也实行对外的竞争开放，以提高整个行业的经济效率。目前，新加坡服务业发达。金融业是最大的服务业部门，在过去几年里增长很快。旅游业发达，是外汇主要来源之一。

从 1965 年开始，新加坡实施出口导向战略，经济迅速发展。政府目前的经济发展方向是：以服务业为发展中心，加速经济国际化、自由化、高科技化。为进一步发展经济，近年来，大力推行"区域化经济策略"，加速向海外投资，积极开展在国外的经济活动。在出口导向的基础上，新加坡提出了全球经济战略。新加坡认为，作为东盟地区的马来西亚和印度尼西亚固然重要，但在经济全球化的形势下，经济腹地需要扩大。因此新加坡提出，把所有距离新加坡不超过 7 个小时飞行时间的国家和城市都当作自己的经济腹地,在范围更大的亚洲区域把新加坡发展为一个枢纽。

在投资政策方面,新加坡政府非常重视吸引外国投资,积极从管理审批制度、产业政策、税收优惠等方面提供便利。包括:通常给予外资以国民待遇,除了与国防有关的某些行业外,对外资在新加坡的运作没有任何限制;完全开放商业、外贸、租赁、直销广告、电信市场,推进资本市场发展;对先驱公司(即涉及巨额资本开支或复杂技术和生产能力的企业)和某些金融企业给予税收优惠等。与此同时,新加坡政府也采取财务、融资便利等措施协助本地企业向海外发展,包括一般财务支持,即通过经济发展局、贸易发展局、生产力与标准局等机构为本国企业的经营提供商务开发计划、品牌开发援助计划等各种财务支持计划。

新加坡是一个地理位置优越而自然资源缺乏的岛国,因而其独立之初便确立了贸易立国的宗旨,形成了外贸驱动型经济模式,外贸依存度极高,例如 2000 年外贸依存度高达 335%。转口贸易比重较大是其对外贸易的一大特色,约占其贸易总额的 40%。对外贸易是新加坡国民经济的重要支柱,其外贸额是其 GDP 的 3 倍以上。新加坡历来奉行自由贸易政策,其绝大部分商品关税税率都降到 5% 以下。征收进口税的产品主要有酒类、烟草、汽油、汽车 4 类。除口香糖、武器等少数商品外,新加坡政府一般不限制进口。新主要出口电子真空管、数据处理机、石油制品、通信器材、发电设备、科学光学仪器等,主要进口办公器材、原油、加工石油产品等,主要贸易伙伴及占新外贸总额比例为:马来西亚 17.33%,美国 15.38%,日本 10.68%,中国香港 5.73%,中国 5.27%,中国台湾 4.7%,泰国 4.53%、韩国 3.57%、德国 3.41%、菲律宾 2.36%。

新加坡政府积极推动建立中国 - 东盟自由贸易区,扩大与中国经贸往来;加大新的在华投资力度和扩展行业范围,积极引导企业把投资地域从中国沿海扩大到西部;在贸发局设立中国商业信息中心、分别为各级学生和政府官员提供中文课程和中文培训等,以加深新加坡人对中国的了解。

新加坡地狭人稠,资源贫乏,依靠其得天独厚的地理位置发展经济,成为东南亚的经济中心,主要表现在如下 5 个方面:

第一,国际航运、航空和贸易中心。新加坡港地理位置优越,气候和水文条件十分理想,港口货物年吞吐量达 1 亿吨以上,居世界前列,国际航空客运周转量仅次于美、英、法、日居世界第 5 位。新加坡以此为基础,从邻国大量进口各类初级产品,汇总、分级、包装后再行出口,形成了以转口贸易和航运业为主体的独特经济类型。

第二,工业和技术服务中心。新加坡四面环海,以炼油和造船为核心的工业部门具有世界意义。全国建有五大炼油厂,年加工能力达 4290 万吨,成品油出口额仅次于荷兰居世界第二位。造船业为传统的优势部门,不仅能修造繁多的各项船舶,还是世界上海洋石油钻井平台的主要生产基地之一。自 20 世纪 70 年代后期,工业以制造业为中心转向技术密集型部门,大力发展电子工业,电视传真设备、按钮式电话、光纤光缆、电脑化列车控制系统等均进入世界先进行列。近年来,发展重点又转向新科技园地的建设上,大力培养科技人才,发展尖端技术,以适应改革工业结构的需求。

第三,投资和金融中心。新加坡由于优越的地理位置,方便快速的通信,政局的稳定,国民素质较高等特点,使外国资本大量投入,推动了新加坡经济的腾飞。同时,各国银行云集新加坡，银行总数仅次于伦敦、纽约和中国香港，成为世界第 4 大金融中心。

第四，国际旅游和会议中心。就自然和历史文化条件而言，新加坡并不具备发展旅游业的突出优势，但利用其适中的地理位置，大力发展基础设施，美化城市环境，提供优质服务，简化出入境手续，开展各种旅游"外交"活动，从而吸引大量外国游客旅游及大批国际会议在新加坡召开。目前，旅游业已成为新加坡外汇的重要来源之一。

第五，跨国公司总部聚集地。跨国公司在组织国际贸易方面担当了重要角色，新加坡全面接受了跨国公司的资本、技术、企业家精神和管理模式。从根本上自然营造了新加坡总部经济形成和发展的总部环境和文化。今天的新加坡已俨然成为东南亚乃至全球最为著名的总部聚集地之一，在全球贸易和国际金融业务中发挥着举足轻重的作用，几乎所有的外域跨国公司都选择了新加坡为进军东南亚的起点，越来越多的跨国公司在新加坡设立地区总部来实施其海外扩张战略。最新统计显示，全球有 6000 多家跨国公司的区域总部设立在新加坡。

在新加坡制造业获得快速发展，形成东南亚重要的制造基地之后，两方面重要的原因促进了新加坡制造基地向总部基地的转变：一是新加坡现代服务业的发展优化了总部发展环境，加速了跨国公司地区总部向该国的迅速集聚；二是新加坡生产制造成本的抬高推动了制造基地的外迁，为总部基地的形成和发展提供了更为广阔的空间。

二、泰国

第二次世界大战前，泰国是单一的农业国，农业是泰国传统的经济部门，目前农业仍是重要的经济部门。泰国有 80% 的人口从事农业，农作物包括水稻、橡胶、玉米等，享有"东南亚粮仓"的美名，泰国的大米出口量在世界上已居第一位，木薯输出位居全球之冠，橡胶名列世界第三，玉米排名第四，鱼产品出口在亚洲仅次于日本。泰国冻鸡、鸡蛋、冻虾等冷冻制品的出口已跻身于世界 10 大出口国之一。在泰国的 10 大出口商品中，农产品占 6 个，占出口总值的 40%。1999 年虾产量 10 万吨，产值 336 亿铢，为世界第一产虾大国。橡胶产量居世界首位，其中 90% 用于出口。另外，泰国旅游资源丰富，有 500 多个景点。历来以"微笑国度"闻名于世，吸引着众多外国游客。因此，旅游业以其巨额外汇收入在泰国经济中占有重要的位置。

泰国自 20 世纪六七十年代开始实施以出口为导向的农业发展战略以来，农业生产对国际市场的依赖性越来越大。泰国橡胶在国际市场上独占鳌头，其生产情况也随着国际市场的行情而波动。甘蔗的种植以及食糖的生产情况同样视国际市场的需求和行情而增减。不仅种植业如此，畜牧业和水产业也是如此。在国际市场上销路好的农产品得到优先发展，市场的驱动使泰国在传统的农产品、罐装食品以及新兴的冷冻食品的出口中取得了多种产品名列世界前列的好成绩。

为了尽快跻身工业化国家的行列，泰国政府从 1961 年以来制定了一系列的方针政策，分阶段实施鼓励工业发展的"进口替代"和"出口导向"战略。泰国工业化进程的一大特征是充分利用其丰富的农产品资源发展食品加工及其相关的制造业，走农业工业化的道路，然后逐步引进外资，接受外国技术、设备的转移，采用国外的原材料生产家用电器等高价值的生活必需品，如电视机、冰箱、洗衣机、空调等，成为日本、韩国、中国台湾等国家和地区重要的海外家电生产基地之一；再加上其发挥旅游资源优势，大力发展旅游业，使泰国经济快速发展,人民生活水平迅速提高。这种以农业资源为基础的工业发展模式在过去40多年中取得了显著成就,并将在今后发挥更大的作用。

20世纪80年代,泰国政府进一步调整工业结构,大力引进技术密集型和附加值高的中轻型工业,寻求适合泰国的工业发展模式,并取得成效。泰国80年代年均经济增长率为7.6%。

进入90年代,泰国政府积极促进制造业和服务业的发展。从1990—1996年,泰经济年平均增长率约达8%。1995年泰国人均国民收入超过2500美元,世界银行将泰列入中等收入国家。经过产业和产品结构的调整,泰国工业加快了发展步伐,以年均15%的速度迅速发展。工业门类增多,结构日趋多样化,出现了一些资本密集和技术密集型产业。泰国工业门类主要有纺织服装业、汽车摩托车装配及零配件工业、电子电器工业、软件工业、石化工业、食品加工业、轮胎工业、建筑材料与建筑机械工业、鞋类、家具、珠宝、玩具、皮革制造业等。制造业在其国民经济中的比重已日益扩大,制造业已成为比重最大的产业,且成为主要出口产业之一。

泰国自1961年起实行自由经济政策,改善投资环境,鼓励私人投资和竞争,大力引进外资和技术,努力扩大出口。加快经济体制改革步伐,解除经常项目下外汇交易管制,允许外国银行在曼谷经办"离岸业务"(BIBF)。此外,积极参与区域性经济合作,加入亚太经济合作组织(APEC)和东盟自由贸易区(AFTA),积极参加湄公河次区域合作,推动泰、马、印度尼西亚"成长三角"合作。

泰国奉行自由贸易政策。目前大多数商品在区内贸易的关税都降到5%以下。其中,对绝大多数工业原材料和必需品免税;对一些有选择的原材料、电子零配件等征收1%的关税;对初级和资本货物征收5%的关税;对中间产品和成品征收10%~20%的关税;对需要保护的特殊商品征收30%或更多关税。非关税壁垒方面,取消了一些进出口商品的许可证,简化和加快了通关程序,对许多进口工业品接受了国际标准和试验程序。

自80年代以来,出口产品由过去以农产品为主逐步转为以工业品为主。工业制成品一直是泰国出口的一个重要组成部分,在过去的几年里,占出口总额的80%。除了农产品以外,泰国现在还是电脑和零部件、纺织、珠宝以及电子和汽车产品的主要出口国。主要出口产品有:自动数据处理机、集成电路板、汽车及零配件、成衣、鲜冻虾、宝石和珠宝、初级化纤、大米、收音机和电视机、橡胶等等;主要进口产品有:电子和工业机械、集成电路、化工产品、电脑配件、钢铁、珠宝、金属制品等。

对外贸易在泰国经济的发展中有着举足轻重的地位,出口增长传统上一直是泰国经济的推动机,并对泰国工业结构的多元化起了积极的促进作用。扩大出口一直成为泰国重要的经济政策趋向。出口贸易在GDP中所占比重一般为50%~60%。2001年进出口总额55035亿铢,同比增长4.9%。2001年泰国5大出口伙伴国和地区依次是美国、日本、新加坡、中国香港及中国;5大进口伙伴国和地区依次是美国、日本、新加坡、中国、马来西亚。

三、马来西亚

现处在东盟第二层次的国家中发展得最好的是马来西亚,20世纪70年代以来,经济持续高速增长,马来西亚既拥有丰富的石油等矿产资源和橡胶、棕榈等热带作物资源,又拥有较高素质的人力资源。

农业在马来西亚国民经济中占有特别重要的地位,马来西亚农业以经济作物为主。主要有橡胶、油棕、胡椒、可可、热带水果等。橡胶、油棕和胡椒的产量和出口量居世界前列。马来西亚是世界最大的棕榈油生产国,另据马来西亚棕榈油委员会(MPOB)统计,2002年该国棕榈油的产量和出口量分别为1190万吨和1162.5万吨,占世界总产量和总出口量的比重分别为47.98%和61.15%。据统计,到2002年年底,马来西亚油棕树的种植面积已达367万公顷,其中,超过一半的种植园为私人所有。目前,马全国从事棕榈油加工的各类企业超过400家,直接从事油棕树种植开发及棕榈油和相关制品生产、贸易及研究的各类人员超过35万人,而间接带动的相关产业从业人员达到200万人。近年来,马来西亚政府不断加大投入,加强了对棕榈油上下游产品的研究与开发。棕榈油业对于推动马来西亚国家工业化进程起了重要的作用。

80年代由于矿产与石油开采业的发展,农业在国内生产总值(GDP)的比重已由1960年的38%下降到1987年的20%,但是农产品每年为国家创汇数量仍然很可观,据1985年统计,出口总额333.1亿美元之中,橡胶占9.02%、棕油11.94%、原木7.75%、制材3.03%,这4种主要初级农产品合计占31.74%,再加上其他加工产品,诸如食品、饮料、纺织品、木制品和橡胶制品等,共占出口总额的40%左右,为国家积累了大量资金。

从50年代末到60年代末这段时期,马来西亚主要发展"取代进口"工业。70年代后开始发展面向出口的新兴工业。马来西亚70年代以来不断调整产业结构,鼓励以本国原料为主的加工工业,重点发展电器、汽车装配、钢铁、石油化工、纺织品等,大力推进出口导向型经济,电子业、制造业、建筑业和服务业发展迅速。经过多年努力,马经济结构摆脱了殖民地经济的不合理性,制造业特别是以出口为导向的电子、纺织业发展很快,其中电子产品的产量和出口量仅次于美、日,居世界第3位。

1970年马来西亚开始施行新经济政策,该政策的基本指导思想是全面扶持马来人的经济势力,建立以马来人为中心的社会经济结构。它的主要内容是:在1970—1990年这20年中:①不分种族,为穷人获得土地、资金和其他社会福利提供更多的机会,以增加就业和提高收入,规定这期间贫困户在全国总数中所占的比重由49.3%下降到16.7%。②利用行政手段,对各种族的资本所有权进行重新组合,马来西亚各种族的资本占有率重组成:马来人由2.4%提高到30%,非马来人(主要是印度人和华人)只能占40%,外国资本不能超过30%,实现"种族经济平衡"。同时规定在就业人口比率方面要反映出种族人口的比率(马来人占53%,华人占35%,印度人占10%),以改变原来的"不平衡状态"。总之,新经济政策的基本点是依靠国家政权力量,全力扶持马来人向工商业领域发展,壮大马来人的资本,使马来人最终不仅在政治上占统治地位,而且在经济上占据主导地位。在施行新经济政策的同时,推行"新兴工业法",以3~4年内豁免所得税的优惠吸引外国企业和本国企业发展"新兴工业"。整个70年代,由于较好地利用了外资和国内私人资本,工业发展很快,经济以年均7.8%的高速增长,国内生产总值从1971年的52.8亿美元增至1980年的112.5亿美元,经济结构已处在由农、矿产品为主向工业化发展的阶段。

马来西亚实行自由贸易政策,不断改善贸易商品结构,扩大多边经贸合作范围。马来西亚是个既出口初级产品,又出口能源和工业制品的国家。马来不仅是橡胶、棕油和木材等制成品的最大输出国之一,也是视听、电脑、半导体等电子电器产品的主要输出国之一。2000年10月,马政府取消了撤资税,但仍保留货币管制措施。2001年9月21日,马进一步放宽撤资税，从即日起外资撤离一律只缴 10% 的赢利税。2001 年 10 月 27 日，马政府又进一步宣布外资在马满一年，免交 10% 的撤资税。

在东盟自由贸易区框架约束下，马来西亚政府已将区内大部分商品关税下调至 5% 以下，并放宽进口原料及零部件的进口关税，对生产所需设备以及用于环保、维护、质量控制和水处理等方面的设备免征进口关税和销售税。同时，马政府大力调整出口产品结构，鼓励非电子类产品出口。主要出口电子电器产品、化工产品、液化天然气、原油、棕油，进口机械设备、食品、烟草和燃料等。主要贸易对象是美国、日本、新加坡，分别占马 2001 年出口总额的 20.3%、13.4% 和 16.9%，进口总额的 16%、19.2% 和 12.6%。2004 年马来西亚的对外贸易取得巨大发展，进出口贸易总额达到 2311.5 亿美元，同比增长 28.3%（较 2001 年增长 42.6%）。

四、印度尼西亚

印度尼西亚是世界上最大的群岛国家，人口 2.2 亿，居世界第 4 位。自 1969 年开始实施第一个 25 年长期发展计划以来，印度尼西亚经济取得了长足发展。到 20 世纪 90 年代已被称为亚洲"四小虎"之一。从 60 年代中期到 90 年代中期，印度尼西亚能够顺应时势，抓住机遇，及时调整方向，实现了经济的长期持续增长，并取得一系列举世瞩目的辉煌成就。经过多年来的发展，印度尼西亚已由一个贫穷落后的国家转变为具有一定经济实力的中等收入国家。2011 年印度尼西亚人均 GDP 为 3543 美元，GDP 总量为 8462.45 亿美元，居东盟 10 国首位。

印度尼西亚是世界上最大的热带经济作物生产国之一，在农林产品方面，印度尼西亚的胡椒、金鸡纳霜、木棉和藤的产量均居世界首位。天然橡胶、椰子产量居世界第 2 位。经济作物大都在种植园种植，是外汇收入的重要来源，主要有橡胶、咖啡、棕榈油、椰子、甘蔗、胡椒、奎宁、木棉、茶叶等。橡胶是主要的经济作物之一，大部分在民间小胶园内种植，产量仅次于马来西亚，居世界第 2 位，主要供出口。咖啡也是主要的经济作物，约90% 的产量供出口，椰子是传统的出口作物，产量居世界第 2 位。据统计，2004 年印度尼西亚出口棕榈油 700 万吨，年出口量位居世界第 2 位。

另外，印度尼西亚的矿物资源丰富，作为石油输出国组织 11 个成员之一，印度尼西亚的石油蕴藏量约为 500 亿桶，天然气储量为 73 万亿立方米，石油年产量约 7000 万吨，是东南亚最大的石油生产国和世界最大的天然气出口国。出口原油约占出口总值的 3/4。其他矿产主要有煤、锡、铝矾土、镍、铜和金、银等。根据近年来世界矿业生产的数据来看，印度尼西亚除了是世界第二大锡生产国外，还是第三大煤出口国、第五大镍生产国和第六大黄金生产国。此外，在伊里安查亚省采铜的"弗里波特印度尼西亚公司"1996 年完成了其扩建工程后，已成为世界第二大铜矿企业。印度尼西亚工矿业产值约占工农业总产值的 30%。

自 1945 年独立以来，印度尼西亚致力于推行初级产品出口发展战略和由石油产业支持的进口替代发展战略，同时对外国资本进入印度尼西亚加以限制，以保护民族经济的发展。1967 年以后，印度尼西亚政府大量引进外资、引进设备和技术，以促进本国工业的发展。1974 年前主要是发展石油等采矿工业和替代进口工业。国家收入主要来自石油出口。1974 年以后，大力发展原料出口加工工业，化肥、纺织、化工、机械等制造业有了较大发展，并开设了出口加工区。由于外国资本的大量投入，制造业在国民生产总值中的比重已达15%。

1994年4月印度尼西亚进入第2个25年长期建设计划即经济起飞阶段。政府采取了进一步简化进出口手续、降低关税、放宽投资政策等措施，把大力扶持中小企业、发展旅游、增加出口作为经济建设中的主要任务，使经济继续保持了强劲的增长势头。1995年5月起，印度尼西亚政府颁布了放宽经济限制的一揽子计划，开放投资领域，减少对产业部门经营和发展的限制，鼓励私营企业在新兴工业和第三产业的发展，促进农业生产。

外贸在印度尼西亚国民经济中占重要地位，政府采取一系列措施鼓励和推动非油气产品出口，简化出口手续，降低关税。目前，印度尼西亚已将大部分商品关税降到5%以下，并继续削减各种非关税壁垒，同时积极开展各种形式的区域及次区域合作以推动对外贸易发展。印度尼西亚主要进口产品有机械运输设备、化工产品、汽车及零配件、发电设备、钢铁、塑料及塑料制品、棉花等；主要出口产品有石油、天然气、纺织品和成衣、木材、藤制品、手工艺品、鞋、铜、煤、纸浆和纸制品、鲜冻虾、电器、棕榈油、橡胶等。

五、越南

越南属于发展中国家，作为一个社会主义国家，其经济模式与其他东盟国家差异较大，更多的是与中国近似。1986年开始实行革新开放，调整了内外政策，积极推行了以市场经济为取向的经济改革和对外开放，营造宽松的投资环境，吸引外商直接投资，扩大出口等一系列的措施。自革新开放以来，越南经济正经历着快速的增长，20世纪90年代，越南经济年均增长率达到7.1%。1997年的金融危机对越南的影响和打击比较小，外资在受东亚金融危机的短暂影响之后，从2000年又开始回复增长，越南的投资形势引人注目。目前，越南政府坚持把国家的稳定放在首位，经济改革先于政治改革，并不断重申坚持革新开发的政策，加强同地区和全球经济的融合。

越南是个物产丰富的国家，越南人常以"金山银海"来形容他们国家的富饶。矿产资源丰富；森林、水利和近海渔业资源丰富。盛产稻米、热带经济作物和热带水果。由于地处热带，光照充足，雨量充沛，特别适合粮食作物和经济作物生长。水稻一年两熟，南方可一年三熟，近年大米出口量保持在每年200万~300万吨，居世界第三。

越南橡胶闻名世界。越全国橡胶种植面积达45万公顷，总产量达40多万吨。2004年越南生产橡胶量居世界第6位，出口橡胶量居第4位。同年，越南咖啡产量达1260万袋（每袋60公斤），仅次于巴西，居世界第2位。越南已经成为仅次于印度的世界第二胡椒生产国，世界最大的胡椒出口国。据报道，2001年越南出口胡椒506万吨，超过了印度尼西亚、巴西、印度、马来西亚等世界胡椒出口大国。

矿藏主要有石油、煤、铁、铬、锡、磷灰石，其次是铜、锌、镍、钨、铝、铅等。特别是近几年近海发现了丰富的油气资源，其中较大的油田有白虎油田、大熊油田和青龙油田，储量约15亿~20亿桶。近年，越南的石油开采逐步增加，2001年石油产量达到1700万吨，已成为东南亚的主要产油国之一。石油出口已成为越南主要的外汇来源之一，现已占其出口额的1/3，外汇收入的1/4，成为国家经济的重要支柱。越南政府对石油业的发展十分重视。

主要工业部门有煤炭、电力、冶金、纺织等。越南钢铁工业始建于1959年，主要是建筑用材，目前生产能力有限。越南南方重点发展纺织业和食品加工业，但存在着资本不足，对进口机械和原材料依赖过重等问题。自 90 年代初才真正经营旅游业，旅游资源丰富。

越南和世界上 150 多个国家和地区有贸易关系。越南在加入东盟自由贸易区后，逐步削减关税，出台稳定的进出口商品管理法规以取代过去每年确定一次的做法，逐步减少进而完全取消进出口商品许可证制度，废除外贸进出口审批制度（除极少数商品），实行进出口自由化政策。近年来越对外贸易保持高速增长。

六、泰国、马来西亚、新加坡在推动东盟经济共同体发展过程中所起的作用

20 世纪 90 年代以前，东盟有公认的核心国，即印度尼西亚、新加坡、马来西亚，这多半是因为这 3 个国家有 3 位强势领袖：苏哈托、李光耀和马哈蒂尔。90 年代后期情况略有变化。这主要是，印度尼西亚的国内政治形势发生了很大变化。突如其来的金融危机不仅几乎摧垮了它的经济，而且也引发了严重的政治危机，从而迫使政治强人苏哈托下台。接着是持续不断的政治动荡和政府的更迭，近几年才逐步趋于平静。这使原为东盟龙头老大的印度尼西亚在东盟中地位大大下降了。

形成对照的是，在泰国开始出现了一个新的强势政府。2001 年，他信总理上台，采取了一系列复兴经济的措施，使整个国家很快从金融危机的泥潭中挣脱出来；与此同时，推行了一系列亲贫民政策，从而使他信本人和他的党"泰爱泰党"声威大振，很快形成了泰国历史上从来没有过的一党独大的局面。这种情况又加强了他信总理的强势地位。他信的雄心不局限于国内，他要以泰国的地缘优势扮演更加突出的作用。因此，他信积极推行"进取性交往外交"，在推动地区合作方面大显身手。2002 年他发起了"亚洲合作对话"的部长级论坛；2003 年倡导"清迈宣言"，建立了"亚洲债券基金"；2003 年在泰国的倡导下发表了《蒲甘宣言》，宣布成立泰、缅、老、柬 4 国合作机制；2004 年 7 月，在泰国的支持下，在曼谷举行"南亚东南亚七国经济合作组织"首届领导人会议，出席会议的各国领导人一致强调，将加速实现本地区贸易自由化。此外，他信政府还积极同新加坡政府开展合作，努力推动东盟的发展步伐。2003 年 1 月，他信和新加坡总理吴作栋达成协议：新加坡和泰国将在"两个国家，一个经济体"的框架下整合两国经济，互相开放市场。泰新两国经济整合的概念加强了东盟经济共同体的意识。实际上，是泰国和新加坡在携手推动东盟经济共同体的发展。正是因为他的上述表现，他信一度被看好成为东盟中新的领头羊之一。

在推动东盟向共同体方向发展中，泰国也是最积极的推动者之一。在宣布《东盟第二协调一致宣言》的峰会上，他信就建议提早在 2015 年落实成立东盟经济共同体的目标。他信还在峰会上建议采纳"2 + X"的经济整合方式，也就是说只要有两个成员国同意在某一个领域进行整合，它们就应该能自由这么做，而不会被视为破坏东盟的团结。

但是，泰国的政治形势在 2006 年下半年发生了变化。他信这个强势领袖被军人政变赶下了台，目前处于政治过渡期。未来泰国的新领袖能否维持泰国在东盟中的上升势头还有待观察。

除了泰国，另一个东盟共同体积极推动者便是新加坡。新加坡在东盟的发展史上一直发挥着重要的作用，有东盟军师之称。新加坡自知国小民寡，常常低调行事。但它屡屡出思想，出主意，出建议。不少有关乎东盟方向性的重大举措和决策都来自于新加坡的建

议。吴作栋总理是东盟自由贸易区的首倡者。他最先建议建立东盟地区论坛，亚欧会议机制也是根据他的建议开创的。1996 年，吴作栋建议举行"东盟 + 3"和"东盟 + 1"峰会；2000 年他又建议举行东盟 + 印度峰会；在 2002 年的东盟峰会上，他又建议将目光超越自由贸易区，建立东盟经济共同体。尔后，他又同他信共同建议加快东盟共同体的建设，将建成共同体的期限从 2020 年提前到 2015 年。他的所有这些建议都一一被采纳落实了。应该说，新加坡在东盟的发展中发挥着精神舵手的作用。

马来西亚也并非等闲之辈。在马哈蒂尔时代，他本人常常以东盟发言人自居。那时，他确实同李光耀、苏哈托并驾齐驱，扮演着东盟三驾马车的角色。巴达维接替总理之后，马来西亚发挥作用的风格略有不同。巴达维虽不如马哈蒂尔强势，但他也是外柔内刚，他仍试图继承马来西亚在东盟中享有的影响力。

为了提升自己的地位，2002 年 10 月，马政府提出，"为更有效协调东盟成员国与中日韩 3 国在政治、经济、贸易、交通、科技等方面的合作"，建议在马设立"10 + 3"秘书处，期限为 5 年，马政府愿提供 1000 万美元作为基金。但大多数成员国认为"10 + 3"秘书处与东盟秘书处在功能上有所冲突而未得到采纳。但这足以显示马来西亚发挥更大影响的欲望。在谁先主办第一届东亚峰会的问题上，也反映了同样的问题。最初在酝酿第一届峰会时，中国曾打算在 2007 年（东亚合作 10 周年）申办第一届东亚峰会。但马来西亚立即主张由马来西亚于 2005 年主办第一届东亚峰会，理由是马哈蒂尔曾经最早倡导东亚合作。

在 2005 年东盟首脑峰会上，发表了关于制定东盟宪章的《吉隆坡宣言》。在此期间，巴达维总理高调倡导东盟的改革，主张对东盟的基本原则应当采取维持和改进两手政策。他认为，这些基本原则证明是正确的，要坚持，但这些原则也要适应变化了的需要，因此有必要改进和更新。他特别提到因缅甸内政问题而产生的关于不干涉原则的争论。他指出，"的确，这一原则需要改进，特别是当面对全球化的冲击。我相信，正在制订的东盟新宪章会改进这一原则。最重要的是不要毫无保留地抛弃这一实行已久的'不干涉原则'"。他还特别提到，由马来西亚率领的国际监督团在菲律宾棉兰老岛履行安全维护职责的事例，用以说明"我们能够在有关菲律宾内部事务上找到参与和不干涉的恰当界线"。他还就东盟改革的方向性问题发表了看法，如他主张东盟的一切活动都更应以人为中心，使东盟成为一个以人为本的组织；加强东盟认同性的教育，树立东盟意识，为此建议开办东盟大学，各级学校开设东盟的课程；鼓励市民社会对东盟活动的参与等。巴达维的这些思想在某种程度上已经在第 11 届东盟峰会的《吉隆坡宣言》中得到了反映。可见马来西亚的影响力不可小视。

总的来说，东盟发展方向是由东盟 10 国共同决定的，是各成员国相互讨论、协调、妥协的结果，是合力的作用。但在这个过程中，各成员国的地位作用和影响力是不同的，这是由主客观因素决定的。从近几年情况看，泰国、新加坡、马来西亚 3 国对东盟的发展起着更大的作用，扮演着核心国的作用。随着各国实力的消长和领导人的更替，其核心结构还会有所变化。

本章小结

　　本章一是从东盟的最初成立到东盟自由贸易区和东南亚经济一体化形成过程中，阐述了东盟这个区域组织的演变对东南亚经济贸易格局形成的推动作用。二是从分析东南亚经济与贸易格局的基本特征和所存在的问题中，阐述东盟对东南亚经济与贸易格局形成的影响。三是阐述了东南亚各国在经济和贸易发展和合作过程中对东盟经济一体化组织的推动作用。四是阐述了东南亚各主要成员的经济与贸易的发展对东南亚经济与贸易格局形成的影响。

思考与练习

　　1. 东南亚经济一体化进程与其他区域经济一体化进程具有哪些特点？

　　2. 东盟运作方式对东南亚区域的经济与贸易合作产生了哪些正面和负面影响？

　　3. 21 世纪的东南亚经济与贸易格局具有哪些特点？

　　4. 东盟中主要成员国对东南亚经济与贸易格局的形成的影响有哪些？

☞　【案例分析】

　　1992 年 8 月，美、加、墨三国签定了自由贸易协定，1994 年 1 月 1 日，该协定开始生效实施；全球第一个由北南国家共同组成的区域经济一体化组织——北美自由贸易区诞生了。北美自由贸易区建立后，美、加、墨三国协议今后将消除相互间的关税障碍。由于墨西哥经济实力弱，美、加将允许实行普遍优惠制；三国还就消除相互间的某些非关税障碍，特别是在取消农牧业和纺织业非关税限制方面，达成了协议；此外，三国还就环保、劳工标准进行了磋商并就环保问题达成协议。

　　北美自由贸易区建立以后，随着美、加、墨三国间贸易壁垒的不断撤除和相关商业规则的不断规范，三国间的贸易流量增长迅速且屡创新高，截至 2002 年北美自由贸易协议生效 9 年时，不仅三国的三边贸易总额即翻了一番多，而且就是三国间原来争议很多的农产品贸易在协议签定后也获得了迅速发展。此外，北美自由贸易区的建立也加速了三国间的贸易集中度和彼此间市场的依赖程度，如今，美墨间贸易总量的 2/3 以上、美加间贸易总量的几乎全部已完全实现自由贸易。可以说，今天的美、墨、加三国以形成了完整的三角自由贸易区。

　　北美自由贸易区建立后，美、墨、加三国间贸易、投资、生产的扩大也相应地给三国增加了不少的就业机会和收入。仅 1994—2000 年间，墨西哥的就业机会就增加了 28%，加拿大的就业机会增加了 16%，美国的就业机会增加了 12%。此外，美国国内凡与出口相关的职位工资水平要比该国的平均工资水平高 13% ~18%，墨西哥国内与出口为导向的制造行业的工资水平也要比该行业的一般职位工资高出近 40%。随着北美自由贸易区的建立以及低成本、低关税的影响，三国的居民和家庭消费不仅选择余地更宽了，而且相应的支出也无形中下降了不少；最后，北美自由贸易区的建立及发展也为美、加、墨三国间关系的稳定奠定了坚实的基础。随着一体化进程的加速，现在的美、加、墨三国甚至还逐渐出现了一种超越经济领域的政治、军事一体化趋势。

　　问题：对照东盟和东南亚经济贸易格局演变过程中存在的不利和有利因素，请你思考北美自由贸易区一体化成功运作的主要原因。

第九章　东南亚经济与贸易格局演进中的大国因素

第一节　东南亚经济与贸易格局演进中的美国因素

一、双方经济关系的历史回顾

在与大国的关系中，东南亚国家与美国的关系在错综复杂的国际关系中更加显著。在第二次世界大战后的半个世纪中，东南亚与美国的经济关系经历了重大的变化。东南亚国家与美国的经济关系大致可以分为 3 个阶段。

1. 第二次世界大战后到 1977 年为第一阶段

因日本战败以及英法等欧洲国家无力维持，为美国向东南亚的扩张提供了极好的机会。1954 年，美国策划组织由美国、英国、法国、澳大利亚、巴基斯坦、菲律宾、泰国及新加坡等 8 国成立了针对中国和越南的东南亚条约组织。此外，美国在菲律宾建立海军、空军基地，与泰国结盟，对南越渗透，支持建立反共政权，最终卷入越南战争。1972 年越南战争结束。1973 年 1 月《巴黎和平协定》签署后，美国从越南南方撤走了全部美军、仆从军队及其军事人员。1977 年 6 月东南亚条约正式宣布解散。此时的东南亚国家和美国的关系以军事、政治为主。

2. 1978—1989 年为第二阶段

随着美国势力撤出东南亚市场，美国力量的持续收缩扩大了前苏联的扩张野心，因此，东南亚国家不得不调整自己在东南亚地区的战略，加强内部团结。一方面加强内部团结；另一方面在大国之间开始推行均衡政策，加强同美国的联系，维持地区的力量平衡。泰国、菲律宾、新加坡这方面的意愿最强。美国与东南亚的关系加强，特别是在经济上，东南亚对美国具有重要的意义；东南亚国家是美国日益重要的投资场所、巨大的商品市场和丰富的燃料、原料产地，美国所需的 89% 的橡胶、68% 的锡、94% 的棕油、95% 的椰子均来自东南亚，1986 年印度尼西亚取代沙特阿拉伯成为美国海外最大的石油供应国。因此，美国与东南亚国家的关系明显升温，东南亚与美国的经济关系进一步加强，东南亚成为美国的第 5 大贸易伙伴。

3. 20 世纪 90 年代至今是第三个阶段

这是美国与东南亚国家关系发展的一个新阶段，从东南亚国家来看，加速了以东盟为代表的区域内经济合作的步伐，同意越南等东南亚国家加入东盟，提出实现自由贸易区计划，形成大东南亚国家，同时主动靠拢日本、中国，以制衡美国和西方国家的经济集团化对东南亚国家的冲击，例如，马来西亚在 20 世纪 90 年代初提出的将美国排除在外的"东南亚经济论坛"（EAEC）。从美国来看，APEC 西雅图会议标志着美国经济战略的重大转移，将目光从大西洋移至太平洋，将经济、政治重心日益移到亚太地区。

　　21 世纪后，美国与东南亚国家签订了一些贸易协定。2003 年 5 月，美国与新加坡签署了《美国－新加坡自由贸易协定》，美国是世界上最大的经济体，是新加坡的最大出口市场，也是新加坡最大的外来直接投资国。截至 2002 年年底，美国在新加坡的投资已达 230 亿美元。对于这个人口仅 40 万、没有自然资源而严重依赖对外贸易的城市国家来讲，美国的重要性不言而喻。而《美国－新加坡自由贸易协定》的签署也更大范围地拓展了美国面向东南亚的市场。2003 年 10 月 7 日，马来西亚表态愿意与美签署自由贸易协定。美国的举措，一方面是为了促进双方经贸合作，另一方面也为了减弱东南亚国家对中国－东盟自由贸易区的热情和对中国市场的依赖。经过多轮谈判，2007 年 3 月 23 日，美国与马来西亚正式签署了双边自由贸易协议。2010 年 11 月 9 日，美国与印度尼西亚签署了全面伙伴关系协议，该协议称：美国和印度尼西亚将在贸易、投资、教育、能源、环境、国家安全等领域展开全方位的合作，以巩固和加强两国在未来的合作。

二、双边贸易

　　第二次世界大战后的几十年，东南亚国家与美国的双边贸易额增长速度很快。1967 年，东南亚国家(不含文莱)和美国的双边贸易额为 9.45 亿美元；到 1986 年，增长了 25 倍，达到 200 亿美元；1992 年比 1986 年增长 2 倍，达 600 亿美元；2002 年美国与东南亚国家的双边贸易额达 1200 亿美元，其中美国对东南亚国家的出口总额达 440 亿美元，是美国对中国或对印度出口额的两倍多；2003 年美国与东南亚国家双边贸易额达 1300 亿美元，平均每年增加 6%；2007 年，双边贸易额达到 1700 亿美元。到 2010 年，双边贸易总额达到 1867 亿美元，占东南亚贸易总额的 9.1%。其中东南亚国家向美国出口达到 1005 亿美元，占东南亚国家出口总额的 9.4%，从美国进口达到 862 亿美元，占东南亚国家进口总额的 8.8%。

　　20 世界 80 年代起，双方的贸易依存度不断上升，从 1982 年起，东南亚国家就成为美国的第 5 大贸易伙伴，仅次于欧盟、加拿大、日本和墨西哥，美国市场对东南亚国家的出口也具有决定性的意义。到 2010 年，美国成为东南亚的第 4 大贸易伙伴，仅次于中国、东盟、日本。

　　表 9－1 为东南亚各国与美国的贸易数据。

表 9－1　2010 年东南亚国家与美国的进出口额　　　　　单位：亿美元

国别	出口到美国	从美国进口	进出口总额
文莱	0.12	13.7	13.82
柬埔寨	21.84	1.69	23.53
印度尼西亚	143.02	94.16	237.18
老挝	56.3	*	56.3
马来西亚	242.08	153.8	395.88
缅甸	*	*	*
菲律宾	77.24	75.29	152.53
新加坡	230.05	356.33	586.38
泰国	202.43	108.84	311.27
越南	144.44	40.81	185.25
东帝汶	*	0.04	0.04

　　数据来源于：亚洲开发银行网站，* 表示数据均在本国进出口排名在 10 名以外。

　　随着经济的发展，东盟对美国的对外贸易结构也在发生变化，东盟对美国经济的依存度也在逐渐减少。印度尼西亚、泰国、新加坡、菲律宾和马来西亚这5个东盟创始国在20世纪80年代对美国的依赖程度是中国的20倍，而在2000—2010年，已经逐步降低到了不超过5倍。泰国公布的最新数据显示，2000—2010年，泰国出口市场中，美国所占份额由21.3%减少到10.3%。据菲律宾国家统计局数据，菲律宾2010年出口额达513.9亿美元，较2009年增长33.7%，前5大出口市场分别为日本(15.17%)、美国(14.7%)、新加坡(14.27%)、中国(11.09%)和中国香港(8.43%)，而15年前菲律宾主要出口市场还分别是美国(约占34%)和日本(约占32%)。

三、投资

　　美国一直是东南亚国家的主要外国投资者。在20世纪70年代以前，由于历史上殖民地的原因，使美国同东南亚之间保持了紧密的经济贸易关系，美国对东南亚的投资表现为对原材料的掠夺。从70年代开始，美国为了保持在东南亚的地区利益，迎接日本的挑战，进一步认识到了对东南亚的直接投资对于美国的利益，改变了美国在东南亚的直接投资政策，由国家鼓励并制定一些对外直接投资的优惠政策。同时东盟政府也欢迎美国的直接投资，它们一方面希望美国的直接投资能够促进发展、扩大就业和改进技术，另一方面也希望借助美国直接投资来平衡日本直接投资以缓解对于日本的依赖性。1977年，即东盟巴厘岛第一次首脑会议的第二年，美国对东盟国家的直接投资达到30亿美元。随着东南亚在世界经济中的地位日益增强，80年代以来，它已成为美国对外直接投资的主要场所。1979—1987年，美国在东南亚的直接投资额从74.4亿美元，升至189.91亿美元，增幅高达155.1%。同时美国在东南亚的直接投资活动中增加了对金融、保险、贸易等工商服务业的直接投资。90年代，由于东盟国家经济高速发展，美国在东南亚的投资急剧增长。

　　"9.11"后美国加大了对东盟的投资，2002年直接投资额已经超过880亿美元。这个数字超过了美国在中国、墨西哥、巴西、日本的直接投资总额。2008年，美国对东盟的直接投资为35.175亿美元，占东盟外商直接投资总额的7.5%，2009年比2008年增长了16.2%，达到40.867亿美元，占东盟外商直接投资总额的10.9%。到2010年，美国为了解决2008年美国次贷危机对国内经济造成的损失，拉动国内经济的发展，加大了对外投资，特别是东南亚的投资，美国对东南亚的投资在2010比2009年增长了109.9%，达到161.82亿美元，占东盟外商直接投资总额的11.3%。

　　美国对东南亚国家和地区的直接投资，不只是简单的资金流入，更重要的是先进技术和经营管理知识、国际市场销售知识的输入。美国对东南亚地区直接投资的一个重要的特点就是主要转向电子、化学等高技术工业。相对于其他国家的直接投资，美国直接投资的技术构成高。同时，这些年美国在东南亚地区的直接投资方式有所变化，越来越多地采取与当地财团合资办企业的形式，共同开发新技术、新产品，并参与对在职人员的技术培训，这样使新技术的引进、吸收在企业内实现一体化，从而直接推动了当地企业的技术进步和劳动生产率的提高。随着资本输出的增加，美国对东南亚发展中国家的技术转让也不断扩大。

四、FTA 进程

美国与东南亚国家所签订的第一个自由贸易协定（FTA）就是《美国－新加坡自由贸易协定》。该协定 2003 年 5 月签订，2004 年 1 月生效。美国与新加坡签署自由贸易区协议的目的是进一步加强美国与新加坡"密切而繁荣"的经贸关系。现在美国已经成为新加坡的第二大贸易伙伴，仅次于马来西亚。美国向新加坡出口的产品主要是通信设备、信息技术硬件及化工产品，从新加坡进口的产品主要是集成电路、计算机配件及化工产品。2002年，美国对新加坡投资总额为 230 亿美元，约占美国东南亚投资总额的一半。在新加坡设立的美国企业有 13000 余家，其中 330 家公司在新加坡设立了地区总部。

美国与东盟成员国建立双边自由贸易区和组建东盟开创企业主要是希望美新自贸协议和东盟开创企业在恐怖主义威胁依然存在的情况下，为美国投资企业提供优惠政策，从而吸引更多的美国公司在东南亚设立公司。

2006 年 8 月，美国与东盟签署了一项贸易与投资框架协议，美国以该协议为基础，进一步推动美国与东盟的经贸合作。美国过去曾以贸易与投资框架协议为基础，最终与不少贸易伙伴达成了自由贸易协定。根据当时的情况来看，美国没有完全排除与东盟签署自由贸易协定（FTA）的可能性，但认为目前时机尚不成熟。不过，美国是第一个向东盟派出大使的国家。

2009 年 7 月，在泰国普吉岛出席东盟地区论坛（ARF）部长会议的美国国务卿希拉里22 日签署了《东南亚友好合作条约》（TAC），美国成为 TAC 的第 16 个区域外成员国。希拉里代表美国政府签署《东南亚友好合作条约》，其直接目的是为美国加入东亚峰会铺平道路。因为根据东盟加入东亚峰会的要求，其成员国应是东盟的全面对话伙伴；已加入《东南亚友好合作条约》；与东盟组织有实质性的政治和经济关系。美国不希望排除在东亚一体化进程之外。当然，美国也想与东亚峰会的其他盟国，推动以 10＋6 为成员国为主题的东亚共同体或亚太共同体。

美国正在努力扩大与东盟（ASEAN）之间的交流接触，包括增加东盟的计划项目，扩大驻东盟使团，以及加强高层接触。在经济上通过实施美国与东盟《贸易与投资框架协议》的工作方案，努力支持区域经济一体化和促进美国与东盟的贸易和投资。美国帮助东盟制定了制药、电子和电气设备以及建筑施工等领域的行业标准。

第二节　东南亚经济与贸易格局演进中的中国因素

一、双方经济关系的历史回顾

东南亚国家是中国的友好邻邦，在新中国成立之后，中国与东南亚国家的关系经历了风风雨雨，逐渐走向成熟。直至 1991 年，中国才与所有东盟成员国建立或恢复外交关系。经过双方共同努力，1997 年 12 月，中国和东盟领导人在首次东盟—中国领导人非正式会议上确定了建立睦邻互信伙伴关系的方针。

为扩大双方的经贸交往，中国国务院总理朱镕基 1999 年在马尼拉召开的第 3 次中国－东盟领导人会议上提出，中国愿加强与东盟自由贸易区的联系，这一提议得到东盟国家的积极回应。2000年11月，朱镕基总理在新加坡举行的第4次中国－东盟领导人会议上首次提出建立中国－东盟自由贸易区的构想，并建议在中国－东盟经济贸易合作联合委员会框架下成立中国－东盟经济合作专家组，就中国与东盟建立自由贸易关系的可行性进行研究。

2001年3月，中国－东盟经济合作专家组在中国－东盟经济贸易合作联合委员会框架下正式成立。专家组围绕中国加入世界贸易组织的影响及中国与东盟建立自由贸易关系两个议题进行了充分研究，认为中国－东盟建立自由贸易区对东盟和中国是双赢的决定，建议中国和东盟用10年时间建立自由贸易区。这一建议经过中国－东盟高官会和经济部长会的认可后，于2001年11月在文莱举行的第5次中国－东盟领导人会议上正式宣布。2002年11月，第6次中国－东盟领导人会议在柬埔寨首都金边举行，朱镕基总理和东盟10国领导人签署了《中国与东盟全面经济合作框架协议》，决定到2010年建成中国－东盟自由贸易区。这标志着中国－东盟建立自由贸易区的进程正式启动。

2002年11月，中国与东盟10国签订了《中国与东盟全面经济合作框架协议》，标志着中国－东盟自由贸易区（下称CAFTA）建设的起航。2003年7月1日，该协议正式生效，CAFTA的建设计划步入实质性运行阶段，它奠定了中国－东盟自由贸易区的法律基础，为自由贸易区的建设提供了基本的法律保障。如果说"框架协议"的制度意义在于构建自由贸易区的法律根基，那么它在整个自由贸易区建设的过程意义就是指明了自由贸易区时间表，涉及货物贸易、原产地规则、服务贸易、投资四个贸易核心问题。

《中国与东盟全面经济合作框架协议》提出了中国与东盟加强和增进各缔约方之间的经济、贸易和投资合作；促进货物和服务贸易，逐步实现货物和服务贸易自由化，并创造透明、自由和便利的投资机制；为各缔约方之间更紧密的经济合作开辟新领域等全面经济合作的目标。

2004年11月，中国－东盟签署了《货物贸易协议》，规定自2005年7月起，除2004年已实施降税的早期收获产品和少量敏感产品外，双方将对其他约7000个税目的产品实施降税。中国－东盟自由贸易区涵盖18亿人口，GDP超过2万亿美元，贸易额达1.23万亿美元，是世界上由发展中国家组成的最大的自由贸易区。

2008年10月22日，中国与新加坡签署自由贸易协定。新加坡承诺将于2009年开始取消全部自中国进口产品关税，中国承诺将于2012年1月1日前对97.1%的来自新加坡进口产品实现零关税，其中87.5%的产品从协定生效时起即实现零关税。

为了深化自由贸易区建设的政策措施，中国与东盟各国于2010年10月底共同签署了《中国－东盟全面经济合作框架协议货物贸易协议第二议定书》，并已在2011年1月1日起生效实施。新议定书签署实施后，双方企业将更方便地使用自由贸易区优惠政策，从中获得更多利益。

二、双边贸易

2008年中国与东盟双边贸易总额达2311.2亿美元，同比增长13.9%，增幅同比下降12个百分点。其中，中国出口1141.4亿美元，增长20.7%，较上年同期回落11.4个百分点；进口1169.7亿美元，增长7.9%，较上年同期回落13.1个百分点。中国对东盟贸易逆差28.3亿美元，同比下降80%。在东盟国家中，马来西亚、新加坡分别为中国第一和第二贸易伙伴，双边贸易额分别为534.7亿美元和524.4亿美元。2005年7月20日，中国-东盟自由贸易区全面实施降税。从2009年1月1日起，中国对原产于东盟10国的部分税目商品实施中国-东盟自由贸易协定税率，并实施第三步正常降税。降税后，实施协定税率的税目数约为6750个，相对于最惠国税率，平均优惠幅度约80%。2009年，我国关税总水平仍为9.8%，而对东盟平均关税降到2.8%。总体来看，中国-东盟自由贸易区《货物贸易协议》实施情况基本正常，效果逐渐显现。双边决定在2005年将贸易额达到1000亿美元的目标，在2004年就提前达到了；后来决定在2010年达到2000亿美元的目标，到2007年提前3年达到。

2010年中国与东盟的贸易摆脱了金融危机的困扰，再次回到高增长的轨道，增速居于中国各大贸易伙伴前列且年内较为平稳；中方从东盟的进口额与速度均高过对东盟的出口额与增速，逆差扩大；除中菲贸易外，中国与其他东盟国家的贸易额都达到历史最高值，双方贸易的增长面宽，增长点多，体现出中国-东盟自由贸易区的良好开局。

2010年东盟对中国的出口额达到1130亿美元，进口额达到1190亿美元，双边贸易额达到2320亿美元，占东盟双边贸易总额的11.3%。2011年，东盟向中国出口达到1928亿美元，比2010年增长了70.6%，从中国进口达到1701亿美元，比2010年增长了43%，双边贸易总额达到3629亿美元，比2010年增长了37.8%。由于中国东盟双边贸易的增幅、特别是东盟对中国出口的增幅高于中国的总体贸易增长水平，使中国与东盟贸易在中国对外贸易中所占比重不断增加，2010年已接近10%。目前，东盟是中国的第4大贸易伙伴，第3大进口来源地和第4大出口市场。从东盟秘书处的统计情况看，中国与东盟贸易在东盟对外贸易中所占的份额最高。

2010年1月1日如期建成的中国-东盟自由贸易区使双方90%的贸易商品（约7000种商品）享受零关税待遇，其中大多数为农产品和制造业产品（中国对东盟的平均关税从之前的9.8%下降至0.1%），文莱、印度尼西亚、马来西亚、菲律宾、新加坡、泰国6个东盟老成员国对中国的平均关税从过去的12.8%下降至0.6%，柬埔寨、老挝、缅甸和越南这4个东盟新成员国也将在2015年将90%的贸易产品关税降为零。

在市场及商品结构方面，2010年的中国-东盟区域贸易进一步调整，马来西亚对中国贸易额首次突破700亿美元，达到742.2亿美元，比2009增长42.8%，占中国与东盟贸易总额的25.3%，中方逆差由上年的127亿美元扩大到266亿美元，增幅为109.4%，马来西亚继续是中国对东盟国家贸易逆差最大的来源地。新加坡对中国贸易额570.6亿美元，比上年增长19.2%，占中国与东盟整体贸易额的19.5%。泰国对中国贸易首次突破500亿美元，达到529.47亿美元，增长38.6%，占中国与东盟贸易总额的18.1%。泰方对中国农产品出口的增势较突出。印度尼西亚对中国贸易达到427.5亿美元，增长50.6%，占中国与东盟贸易额的14.6%。中国与越南的贸易总额达到300.9亿美元，增长43%，占中国与东盟贸易额的10.3%。菲律宾对中国贸易额为277.46亿美元，比上年增加35.1%，占中国与东盟贸易额的9.5%。缅甸与中国双边贸易总额达到44.44亿美元，占中国与东盟贸易额的1.5%。柬埔寨与中国双边贸易总额达到14.41亿美元，占中国与东盟贸易额的0.5%。老挝对中国贸易额为10.55亿美元，比上年增加40.3%，占中国与东盟贸易额的0.4%。文莱是东盟国家中近两年对中国贸易增长速度最快的国家，双方贸易额从2009年的4.2亿美元上升至2010年的10.25亿美元，首次突破10亿美元，增速达142.8%，占中国与东盟贸易额的 0.4%。

三、投资

从 2005—2007 年，中国对东南亚国家的直接投资总的来说不断增加；且增长幅度有逐年加大的趋势。其中，越南、老挝、柬埔寨、缅甸、泰国、印度尼西亚、新加坡等国增幅巨大，而菲律宾、马来西亚、文莱 3 国有所减少。到 2007 年，中国对东盟 10 国的总投资额达到 39.5317 亿美元。截至 2008 年年底，中国与东盟双向投资额接近 600 亿美元。2009 年中国对东盟的直接投资额达到 41.58 亿美元，占东盟外商直接投资来源的 10.9%，比 2008 年增长了 121.9%，到 2010 年，中国对东盟 10 国的直接投资为 28.61 亿美元，比 2009 年减少 31.2%。2008—2010 年，中国对东盟的投资总额为 88.93 亿美元，占东盟外商直接投资来源的 5.5%。中国对东南亚各国的投资领域较广，涉及工业制造业、农业、矿业、电力、油气、纺织业、服务业、烟草、医药等各领域。其中，对电力和矿业领域的投资较为突出，项目多，金额大。在东南亚 11 国中，对越南、老挝、柬埔寨、缅甸、马来西亚、印度尼西亚等国的投资都涉及电力领域，而对菲律宾、越南、老挝、柬埔寨、缅甸等国的投资都涉及矿业领域。中国在东盟国家投资居前 3 位的国家分别是新加坡、泰国和越南。近年来中国连续成为柬埔寨第一大投资国。

四、承包工程和劳务合作

中国与东盟多数国家较早就开展了工程承包与劳务合作，如：中国与新加坡在建立正式外交关系之前业已开展承包劳务合作，两国建交后，特别是自 1992 年以来，两国的互利合作得到进一步发展。工程承包业务是中国企业进入泰国经营最早的形式，始于 1980 年。进入菲律宾市场则是 1981 年。中国企业在马来西亚开展承包工程业务始于 1987 年。我国部分大型工程公司已在新加坡、菲律宾等国建立了良好的商业信誉。

近几年，中国东盟经贸合作已入佳境，中国与东盟在互为对方重要的贸易、投资伙伴的同时，双边的经济技术合作也得到了拓展，东盟国家已经是中国重要的承包工程、劳务合作市场。2006 年我国在东盟市场承包工程新签合同额 84.39 亿美元，完成营业额 38.75 亿美元。2007 年中国与东盟地区在对外承包工程方面新签合同额为 124 亿美元，完成营业额为 56.09 亿美元。2008 年 1—9 月份，新签合同额 69.24 亿美元，完成营业额 42.19 亿美元。截至 2008 年 9 月底，我国与东盟地区累计签订承包工程合同额 498.5 亿美元，完成营业额 265.15 亿美元。中国对东盟国家派出的劳务人员素质逐渐提高，各类专业技术人员和高级经营管理人员的比重越来越大。新加坡、马来西亚、泰国和越南是中国在东盟国家开展劳务合作的主要国家。其中新加坡已成为我国对外劳务合作的第二大城市。据中国商务部统计，2010 年，中国企业在柬埔寨新签承包工程合同 73 个，同比增长 102.8%；合同总额 13.43 亿美元，增长 1.5%；营业额 6.48 亿美元，增长 62.9%；外派人数 3691 人，增长 291%。中国企业在柬新签劳务合作合同 7 个，合同总额 83 万美元，营业额 512 万美元，外派人数 498 人，增长 31.4%。截至 2010 年年底，中国企业在柬承包工程与劳务合作累计合同额和营业额分别是 49.91 亿美元和 23.12 亿美元。

2010 年中国承包工程企业在东盟 10 国的新签合同额和完成营业额分别达 249.06 亿美元和 150.30 亿美元，较 2009 年分别增长 47.51% 和 37.61%，分别占中国承包工程全球市场总额的 18.54% 和 16.31%。2011 年前 3 季度，中国承包工程企业在东盟 10 国的新签合同额和完成营业额分别达 160.72 亿美元和 98.32 亿美元，较上年同期分别增长 44.13% 和 16.98%。中国企业在东盟各国承揽并参与投资了包括电站、道路、桥梁等在内的许多大型基础设施工程项目，不同程度地解决了当地的就业问题，为当地创造了税收，有力地促进了当地经济的发展。

第三节　东南亚经济与贸易格局演进中的日本因素

一、双方经济关系的历史回顾

东南亚地区是战后日本亚洲外交的重点地区，并曾一度是日本亚洲外交的核心。战后 60 多年中，由于国际形势的诸多变数，日本对东南亚外交也几经曲折与调整。东南亚国家与日本的经济关系大致可以分为 3 个阶段。

第一阶段：战后到 20 世纪 50 年代。日本无条件投降后，以"战后赔偿"为突破口，战后日本对东南亚的经济外交蹒跚上路。日本对东南亚国家的赔偿与准赔偿是以产品和劳务形式支付的，即日本政府先把赔偿金额支付给日本企业，再由这些企业向索赔国提供产品或劳务。通过这种形式，日本于 50 年代后期成功进入东南亚市场。1954 年 10 月日本以援助国身份加入"科伦坡计划"，凭借其资本与技术的实力，巩固并增强了在东南亚地区的影响力。日本不仅对东南亚的出口迅速扩大，资源、能源的进口也大大增加。日资企业、合资企业相继开办，并投资开发马来西亚的铁矿、泰国的锡矿、印度尼西亚的石油、菲律宾的铜矿等。

第二阶段：20 世纪 60 年代到 80 年代。1967 年 8 月 8 日印度尼西亚、马来西亚、菲律宾、新加坡和泰国发表《曼谷宣言》，标志东盟作为亚洲重要的地区性组织正式登上世界舞台。此时日本已相继超过英、德，成为新崛起的世界经济大国，在亚洲经济中一枝独秀，具备了独自开展经济外交的雄厚实力。70 年代中期以后，由于越战结束，美国撤离印度支那，东盟在地区的作用增大，给日本开展地区经济外交提供了难得的机会。由于经济持续高速增长，国际地位的显著提高，80 年代以后日本逐步确立了大国外交战略，东南亚作为日本经济外交根基最巩固的地区，成为 80 年代中期日本亚太经济外交的重中之重。

第三阶段：冷战结束后的 90 年代初至今。冷战结束后的 90 年代初，大国关系重新调整与定位，日本外交也面临新的机遇与挑战。1997 年下半年始于泰国并迅速蔓延的东南亚金融危机，可以说是导致日本再次定位与东盟关系的一个分水岭。日本重新认识到经济因素在对东盟外交中的分量，重新检讨对东盟"经济外交"的地位和作用，以确保继续充当亚洲经济的"主角"，服务于其国际政治领域的"大国"目标。危机发生后，日本在提供资金、人才、技术支援以及协助东南亚国家调整经济结构的同时，提出了建立"亚洲货币基金"的构想，旨在建立由日本主导下的亚洲经济、金融秩序。由于美国及国际货币基金的反对，中国的消极态度，加上东盟国家也并不积极，该构想最终不了了之。

进入 21 世纪后，2002 年 11 月，日本与东盟签署了《全面经济伙伴关系联合宣言》，标志着日本同东盟之间搭建的加深经贸合作的框架大致成形。2002 年 1 月日本和新加坡签署了自由贸易协定，2003 年 10 月，日本—东盟自由贸易区（JAFTA）的进程正式启动。从此，东南亚国家与日本的经济关系达到前所未有的密切程度。2005 年 12 月 13 日，日本与马来西亚签订经济伙伴协定。2006 年 9 月 10 日，日本与菲律宾签订经济伙伴协定。2007 年 4 月 2 日，日本与泰国签署自由贸易协定。2007 年 8 月 20 日，日本与印度尼西亚签署双边自由贸易协定。2009 年 4 月 22 日，日本与越南签订经济伙伴协定。2008 年 4 月 14 日，日本与东盟签订自由贸易协定。

二、双边贸易

东盟对日本的进出口在 1997 年金融危机之前呈不断上升趋势，2001 年日本和东盟各国之间的贸易额（出口和进口）达到 13 万亿日元（按照人民币 1 元折算 14.82 日元计算，大约合 8772 亿元），占日本全部贸易额的 14%，同时，对东盟来说，与日本的贸易额占其所有贸易额的 20%，日本成为东盟继美国之后最大的贸易伙伴。2002 年日本对外贸易总额为 7500 亿美元，发生在日本和东盟之间的有 1070 亿美元占总额的 14.2%。所占份额仅次于美国的 23.4% 高于欧盟的 13.9% 和中国的 13.5%。2001 年，东盟对外贸易总额为 5620 亿美元，其中有 1133 亿美元发生在与日本之间，占对外贸易总额 5620 亿美元的 20.2%。同年，东盟与美国的贸易额占 6.9%。2004 年日本超过美国成为东盟最大的贸易伙伴，双边贸易额达 1359 亿美元。2005 年双方的贸易额为 16.4 亿日元，约合 1400 亿美元。随着贸易结构的变化，东亚在日本对外贸易中的比重明显增加。

到 2007 年日本与东南亚之间的贸易额已经超过 20 万亿日元（约合人民币 1.4 万亿元），自贸协定在其经济外交中的分量也开始逐渐显现。因此日本便把自贸协定发展成内容更加广泛的"经济伙伴协定"的形式。2010 年东盟向日本出口达到 1028.9 亿美元，占东盟出口总额的 9.6%，从日本进口达到 1037.5 亿美元，占东盟进口总额的 10.6%，双边贸易总额达到 2066.4 亿美元，占东盟进口总额的 10.1%，成为东盟仅次于中国、欧盟的第 3 大贸易伙伴。

三、投资

战后日本对东南亚地区的投资实际上是通过战后补偿的形式而实现的，无论是日元贷款，还是直接投资，都是日本资本的扩展。1951—1970 年，日本对东盟 5 国（新加坡、泰国、菲律宾、马来西亚、印度尼西亚）的直接投资为 4.91 亿美元。在长达 20 年的时间里，日本对东南亚地区的直接投资并不多，这是因为在日本经济高速增长之前，日本的外汇储备、贸易顺差并不大，国内经济发展吸引了大量资金，日本尚无雄厚的资金力量对东南亚地区进行大规模投资。

70 年代以后，日本经济高速增长的物质效果开始显现，日元迅速升值，日本对海外的资金供应能力大为提高，对东南亚地区的投资也迅速增长。1972—1982 年，日本对东盟 5 国的直接投资总计为 101.66 亿美元，10 年的投资额是前 20 年的 20 多倍，占同期日本对外总投资额 531.31 亿美元的 19.13%，居第 1 位。80 年代日元持续升值，日本国内生产成本上升，产品的出口竞争力下降，大批日本企业于是扩大对外投资，意图利用海外劳动力成本较低的优势。而东盟国家政局相对稳定，资源丰富，劳动力价格低廉，政府对外资给予优惠政策，交通、运输、通信等基础设施较完备，投资环境较好，成为日资在海外的首选之地，日本企业纷纷投资东盟国家开办工厂。到 1990 年，日本企业开办的工厂遍及东南亚地区，其中泰国 2000 家、印度尼西亚 1500 家、马来西亚 2000 家、菲律宾 2000 家、新加坡 2000 家。

据日本大藏省统计，仅 1987 年，日本对亚洲投资 48.6 亿美元中，东盟国家就达 15.24 亿美元，占总额的 31%。实际上不仅仅是 1987 年，东盟国家长期以来在日本对外投资中一直保持着这一比例，是日本对海外投资最多的地区。从投资结构看，日本对东南亚国家的投资以制造业和资源开发为主。日本对东盟国家的直接投资中，制造业占 34.8%，资源开发占 52.2%，其他产业占 13.1%。

1993—2001 年间，日本对东盟投资达 344 亿美元，占其对外投资总额的 57.1%。1995—2001 年间，东盟吸收日本的投资占其总额的 21.6%，欧盟居第 2 位，占 16.8%，美国居第 3 位，占 14.5%。日本在印度尼西亚的投资最多，在菲律宾的投资最少。从投资产业分布来看，主要集中在制造业部门。近年来，日本对东盟的制造业投资出现下降的趋势。而对非制造业，尤其是金融服务行业的投资出现增长的趋势。

2008 年，日本对东盟的直接投资达到 41.29 亿美元，到 2009 年，为 37.63 亿美元，受全球经济危机的影响，比上年减少了 8.9%，到 2010 年，日本对东盟的直接投资又迅猛增长，达到 83.86 亿美元，比上年增长了 122.9%，占东盟外商直接投资来源的 11%，成为东盟的外商直接投资的第 4 大来源国，仅次于欧盟（22.4%）、东盟（16.1%）、美国（11.3%）。2008—2010 年，日本对东盟直接投资累计达到 162.78 亿美元。

作为经贸行为的投资是互利互惠的，日本对东南亚国家的投资既有利于日本经济的增长，对当地经济的发展也具有促进作用。如：增加了就业机会、提供了劳动生产率、加快了工业化的步伐、优化了生产要素的合理配置、提供了科技和管理的水平。但日资的大量涌入，必然对当地企业和民族资本构成猛烈的冲击，形成东南亚国家在资金上对日本的非对等相互依存，从而不仅在经济上，而且在政治、外交和战略上，形成对日本极为有利的潜在力量和影响。

四、经济援助

战后日本对东南亚各国的补偿中已包含了日元贷款和无偿援助，但是以订立补偿协议的形式提供的，还不是正式的官方援助。到 20 世纪 50 年代中期，美国出于亚太地区战略的需要，将对外援助的重心向亚太地区转移，促成"东南亚条约"组织的形成，日本政府为在地区战略上配合美国，也为了在美国的保护下扩展自己的势力，开始向东南亚国家提供政府开发援助（以下简称 ODA）。

1953 年，日本政府提出加入"新加坡计划"（1951 年成立的西方国家对东南亚国家提供援助的多边组织），遭到欧洲国家的拒绝，后经美国斡旋始得加入。但这一组织为欧美国家控制，日本只能居于后排，并不能为日本扩大地区影响提供有效的渠道和机会，加上当时日本外汇储备不多，所以直到 1957 年 6 月，日本通过这一计划提供的 ODA 总共为 10 万英镑，占该计划总额的 0.98%，于是日本谋求另起炉灶，提出结合美欧和日本的资金、技术、东南亚的资源，设立"东南亚开发基金"，基金总额 5 亿美元，其中美国 2 亿美元，欧洲 2 亿美元，日本 1 亿美元。美欧也许看透了日本的潜在意图，不愿为人作嫁衣，所以对此反应并不热烈。日本政府虽然按计划于 1959 年出资 50 亿日元（按当时 360 日元＝1 美元的汇率，约合 1390 亿美元），但终究未能以此作为对东南亚进行资金扩展的主渠道。1958

年 10 月，日本政府与印度政府签署协议，由日本政府在 1958—1961 年间向印度提供 180 亿日元(相当于 5000 万美元)的"束缚性"日元贷款，用于购买日本的发电机、洗煤机、通信设备以及各种小型工业机械，援助方式多为进口贷款，兴建出口加工区以及修建交通设施。目的不仅仅是帮助受援国家发展基础设施，更重要的是有利于日本商品的输入，推动对当地的投资活动。

从一开始，日本实施 ODA 的重心就放在了东南亚地区。1960—1978 年，日本 ODA 总额为 35 亿美元，其中东盟 5 国占 39.3%，从地区看，位居第一，除新加坡外，所有东盟国家均在接受日元贷款最多的前 10 名之内；东盟国家所接受的外援中日援占 1/3 以上。随着东盟国家的经济增长，日本政府逐步调整了对东盟国家 ODA 的结构。60 年代，主要面向基础设施和大型项目；70 年代，重点支持农业中小企业和人才培育；80 年代，根据东盟国家经济发展水平的高低，先后减少和停止了无偿援助，使日元贷款成为日本对东盟国家援助的主要形式。

90 年代以来，日本官方开发援助的 65%、日元贷款的 70% 仍然是集中在东盟。到 1994 年年底，接受日本战后双边官方开发援助总额排名前 10 位的受援国中，东南亚就占了 5 个，即第 1 位的印度尼西亚(116.04 亿美元)、第 3 位的菲律宾(69.79 亿美元)，第 4 位的泰国(52.20 亿美元)，第 9 位的缅甸(24.49 亿美元)和第 10 位的马来西亚(21.4 亿美元)。

2001 年，日本对外援助总额为 75 亿美元，其中援助东盟的数量为 21 亿美元，占总额的 28.3%。2001 年，东盟共接受外来援助 35 亿美元，其中 60.1% 来自日本。近年来，日本尤其加大了对东盟新加入者的经济援助力度。同时，为了在 GMS(大湄公河次区域经济合作)中不被架空，日本也加大了对 GMS 东盟国家的投资和援助。2011 年 11 月 18 日，日本出席在印度尼西亚巴厘岛召开的日本和东盟 10 国首脑会议时提出，日本将向东盟提供 2 万亿日元(约合人民币 1650 万元)的基建项目援助。

日本的 ODA 从其动机和目的看，当然是要扩大日本资金的输出，为民间企业占领海外市场打开方便之门，通过相互依存的经济关系，加强日本在地区战略格局中的优势地位。但在客观效果上，作为日本援助主体的日元贷款金额大、利率低、偿还期长，条件相当优惠，对东南亚国家完善基础设施、技术设备更新、培训科技人才以及国民经济的发展，都有着毋庸置疑的促进作用。

五、FTA 进程

为了适应经济一体化的潮流，日本近年开始积极参与东盟的双边自由贸易区的谈判。据 2003 年的日本经济产业发展研究报告，如果日本与东盟达成自由贸易协定(FTA)，日本的 GDP 可以增加 1.1 兆日元，并创造出 15 万~26 万个就业机会。2003 年 10 月，日本 - 东盟自由贸易区(JAFTA)的进程正式启动。日本 - 东盟自由贸易区的建立具有重要而深远的意义。由于日本 - 东盟自由贸易区属于南北合作型的区域一体化形式，各国相互间的经济互补性强，有利于发挥各自的比较优势，提高区域内资源配置的效率，形成规模经济效应。据一项研究报告显示，日本 - 东盟自由贸易区的建立，东盟对日本的出口预计增长 44.2%，而日本对东盟的出口将增长 27.5%。同时，它将为东盟和日本的国内生产总值增长分别贡献 1.99% 和 0.07%。为此，根据双方 2002 年 11 月 5 日签署的《日本 - 东盟各国首脑关于框架性经济连携的基本内容》，日本和东盟要进一步加强经济连携。为实施 2003 年 10 月 7 日签署的《第二次东盟协和宣言》，促进东盟 2020 远景目标的实现，根据 2002 年 10 月日本－东盟协议《关于河内行动计划的建议》，日本全力支持东盟在"东盟安全保障共同体、东盟经济共同体和东盟社会文化共同体的基础上建立东盟共同体"。东盟欢迎日本加入《东南亚友好条约》。2003 年 10 月，日本－东盟自由贸易区（JAFTA）的进程正式启动。从此，东南亚国家与日本的经济关系达到前所未有的密切程度。

2005 年 12 月，第 9 届东盟与日本领导人会议发表关于深化和扩大东盟日本战略伙伴关系联合声明，日本答应提供 7000 万美元给东盟发展基金和东盟－日本合作基金，以促进东盟一体化进程。

2007 年是日本近年来与东盟交往最为频繁的一年。1 月，第 12 届东盟首脑峰会在菲律宾宿务举行，各国领导人就起草《东盟宪章》问题达成一致，东盟与中日韩领导人会议（"10＋3"）同时举行。在东盟与日本领导人（"10＋1"）会议上，日本表示为加强双边关系将设立"日本－东盟贤人会议"，并对现有的"日本－东盟中心"进行改革。同时，第 2 届东亚峰会在菲律宾宿务举行。会议发表了《东亚能源安全宿务宣言》。4 月，日本与越南就经济合作协定在东京举行第一轮会谈。日本与泰国在东京举行会谈，并签署了《日泰经济合作协定》。同时，东盟与日本在东京举行经济合作协定第 7 轮谈判，就贸易自由化问题达成一致意见。6 月，日本与文莱在东京签署《日本－文莱经济合作协定》。8 月，印度尼西亚与日本在雅加达正式签署以贸易和投资自由化、稳定能源和矿物资源供应为主要内容的《印度尼西亚－日本经济合作协定》。同时，东盟与日本在菲律宾首都马尼拉举行经济部长会议，双方就签署东盟整体与日本的经济合作协定达成最终共识。11 月，日本与东盟达成了相关协议。

2007 年 11 月日本与东盟成员国领导人在新加坡举行会晤时确定了《日本与东盟的自由贸易协议》的主要条文。2008 年 4 月 14 日，日本和东盟宣布，双方已经签署自由贸易协定，有关协定将在年底生效，这是日本与区域性经济组织达成的第一个自由贸易协议。根据协定，日本在协议生效后将立即对从东盟进口的 90%（按价值计算）的产品实行零关税，并在 10 年内逐步取消另外 3% 产品的关税，同时降低其余 6% 产品的关税。剩余 1% 的产品是在日本政治上较敏感的大米、糖和奶制品等，这些作为"特例商品"不列入日本与东盟的贸易优惠安排。协议同时还规定，文莱、印度尼西亚、菲律宾、新加坡和泰国 6 个东盟成员国将在协议生效后 10 年内逐步取消 90%（按价值和种类计算）的日本进口产品关税，越南将在 15 年逐步取消 90% 的日本进口产品关税，柬埔寨、缅甸和老挝将在 18 年内逐步取消 85% 的日本进口产品关税。有分析认为，日本此举源于对中国在东南亚日增的影响力的警惕。以自由贸易协议为核心的全面经济伙伴协议 4 月在马来西亚签署，马来西亚是东盟最后一个签署这项协议的会员国。日本政府计划与已批准自贸协议的东盟会员国，就自贸协议交换外交文件。这将是日本第一个多国自由贸易协议，而它在分项进行的全球贸易协商中，也寻求缔结一系列双边贸易协议。

日本除了加强与东盟建立自由贸易协定的同时，还积极推进与东盟各成员国加强自由贸易协定的签署。2002 年 1 月日本和新加坡签署了自由贸易协定，协议规定从 2002 年 4 月起，日本向新加坡的出口将豁免关税；新加坡向日本出口的免税商品种类增加，比例将从目前的 85% 增加到 94%；2005 年 12 月 13 日，日本与马来西亚签订经济伙伴协定，2006

年 7 月 13 日该协议生效, 根据协议, 马来西亚将逐步降低汽车和钢铁的关税, 马来西亚对于从日本进口的直接用于制造业生产的钢铁产品提供零关税, 几乎所有钢铁产品的关税将在 10 年内取消。在马来西亚当地生产所需要进口的汽车零部件的关税即时取消, 整车关税到 2015 年降至零。2006 年 9 月 10 日, 日本与菲律宾签订经济伙伴协定, 根据该协定, 日本出口的超过 60% 的钢铁制品的关税立即取消, 以及日本从菲律宾进口的一部分农产品也将实现最惠国待遇等。2007 年 4 月 2 日, 日本与泰国签署自由贸易协定, 协议包括削减或者取消许多两国出口商品的关税。2007 年 8 月 20 日, 日本与印度尼西亚签署双边自由贸易协定, 该协议旨在消除两国间 90% 多贸易的关税。2009 年 4 月 22 日, 日本与越南签订经济伙伴协定, 该协议生效后, 在今后 10 年内, 92% 的流动于两国之间的货物将不再受关税限制。

第四节   东南亚经济与贸易格局演进中的澳大利亚因素

一、双方经济关系的历史回顾

澳大利亚是东盟最初的对话伙伴, 与东盟于 1974 年建立关系, 第一次东盟－澳大利亚首脑会议于 1977 年在吉隆坡举行。澳大利亚积极参加了东盟地区论坛(ARF), 并多次担任过东盟地区论坛的联合主席, 包括有关维持和平的会议, 参与一年一度的东盟后部长会议(PMCs), 这对扩大对话和就相互关心及感兴趣的地区与国际问题交换意见有很大作用。从 1993 年起, 东盟－澳大利亚的对话范围扩大到包括政治与安全问题。

最初的对话聚焦于通过地区项目提供技术援助, 主要是在东盟与食品相关的领域进行研究和开发。在 80 年代初期, 这一对话发生了显著改变, 强调随迅速变化的东盟经济环境作出反应, 这一转变预示着东盟－澳大利亚关系的扩展。经济问题、特别是东盟日益增长的出口产品进入澳大利亚市场的问题支配了东盟－澳大利亚对话的议事日程。1991 年, 第 14 次东盟－澳大利亚论坛同意扩展合作项目, 使之以相互感兴趣和互利为基础, 涵盖教育、环境、电信和科学技术新领域。紧跟这一发展, 在 1993 年举行的第 15 次论坛上, 政治与安全问题成为双方讨论的话题。《东盟－澳大利亚发展合作计划》(AADCP)是 2003 年开始的, 于 2008 年结束。这个耗资 4500 万澳元的计划以促进东盟的可持续发展为目标, 其办法是通过地区合作, 协助东盟应对优先地区发展的挑战。

1994 年 7 月, 在曼谷召开的第 27 次东盟部长会议期间, 《东盟－澳大利亚经济合作计划》第 3 阶段正式启动。通过加强东盟和澳大利亚贸易与投资联系的两个合作机构, 即《项目流计划》和《联系流计划》, 为东盟－澳大利亚合作提供了更多的机会。《项目流计划》聚焦于长期的技术转让项目, 涉及相互达成协议的优先领域, 即环境、电力、电信和食品安全。《项目流计划》由两个子计划构成, 即《加强东盟经济一体化计划》和《加强东盟竞争力计划》。每个子计划包括一系列较小的东盟－澳大利亚联合运动, 服务于范围广泛的计划目标, 其实施期长于子计划的另外两个组成部分。《联系流计划》(LSP)是东盟－澳大利亚私营部门沟通活动的主要推动者。它为私营部门参与东盟－澳大利亚的活动提供了一条途径。《联系流计划》涉及环境管理、运输、生物技术、电信、信息技术、农业和以农业为基础的行业等达成协议的优先领域中的合作活动, 包括私营部门、政府部门、研究和学术方面的合作。

作为进一步加强这一贸易关系的措施，东盟各国经济部长 1994 年 9 月在泰国研究了东盟自由贸易区与澳大利亚、新西兰比较密切的经济关系（CER）之间建立联系的可能性，其目的是进一步扩大市场规模，并加强东盟与澳大利亚经济的互补性。1995 年 9 月，东盟各国经济部长与澳大利亚和新西兰的代表在斯里巴加湾会晤，举行了东盟经济部长与 CER 的手册磋商会议。这次会议的焦点是消除贸易和投资障碍的实际步骤，而不是减少关税壁垒或正式一体化的步骤。部长们确定了两地区进行合作的 7 个领域，即信息交流、人力资源开发、海关问题、标准与一致性、推动与促进、竞争政策和产业合作。一系列合作活动立即开始，例如，为东盟和 CER 国家（澳大利亚、新西兰）编制海关总目录，开发贸易与投资数据库，随着信息交流的开始在标准与一致性领域进行合作，开展与 ISO 14000 环境鉴定系统相关的协作工作，以及通过概括 CER 标准与一致性开发的特点和东盟标准与质量报告开发的特点，宣传标准与一致性方面的知识。

东盟与澳大利亚的发展合作对东盟优先领域的发展具有适应性和响应性。澳大利亚已经成为《河内行动计划》（HPA）的积极支持者。随着《万象行动计划》（VAP）的执行（该计划是《河内行动计划》的延续），东盟和澳大利亚都相信，政府和私营部门之间的密切磋商对加强经济合作至关重要。澳大利亚和东盟的合作关系之所以具有效果，除了地理上接近的优势外，部分在于这一关系不断增加的互补性和这一地区的经济活力，还由于两个合作伙伴都决定不断评估这一关系，以作出适合双方需要的改变。

2009 年 2 月 27 日澳大利亚、新西兰与包含 10 个成员国的东南亚国家联盟（ASEAN，东盟）签订一项自由贸易协定，根据协议，将成立一个覆盖 12 个国家和总计 6 亿以上人口的自由贸易区。该协定是澳大利亚最大的一项自由贸易协定，共涵盖 12 个经济体、6 亿人口，以及 3.1 万亿澳元（约合 2.8 万亿美元）年国民生产总值。根据该协定，东盟对澳大利亚将于 2020 年实现 96% 零关税的目标。

二、双边贸易

自 1976 年签订《东盟－澳大利亚贸易合作谅解备忘录》以来，东盟和澳大利亚的贸易关系稳步扩大。东盟和澳大利亚强调，要扩展与贸易相关的活动，而且需要缩小贸易差距。这与 1989 年后部长会议期间与澳大利亚进行的讨论一致。从 1988—1998 年，澳大利亚对东盟出口年均增长率为 10.8%，从东盟进口的增长率为 16.1%，均超过两位数。1994 年，东盟向澳大利亚出口近 54 亿澳元，从澳大利亚进口 95 亿澳元，澳大利亚有贸易顺差 41 亿澳元。澳大利亚对东盟的出口高于对欧盟和美国的出口，占澳大利亚总出口的 16%。1996 年，从东盟的进口增长 13%，占澳大利亚商品总进口的近 10%。1999 年，澳与东盟贸易增长率达到 16%。双边贸易总额为 254 亿澳元，占澳贸易总额的 14%，其中出口达到 113 亿澳元，占澳出口总额的 13%，进口达到 142 亿澳元，占澳进口总额的 14%。到 2007 年，澳大利亚和东盟之间的双边贸易额为 710 亿澳元（约合 612 亿美元），这相当于澳大利亚贸易总额的 15.6%。2009 年，澳大利亚与东盟的双向贸易额约为 800 亿澳元（约合 680 亿美元），据澳大利亚贸易委员会（Austrade）统计，有 1.85 万澳大利亚出口商与东盟进行贸易。到 2010 年，东盟对澳大利亚的出口达到 352 亿美元，占东盟出口总额的 3.3%，东盟从澳大利亚进口达到 202 亿美元，占东盟进口总额的 2.1%，双边贸易总额为 554 亿美元。

目前，澳大利亚是东南亚国家的第 8 大贸易伙伴，是泰国、马来西亚和印度尼西亚的 10 大贸易伙伴之一，是老挝、马来西亚、越南、印度尼西亚、新加坡、文莱的 10 大出口国之一，是泰国、印度尼西亚、马来西亚的 10 大进口国之一。

东南亚国家与澳大利亚的双边贸易尽管基本上呈持续增长的态势，但是在各自对外贸易中的比重一直较少，其经济原因主要有：首先东南亚大多数国家与澳大利亚之间缺乏经济互补性。其次双方都以日本、美国和欧洲为主要贸易伙伴。再次关税保护和一系列的非关税贸易壁垒措施也严重制约双边贸易的发展。

三、投资

澳大利亚企业 1883 年便进入马来西亚和泰国的矿业部分，是最早进入这一地区进行投资的国家之一。尽管和 19 世纪相比，澳大利亚投资的重要性在 20 世纪有所下降，但进入 70 年代以后，澳大利亚对东盟的投资出现了较大增长，并且在东盟国家的某些产业部门占有非常重要的地位。根据澳大利亚统计局的数字，澳大利亚对东盟国家的投资从 1970 年 6 月 30 日的 170 万澳元上升到 1981 年 6 月 30 日的 2.35 亿澳元，澳大利亚资本占东盟整个外来投资中的比重也由 3.2% 提高到 11.5%。70 年代初期，澳大利亚对 10 个东盟国家投资 40% 集中在印度尼西亚，但到 80 年代初期，这一状况有很大改变，澳 84% 的投资集中在新加坡和马来西亚，而印度尼西亚所占的比重则降为 5%。

进入 90 年代以后，澳大利亚对东南亚国家的投资增长更为明显，投资额由 1991—1992 财政年度的 34.64 亿美元上升到 1995—1996 财政年度的 38.93 亿美元以及 1996—1997 年度的 33.99 亿美元。到 1997—1998 年度，澳对东盟直接投资达到 66 亿美元，占澳对外投资总数的 7%。到 90 年代末，澳对东南亚国家直接投资达到 120 亿美元，占澳大利亚对外投资总额的 7%。这时期澳大利亚对东盟的投资主要集中在新加坡和马来西亚两国，分别为 30 亿美元和 18 亿美元。澳大利亚对东盟各国的投资有半数以上集中在制造业和矿业，主要分布在石油、煤化学工业及其相关产业，其他为服务业居多，如金融、保险、房地产、商业服务等。与此同时东盟对澳大利亚的投资也已达到相当规模，1991—1992 年度东盟对澳投资为 83.44 亿美元，1995—1996 年度上升到 116.89 亿美元，1997—1998 度则达到 163 亿美元。到 2002 年，以东盟为一方、以澳大利亚和新西兰为另一方，建立了东盟自由贸易区（AFTA）与澳大利亚和新西兰比较密切的经济关系（CER）之间的联系，简称 AFTA – CER 连接关系，澳大利亚和新西兰加大了对东盟的直接投资，2001—2007 年澳大利亚和新西兰对东盟的直接投资金额高达 100 亿美元。到 2008 年，澳大利亚对东盟的直接投资为 7.87 亿美元，到 2009 年，因受全球经济危机的影响，澳大利亚对东盟的直接投资比 2008 年下降了 1.4%，为 7.76 亿美元，2010 年，为拉动本国经济，缓解经济危机的影响，澳大利亚对东盟的直接投资比上一年增长了 127.5%，达到 17.65 亿美元，成为东盟外商直接投资的第 9 大来源国。

四、经济援助

20 世纪 90 年代，澳大利亚通过"国际发展援助署"以赠款方式向东南亚国家提供援助。澳大利亚的经济技术援助大部分不附加条件，主要用于帮助东南亚国家发展教育、医疗卫生和粮食生产、兴办合作项目、提供预算资助和救济款等。从1995—1999年对东盟国家援助额又不断增加。在澳大利亚对外援助的5个重点国家中,东盟就占了3个,即印度尼西亚、越南和菲律宾。

印度尼西亚是澳大利亚对外援助的重中之重,澳大利亚对印度尼西亚提供的双边开发援助一直是居第二位。1995年以来,澳对印度尼西亚的援助额每年均在8000万~1亿澳元之间。1998年、1999年两个财政年度,澳对印度尼西亚提供的官方开发援助均达到1.2亿澳元,比1997—1998财政年度增加近30%,2000—2001财政年度仍维持在1.2亿澳元左右。澳还对越南、老挝和柬埔寨提供大量的援助。其中对越援助每年约7000万澳元,是越南的第4大援助国。澳大利亚积极支持柬埔寨的恢复与重建工作,并对老挝提供经济援助。对柬埔寨和老挝的经济援助款1999—2000年度分别达到3680万澳元和2130万澳元。马来西亚和泰国因经济状况较好不是澳的援助重点,但对菲律宾的援助额每年也在7000万澳元以上与越南基本相似。东帝汶独立之后,立即成为澳大利亚对外援助的重点地区。澳大利亚在2000—2004年为东帝汶提供总计1.5亿澳元的官方发展援助,前两年分别为4000万澳元,后两年分别为3500万澳元,以帮助东帝汶建立政府与各级管理机构,重建家园,实现民族和解,并使多边国际机构如世界银行联合国组织等在那里正常运作。

2003年10月29日澳大利亚政府向东盟提供4500万澳元的援助计划正式由官方宣布,此计划被称为东盟澳大利亚发展合作计划(AADCP),旨在通过一系列2~3年的中期行动措施促进东盟地区的经济一体化、提高该地区的经济竞争力以及减少贫困。

澳大利亚是2005年已成为印度尼西亚地震和海啸灾害发生以来援助最多的国家,援助总额大大超过日本的5亿美元和美国的3.5亿美元,总额接近8亿美元,包括向印度尼西亚提供价值5亿澳元(3.85亿美元)的一揽子援助计划及提供5亿澳元的专项无息贷款。此外,澳大利亚和印度尼西亚政府之间还在执行每年8亿澳元的双边援助。

2009年澳大利亚把拨给菲律宾的财政援助资金提高到44亿比索(合1.09亿美元),比2008年增加9%,也使澳大利亚成为菲律宾第2大海外发展援助来源国。澳大利亚在菲律宾的援助计划集中在3个方面:经济发展、基础教育及国家稳定和人民安全。

2012年澳大利亚将向越南提供1.379亿澳元官方发展援助。这笔援款比2010—2011财政年度增加8.2%。将主要用于发展人力资源、经济融合、旨在连接贫困地区与重点交通干线和经济走廊的基础设施建设、环境保护(如洁净和卫生用水、应对气候变化和农业研究等)。至此,越南已成为澳大利亚双方发展援助第5大接受国。同年,澳大利业将会增加对缅甸的援助,将对缅甸的援助翻一番,到2015年,澳方每年对缅援助将达到1亿美元。

五、FTA 进程

自2002年9月以来,以东盟为一方、以澳大利亚和新西兰为另一方,建立了东盟自由贸易区(AFTA)与澳大利亚和新西兰比较密切的经济关系(CER)之间的联系,简称AFTA—CER连接关系。目前,这一关系已经成为东盟、澳大利亚和新西兰经济交往的平台。2009年2月28日,东盟与澳大利亚和新西兰签订了《综合自由贸易协议》,计划在2009年7月1日生效,协议内容包括货物、投资、服务与经济合作。根据这项协议,未来12年内,许多商品将陆续降低关税或免关税,预计可以增加120亿美元的贸易额。东盟与澳大利亚和新西兰自贸易协议从生效日开始到 2020 年，东盟将逐步对澳大利亚和新西兰解除 96% 货物的关税，剩下 4% 的敏感性产品则仅会调降至 5% 或被排除在协定外。东盟与澳大利亚和新西兰签订自贸易协议生效后，彼此间的贸易与投资预期将增加。

澳大利亚还加强与东盟各成员国签署自由贸易协定，2003 年 2 月 17 日，澳大利亚与新加坡签署自由贸易协定。该协定在 2003 年生效后，每年为新加坡出口企业节省约 3160 万新元的关税。2004 年 7 月 5 日，澳大利亚与泰国签订自由贸易协定，按照两国自由贸易协定，从 2005 年 1 月 1 日起，澳大利亚从泰国进口的商品中将有 83% 的类别实行零关税，其他的将逐步降低关税，到 2010 年将基本实行零关税，只有成衣类将推迟到 2015 年。2012 年 5 月 22 日，澳大利亚和马来西亚在吉隆坡签署自由贸易协议，协议生效后，马来西亚近期从澳大利亚进口的 97.6% 的商品都将免去关税。

第五节　东南亚经济与贸易格局演进中的欧盟因素

一、双方经济关系的历史回顾

欧盟与东盟经济关系的发展历程大致可以分为 3 个阶段。

第一阶段是从 20 世纪 70 年代到 1993 年欧盟成立前。1972 年，经由东盟特别协调委员会（SCCAN）决定，欧洲经济共同体（EEC）成为与东盟建立非正式关系的第一个对话伙伴。1975 年 5 月 7 日，东盟－欧共体联合研究小组建立，为探究两个地区的协作努力。1977 年东盟与欧共体建立了正式关系。1978 年，在布鲁塞尔举行了第一次东盟－欧共体部长会议。1980 年签署了《欧共体－东盟合作协议》，这是东盟与欧共体经济合作机制化的标志，该协议成为双方经济合作的一个里程碑，有力地推动了今后双边经济合作的发展进程。在这一协议下，确定了商业、经济和技术合作目标，建立了联合合作委员会（JCC），作为监督东盟—欧共体合作的机构。

第二阶段是从 1993—2001 年。20 世纪 90 年代欧盟与东盟都加快了区域一体化的步伐。1993 年，"欧共体"成为"欧盟"。1994 年，欧盟制定了《走向亚洲的新战略》。其主要内容包括加强对亚洲的贸易和投资，扩大双边的科技合作；欧盟将就欧洲出资进行的经济合作、发展援助及其他活动提供更多的信息，对一些正在进行经济改革的国家提供政策咨询。1995 年举行了第一次东盟－欧盟高级官员会议（SOM）。1996 年 3 月第一届亚欧首脑会议在泰国曼谷举行，东南亚 7 国、中国、日本、韩国与欧盟 15 国领导人，以"为促进发展建立亚欧新型伙伴关系"为主题，就亚欧政治与安全形势、亚欧经济及其他各个领域的合作等问题进行了讨论，呼吁促进贸易、投资和技术合作。同年欧共体发布了《关于在欧盟－东盟关系中创造新动力的通信》，重申了欧共体的新亚洲战略及其承诺：把加强与东盟的联系，作为其亚洲政策的关键要素之一。因为它把东盟看做重要的政治对话者和新亚－欧对话的发动机。

1997 年东南亚金融危机打击了东盟各国的经济，双方的经济关系有所削弱。特别是在 1997 年东盟顶住欧盟的压力接纳缅甸入盟，致使双方关系一度处于低潮，欧盟也冻结了所有对东盟的技术援助与合作。

1998 年 4 月，召开了第 2 届亚欧会议，会议通过了"亚欧合作框架"，以指导和协调亚欧会议参与国在政治、经济、金融和其他领域开展对话与合作。亚欧会议是东南亚国家与欧盟关系的里程碑，为亚欧关系在 21 世纪的合作和发展翻开了新篇章。

第三阶段是从 2001 年至今。双方关系重新走向正常化，呈现出新的发展势头。2003 年 7 月，欧盟发表了《与东南亚的新型伙伴关系》的报告，寻求与东盟在多方面加强对话与合作，为欧盟与东南亚未来关系的发展制定了全面战略。同年欧盟提出"跨地区欧盟 – 东盟贸易启动计划"，希望两个地区在扩大贸易和投资流动、贸易便利、市场准入和投资问题上进行定期合作，并建立一个有效的对话框架。2007 年是欧盟与东盟双方经济关系进一步取得实质性重要进展的一年。同年 3 月，第 16 届欧盟 – 东盟部长级会议通过了旨在加强双方伙伴关系的《纽伦堡宣言》，在经济合作方面提出欧盟与东盟要推进"跨地区欧盟 – 东盟贸易启动计划"，并在 WTO 框架下进行自由贸易区谈判。

二、双边贸易

20 世纪末，欧盟已是东盟的第 2 大出口市场和第 3 大贸易伙伴，但双方的贸易额占当年东盟对外贸易额的 18%，占欧盟对外贸易额的 2.6%，可见欧盟对东盟市场的依赖性较小。这样，在 20 世纪末之前，双方并没有对共同的经济利益有着充分的认识。

2000 年，东盟对欧盟的进口额为 396 亿美元，出口额为 622 亿美元。东盟与欧盟双边制成品贸易多数仍属于传统的行业间贸易，产业内的贸易仅发生在电子零配件行业。东盟对欧盟进出口额在 2004 年重新恢复了增长，进口额和出口额分别比上年增长 16.6% 和 11.2%，2006 年双边贸易额达到 1004.6 亿欧元，其中进口额 254.8 亿欧元，增长 10%，出口额 749.8 亿欧元，贸易顺差有所扩大。不过，2001—2006 年，东盟对欧盟的进出口额占东盟进出口总额的比重一直是下降趋势，进口额比重从 12.73% 下降到 10.1%，出口额比重从 15.68% 下降到 12.6%。2006 年，欧盟已经是东盟第二大贸易伙伴，占东盟贸易总额的 11.7%；而东盟占欧盟贸易总额的比重仅为 5%。2006 年，东盟对欧盟的出口中，机械、电子产品与交通供给产品占 46.8%，其他制成品占 26.9%，化工产品占 9.2%。欧盟对东盟的出口中，机械、电子产品与交通工具产品占 54.9%，化工产品占 13.4%。

2009 年，欧盟与东南亚地区的双向贸易额达 1720 亿美元。2010 年，东盟向欧盟出口达到 1150 亿美元，是东盟国家的第一大出口地区，东盟从欧盟进口达到 936 亿美元，是东盟的第三大进口来源地，双边贸易总额达到 2086 亿美元，是东盟的第二大贸易伙伴。

三、投资

在 1993 年欧盟正式成立后，欧盟国家对东南亚国家的投资额和投资领域开始稳步扩大。在欧盟对东南亚国家的直接投资中，英、荷、法、德 4 国是最大的投资者，主要投资的国家是新加坡、马来西亚和印度尼西亚等。据联合国贸易与发展委员会的统计数据，2000 年，欧盟、日本和美国对东南亚国家的直接投资额分别占东南亚国家当年吸收外国投资总额的 16.7%、23.6% 和 3.2%。1999—2001 年，欧盟是东盟的第二大投资者。除了欧盟向东盟投资外，欧盟的新成员国也希望能够从东盟投资中获利，特别是吸收来自新加坡、马来西亚的投资。

2002—2006 年，欧盟对东盟的直接投资稳步增长，总计超过 300 亿欧元，占流入东盟直接投资总量的 26.3%，排在首位，之后是日本（占 18%），其次是东盟成员国区域内直接投资(占 11.3%)和美国(占 8%)。2008 年,欧盟对东南亚国家的直接投资为 70.1 亿美元,占东南亚国家外商直接投资金额来源的 14.9%,2009 年,达到 91.32 亿美元,比 2008 年增长了 30.3%,到 2010 年,更是比上年增长了 86.4%,达到 170.25 亿美元,占东盟当年吸收外商直接投资总额的 22.3%。2011 年,欧盟进入东南亚的直接投资达 192 亿欧元,而自 2006 年至今,两个地区间贸易额也增长了 26.6%。在欧洲经济增长陷入停滞的情况下,东南亚却有经济增长的巨大潜力,这为许多欧洲企业继续提供了新的机会,而欧洲作为技术创新领先的一个经济体,增加对东南亚的出口将是无可争议的,而其中新加坡在欧盟东南亚市场中占有重要份额。

四、FTA 进程

20 世纪 90 年代中期,由于缅甸和东帝汶问题以及在民主、人权方面的分歧,欧盟与东南亚国家的关系一度陷入低潮。

进入 21 世纪,双方关系重新正常化,并出现新的发展势头。中断了 3 年之久的欧盟 - 东盟部长级会议在 2001 年年底召开,并通过了《万象宣言》,在促进政治、经济合作以及缅甸等敏感问题方面都取得了成果。该会议标志着欧盟与东盟新时期的开始。2003 年 7 月,欧盟发表了《与东南亚的新型伙伴关系》的报告,寻求与东盟在多方面加强对话与合作。同年欧盟提出"跨地区欧盟 - 东盟贸易启动计划"(TREATI),希望两个地区在扩大贸易和投资流动、贸易便利、市场准入和投资问题上进行定期合作,并建立一个有效的对话框架,最终达成《东盟 - 欧盟优惠贸易协定》,这实际上是双边自由贸易区谈判的信号。

2005 年欧盟开始正式对欧盟 - 东盟 FTA 进行可行性研究。2006 年,欧盟贸易委员会和东盟经济部长会议共同建立的欧盟 - 东盟经济伙伴关系专家小组发表了研究报告《共享和可持续繁荣的跨区域伙伴》,深入分析了欧盟 - 东盟 FTA 的可行性。

2007 年是欧盟与东盟经济关系取得实质性进展的一年。当年召开的第 16 届欧盟 - 东盟部长级会议通过了加强双方伙伴关系的《纽伦堡宣言》,提出欧盟与东盟要推进"跨地区欧盟 - 东盟贸易启动计划",并在 WTO 框架下进行自由贸易区谈判。2007 年 4 月,欧盟各成员国正式授权欧盟委员会与印度、韩国和东盟进行自由贸易协议谈判。欧盟与东盟首轮自由贸易区(AEFTA)谈判于 7 月 19—20 日在越南岘港市举行。2007 年 11 月 22 日,在东盟与欧盟建立对话关系 30 周年纪念峰会上发表了联合宣言。宣言提出:在区域对区域方式的基础上迅速推进欧盟与东盟的自由贸易区谈判,扩大经济联系,在更深入推动贸易和投资自由化、便利化的过程中注重东盟各个国家的不同的发展水平和能力差异;强化"跨地区欧盟 - 东盟贸易启动计划"和"欧盟 - 东盟对话机制",以推进双方在更广阔的领域进行交流与合作。欧盟与东盟的自由贸易区谈判的展开,标志着双方经济合作进入了一个新阶段。

欧盟在与东盟的经贸合作中仍然存在一些障碍,欧盟往往坚持其在民主政治、人权、劳工待遇标准、可持续发展等方面的主张,而东盟认为这些属于国家的内政范畴,这导致双方政府间的制度性合作一直落后于实际市场的经贸联系发展。在最近的欧盟与东盟自由贸易区谈判中,欧盟在这些方面作出了一些让步,但仍试图将劳工待遇标准、可持续发展等纳入谈判中,以维持欧盟跨国公司的竞争地位。最新的 FTA 谈判未能达成协议,主要是缅甸的人权问题。现在,双方打算以东盟整体为 FTA 的谈判对象以克服上述问题。另外,非关税壁垒逐渐成为目前双方在贸易与投资方面的主要障碍。欧盟的非关税壁垒主要表现在各种技术标准要求(包括卫生、检疫、环境、劳工和社会标准等)上。东盟主要表现在手续缺乏透明性、制度缺乏可预见性和透明性、烦琐的海关手续和标准上,还包括一些"传统"的非关税壁垒,如配额、非自动进口许可证等。

2009年11月9日欧盟和印度尼西亚签署了合作伙伴协定,这是欧盟与东南亚国家签署的第一份此类协定,旨在加强双边政治、经济联系。该协定主要目的是推动双边经贸往来,目前双边贸易额已超过200亿欧元,而且正以年均6%的速度增长。欧盟是印度尼西亚石油和天然气之外产品的主要出口市场,而目前已有750家法国企业在印度尼西亚落户。

2012年6月,欧盟和新加坡签署了自由贸易协议。新加坡出口到欧洲自由贸易联盟成员国的工业品将享受免税待遇,而新加坡也将取消从这些欧洲国家进口的工业品的关税。

本章小结

1. 在第二次世界大战后的半个世纪中,东南亚与美国的经济关系经历了重大的变化。东南亚国家和美国的双边贸易增长迅速,美国对东南亚的投资也不断加大,美国一直保持着东南亚国家主要贸易伙伴关系,在经济全球化趋势影响下,美国已经与东南亚的新加坡、泰国签订了自由贸易协定(FTA),美国也在努力推进与东盟签订自由贸易协定。

2. 东南亚国家是中国的友好邻邦,特别是中国在改革开放以后,与东南亚国家在经贸方面展开了富有意义的双边贸易合作关系,特别是中国－东盟自由贸易区的建立,更是促进了中国与东南亚国家经济的增长。

3. 由于第二次世界大战的历史积怨问题,日本扩大了对东南亚国家的官方援助,并以此为契机,加大了对东南亚国家的投资,也促进了日本与东南亚国家的贸易往来,并且随着东盟区域经济一体化进程的深入,东盟自由贸易区的成立,日本与东南亚多个国家签署了自由贸易协定。

4. 澳大利亚与东南亚的经济关系经历了反复多变的历程。近年来,澳大利亚经济关系的重心不断向东南亚国家倾斜,双边贸易发展迅速,澳大利亚加大了对东南亚国家的投资以及经济援助,并与东南亚国家如新加坡、泰国、马来西亚等国家签署了自由贸易协定。

5. 由于历史原因,东南亚国家与欧盟成员国之间的经济关系一直保持着紧密联系,随着东南亚经济的迅速发展,欧盟也逐步扩大了对东南亚国家的投资。近年来,欧盟一直是东南亚国家的最大直接投资来源国,随着国际趋势的变化,欧盟与东盟也在努力加强双边自由贸易协定的签署。

思考与练习题

1. 如何看待美国重返东南亚?"9.11"事件之后,美国与东南亚国家的关系经历了怎样的变化?

2. 中国－东盟自由贸易区建立后,中国与东南亚国家的贸易与以前相比有哪些特点?

3. 由于第二次世界大战的原因,日本与东南亚国家的经贸合作经历了怎样的变化?

4. 欧盟与东南亚国家在 FTA 进程中经历了怎样的变化?

5. 澳大利亚对东南亚国家的经济援助具有怎样的特点?

☞ 【案例分析】

1. 【2011 年美媒称东南亚国家处理与中国关系如同"走钢丝"】2011 年菲律宾、越南与中国因南海关系出现紧张,美联社 7 月 14 日就南海问题发表评论说,由于近期围绕南海问题发生的诸多挫折,这令东南亚国家再一次思考一个长久以来一直存在的问题:中国到底是它们的朋友还是敌人? 这令它们处理同中国的关系如同在"走钢丝"。

2. 【2011 年 7 月 22 日美媒声称东南亚国家不信任中国,希望加强与美国关系】报道最后称,中国的邻国由于深刻了解中国的历史和文化,因而不信任中国,它们希望美国能够继续维护东南亚的和平。《华尔街日报》还猜测称,在与参加东盟论坛会议的美国国务卿希拉里举行私人会面时,东南亚国家会表示希望加强与美国的外交以及军事关系。

问题:从上面两则美国的新闻中,请大家思考一下,中国与东南亚国家的关系中,美国起到什么样的影响?

第十章　中国与东南亚国家的经济贸易关系

在经济全球化的背景下，中国的经济发展和安全与周边经济的发展和安全息息相关。东南亚是当今世界经济发展最有活力和潜力的地区之一。在未来新的世界政治、经济格局中，东南亚在政治、经济上的作用和战略地位将更加重要。东南亚是中国的南邻，自古以来就是中国通向世界的必经之地。在历史上，绝大多数东南亚国家就与中国有友好往来，在政治、经济、文化上关系密切。在悠久的历史交往中，中国人民和东南亚各国人民已经结下了深厚的友情。随着中国和东南亚国家经济建设的飞速发展和社会进步，双边和多边的友好合作关系也将进入一个不断发展、更加密切的历史时期。

第一节　中国与东南亚国家经济贸易关系概述

东南亚国家与中国有地缘上的关联，又大多是发展中国家，与中国有着许多共同利益。改善与东南亚国家的多边以及双边关系，对保持中国经济持续稳定发展具有十分重要的意义。

一、中国与东南亚国家关系发展历程

中国和东南亚国家有着历史的、天然的紧密联系，它是基于共生的、自愿自主的民间融合。新中国成立以来，与东南亚国家的关系经历了复杂和曲折的过程。

（一）中国与东帝汶国家关系

中国与东帝汶两国人民之间的交往具有悠久的历史，南宋赵汝适《诸蕃志》就记载了南方大海中这个盛产檀香的地方。早在14世纪，中国就已从东帝汶输入檀香木，善于经营的华人成为有史可稽的、最早来帝汶岛进行贸易的商人。到了近代，中国东南沿海一带的许多人为了经商或是躲避国内动乱，开始大量"下南洋"，来到东南亚，其中一些人由此再去澳洲和北美洲，从而在全世界留下华侨华人的足迹。帝汶岛地属东南亚，又邻近澳洲，也成为华人定居经商之地。到19世纪初，东帝汶已形成一个华人社会。不过，由于东帝汶本来就人少地狭，早期来此的华人并不多。

2002年5月20日，东帝汶正式宣布独立，中国外交部部长唐家璇率领中国政府代表团参加了独立仪式，中国领导人江泽民、李鹏、朱镕基也分别致信祝贺。当天，中国与东帝汶建立正式外交关系，中国成为与东帝汶建交的第一个国家。东帝汶在建交公报中"承认世界上只有一个中国，中华人民共和国政府是代表全中国的唯一合法政府，中国台湾是中国领土不可分割的一部分，承诺不与中国台湾建立任何形式的官方关系或发生任何官方往来"。

此后，两国关系在多领域、多层次继续发展。政治外交与经贸合作方面，唐家璇外长在两国正式建交时表示，在新的历史时期，中国与东帝汶的友好合作潜力巨大，中国支持

东帝汶加入联合国和其他的国际及地区组织。中国将继续帮助东帝汶发展，特别是在农业、健康和教育方面。中国将继续积极参与联合国在东帝汶的工作，并为东帝汶提供力所能及的帮助。东帝汶高度重视对华关系，感谢中国的无私帮助，发展两国在基础设施、医疗卫生、油气勘探和农业等方面的合作。东帝汶政府重申，将继续恪守一个中国的政策。

2003 年 9 月，东帝汶总理马里·阿尔卡蒂里（Mari Alktiri）访华。17 日，国务院总理温家宝与东帝汶总理举行会谈，对进一步发展中国与东帝汶关系提出三点建议：①加强两国高层交往，进一步增进政治互信；②拓展互利合作，加强双边经贸合作的制度建设，逐项落实双方在重点领域的合作项目；③加强在地区和国际事务中的合作，相互支持、相互配合。阿尔卡蒂里对此予以积极回应，表示愿意加强与中国在政治、经贸、油气勘探和卫生等领域的合作。两国政府签署了《中华人民共和国和东帝汶民主共和国贸易协定》等 6 个合作文件，阿尔卡蒂里还会见了中国国家主席胡锦涛。东帝汶方面十分希望学习和借鉴中国的发展经验。阿尔卡蒂里在与温家宝总理会谈时仔细询问了中国改革开放的情况，并特意访问了上海，表示希望学习上海吸引外资的经验和扩大与上海的经贸合作。阿尔卡蒂里总理此次访华将有力地推动双边合作关系的发展。中国与东帝汶友好关系的发展是符合两国人民的根本利益的，应该得到继续重视、维护和发展。对中国来说，发展与东帝汶的友好关系首先有利于促进中国与整个东南亚地区的关系。东南亚是中国周边环境中的重要一环，在政治、经济、安全方面均具有十分重要的战略意义。

2003 年 10 月，中国总理温家宝在出席东盟国家首脑会议时，根据中共十六大确定的"与邻为善、以邻为伴"的方针提出了"睦邻、安邻、富邻"的周边外交政策。此外，中国还与东盟签署了《面向和平与繁荣的战略伙伴关系联合宣言》，成为东盟的第一个战略伙伴和第一个加入《东南亚友好合作条约》的非东南亚大国，这些标志着中国与东盟关系迈上了一个新的台阶。东帝汶尽管与东盟大国印度尼西亚有过一段不愉快的往事，但目前已实现和解，且加入东盟有利于东帝汶的经济恢复与重建。从建设一个"大东盟"的角度考虑，东盟也不会拒绝东帝汶的加入。因此，东帝汶很可能成为东南亚国家联盟的第 11 个成员国。在这种情况下，尽早发展同东帝汶的友好合作关系，有利于巩固并推进中国同东盟的关系。此外，中国积极参与东帝汶的独立进程并多次向其提供力所能及的援助，既向国际社会展示了中国积极、负责的形象，又为发展一种平等、友好的大国与小国的关系提供了一个范例。最后，发展与东帝汶的关系有利于防止中国台湾当局的"南向外交"、"务实外交"，遏制"台独"势力的发展。如前所述，东帝汶正式独立之前，中国台湾就企图与之建立"外交"关系。这一企图破灭后，不能排除中国台湾当局凭借经济实力再向东帝汶推销其"务实外交"的可能。东帝汶国小民穷，百废待兴，中国台湾的资金与技术具有极大的吸引力。当然，在承认"一个中国"政策的国际主流趋势下，东帝汶不可能再与中国台湾当局建立官方关系。但在银弹攻势面前，东帝汶与中国台湾当局发展所谓的实质关系并不是完全不可能的。发展和巩固与东帝汶的友好关系，有利于防止这种局面的发生。

东帝汶正式独立后，开始奉行一种与所有大国交好的均衡外交政策，发展对华关系亦被视为对外政策的重要内容之一。中国作为政治大国，是联合国 5 个常任理事国之一，为东帝汶的独立发挥了积极的作用，两国之间不存在任何的利益冲突。东帝汶要继续获得国际社会的认可和帮助，来自中国的支持是必需的，也是最令它放心的。同时，中国还是一个不断发展的经济大国，能向东帝汶提供了一些力所能及的援助，双边经贸合作也正在逐渐开展，这些因素都有利于东帝汶国内经济的恢复与重建。此外，东帝汶还十分看重中国改革开放，特别是吸引外资方面的经验。东帝汶领导人访华时都不忘到上海去访问，就是看中了上海雄厚的经济实力与吸引外资、开展经济建设方面的经验。最后，东帝汶还与中国澳门之间存在历史上的传统联系，这种联系有利于东帝汶各方面的发展，为东帝汶方面所珍视。这些因素决定了东帝汶将长期奉行对华友好政策。

当然，中国与东帝汶关系尽管发展势头良好，但其内容还有待进一步的充实。正如温家宝总理所建议的那样，双方在政治、经济、外交等方面的合作都还需要加强。可以预见，随着东帝汶加入东南亚国家联盟、亚太经济合作组织等国际组织，中国与东帝汶之间在双边、多边基础上的多领域、多层次合作关系将得到进一步的发展。双方应致力于推动这种局面的实现。其中，经贸合作是其他合作的基础，也是当前较突出的问题，双方还有许多工作要做。东帝汶是亚洲最贫困国家和全球20个最落后国家之一。根据统计，东帝汶有41%的人生活在贫困线以下，48%的人是文盲，在农村，贫困率达46%，在城市为26%。首都帝力等主要城市的失业率高达90%。经济上的极端贫困限制了双边经贸关系的发展。在此情况下，能源合作成为双边经贸合作中一个可能的亮点。东帝汶是一个富产石油和天然气的国家，有人认为它10年后可能成为另一个文莱。东帝汶油气储藏主要分布在与澳大利亚之间的帝汶海。根据东帝汶与澳大利亚签署的油气开采和收入分享协议，东帝汶将获得共享部分90%的收入，这笔金额据保守估计在20年内可达60亿美元。东帝汶急需通过开发能源的方式获得资金重建经济，中国则正在成为一个能源需求大国，双方在油气开发方面的合作潜力巨大。2002年8月，中国石油天然气总公司与东帝汶政府签订了关于在东帝汶合作勘探石油的谅解备忘录，迈出了双方合作的第一步。但要看到，这种合作并不是马上就可以见效的。由于帝汶海底油田深达1000公尺以上，开采难度大。20世纪90年代初期，美国、英国、荷兰和澳大利亚的石油公司就在帝汶海勘探石油，但效果并不显著。因此，尽管中国与东帝汶的能源合作具备相当的潜力，但可能需要较长的时间才能发掘出来。

尽管还存在一些不足与问题，但发展友好关系符合中国和东帝汶双方的愿望与利益，是大势所趋。两国政府一方面要加大合作力度，扩大合作领域，另一方面也要摒弃急功近利的心态，着眼长远，重在培育，促进这种友好关系的持久、稳定和深入发展。

（二）中国与东盟关系发展简史

东盟是中国的好邻居、好朋友、好伙伴。长期以来，中国和东盟在政治、经济、社会文化等领域的合作不断深化和拓展，在国际事务中相互支持、密切配合。

1991年，中国与东盟开始正式对话。当年7月，时任中国外长钱其琛出席了第24届东盟外长会议开幕式，标志着中国开始成为东盟的磋商伙伴。

随着政治交往的不断加深，中国1996年3月明确提出希望成为东盟全面对话国，这个倡议得到东盟各国的积极响应。同年7月，东盟外长一致同意中国为东盟的全面对话伙伴国。中国首次出席了当月举行的东盟与对话伙伴国会议。

1997年12月，时任中国国家主席江泽民出席首次中国－东盟领导人会议。会议期间，中国与东盟领导人发表了《联合宣言》，确定了面向21世纪的睦邻互信伙伴关系。中国与东盟关系进入一个新阶段。

为进一步推进中国与东盟对话合作，2002年11月，在第6次中国－东盟领导人会议上，双方签署了《中国与东盟全面经济合作框架协议》，确定了 2010 年建成中国－东盟自由贸易区的目标。

2003 年 10 月，第 7 次中国－东盟领导人会议期间，温家宝总理与东盟领导人签署了《面向和平与繁荣的战略伙伴关系联合宣言》。在这次会议上，中国正式加入《东南亚友好合作条约》，双方政治互信进一步增强。

2004 年，温家宝总理出席第 8 次中国－东盟领导人会议，提出了加强双方合作的 10 点新倡议。会议期间，双方签署了《中国与东盟全面经济合作框架协议货物贸易协议》和《中国与东盟争端解决机制协议》，中国－东盟自由贸易区进入了实质性建设阶段。

随着互利合作的不断深化和中国－东盟自由贸易区建设稳步推进，2005 年 7 月，中国－东盟自由贸易区《货物贸易协议》开始实施，双方 7000 余种商品开始全面降税，贸易额持续增长。

2007 年 1 月 14 日，中国与东盟在菲律宾宿务签署了中国－东盟自由贸易区《服务贸易协议》。协议的签署为中国－东盟如期全面建成自由贸易区奠定了坚实基础。

2009 年 8 月 15 日，中国与东盟共同签署中国－东盟自由贸易区《投资协议》。协议的签署标志着双方成功地完成了中国－东盟自由贸易区协议的主要谈判，中国－东盟自由贸易区将如期在 2010 年全面建成。

中国－东盟自由贸易区涵盖 18 亿人口，GDP 接近 6 万亿美元，贸易额达 4.5 万亿美元，是世界上由发展中国家组成的最大的自由贸易区。

二、中国－东盟自由贸易区的启动

中国－东盟自由贸易区，是指在中国与东盟 10 国之间构建的自由贸易区，即"10 ＋ 1"。东盟是东南亚国家联盟(Association of Southeast Asian Nations，ASEAN)的简称，有 10 个成员国：文莱、印度尼西亚、马来西亚、菲律宾、新加坡、泰国、柬埔寨、老挝、缅甸和越南，其中，前 6 个国家加入东盟的时间比较早，是东盟的老成员，经济相对发达；后 4 个国家是东盟新成员。对中国而言，从东盟的地理位置、发展水平、经贸关系和经济结构方面看，东盟 10 国应成为中国开展区域经济合作的首选伙伴。建立中国－东盟自由贸易区不仅有利于中国建立符合自己利益的产业分工链，有效地迎接外来挑战，而且有利于促进国内的改革开放，通过打开南下出海通道，为中国西部开发战略提供助力，为中国在东亚更大范围内开展经济技术合作积累经验。这将成为继加入世界贸易组织之后，中国在东亚经济合作方面的又一重大突破。对东盟国家而言，1997 年发生的东南亚金融危机，使东盟国家此前的高速经济增长暂时处于停顿。从 1999 年开始，东盟各国经济虽然开始出现恢复的迹象，但尚未完全走出金融危机阴影，急需外部经济需求的拉动。此时，美国经济增长却开始放缓，使东盟国家的外贸、外资受到严重影响。中国经济却正处于快速增长时期，特别是在中国加入世贸组织后，对东盟各国的经济发展起到越来越大的带动作用。因此，东盟国家希望能从中国得到更多的经济支持，建立中国－东盟自由贸易区无疑是明智选择。

(一)"早期收获"计划的实施

2004 年 1 月 1 日，标志着中国－东盟自由贸易区先期启动的"早期收获"安排开始实施，自由贸易区进入实质性降税阶段。根据双方已达成的协议，"早期收获"产品范围为《税则》1 ~ 8 章的产品(马来西亚、老挝、越南、柬埔寨等国分别排除的部分产品除外)，大约500个税目(按我国2002年税则计),还包括中国-印度尼西亚、中国-马来西亚以及泰国-中国等双边适用的1~8章以外的个别产品。在降税安排上,根据《框架协议》的规定,中国与东盟6国自2004年开始降税,2006年降为0;越南及老挝、柬埔寨、缅甸4国,自2004年开始降税,2010年降为0。作为"早期收获"安排的附加,根据双方签署的协议,我国和泰国于2003年10月1日起对蔬菜、水果(《税则》第7、8章产品)实施零关税。2004年中国与东盟早期收获产品贸易增长40%,超过全部产品进出口增长的平均水平。

2004年11月,双方签署自由贸易区《货物贸易协议》,并于2005年7月开始相互实施全面降税。如果说2004年1月1日实施的"早期收获"是中国-东盟自由贸易区序幕的话,2005年7月1日的全面降税则是正剧的开始。根据协议规定,除"早期收获"产品外,双方的产品分为正常产品和敏感产品两类。中国和东盟6国的敏感产品均不得超过400个6位税目、进口金额不超过2001年进口总额的10%,其中的一般敏感产品应在2012年将关税削减至20%以下,在2018年进一步削减至0~5%,高度敏感产品在2015年将关税削减至50%。中国和东盟10国正常产品的降税模式如表10-1所示。从2005年7月1日起,正常产品根据降税模式开始全面降税。

表10-1　中国、东盟六国正常产品降税模式①

税率(X)	2005	2007	2009	2010
X > =20	20	12	5	0
15 =/span >	15	8	5	0
10 =/span >	10	8	5	0
5/span >	5	5	0	0
X < =5	不变		0	0

另附加2个限定条件:①2005年40%的产品税率为0~5%;②2007年60%的产品税率为0~5%。

(二)中国-东盟自由贸易区建设的三个阶段

第一阶段(2002—2010):启动并大幅下调关税阶段。自2002年11月双方签署以中国-东盟自由贸易区为主要内容的《中国-东盟全面经济合作框架协议》始,至2010年1月1日,中国对东盟93%产品的贸易关税降为零。

第二阶段(2011—2015):全面建成自由贸易区阶段,即东盟越、老、柬、缅4国与中国贸易的绝大多数产品亦实现零关税,与此同时,双方实现更广泛深入的开放服务贸易市场和投资市场。

第三阶段(2016年之后):自由贸易区巩固完善阶段。

(三)中国-东盟自由贸易区建立的内在驱动力

1. 为应对经济全球化中的负面影响和应对区域经济一体化的快速发展而应运而生

当今世界经济有两大显著特点:一是经济全球化,二是区域经济一体化。区域经济一

---

① 中华人民共和国财政部网站。

体化风起云涌，发展很快。WTO 的成员国基本上都与其他有关国家建立了自由贸易关系。中国和东盟成员都是发展中国家，经济实力有限，经济增长对外部市场的依赖度高，全球经济的变动会对其经济产生重大影响。中国－东盟自由贸易区正是为应对经济全球化中的负面影响和应对区域经济一体化的快速发展而应运而生。

2. 中国与东盟关系密切发展的需要

中国与东盟国家有着建立自由贸易区的良好基础。一是山水相连、息息相关，相互间有着悠久的传统友谊和相似的历史遭遇。二是资源禀赋各具优势，产业结构各有特点，互补性强，合作潜力大。三是在国际社会事务方面有着广泛的共同语言和共同利益，对经济发展有稳定增长的共同愿望。四是中国自改革开放以来，积极改善和发展与东盟及其成员国的友好关系，相互间政治、经济关系不断取得新的发展，尤其是自 1991 年中国与东盟建立对话伙伴关系以来，相互间合作关系进入了一个新的发展阶段。

为此，面对世界经济全球化、区域一体化的快速发展，中国与东盟国家及时作出了正确的战略决策：积极发展和密切相互间的经贸合作，建立自由贸易区。

3. 1997 年亚洲金融危机的促使

1997 年，东南亚遭受金融危机后，中国对受危机打击的东盟各国给予了极大的支持，中国政府顶住巨大的压力，坚持人民币不贬值，确保人民币汇率的稳定，帮助东盟国家最终克服了金融危机。中国在危机中表现出的负责任的风范赢得东盟各国的普遍好评，各国与中国的关系迅速改善和发展。

经历金融危机后，东盟更加明确了该地区需要加快经济一体化，以建立有效的合作机制来防止危机的再次发生带来冲击，中国是一个可以信赖的合作伙伴，因而选择和中国建立区域经济合作机制，即中国－东盟自由贸易区成为必然而积极的选择。

（四）中国－东盟自由贸易区的法律框架

从法律和制度层面，中国－东盟自由贸易区共包括五大法律文件，分别是：2002 年 11 月 4 日，朱镕基总理和东盟 10 国领导人在柬埔寨金边共同签署了《中华人民共和国与东南亚国家联盟全面经济合作框架协议》（简称《全面经济合作框架协议》）；2004 年 11 月 29 日，第 8 次中国－东盟领导人会议在老挝万象召开，中国与东盟 10 国共同签署了《中国－东盟全面经济合作框架协议货物贸易协议》（简称《货物贸易协议》）和《争端解决机制协议》；2007 年 1 月 14 日，中国与东盟各国在菲律宾宿务签署了《中国－东盟全面经济合作框架协议服务贸易协定》（以下简称《服务贸易协议》）；2009 年 8 月 15 日，在曼谷举行的第 8 次中国－东盟经贸部长会议上，中国与东盟 10 国的经贸部长共同签署了中国－东盟自由贸易区《投资协议》。这标志着备受关注的中国－东盟自由贸易区建设的主要法律程序已经基本完成，从而确保了中国－东盟自由贸易区于 2010 年如期建成。

三、《中华人民共和国与东南亚国家联盟全面经济合作框架协议》（简称《全面经济合作框架协议》）

（一）协议文本

本协议以英文书就，一式两份。本协议是中国－东盟自由贸易区的法律基础，共 16 个条款，确定了中国－东盟自由贸易区的基本框架。

（二）协议签署目的

加强和增进各缔约方之间的经济、贸易和投资合作；促进货物和服务贸易，逐步实现货物和服务贸易自由化，并创造透明、自由和便利的投资机制；为各缔约方之间更紧密的经济合作开辟新领域，制定适当的措施；为东盟新成员国更有效地参与经济一体化提供便利，缩小各缔约方发展水平的差距。

（三）全面合作措施

按照本协议，各缔约方同意在 10 年内建立中国－东盟自由贸易区，并通过下列措施加强和增进合作：（1）在实质上所有货物贸易中逐步取消关税与非关税壁垒；（2）逐步实现涵盖众多部门的服务贸易自由化；（3）建立开放和竞争的投资机制，便利和促进中国－东盟自由贸易区内的投资；（4）对东盟新成员国提供特殊和差别待遇及灵活性；（5）在中国－东盟自由贸易区谈判中，给各缔约方提供灵活性，以解决它们各自在货物、服务和投资方面的敏感领域问题，此种灵活性应基于对等和互利的原则，经谈判和相互同意后提供；（6）建立有效的贸易与投资便利化措施，包括但不限于简化海关程序和制定相互认证安排；（7）在各缔约方相互同意的、对深化各缔约方贸易和投资联系有补充作用的领域扩大经济合作，编制行动计划和项目以实施在商定部门/领域的合作；（8）建立适当的机制以有效地执行本协议。

（四）其他加强合作的措施

应包括但不应仅限于：（1）推动和便利货物贸易、服务贸易及投资，如标准及一致化评定、技术性贸易壁垒和非关税措施、海关合作；（2）提高中小企业竞争力；（3）促进电子商务；（4）能力建设；（5）技术转让。

（五）其他经济合作领域

第一，各缔约方同意在下列 5 个优先领域加强合作：（1）农业；（2）信息及通信技术；（3）人力资源开发；（4）投资；（5）湄公河流域的开发。

第二，合作应扩展到其他领域，包括：银行、金融、旅游、工业合作、交通、电信、知识产权、中小企业、环境、生物技术、渔业、林业及林业产品、矿业、能源及次区域开发等。

（六）关于最惠国待遇

中国自本协议签字之日起应给予所有非 WTO 成员的东盟成员国符合 WTO 规则和规定的最惠国待遇。

（七）关于本协议的国民待遇

一缔约方应根据《1994 年关税与贸易总协定》第三条向所有其他缔约方的本协议和《框架协议》涵盖的货物给予国民待遇。

（八）关于中国－东盟自由贸易区保障措施

按照本协议，一缔约方有权在某一产品的过渡期内针对该产品启动保障措施。上述过渡期始于本协议生效之日，终止于该产品完成关税减让或取消的 5 年之后。

四、《中国－东盟全面经济合作框架协议货物贸易协议》

2004 年 11 月，中国与东盟 10 国共同签署了《中国－东盟全面经济合作框架协议货物贸易协议》（简称《货物贸易协议》）。《货物贸易协议》于 2004 年 11 月 29 日在万象签订，一式两份，每份均用中文和英文写成，两种文字同等作用。

2005 年 7 月 20 日, 中国－东盟自由贸易区降税进程全面启动。这标志着《货物贸易协议》正式进入了实施阶段, 也标志着中国－东盟自由贸易区的建设全面拉开了帷幕。

《货物贸易协议》是规范我国与东盟货物贸易降税安排和非关税措施等问题的法律文件, 共有 23 个条款和 3 个附件, 主要包括关税的削减和取消、减让的修改、数量限制和非关税壁垒、保障措施、加速执行承诺、一般例外、安全例外、机构安排和审议等内容。

（一）自由贸易区产品的分类

除已有降税安排的早期收获产品外, 其余产品分为正常产品和敏感产品两大类。在正常产品中, 产品又分为一轨产品和二轨产品两类。两者的共同点是最终税率均为零, 区别是二轨产品在取消关税的时间上享有一定的灵活性。

在敏感产品中, 按敏感程度不同, 产品又分为一般敏感产品和高度敏感产品两类。两者的共同点是最终税率可不为零, 区别是一般敏感产品要在一段时间后把关税降到相对较低的水平, 而高度敏感产品最终可保留相对较高的关税。

1. 正常产品

中国－东盟自由贸易区的货物贸易谈判采取的是"否定列表"(negative list)方式, 凡是没有列入敏感产品清单的产品均视为正常产品。因此, 在中国－东盟自由贸易区框架下, 绝大多数的产品都是正常产品。《货物贸易协议》详细规定了正常产品关税减让的模式, 其中, 对东盟新成员的特殊和差别待遇是协议所体现的一项重要原则。

2. 敏感产品

敏感产品是各方出于国内产业发展考虑, 需要进行保护的产品, 因此其最终税率不为零。《货物贸易协议》规定, 敏感产品按其敏感程度, 分为一般敏感产品和高度敏感产品。中国对东盟 10 国提出一份敏感产品清单, 同时适用于 10 国; 东盟 10 国则分别针对中国提出各自敏感产品清单, 其中所列的敏感产品只适用于中国。

在中国－东盟自由贸易区中, 各方按照其各自情况, 分别提出了不同的敏感产品。我国提出的敏感产品主要包括大米、天然橡胶、棕榈油、部分化工品、数字电视、木材和纸制品等; 东盟国家则提出了橡胶制品、塑料制品、陶瓷制品、部分纺织品和服装、钢材、部分家电、汽车、摩托车等敏感产品。

（二）原产地规则

原产地规则是确定产品"身份"的标尺。中国－东盟自由贸易区的原产地规则以"增值标准"为基础。《货物贸易协议》规定, 如一产品的本地加工增值不低于该产品总价值的 40%, 则该产品可被认为是原产于中国－东盟自由贸易区的产品, 在进出口贸易中享受自由贸易区的优惠税率。早期收获产品由于以农产品为主, 基本上采用"完全获得"标准。少数特殊产品, 如纺织品、羊毛制品等, 采用了加工工序、税号改变等其他原产地判定方式。

目前, 中国－东盟自由贸易区原产地证书使用的是不同于 WTO 原产地证书格式的 E 表(Form E), 在我国由国家质检总局及各地的检验检疫部门颁发, 凭此证书可以在通关时享受到中国－东盟自由贸易区的优惠关税。

（三）《货物贸易协议》保障措施

贸易救济措施是进出口贸易的"安全阀", 主要包括反倾销、反补贴和保障措施。《货物贸易协议》规定, 中国－东盟自由贸易区的反倾销与反补贴措施适用 WTO 的相关规定。但在保障措施方面, 为保证各自的国内产业不受到严重冲击, 协议规定了自由贸易区的保障措施，允许各方在必要时采用。

由于来自中国－东盟自由贸易区内部的进口激增，使某一产品的国内生产部门受到实质损害或实质损害威胁时，一缔约方可以启动保障措施，对来自中国－东盟自由贸易区内的产品提高关税。但为避免滥用保障措施，协议同时还规定了各缔约方使用保障措施的限制性条件。一是就具体产品而言，保障措施可使用的期限为从该产品开始降税之日起到完成该产品降税的 5 年内；二是一次实施期限不得超过 3 年，且延长期不得超过 1 年；三是实施保障措施的税率不得高于该产品采取保障措施时的最惠国税率；四是自由贸易区保障措施不得与 WTO 保障措施同时使用。

各缔约方不应保留任何数量限制措施，非 WTO 成员的缔约方也应逐步取消其数量限制。同时，各方应尽快确定其仍保留的非关税壁垒，并逐步取消。这一规定对于切实保证中国－东盟自由贸易区的自由化程度具有重要意义。

（四）《货物贸易协议》承认中国市场经济地位

在《货物贸易协议》第 14 条中，东盟 10 国明确承认中国是一个完全市场经济体，并且承诺对中国不适用《中华人民共和国加入世界贸易组织议定书》第 15 条（反倾销替代国定价条款）和第 16 条（特殊保障措施条款）以及《中国加入世界贸易组织工作组报告书》第 242 条（纺织品特保条款）。这一规定对我国具有特殊意义，不仅为我国企业在自由贸易区内争取了公平和公正的贸易竞争环境，而且也对推动世界上其他国家承认我国市场经济地位起到了很好的示范作用。

五、《中国－东盟全面经济合作框架协议服务贸易协议》（简称《服务贸易协议》）

《服务贸易协议》的目的，是致力于加强各缔约方间的服务合作，以提高效率和竞争力，使各缔约方服务提供者的服务供给和销售多元化。按照《框架协议》各缔约方相互达成的时间表进行实施，并照顾到各成员的敏感部门以及对柬埔寨、老挝、缅甸和越南实行特殊和差别待遇及展现灵活性。

（一）《服务贸易协议》的文件组成

除了《服务贸易协议》正文外，GATS 附件，即《关于提供服务的自然人流动的附件》、《关于空运服务的附件》、《关于金融服务的附件》和《关于电信服务的附件》经必要调整后，适用于本协议。另外，本协议还包括：（1）附件和其涵盖的内容，它们应成为本协议的组成部分；（2）按照本协议达成的所有未来的法律文件。

（二）概念的界定

在《服务贸易协议》中，"服务"包括除在政府机关为行使职权提供的服务以外的任何服务。"服务的提供"包括服务的生产、分销、营销、销售和交付。"服务贸易"定义为：（1）自一缔约方领土向任何其他方领土提供服务；（2）在一缔约方领土内向任何其他方的服务消费者提供服务；（3）一缔约方的服务提供者通过在任何其他方领土内的商业存在提供服务；（4）一缔约方的服务提供者通过在任何其他方领土内的自然人存在提供服务。

《服务贸易协议》不适用于：（1）在每一个缔约方领土范围内行使政府职权时提供的服务；（2）管理政府机构为政府目的而购买服务的法规或要求，此种购买不得用于进行商业转售或用于为商业销售而提供的服务。

（三）对于"加强柬埔寨、老挝、缅甸和越南的参与"

加强柬埔寨、老挝、缅甸和越南对本协议的参与应通过经谈判达成的具体承诺推动，这些承诺与以下措施相关：（1）通过商业基础上的技术引进，加强它们国内服务的能力、效率和竞争力；（2）促进它们进入销售渠道及信息网络；（3）对它们有出口利益的服务部门的市场准入和服务提供方便，实现自由化；（4）对柬埔寨、老挝、缅甸和越南展现适当的灵活性，允许它们开放较少的部门和较少的交易种类，并按照它们各自的发展情况逐步扩大市场准入。

（四）"具体承诺减让表"的规定

各缔约方应进行谈判以达成本协议下的一揽子具体承诺。各缔约方应努力作出超越GATS业已作出的承诺。每一缔约方应在减让表中列出其根据本协议第18条（市场准入）和第19条（国民待遇）作出的具体承诺。对于作出此类承诺的部门，每一减让表应列明5方面内容：作出此类承诺的部门；市场准入的条款、限制和条件；国民待遇的条件和资格；与附加承诺有关的承诺以及实施此类承诺的时限。

（五）服务部门的开放

根据《服务贸易协议》规定，在第一批具体承诺减让表中，我国在WTO承诺的基础上，在建筑、环保、运输、体育和商务等5个服务部门的26个分部门，向东盟国家作出新的市场开放承诺。

东盟10国将分别在东盟各国的金融、电信、教育、建筑、医疗、旅游、运输等12个部门的67个分部门向我国作出市场开放承诺。具体是新加坡在商务服务、分销、金融、医疗、娱乐和体育休闲服务、运输等部门作出了超越WTO的出价；马来西亚在商务服务、建筑、金融、旅游和运输等部门作出了高于WTO水平的承诺；泰国在专业服务、建筑及工程、教育、医疗、旅游和运输等部门作出了高于WTO水平的承诺；菲律宾在能源、商务服务、建筑及工程、旅游等部门作出了高于WTO水平的承诺；文莱在旅游和运输等部门作出了高于WTO水平的承诺，特别是在运输服务方面，增加了海洋客运和货运服务、航空器的维护和修理服务等中方关注领域的市场开放承诺；印度尼西亚在建筑及工程、旅游和能源服务方面作出了高于WTO水平的承诺，特别是在民用工程、煤的液化和气化服务等中方关注领域作出了进一步开放的承诺；越南、柬埔寨和缅甸的具体出价与其WTO的承诺基本一致，主要涵盖商务服务、电信、建筑、金融、旅游和运输等部门；老挝在银行、保险领域作出了具体开放承诺。

六、《中国－东盟全面经济合作框架协议投资协议》（简称《投资协议》）

2009年8月15日，第8次中国－东盟经贸部长会议在泰国曼谷举行，商务部部长陈德铭与东盟10国的经贸部长共同签署了中国－东盟自由贸易区《投资协议》。该协议的签署向外界发出了一个明确的信号，即中国和东盟各国愿同舟共济，携手抗击金融危机，继续推进贸易和投资自由化，反对贸易和投资保护主义，为东亚地区和全球经济的复苏与发展做出重大贡献。《投资协议》致力于在中国－东盟自由贸易区下建立一个自由、便利、透明及公平的投资体制，通过双方相互给予投资者国民待遇、最惠国待遇和投资公平公正待遇，提高投资相关法律法规的透明度，为双方创造更为有利的投资条件和良好的投资环境，并为双方的投资者提供充分的法律保护，从而进一步促进双方投资便利化和逐步自由化。

（一）"投资"和"投资收益"

《投资协议》中的"投资"是指一方投资者根据另一缔约方相关法律、法规和政策在后者境内投入的各种资产，包括但不限于：（1）动产、不动产及抵押、留置、质押等其他财产权利；（2）股份、股票、法人债券及此类法人财产的利息；（3）知识产权，包括关于版权、专利权和实用模型、工业设计、商标和服务商标、地理标识、集成电路设计、商名、贸易秘密、工艺流程、专有技术及商誉等权利；（4）法律或依合同授予的商业特许经营权，包括自然资源的勘探、培育、开采或开发的特许权；（5）金钱请求权或任何具有财务价值行为的给付请求权。

就本项目的投资定义而言，用于再投资的投资收益应当被认作投资，投入或再投入资产发生任何形式上的变化，不影响其作为投资的性质。

投资收益。"中国－东盟自由贸易区投资协议"中的"投资收益"是指获利于或源自一项投资的总金额，特别是指但不限于利润、利息、资本所得、红利、版税或酬金。

（二）《投资协议》的目标

该协议的目标通过下列途径，促进东盟与中国之间投资流动，建立自由、便利、透明和竞争的投资体制：（1）逐步实现东盟与中国的投资体制自由化；（2）为一缔约方的投资者在另一缔约方境内投资创造有利条件；（3）促进一缔约方和在其境内投资的投资者之间的互利合作；（4）鼓励和促进缔约方之间的投资流动和缔约方之间投资相关事务的合作；（5）提高投资规则的透明度以促进缔约方之间的投资流动；（6）为中国和东盟之间的投资提供保护。

（三）投资待遇

本协议的投资待遇是指各缔约方应当给予另一方投资者投资公平和公正待遇，提供全面保护和负责安全。公平和公正待遇是指各方在任何法定或行政程序中有义务不拒绝给予公正待遇，全面保护与安全要求各方采取合理的必要措施确保另一缔约方投资者投资安全。

（四）投资便利化

缔约方应按照其法律法规，在中国和东盟间开展以下投资便利化合作：（1）为各类投资创造必要环境；（2）简化投资适用和批准的手续；（3）促进包括投资规则、法规、政策和程序的投资信息的发布；（4）在各个东道方建立一站式投资中心，为商界提供包括便利营业执照和许可发放的支持与咨询服务。

（五）透明度

为实现本协议的目标，各方应：（1）发布在其境内关于或影响投资的所有相关法律、法规、政策和普遍使用的行政指南；（2）及时并至少每年向其他方通报显著影响其境内投资或本协议下承诺的任何新的法律或现有法律、法规或行政指南的任何变化；（3）建立一个咨询点，其他方的任何自然人、法人或任何人可要求并及时获取上述（1）、（2）项下要求公布的与措施相关的所有信息；（4）至少每年一次通过东盟秘书处向其他方通报该方作为缔约方的任何未来给予任何优惠待遇的投资相关协议或安排。

（六）国际收支平衡保障措施

若发生国际收支严重不平衡、外部金融困难或威胁，一缔约方可采取或保留投资限制措施，包括与此类投资相关的支付和转移。认识到缔约方在经济发展过程中面临的保持国际收支平衡的特别压力，可在必要时采取限制措施或其他方式，确保维持适当的外汇储备水平以实施其经济发展计划。

《投资协议》包括 27 项条款，其中国民待遇和最惠国待遇这两个核心条款在确保给予双方投资者公平公正的非歧视待遇方面将起到关键作用。此外，投资待遇、透明度、投资促进与便利和争端解决等条款为改善双方投资环境、提高外资政策透明度、促进投资便利化、提高投资争端解决的公平性与效率以及加强投资保护等方面提供了有效的法律保障。

七、中国－东盟自由贸易区《争端解决机制协议》

中国－东盟《争端解决机制协议》是 2004 年 11 月 29 日于老挝首都万象签订的，2005 年 1 月 1 日正式生效。

《争端解决机制协议》包括 18 个条款及 1 个附件，是规范中国与东盟双方在自由贸易区框架下处理有关贸易争端的法律文件，它对争端适用的范围、磋商程序、调解或调停、仲裁庭的设立、职能、组成和程序、仲裁的执行、补偿和终止减让等问题作了一系列的规定。中国－东盟自由贸易区争端解决机制，是为中国－东盟自由贸易区提供可靠性和可预见性的一个核心因素，也是成员方维护自己依据《框架协议》所享有权益、纠正其他成员方违反《框架协议》所规定义务行为不可缺少的手段，体现了国际和平解决争端的原则。

《争端解决机制协议》是中国－东盟自由贸易区建设中一份具有重要意义和作用的法律文件，对于中国和东盟全面的经济贸易合作将起到重要的维护和促进作用。它的生效和实施，使中国与东盟间全面的经济合作进一步规范化和制度化，有利于双方更有效地执行《货物贸易协议》，推动中国－东盟自由贸易区建设。

依据《争端解决机制协议》第 8 条第 3 款第 2 项规定，应根据《框架协议》和对争端当事各方适用的国际法规定作出裁决。据此，各国内法不得适用。

第二节　中国与东南亚国家经济贸易关系互动

建立中国－东盟自由贸易区，是中国和东盟合作历程中历史性的一步。它充分反映了双方领导人加强睦邻友好关系的良好愿望，也体现了中国和东盟之间不断加强的经济联系，是中国与东盟关系发展中新的里程碑。中国－东盟自由贸易区的建成，创造了一个拥有 18 亿消费者、近 2 万亿美元国内生产总值、1.2 万亿美元贸易总量的经济区。按人口算，这将是世界上最大的自由贸易区；从经济规模上看，将是仅次于欧盟和北美自由贸易区的全球第三大自由贸易区，是由发展中国家组成的最大的自由贸易区。

一、中国与东盟国家货物贸易

（一）中国与东盟国家货物贸易概况

随着中国－东盟自由贸易区建设的深入，中国与东盟的贸易也进一步发展。近年来，中国与东盟贸易额大幅增长，其贸易额在各自对外贸易总额中的比重不断提升，双向投资迅速增加。根据中国海关统计，1990—2005 年间，中国与东盟贸易的总额年均增长 22%，比同期中国整体对外贸易进出口总额的年均增长高出 4 个百分点。根据东盟方面的统计，

1993—2001年间，东盟与中国贸易额年均增长达到23%，比同期东盟整体外贸年均增长高出17个百分点。

到2008年，贸易额增长到了2300多亿美元。双边贸易发展很快，中国－东盟自由贸易区给双方都带来了很大的好处，2008年东盟向中国的出口达1169亿美元，比2001年的232亿美元增长了5倍。2011年，中国与东盟贸易额达3623.3亿美元，创历史新高。其中，出口1698.6亿美元，同比增长22.9%；进口1924.7亿美元，同比增长24.7%。在东盟10国中，马来西亚、泰国、印度尼西亚和新加坡是中国与东盟贸易中的前4大进口来源地，2011年中国自上述4国进口额分别达到620.2亿美元、390.4亿美元、313.2亿美元和277.6亿美元，合计占中国自东盟进口总额的83.2%，同比分别增长23.1%、17.6%、50.9%和12.9%。2011年中国继续是东盟最大贸易伙伴，东盟首次成为中国第3大贸易合作伙伴，双方经济合作的不断发展促进了东亚地区的经济增长。

近年来双边贸易结构也在不断优化。双边贸易的主要商品实现了由初级产品向工业制成品的转变，特别是高新技术产品贸易在双边贸易中的地位逐年提升。

（二）中国－东盟自由贸易区《货物贸易协议》与双方经贸关系发展

按照《货物贸易协议》规定，从2005—2010年，中国－东盟6国（文莱、印度尼西亚、马来西亚、菲律宾、新加坡和泰国），至2015年，中国－东盟4国（越南、柬埔寨、老挝、缅甸），绝大多数货物贸易达到自由化和便利化。这意味着我国的产品和服务可在零关税、免配额以及其他市场准入条件进一步改善的情况下，顺畅地进入东盟国家市场，这不仅有助于我国企业扩大出口、实现国际市场多元化、拓宽出口渠道、分散市场风险；也意味着我国企业可以降低进口东盟的原材料、零部件和设备的成本。这些都意味着市场的扩大和延伸，有助于吸引外资，承接国际产业转移。

二、中国与东盟国家服务贸易

2007年1月，中国与东盟签署了中国－东盟自由贸易区《服务贸易协议》。根据协议，2007年7月协议生效后，各方随即启动了第二批具体承诺谈判，以进一步提升中国－东盟自由贸易区服务贸易自由化水平。

2011年11月第14次中国－东盟领导人峰会期间，商务部部长陈德铭代表中国政府签署了《关于实施中国－东盟自由贸易区〈服务贸易协议〉第二批具体承诺的议定书》。议定书将在各国完成国内法律审批程序后，于2012年1月1日起正式生效。

相比第一批具体承诺，中国的第二批具体承诺根据我国加入世界贸易组织（WTO）的承诺，对商业服务、电信、建筑、分销、金融、旅游、交通等部门的承诺内容进行了更新和调整。同时，第二批具体承诺还进一步开放了公路客运、职业培训、娱乐文化和体育服务等服务部门。

与此同时，东盟各国的第二批具体承诺涵盖的部门也明显增加，不仅在其WTO承诺基础上作出更高水平的开放，许多国家的承诺还超出了WTO新一轮谈判出价水平。

随着中国－东盟自由贸易区建设进程不断加快，中国与东盟服务贸易也迅猛发展，双边服务贸易总额从2007年的179亿美元增长至2010年的268亿美元。

三、中国－东盟自由贸易区投资合作

近年来，随着中国－东盟自由贸易区建设步伐的加快，中国与东盟相互投资不断扩大。截至 2008 年年底，东盟对华投资累计达 520 亿美元。中国则积极实施"走出去"战略，对东盟的投资也出现了快速增长态势。2008 年，中国对东盟直接投资达 21.8 亿美元，比上一年增长 12.5%。同时，越来越多的中国企业把东盟国家作为主要的投资目的地。

中国－东盟自由贸易区《投资协议》的签署将为双方搭建一个新的投资合作平台，在中国－东盟自由贸易区下营造更加稳定、开放的投资环境，减少相互投资中的不合理限制和管制，并为双方企业创造更多投资和贸易机会，实现互利共赢。它将为中国与东盟各国的相互投资提供制度性保障，有利于深化和加强双方的投资合作，实现优势互补，增强竞争力，推动双方相关产业的发展。协议的签署将极大地促进中国与东盟之间的相互投资。随着自由贸易区货物、服务和投资协议的签署和实施，中国－东盟自由贸易区也在 2010 年如期全面建成。在当前全球金融危机的背景下，这充分显示了中国和东盟各国携手抗击金融危机、推进贸易投资自由化、反对贸易和投资保护主义、共克时艰和互利共赢的决心，这将把中国－东盟战略伙伴关系提升到一个更高水平，也将为地区和全球经济的复苏与发展做出积极贡献。

在双向投资方面，东盟国家既是中国吸收外资的重要来源地，也是中国企业"走出去"的首选地之一。随着中国－东盟自由贸易区的建成，中国企业对东盟的投资迅速增长。1991 年东盟国家当时来华投资只有 3.32 亿美元，但到了 2010 年，东盟各国对华新增合同外资就已经达到 117.7 亿美元，实际投入 63.2 亿美元。

随着中国－东盟自由贸易区的发展，中国与东盟的相互投资逐步加快，中国企业在东盟的基础设施建设、能源、矿产、制造业、农业、通信、电力、商业等诸多领域的投资合作日益活跃，在劳务合作、工程承包的项目也不断增多。自由贸易区建成一年后，中国对东盟的投资增速更快。2010 年，中国对东盟投资 25.7 亿美元，同比增长 12%。

在缅甸，至 2011 年 1 月底，中国总投资增至 96 亿美元，超过了泰国，上升为第一位，其中投资最多的领域是石油和天然气。

在柬埔寨，中国居柬外资来源地之首，协议投资额达 11 亿美元，占柬 2011 年上半年吸引外资总额的 65%。

在老挝，1989 年至今的 20 余年中，中国对老挝投资累计逾 40 亿美元，已成为对老挝第 1 大投资国；投资累计达 443 个项目，投资领域涵盖矿业、水电站、工业、农业、服务业等。

在泰国，2010 年中国企业投资达 3.5 亿美元左右，成为泰国的第 5 大外国投资来源地。2009 年、2010 年，中资企业到泰国投资额超过历年来投资总额的 2 倍以上。

在印度尼西亚，目前印度尼西亚已成为中国在亚洲投资最多的国家之一。2010 年前 3 季，中国对印度尼西亚非金融类直接投资同比增长 25.5%。

在马来西亚，2011 年一季度中国对马来西亚投资迅速增长，比马对华投资额高出 1.76 亿马币。从 2009 年至今，9 家中国公司已批准在马上市，其中 7 家已挂牌。

在新加坡，截至 2010 年年底，中国对新累计非金融类实际投资 52.14 亿美元；内地共 156 家中资企业在新交所挂牌上市，总市值超过 230 亿美元。

在越南，2010 年越南新批中国对越投资项目 84 个，同比增长 75%，11 个原有项目增资 1.92 亿美元，增资金额约为上年同期的 7 倍。截至 2010 年 12 月 21 日，中国对越投资有效项目 749 个，协议额 31.85 亿美元，在 92 个对越投资的国家和地区中排第 14 位，较上年上升 1 位。

在菲律宾，2010 年吸收来自中国的直接投资近 57 亿比索(约合 1.33 亿美元)，是上一年的 2 倍多。

在文莱，目前，越来越多的中国企业关注文莱市场，到文访问经贸团组日益增多，在文注册公司的中资企业业务范围包括电信服务、房地产开发、地质勘探、中医药、渔业、农业、水电和道路施工等。

2009 年 4 月，中方宣布在未来的 3～5 年内，将向东盟国家提供 150 亿美元的信贷。截至目前，信贷使用十分顺利，上述资金为东盟国家建设大型基础设施项目、发展工业、救灾救援和人员培训等提供了大力支持，取得了良好效果。

此外，中国还在力所能及的范围内，向东盟各方提供了多种形式的援助，包括 400 余个基础设施建设和社会公益项目。截至 2011 年 9 月底，中方还利用援外经费为东盟国家培训了 9000 余名各类人才，对东盟国家的经济发展和社会进步起到了积极作用。

四、中国与东盟典型产业合作分析

(一)中国工程机械出口东盟的分析

2012 年，东南亚让中国人民对其有了全新的认识。伴随着房建、公路、电站等基础设施建设项目不断上马，东南亚经济快速增长，成为中国工程机械出口的热点地区。如果世界经济走势良好，也许东南亚市场不会如此抢眼。面对欧债危机、西班牙房地产泡沫，在整个世界经济都应对萧条的时候，东南亚异军突起，这里不仅仅是中国工程机械企业的"聚宝盆"，更是世界工程机械企业争相角逐的新战场。

1. 印度尼西亚：中国工程机械出口前景乐观

在东南亚的众多国家中，印度尼西亚可谓是这个新兴市场中的明珠。印度尼西亚是东南亚经济总量最大的国家，其工程机械市场也是东南亚工程机械市场的重中之重。

自 2002 年以来，印度尼西亚的建筑行业蓬勃发展，随着基础设施建设对工程机械和设备的需求，政府用于公路、铁路、港口、机场、发电站等项目的投资共计 2300 亿美元。据印度尼西亚《国际日报》报道，鉴于铁路交通运输的需求越来越人，印度尼西亚交通部全国铁道总署必须建造更多的铁道网，根据印度尼西亚政府的计划，直至 2030 年，全国铁道总署应能增加 1.21 万公里的铁道线。中国工程机械商贸网资深分析师乐观估计，印度尼西亚基础建设市场未来将会保持快速发展的良好势头。

2011 年中国与印度尼西亚双边贸易额接近 430 亿美元，中国成为印度尼西亚最主要的贸易伙伴和进出口市场之一。印度尼西亚政府宣布正式启动《印度尼西亚 2011—2025 年经济发展总体规划》，政府希望通过实施总体规划，力争实现在 2025 年跻身世界十大经济强国的愿景目标。如此宏伟的目标势必促进印度尼西亚进一步出台大规模基础设施建设计划。

2012 年印度尼西亚工程机械展也毫无意外地吸引了来自印度尼西亚、中国、新加坡、泰国、比利时、马来西亚、印度等 7 个国家的 200 余家企业参展，徐工、三一、中联重科、小松、卡特彼勒等国内外顶级工程机械企业均盛装亮相此次展会。

除了传统的工程机械产品之外，印度尼西亚对矿山开采设备、运输设备等产品的需求量也非常巨大。印度尼西亚煤炭资源非常丰富，煤炭产业已成为该国出口支柱性产业之一。据印度尼西亚能源矿产部预计，到 2025 年，印度尼西亚煤炭产量将达到 4.05 亿吨，其中 2/3 以上将用于出口创汇。

2. 马来西亚工程机械——新的增长点

相较于印度尼西亚来说，马来西亚基础设施建设较为完善，但经济发展面临调结构、寻求新增长点的发展时期，国家将进一步完善基础设施建设以吸引外资和私营资金投入项目建设等，工程机械产品在此拥有广泛的市场。近期，力士德 20 台挖掘机便成功出口马来西亚；厦工、山东临工的装载机更是一直在马来西亚拥有着越来越多的"粉丝"。柳工品牌装载机的影响力更是不亚于卡特彼勒、小松等国际一流品牌，成为马来西亚客户购买工程机械时的首选品牌之一。

马来西亚的工程机械主要依靠进口，在过去的一段时间内，日本一直以近 40% 的市场份额高居首位，德国紧随其后。近年来，随着中国工程机械的迅速崛起，马来西亚的市场逐渐开始向着物美价廉的中国产品倾斜。挖掘机、推土机、压路机、混凝土机械以及起重机等建筑业常用的工程机械产品是马来西亚工程机械进口的主要产品。中国工程机械商贸网资深分析师表示，对于目前的马来西亚大多数用户来说，价格仍然是决定购买的一个重要影响因素，其次，售后服务等也越来越影响客户的购买意向。

3. 越南工程机械市场——千年等一回的发展良机

中国贸促会专业人士表示，越南 2012 年的市场发展取决于 3 个条件：第一，欧元的危机能否过去；第二，美国经济能否振兴；第三，越南是否有新的刺激经济政策和新投资计划。

越南是制造业比较薄弱的国家，基础设施薄弱也是越南工业发展进程中的一大障碍。目前，越南的基础设施建设项目正在兴起，在工程机械方面的需求量大而急切，越南本土的工业还处于起步阶段，不能满足社会发展的需求，90% 以上的机械设备依赖国外进口。越南对挖掘机、推土机、平地机、压路机、升降机、塔式起重机、混凝土搅拌设备、钢结构件、汽车起重机、桩工机械等产品的需求十分旺盛，对于中国工程机械企业来说，这可谓是一个千年难得的发展良机。

据越南统计总局公布的数据显示，越南 2012 年前 2 个月越南商品出口 153 亿美元，同比增长 24.8%。出口增长的产品中，机械及零件为 7.19 亿美元，增长 56.5%、运输工具和零件为 5.89 亿美元，增长 86.4%。从这些数字表明，越南的工程机械市场正处在不断的活跃中。

4. 缅甸、泰国、老挝、柬埔寨——小型工程机械出口前景好

缅甸、泰国、老挝、柬埔寨等几个国家，经济水平尚低，但是这几个国家的另一个共同特点却是：都属于农业大国，对小型工程机械的需求还是很大的。除此之外，缅甸拥有着丰富的矿产资源，对工程机械有着较好的潜在市场。老挝水力资源丰富，中小型水电站的建设对工程机械的需求也是有的，所以，中国工程机械企业可以"对症下药"。

5. 新加坡：中国工程机械对外传输的纽带

新加坡是我国与东盟国家中重要的贸易伙伴，双边贸易占中国与东南亚贸易额的 1/4。

新加坡也是我国第二大对外工程承包市场和第一大劳务输出市场，通过新加坡可把大量产品信息带往全球。据中国工程机械商贸网记者了解，新加坡未来二三十年还将大兴土木工程建设，如地铁、填海工程等，凭借着我国工程公司在这些领域内明显的竞争优势，相信工程机械出口新加坡，进而从新加坡不断将信息传递到国外将是顺理成章之事。

6. 菲律宾：工程机械企业出口乐观应对

近年来，菲律宾的工程机械市场不断增长，价格竞争异常激烈。相比之下，中国工程机械产品的物美价廉以及快捷的交付方式广受菲律宾客户的青睐。菲律宾目前在建和将来规划的基础建设项目很多，菲律宾的矿产也非常丰富，镍矿储量更是占世界的70%，这都为中国工程机械出口菲律宾创造了得天独厚的优势。

到目前为止，东南亚各国对中国的工程机械企业绝对是一个巨大无比的诱惑。基础建设、农业建设、建筑工程和采矿工程等对工程机械的需求量有增无减，无论是设备租赁还是买卖，不可否认东南亚是个潜力巨大的市场。如何能够攻占东南亚这个潜力巨大的工程机械市场？除了充分利用得天独厚的地理优势、价格优势之外，中国的工程机械企业也要不断创新，努力将服务与品质同行，同时，应该密切注意东南亚各国的后市场发展，这样才能做到源远流长。

（二）东盟农机市场——潜在巨大机会

我国农业机械出口东盟国家具有诸多优势：农机产品品种多，覆盖面广，价格低，操作简单，适用于东盟国家的农业生产。据统计，每年我国出口到东盟国家的农业机械已约占全国农机出口的1/6。

1. 东盟农机市场巨大

在东盟10国中，有8个国家是农业国，工业基础薄弱、农机生产能力差，如柬埔寨、老挝、缅甸3个农业国的制造业在国内生产总值中的比重仅占10%，迫切需要引进先进的新技术、新机具发展农业生产。

目前，东盟许多国家农机产品仍主要靠进口，如缅甸农业机械发展水平不高，国内农户对小型农机需求很大，包括手扶拖拉机、动力耕整机、割晒机、脱粒机等；又如老挝，对手扶拖拉机、柴油机、脱粒机、低速汽车需求很大；还有越南每年都需要进口大量的拖拉机、柴油机、水泵、脱谷机、收割机、烘干机。这些给我国农机企业提供了一个很好的机会。

中国农机工业协会秘书长洪暹国认为，东盟市场对于我国农机行业来说十分重要。其一，每年我国出口到东盟国家的农业机械大概占了全国农机出口的1/6，且呈现快速增长的趋势。其二，中国与大多数东盟国家都是传统的农业国，农业机械化正步入新一轮上升发展阶段，是市场进入的最佳时期。其三，到2010年，建成后的中国－东盟自由贸易区是继北美自由贸易区、欧盟之外的世界上第三大自由贸易区，贸易区内的大部分商品贸易实行零关税，市场巨大。

2. 广西得地利之先

广西与东盟国家地理位置毗邻，经济发展水平接近，消费习惯相似，广西的农机产品对东盟各国的自然条件具有较强的适应性，同时产品贸易运距近，航程短，运输方式和批次灵活，贸易成本低，这为广西农机企业的产品打开东盟市场提供了有利的条件，许多农机生产企业正在利用自己具有的优势，积极把握这个全新的发展契机。

　　在建立中国－东盟自由贸易区进程中，广西农机制造企业已经意识到中国－东盟自由贸易区这个大市场所带来的巨大商机，正用自己具有的优势，积极把握这个全新的发展契机。广西区企业调查队近期对全区 90 家农机制造企业开展的广西农机制造业企业发展现状专题调研结果显示，有 59.09% 的企业认为中国－东盟自由贸易区是企业发展的契机，其中有 48.57% 的企业已经或打算与东盟国家进一步开展贸易往来。

　　据不完全统计，目前广西有 34% 的农机生产企业的产品出口到越南、马来西亚、泰国、缅甸、印度尼西亚等国家。出口的产品有拖拉机、拖拉机配件、农用运输车、柴油机、柴油机配件、碾米机等。在农机行业中，出口量最大的是广西五菱桂花车辆有限公司（原南宁手扶拖拉机厂），累计出口手扶拖拉机约 15 万台，累计创汇约 6900 万美元。而手扶拖拉机出口越南的数量约占整个出口量的 80%，约占越南市场份额的 60%，该公司也成为中国手扶拖拉机行业中向越南出口量最大的企业。广西南宁市忠腾动力有限责任公司从 2002—2005 年出口各种农机产品 3 万台（套），主要出口越南等东南亚国家，累计出口创汇约 3000 万美元。

3. 物美价廉是最大优势

　　我国农机机型成熟，经济实惠，物美价廉，在东盟非常受欢迎。以越南为例，不难看出我国农机产品的市场优势。

　　越南南部湄公河平原与中部沿海地区，每年雨季经常发生大水灾。灾后首要任务是重建农业发展用的硬件设施，农业机械需求因之大幅增加。越南北方农村按习惯季节耕作，春节后必须大面积播种耕作，这就需要大量大型、中型拖拉机、机引耙、中耕机、内燃机、抽水机、割稻机、打谷机、电动机、柴油机、杀虫剂喷雾器等各类农业机械。而越制农业机械技术比较落后，农机产品产量不足、种类单一、品质有待提高，售价还较中国农机产品昂贵。目前我国多数农机产品售价仅为越制产品的一半，因此，当地消费者倾向购买中国的农业机械。越南每年需要 5 万~6 万台小型发动机，但越南国内产量仅 1.6 万~1.7 万台，其余则需依靠进口。此外，越南每年还需要进口约 4 万辆拖拉机、15 万台水泵，以及数量颇多的打谷机、收割机、烘干机等，可见越南农机市场潜力之大。除此之外，我国农机产品还可以通过越南转销老挝、柬埔寨等地。

4. 售后服务亟须解决

　　总的来说，我国农机产品出口东盟形势良好，但有些企业也存在产品售后技术服务跟不上、零配件供应不及时、技术培训跟不上等诸多问题。有些企业由于产品价格低廉、出口批量小，通常不对出口的农机提供售后服务。缺少售后服务使得我国的农机产品在东盟用户的心中一直摆脱不了低档货的地位。由于销售价格低，又形成企业无力负担售后服务的恶性循环，使得我国农机新产品档次无法得到提高，大大限制了农机产品对东盟市场的出口。

　　如何开辟新兴的东盟市场，使我国农机产品由传统的单一国内市场转变为国内、国际两个市场，是我国农机工业发展至关重要的问题。

　　我国农机闯荡东盟首先是企业要调整好产品结构，关键做好市场调查，找准、细分和形成差异化市场，拓展渠道；企业还要在技术升级、制造水平和管理水平上下工夫，不断提高产品质量，解决产品的质量问题；同时，还要加强售后服务体系的建设。如此看来，我国农机出口东盟市场前景将非常广阔。

（三）化肥行业"东盟机会"日益凸显

东盟国家既是近邻中国的肥料大市场，又是钾资源的富产地，目前中国企业在东盟的肥料市场上存在很大机遇。第 9 届中国 – 东盟博览会将于 2012 年 9 月在广西南宁举行，业内人士认为，国内化肥行业需多关注"东盟机会"。

东盟是世界上出口大米最多的地区，也是世界上重要的油料、橡胶和水果等产品的输出地区，对化肥等农资产品的需求量日益增长。东盟国家化肥工业起步较晚，生产成本较高。同时，这些国家化肥生产受能源供应配额限制，产能远远不能满足农业生产需求，需大量从国外进口。仅越南每年就需要进口 150 万 ~ 180 万吨尿素、70 万吨磷酸二铵、20 万吨复合肥。

近年来，我国化肥工业稳步发展，产量逐年增加，成为化肥的出口大国。2011 年我国化肥总产量超过 6000 万吨，氮肥和磷肥产能已经过剩。近年来，越南、柬埔寨、老挝等东盟国家每年都从我国进口大量的化肥产品。

目前，国产化肥已经成功在东盟国家打开市场，我国对东盟国家的化肥出口日益增多。其中，在东盟的尿素市场，我国尿素产品已成功取代了俄罗斯、中东等国家的产品的大部分市场份额，而在东盟一些附加值较高、竞争相对激烈的复合肥市场，也都出现了我国的化肥产品。

同时，东盟一些国家钾资源比较丰富，例如在泰国东部呵叻高原蕴藏着丰富的钾盐资源并延伸到邻国老挝。随着中国 – 东盟间化肥行业合作的不断深入，中国企业也可以直接参与到一些东盟国家化肥资源的投资与开发，这样不仅可以满足东盟市场的需求，还可以转销国内，弥补国内钾肥产能不足。

目前，开元集团旗下的亚洲钾肥集团有限公司老挝钾肥项目已引进中国 – 东盟投资合作基金 5000 万美元，开发前景看好。随着我国与东盟之间化肥行业合作的不断深入，其他一些企业也开始关注在资源开发方面和东盟国家进行合作的相关事项。

虽然市场机会很大，但中国化肥企业进入东盟市场、扩大市场份额同样面临挑战。业内人士分析认为，一是中国企业将面临其他东盟国家的挑战。目前中国只与文莱、印度尼西亚、马来西亚、菲律宾、新加坡、泰国 6 个东盟老成员国实行零关税，越南、老挝、柬埔寨和缅甸这 4 个新成员国则于 2015 年才能实现这一目标。2015 年以前，在东盟新成员国农资市场上，我国与印度尼西亚、泰国和马来西亚等国的竞争中处于不利地位。二是部分东盟国家正加大对肥料项目的投资力度，不断提高国产肥料的自给率，长期来看，这会对我国化肥出口形成挑战。因此，我国化肥企业如何把握东盟市场的良机，还需周密考虑。

（四）工程机械技术和产品正逐步成为东盟国家采购商的首选

东盟国家经济快速发展，基础设施建设力度加大。而中国的工程机械技术和产品物美价廉，性价比优越，正逐步成为东盟国家采购商的首选。

1."中国造"成为东盟国家首选

越南正在大力推动道路、铁路、港口码头、机场、工业区和住房工程的建设，对工程机械和机器设备有很大的需求。近几年来，越南建筑工程建设承包商已经开始使用从中国进口的许多建筑工程机械设备，从中国进口的掘土机、碾压机、混凝土搅拌机、塔桥式起重机等的数量出现逐年增长的趋势。

中国工程机械设备的技术水平不亚于其他国家，而且设备价格有较高的竞争力，中国与东盟在地理位置上的优越性也使运输成本明显降低，而在提供零部件和配件等售后服务方面，也很顺达便利。

中国生产的机械设备，尤其是水泥、水电设备，质量和科技含量较高，价格适中，非常符合越南国情和企业的实际需要，在越南的保有量很高。印度尼西亚相关人士也表示，印度尼西亚国内的机械市场非常庞大，强烈希望中国工程机械企业到印度尼西亚投资建厂。

2. 进口中国机械成本降低

从 2010 年 1 月 1 日开始，有 8 种工程机械整机降低关税，协定税率为 5%。随着中国－东盟自由贸易区的进一步建设，机械行业的进口税将降为零，东盟国家进口中国机械的成本更低。

第三节　中国与东南亚国家经济贸易关系展望

中国－东盟自由贸易区的启动，标志着中国与东盟之间的经济联系上升到新的历史水平，必将为中国和东盟各国的贸易发展和经济合作增添新的动力，对促进世界贸易发展和世界经济复苏也将发挥积极作用。

一、中国与东盟之间的经贸关系进一步发展的机遇

2010 年 1 月 1 日起，按照《中国－东盟全面经济合作框架协议》，我国与其他国家建立的首个自由贸易区——中国－东盟自由贸易区已正式建成。毫无疑问，这将给我们带来千载难逢的机遇。

东盟国家有大量的劳动力、丰富的土地资源、广阔的市场，中国－东盟自由贸易区的建成将给双方带来更广阔的经济合作前景。

中国－东盟自由贸易区为中国企业带来了商机。按照《货物贸易协议》，对中国和东盟老成员国，正常产品在 2010 年 1 月 1 日关税将最终削减为零。2015 年中国和东盟新成员国正常产品的关税也将降为零。关税壁垒的逐渐取消给企业带来更多实在的商机。自由贸易区实现零关税以及贸易便利化，对企业的产品出口大为有利。"东盟成员国产业结构雷同，加上自身市场规模较小，因此在发展经济的过程中，仍选择外资依赖的发展途径，许多国家希望来自中国的新增投资。"对外经济贸易大学国际经济研究院张海森博士说。东南亚广阔的市场空间和迅速发展的经济实力也被越来越多的中国企业看好，广西玉柴机器股份有限公司 2009 年 1—10 月份，出口东盟国家柴油发动机共 11600 多台，较去年同期增加 25%，出口金额 5.48 亿元人民币。

随着 2010 年 1 月 1 日中国－东盟自由贸易区建成，双方贸易互补性的发展潜力将愈发凸显。中国与东盟的互补性贸易将极大丰富双边国内市场。例如，东盟国家钢材生产成本较高，产能不足，为中国钢材出口提供了广阔的市场空间。同时，中国从东盟进口的原油、成品油、塑料原料、天然橡胶、铁矿砂和煤炭等能源型商品，可有效解决中国生产性原材料不足和能源缺口的问题。

二、中国与东盟之间的经贸关系进一步发展的挑战和应对措施

（一）我国部分农产品销售将遭到冲击

受"零关税"影响，自由贸易区建成将对我国部分农产品销售造成冲击。同时，虽然中国与东盟国家已签订了《货物贸易协议》、《服务贸易协议》和《投资协议》，但是这些协议具体落实的实际效果还有待观察。自 2004 年 1 月 1 日起，"早期收获"计划开始实施，东盟进口我国的部分农产品实现零关税，尤其是荔枝、龙眼、火龙果等。由于东盟各国的热带水果、谷物等与我国南方的许多农产品具有同质性，"早期收获"计划的全面推行将对我国南方热带水果、蔗糖、橡胶等农产品带来较大冲击，特别是荔枝、龙眼等水果受到的冲击最大。

（二）许多协议落实效果有待观察

虽然中国与东盟国家已签订了《货物贸易协议》《服务贸易协议》和《投资协议》，但是这些协议具体落实的效果还有待观察和考验。

一是企业对自由贸易区的认识以及相关政策的使用还有待增强。2009 年 8 月中国与东盟签署的《投资协议》鼓励和促进中国与东盟间的投资流动，并为投资提供保护。但是目前的现状是政府推得快，企业跟不上来，达不到预期效果。二是东盟国家有可能利用非关税壁垒保护其自身产业。和多数东盟国家相比，我国产业体系齐全，企业实力不断壮大。自由贸易区建成后，中国生产加工的产品将对东盟国家造成冲击。

（三）应对措施

针对中国－东盟自由贸易区建设目前面临的系列挑战，当务之急应通过加强基础设施合作、畅通合作渠道等方面措施应对。

一是应积极推进与东盟国家的交通合作。中国应积极建设公路、铁路网络，推进与东盟国家的直通直达。广西北部湾经济区规划建设管理委员会副主任陈瑞贤指出，中国－东盟自由贸易区建成后，关键是要着力解决中国与东盟互联互通问题，加快公路、铁路等基础设施建设，加快东盟一体化进程，加深和融合中国与东盟的经贸关系。

二是在经贸交流上应采取更加经济灵活的措施。老挝、越南、泰国 3 国依据大湄公河次区域经济合作跨境运输协定启动了东西经济走廊过境运输便利化协定，3 国允许每年总数为 1500 辆的运输车自由过境，对过境货物实行"一站式"海关检查，加快了出入境人员和货物的查验速度，通关时间明显缩短，有效降低了贸易和交易成本。

三是努力提高与东盟国家的贸易量，放宽对东盟欠发达国家的贸易限制。古小松认为，东盟国家与我国的贸易量占我国的总贸易量比重不是很大，因此，对于我国需要的原材料和初级产品，尽量放开进口，而不要设立太多的限制。中国与东盟国家进行贸易的同时，要注意防范贸易保护主义抬头，减少贸易壁垒。

四是进一步办好中国－东盟博览会，搭建好中国与东盟国家经贸合作的平台。

五是应让中国企业及时了解相关优惠政策。郑军健说，中国－东盟自由贸易区如期建成，使得中国和东盟国家企业获得更多进入对方市场的机遇，可以更充分地享受贸易自由化和投资便利化带来的好处。中国企业在出口东盟国家的时候，应当全面、准确地掌握各种政策优惠，比如及时申领 Form－E，保障自己的利益，避免错失了本应享受到的关税优惠待遇。

三、中国与东盟之间的经贸关系进一步发展的展望

尽管中国－东盟自由贸易区的进程充满风雨，但是我们有足够的理由对东盟－中国自由贸易区的未来充满信心。未来，新的合作领域将大放异彩。

（一）大湄公河次区域合作

1. 大湄公河次区域合作概况

大湄公河次区域经济合作（Great Mekong Subregion Cooperation，简称GMS）于1992年由亚洲开发银行发起，涉及流域内的6个国家：中国、缅甸、老挝、泰国、柬埔寨和越南，旨在通过加强各成员国间的经济联系，促进次区域的经济和社会发展。大湄公河次区域经济合作建立在平等、互信、互利的基础上，是一个发展中国家互利合作、联合自强的机制，也是一个通过加强经济联系，促进次区域经济社会发展的务实的机制。合作范围涉及交通、电信、能源、旅游、环境、人力资源开发、旅游、贸易便利化和投资9个领域，筛选出103个优选合作项目。

2. GMS合作成就

中国愿与次区域各国一道继续不断深化GMS合作，加快次区域基础设施建设，推进贸易投资便利化与自由化，努力实现次区域的互联互通；加强能力建设和相互交流，提高整体竞争力，促进次区域经济社会全面发展和人民生活水平的不断提高；进一步巩固和发展与各国的传统友谊，共同营造和平稳定、平等互信、合作共赢的次区域环境。

自2005年GMS第二次领导人会议以来，中国政府进一步大力推进GMS合作，并在各种协调机制中发挥着积极作用。中国继续在交通、能源、电信、环境、农业、人力资源开发、旅游、贸易便利化和投资等9大重点领域深化与GMS各国的合作，并不断推进卫生、禁毒等其他领域的合作，取得了丰硕的成果。

（1）交通领域合作新进展。

南北经济走廊西线（昆明—老挝—曼谷公路），由中国出资建设的昆曼公路老挝境内1/3路段已于2006年6月提前一年完成。目前，中国正在加紧进行境内小勐养—磨憨175公里路段的改造，计划于2008年上半年建成通车。南北经济走廊中线（昆明—河内—海防）的中国境内昆明—河口段400公里高等级公路于2008年全部建成通车。另外，该通道上的中越河口—老街红河公路大桥已于2006年启动建设，并计划于2008年竣工。南北经济走廊东线（昆明—南宁—河内）的中国境内南宁至友谊关高速公路（179公里）已于2005年底建成通车。北部走廊（昆明—大理—瑞丽—缅甸）中国境内的昆明—安宁—楚雄—大理—保山497公里路段已建成高速公路，保山—龙陵78公里高速公路利用亚行贷款建设并将于2008年完工。河道建设方面，完成了澜沧江景洪至中缅243号界碑71公里五级航道建设主体工程，航道滩险整治工作基本完成，澜沧江境内段景洪以下航道达到了通航300吨级船舶的标准。

中国与各国密切合作，签署了《GMS便利货物及人员跨境运输协定》（CBTA）（简称《便运协定》）的附件和议定书，完成了《便运协定》全部17个附件和3个议定书的国内接受程序，并签署了中越关于在河口—老街口岸初步实施《便运协定》的谅解备忘录。根据《便运协定》的规定，中国成立了国家便利运输委员会，负责协调和处理《便运协定》执行中出现的具体问题。中国编写了关于实施《便运协定》的《国家行动计划》和《实施手册》，并举办

了由中央相关部委、云南和广西两省区相关单位及 7 个口岸联检机构参加的关于实施《便运协定》及其附件和议定书的培训班。

中国积极参与泛亚铁路合作，组织开展了泛亚铁路境内和境外段调研。利用中国政府对外援助资金，先后完成了柬埔寨境内巴登—禄宁（约 255 公里）铁路缺失段前期可行性研究和缅甸境内木姐—腊戌段（约 150 公里）的踏勘工作。与泛亚铁路东、中、西三个方案相对应的中国境内段项目均已列入了中国的《中长期铁路网规划》和《铁路"十一五"规划》。其中：东线新建玉溪至蒙自铁路已于 2005 年开工建设，预计 2010 年竣工；新建蒙自至河口铁路项目建议书已批复。西线昆明至广通铁路扩能工程已批复可研报告，2007 年已开工建设；广通至大理铁路扩能工程已完成预可研审查，报送了项目建议书，有望尽快开工建设；新建大理至瑞丽铁路可研报告已获中国政府审批，重点工程已开工建设。中线玉溪至磨憨铁路将根据境内社会经济发展和境外铁路建设情况适时启动前期研究工作。

中国进一步完善机场现有功能，适度建设支线机场，不断扩大航线网络，与周边现有通用机场共同形成空港群体，以促进与次区域国家航空运输快速协同发展。一方面，中国分别于 2004 年、2006 年与泰国、缅甸实现双边航空运输市场准入相互放开。另一方面，中国与越南、柬埔寨和老挝的航空关系也因近年来经贸往来增多而取得了较大进展。2007年，中国与次区域国家之间共有 16 家航空公司在 39 条航线上经营国际航班，比 2005 年增加了 2 家航空公司和 1 条航线。

（2）能源领域合作新进展。

自 2004 年 9 月 25 日，云南河口—越南老街 110 千伏线路正式送电以来，中国南方电网已有 2 条 220 千伏、3 条 110 千伏送电通道向越南供电，到 2007 年年底，已累计送电约41 亿千瓦时。2006 年 8 月和 11 月，中老、中越双方分别签订了备忘录，中国南方电网公司将以 BOT 方式投资建设老挝南塔河 1 号水电工程和越南平顺省永兴燃煤发电厂一期工程。此外，中柬双方还正式签订了《南方电网公司开展柬埔寨王国松博（规划容量3000Mw）和柴阿润（规划容量 260Mw）两个水电项目可行性研究谅解备忘录》。目前正按照谅解备忘录的要求，加快以上项目的可行性研究工作。中国电力企业与缅甸相关部门就缅甸水电开发问题进行了接触。

（3）电信领域合作新进展。

大湄公河次区域信息高速公路（GMSIS）一期工程顺利推进；中国、老挝、泰国和越南境内段建设已经完成，中国—老挝、中国—越南、中国—缅甸、老挝—泰国、泰国—缅甸、老挝—越南、越南—柬埔寨等国际连接均已建成。缅甸段和柬埔寨段的相关建设也已启动，可望在 2008 年 3 月底完成一期工程建设。中国昆明国际出入口局已于 2007 年 8 月建成。此外，中国协助亚洲开发银行在广西桂林举办了 GMS 第 7 次电信论坛。在成功举办了首期 GMS 电信高官培训项目以后，中国又连续举办了第 2 期、第 3 期及第 4 期培训项目。

（4）农业领域合作新进展。

2007 年 4 月在北京主办了首届 GMS 农业部长会议。会议审议通过了《GMS 农业合作战略框架与农业支持核心计划（2006—2010）》，发表了《GMS 农业部长联合声明》，明确了今后 4 年 GMS 农业合作的战略、重点领域和重点项目。在亚行和次区域各国的大力支持下，由中国政府牵头组织建设和管理的"GMS 农业信息网"于 2007 年 4 月正式开通，为次区域各国农业信息交流提供了一个重要平台。

中国十分重视与 GMS 各国的农业科技培训和推广合作。3 年多来共投入人民币近 200 万元,举办各类培训班 7 个,培训 GMS 国家技术人员 130 人次。中国积极组织有关省区在柬埔寨、老挝等 GMS 国家开展农村户用沼气技术试验示范项目、在缅甸开展橡胶苗木生产和加工示范项目以及农业科技园区合作、与柬埔寨政府合作开展种猪示范推广项目。此外,中国还利用由中方出资的"亚洲区域合作专项资金"、"中国－东盟合作基金",与老、缅、越开展动物疫病防控合作,推动次区域跨境联防联控。

(5)环境领域合作新进展。

中国积极参与次区域的环境合作,率先提出并大力推动生物多样性保护走廊项目,专门成立了项目国家级支持机构(National Support Unit, NSU),将中国云南省西双版纳和香格里拉德钦地区列入了项目执行第一阶段重点区域。此外,中国还于 2007 年在广西和云南成功举办了 GMS 第 13 次环境工作组会议和"七彩云南"生物多样性保护国际论坛,扩大了中国参与大湄公河次区域环境合作和生物多样性走廊项目的积极影响。GMS 第 13 次环境工作组会议还明确了中国广西区将参与生物多样性走廊项目第二阶段活动。

(6)卫生领域合作新进展。

中国积极参与 GMS 卫生领域各项合作,重点放在边境地区的传染病防控方面。中国于 2005—2007 年相继执行了中缅、中老、中越边境地区艾滋病防控合作试点项目、中缅边境部分地区疟疾联防联控试点项目、中越边境地区流动人口肺结核控制合作项目等。特别是在艾滋病防控合作方面,实现了所有与中国接壤的 GMS 国家边境重点地区的跨境防控合作。此外,中国还于 2007 年 10 月及 11 月举办了两期培训班,为柬埔寨、老挝、缅甸、越南、泰国 5 国培训了 10 名人禽流感诊断、检测技术人员,提高了相关人员的业务能力。在中国政府的推动下,首届 GMS 卫生论坛于 2007 年 11 月在老挝万象召开。

(7)旅游领域合作新进展。

2007 年,中国主办了第 20 次 GMS 旅游工作组会议,并且积极推进《GMS 旅游发展战略》中中方负责牵头的项目,启动了《湄公河上游河段(金四角)旅游区跨国旅游线路规划》和《滇西—缅北跨国旅游线路规划》的编制工作。"越东北与广西边境喀斯特山海旅游区"项目、中越边境旅游合作取得实质性进展,其中广西防城港高林九龙潭中越边境漂流项目已于 2006 年开始营业,广西东兴中越界河漂流项目也投入运营。我国不仅分别与越南和柬埔寨合作策划了"印象·下龙湾"和"印象·吴哥窟"大型实景演出项目,大力推进泛北部湾旅游合作和中越"两廊一圈"旅游合作,还开通了北海至越南下龙湾海水旅游线路,同时也出资为老挝和越南等国培训旅游人才。

(8)人力资源领域合作新进展。

中国政府高度重视与 GMS 成员国的人员交流与合作。中国积极利用由中方出资的"中国－东盟合作基金"和"亚洲区域合作专项资金",与 GMS 成员国开展人力资源开发领域的合作。2005 年以来,中国政府通过举办各类研修班和技术培训班,每年为 GMS 国家培训了大量各级官员和各类实用技术人员。"金边培训计划"迄今两期项目共为 GMS 各国培训了 900 多人次,三期项目已于 2007 年 7 月启动。中国积极参与"金边培训计划",通过培训在国内开展能力建设。同时,中国政府还通过在亚洲开发银行设立的"中国减贫与区域合作基金"为"金边培训计划"提供了资金支持。此外,中方还积极开展了有关防控拐卖妇女、儿童以及提高移民安全性的研讨活动。

（9）贸易与投资领域合作新进展。

中国积极落实 GMS 第二次领导人会议通过的《贸易投资便利化战略行动框架》，制订并已开始正式实施中国行动计划。在海关领域，积极研究符合 GMS 实际的"单一窗口"模式，着手编写《便运协定》专用操作手册；在检验检疫领域，推动实施检验检疫部门与海关之间的通关单联网核查；在贸易物流领域，倡议建立 GMS 物流合作协调机制，制订 GMS 物流项目合作的国内工作方案；在商务人员流动领域，简化签证申办手续，在网站上发布和更新签证政策信息，并推出了中国公民免填出入境登记卡和提高边检服务水平的 12 项措施等新政策。

从 2005 年至今，中国与有关国际组织合作，在贸易和投资领域先后开展了 19 个项目活动，包括举办专题研讨会、培训班和开展课题研究等，直接参与人数逾千人。此外，中国以南北经济走廊的重点口岸——河口口岸（云南）和友谊关口岸（广西）为切入点，设立了 GMS 通关信息服务站，通过计算机信息检索和陈列免费宣传资料等方式，向公众提供多方面的信息。

此外，中国政府高度重视在禁毒领域与国际组织和相关国家的合作，采取了一系列政策措施。2006 年，中国政府出台专门政策，加大对境外替代种植工作的支持力度。一是安排专门的境外替代种植专项资金，对中国企业在缅甸、老挝北部从事替代种植、发展替代产业予以扶持。二是扩大了进口返销产品的品种范围、延长了进口配额的有效期。三是中国出口信用保险公司制定了对企业开展境外替代种植项目予以保险支持的办法。四是向缅甸政府提供援助在缅北果敢地区实施毒品替代种植项目。五是为便利替代种植人员到境外开展工作制订了灵活的措施。

中国政府与老挝、缅甸签订合作协议，积极开展双边合作。2006 年，中国政府援助老挝 60 万美元建设一所戒毒康复中心，提供一批价值 60 万元的戒毒药品；为缅甸政府提供 2 万吨大米的紧急援助，以避免缅北烟农因生活困难而复种罂粟。2007 年，中国政府与联合国毒品和犯罪问题办公室在北京联合举办了第 7 届东亚次区域禁毒谅解备忘录（MOU）签约国部长级会议，中国、柬埔寨、老挝、缅甸、泰国、越南等 6 国主管部长级官员出席了会议，通过了《2007 年 MOU 北京宣言》。中国还切实加强与大湄公河次区域国家在禁毒执法领域的合作，多次开展联合行动，成功破获了多起跨国制贩毒大案。

3. 中国参与下一阶段 GMS 合作的设想

（1）交通合作。

中国将在公路、水运、铁路、民航诸方面进一步推进与 GMS 各国的合作。包括：积极推动 GMS 次区域运输通道及相关基础设施建设，为昆曼公路上连接老泰的跨湄公河大桥建设提供一半资金；加快南北通道国内各路段及相关口岸设施的改建和完善，以尽快形成该次区域的公路网络；积极开展包括澜沧江—湄公河在内的国际航运合作，推动全面有效实施《便运协定》及其附件和议定书，早日实现 GMS 6 国之间人员和货物的便捷流动，以促进次区域人员往来、经贸和旅游业的发展；在加快泛亚铁路国内段建设的同时，继续积极参与泛亚铁路项目的国际合作，与次区域各国一道共同推进泛亚铁路建设；继续以双边框架为基础，积极扩大与次区域各国的航空运输安排，促进中国与越南、老挝和柬埔寨的航空运输市场的相互开放，以《中国与东盟航空合作框架》为基础，积极探索多边民航合作框架。同时加强交通领域人力资源开发和能力建设方面的合作。

（2）能源合作。

中国愿与GMS各方一道，通过充分协商和发挥比较优势，按照大湄公河次区域电力贸易运营协议（RPTOA）提出的GMS电力贸易发展"四个阶段"的设想和所制定的未来行动计划，积极推动GMS总体电力发展规划、GMS电力数据库及网站的建立、GMS电力运行标准及输电规则等各项优先开展的重点工作，发展两国间、多国间的电力合作及交易，以便最终建立起统一的GMS电力市场，在次区域范围内实现电网互联及自由的电力交易，实现资源的优化配置，提高联网效益，优势互补，互惠互利，平等共赢。中国愿意与其他GMS各国家拓展能源合作，包括提高能效、发展替代能源，以确保次区域的能源安全。

（3）电信合作。

中国十分重视并将继续推进同GMS各方在电信领域的合作。在GMS IS项目一期工程基础上，要积极推进GMS IS二期工程建设的启动和实施，包括在网络运营与维护方面展开广泛合作。积极探讨并推进基于GMS IS的各类信息化应用项目。加强次区域各国对农村通信政策、农村地区通信发展经验的交流和沟通，推进农村通信示范工程建设，共同推动次区域农村地区通信的发展。通过多种方式进一步加强次区域各国信息通信主管部门之间的沟通、交流与合作，继续开展GMS电信高官培训项目，提高次区域相关人员的技术和管理能力。

（4）农业合作。

中国将积极推进首届GMS农业部长会议审议通过的《GMS农业合作战略框架与农业支持核心计划（2006—2010）》的落实，按照《框架计划》提出的GMS农业合作的战略、重点领域和重点项目，加强各方面的跟踪协调，提高GMS国家农业合作的质量和效益。中国将进一步加强与亚行以及GMS国家的沟通与交流，致力于扩展合作领域和深度，促进粮食安全与减贫事业、促进跨境农业贸易和投资、实现自然资源的可持续利用。中国将继续发挥在农业技术、能力建设、信息交流等方面的优势，进一步强化对GMS国家的合作与交流，稳步推进在农产品质量安全标准、农业信息服务系统建设、农业技术交流和示范、跨境动物疫病联防联控等方面的合作，并将推动次区域在以下方面开展工作：一是加快统一农产品质量安全标准，促进跨境农业贸易和投资健康发展；二是尽快落实禽流感防控关键措施，增强跨境动物疫病联防联控能力；三是加快推广以沼气为主的生物质能源的开发利用，改善农村生态环境；四是充分发挥GMS农业信息网的作用，提高次区域农业信息服务水平；五是致力粮食安全与减贫事业，向纵深推动GMS乡村发展合作。

（5）环境合作。

中国将积极结合国内情况，坚持围绕以"生物多样性保护走廊项目（BCI）"为核心，结合其他核心环境规划（CEP）项目，积极推动在BCI区域内开展战略环境影响评价指标的选取工作；加强GMS在联合国《生物多样性公约》框架下开展履约交流与合作；并鼓励在BCI内开展气候变化领域的合作，加强气候变化对生物多样性的影响研究，促进气候变化与BCI示范点内的农村环境保护工作相结合。中国将在GMS环境合作中切实贯彻"环保上相互帮助、协力推进、共同呵护人类赖以生存的地球家园"的方针，树立形象，促进建设和谐区域，并营造有利于次区域环境与发展的国际合作空间。中国将积极推动GMS成员国在边境地区的环境执法能力建设，提高各成员国在危险废物非法越境转移和森林保护管理领域的政策执法水平，鼓励开展建立 GMS 各成员国的执法网络；鼓励各国跨界经济贸易与投资活动遵守可持续发展原则，加强次区域与环境有关的贸易与投资能力建设。

（6）人力资源开发合作。

中国将积极推进"金边培训计划"的实施，以云南和广西为参与区，以大西南各省区和全国的技术和师资为后盾，鼓励和支持云南省有条件的大学、专业技术学校和培训机构参与次区域人力资源培训项目，积极推进次区域云南人力资源开发培训基地的建设。中国将继续加强次区域教育合作，开展基础教育、职业教育以及高等教育等领域交流与合作，积极推进次区域内职业资格互认、高等教育学历学位互认工作，多渠道扩大次区域国家来华留学政府奖学金名额。进一步建立完善面向次区域的远程教育网络，不断丰富远程教育信息资源。中国政府将加强与次区域各国的外交磋商，签订次区域国际人力资源开发及培训的多边协议和实施方案。

（7）卫生合作。

中国将在既有合作框架下，促成与 GMS 国家间更加稳定、可持续的长效卫生合作机制。推动形成包括艾滋病、禽流感、登革热等传染病控制合作在内的 GMS 卫生合作战略；将中缅疟疾项目，中缅、中老、中越艾滋病项目及中越结核项目发展为与次区域更多国家的合作，形成区域层次的合作项目；增进和完善与次区域国家在传染病疫情信息交流与共享机制建设方面的合作。加强国内各部门之间协调，尤其是与农业、出入境检验检疫等部门的合作，全面推动跨边境地区项目的深入开展。中国还将承办第 2 届 GMS 卫生论坛。

（8）旅游合作。

中国将继续在国家层面关注并积极推动 GMS 旅游合作，与 GMS 其他各国共同协作努力，推出和促销跨国旅游线路，培育具有鲜明特色的 GMS 旅游区，重点推进云南、广西两省区参与 GMS 的旅游合作。云南省将加快编制完成《湄公河上游河段（金四角）旅游区跨国旅游线路规划》和《滇西—缅北跨国旅游线路规划》。广西壮族自治区将继续深化与越南广宁省的旅游合作，争取尽快开通中越跨国自驾车旅游线路；继续深入开展与越南、柬埔寨的文化旅游合作，大力推进泛北部湾旅游一体化合作，尽早形成泛北部湾旅游圈。

（9）贸易和投资合作。

中国政府将继续加强与 GMS 其他国家及与亚洲开发银行等国际金融机构的合作，不断推进贸易投资便利化，提高通关效率，为本地区的经济增长和共同繁荣做出贡献。中国政府愿与 GMS 其他成员一道，进一步消除 GMS 贸易投资障碍，营造便利快捷的环境。中国政府将在亚洲开发银行及其他国际金融机构的支持与协调下，重点开展海关、检验检疫、贸易物流、商务人员流动和信息平台建设等 5 个 GMS 贸易便利化优先项目；继续加强各国间的政策协调，切实实施《贸易投资便利化战略行动框架》和《便运协定》，推动交通走廊真正发展成经济走廊，带动沿线地区的经济增长；以一站式试点口岸为切入点，着力推进贸易便利化，改善口岸及边境城市的基础设施水平，取得边境基础建设和贸易投资便利化的双赢；大力开展能力建设，为政府官员特别是口岸执法人员提供更多的培训机会，提高其政策水平和监管能力，为工商界提供更好的服务。

此外，中国将继续致力于加强与次区域有关国家和国际组织的磋商与合作，继续推动在次区域建立更加稳定的合作机制，加大对毒品犯罪的打击力度，努力减少毒品对本地区的危害。继续落实第 7 届东亚次区域禁毒谅解备忘录签约国部长级会议签署的《2007 年 MOU 北京宣言》、更新后的《次区域行动计划》以及中缅、中老、中越、中泰双边禁毒合作协议和《中华人民共和国国家禁毒委员会和缅甸联邦中央肃毒委员会关于在缅北地区联合进行卫星遥感监测罂粟种植的意向备忘录》等文件精神，全面推动次区域禁毒合作。同时，中国政府将继续积极支持次区域国家开展替代种植，争取本地区尽早全面消除非法罂粟种植。

(二)中越跨境经济合作区

中越凭祥—同登跨境经济合作区是中国 – 东盟自由贸易区下的"一区两国"的先行先试的跨境合作示范区，利用广西凭祥综合保税区现有功能，通过实行"一区两国、境内关外、自由贸易、封闭运作"模式，将凭祥—同登跨境经济合作区建成中国与东盟的区域贸易中心、物流基地、出口加工制造基地和信息交流中心。

2007 年 1 月，越南谅山与中国广西双方签署《建立中越边境经济合作区备忘录》。根据备忘录，谅山省同登市与广西凭祥市将在接壤地各划出 8.5 平方公里土地，共建总面积为 17 平方公里的跨境经济合作区。该经济合作区分成 3 个主要的功能区(自由贸易区、生产加工区和商品流通区)，享有特别的优惠政策。

为落实备忘录，越南方面的跨境经济合作区工作小组已经积极研究，争取亚洲开发银行的援助，成功地在谅山举办了越中跨境经济合作区专题研讨会。

谅山正在集中展开同登—谅山口岸经济区建设第一阶段非关税区的建设规划。预计到 2012 年第二季度完成经过边界线的新清—浦寨、谷南—弄怀的公路建设，投资建设升级进入各口岸的公路以及友谊关口岸区的必要工程。

中越弄怀—谷南连接通道 2011 年年底建成通车。新通道在原中越关卡之间的小路基础上进行拓宽和水泥硬化，加大了货物车辆的吞吐量，一站直达式的运输通关方便快捷，且大大节省了运费。

建设中越跨境经济合作区将增强中越边境地区在中国 – 东盟自由贸易区建设和区域合作中的吸引力和竞争力，促进边境地区合作从以边贸带动为主的单一模式向以贸易、投资、加工制造、旅游等协调带动的综合模式转变。

经过中越双方多年的共同努力，中越凭祥—同登跨境经济合作区推进工作虽然取得了积极进展，但步伐仍然缓慢，离预期仍有较大的差距。只要本着"平等、互利、共同发展"的指导思想，跨境经济合作区一定能够成功。

建议：一是继续就涉及跨境经济合作区建设的有关问题深入研究。跨境经济合作区是一项新生事物，没有现成的模式可以遵循，也没有成熟的经验可以借鉴。所以，应尽快成立由中越双方相关职能部门以及专家学者组成的专门工作小组，就跨境经济合作区的法律框架、运营模式和监管模式、实施的优惠政策和便利措施、市场准入、投资成本与效益、争端解决等一系列问题深入研究，共同编制可行性研究报告，争取制定双方认可的，突破现有人员、运输车辆、货物进出和投资管理体制的，以及政策和便利措施最优的框架方案。

二是加快两国国家层面的协商谈判进程。跨境经济合作区建设涉及中越两国双边关系，需经双方从国家层面共同探讨并达成共识，签署有关协议后再行实施。因此，广西和谅山省应共同推动两国政府主管部门尽快将中越凭祥—同登跨境经济合作区建设列入谈判议程，签署共建中越凭祥—同登跨境经济合作区协定，签订统一的运营和监管协议，从两国国家层面加快推进步伐。

三是加强双方区域之间规划和基础设施建设的衔接。中越凭祥—同登跨境经济合作区双方区域虽然各自独立管理，但作为一个有机整体，也应协调发展。所以，双方要加快建立和完善协调合作机制，在编制跨境经济合作区建设发展规划中要加强沟通协调，力争在功能设置、产业布局、基础设施建设、运行管理、实施政策、推进措施等方面形成有效衔接，形成跨境经济合作区运转顺畅、产业集聚、优势互补的先行先试的跨境合作示范区和利益共同体。

四是推进跨境经济合作区基础设施建设。跨境经济合作区的基础设施、监管设施、配套服务设施建设都需要大量资金投入。因此，中越两个园区要多渠道筹措建设资金，积极争取中国政府设立的中国－东盟投资合作基金、面向东盟的信贷资金和国际组织的资金援助，积极吸引民间资本投资，按照"贴边"对接要求加快跨境经济合作区各项基础设施建设，为跨境经济合作区顺利建成投入运行创造条件。

（三）中国－东盟投资合作基金

2009 年，温家宝总理在博鳌亚洲论坛上宣布，中国决定设立一个总规模达 100 亿美元的"中国－东盟投资合作基金"。中国－东盟投资合作基金于 2010 年 4 月成立并开始运营。本基金由中国进出口银行主发起成立，为中国与东盟国家企业间的经济合作提供融资支持。2010 年，中国－东盟自由贸易区全面建成，有必要加快双方基础设施互联互通建设，以满足双方人员和贸易往来更大发展的需要。

截至 2012 年 5 月，中国－东盟投资合作基金已在菲律宾、柬埔寨、泰国、老挝以及马来西亚进行了 5 个项目的投资。2012 年，中国－东盟投资合作基金正建立起丰富的投资储备，携手中国和东盟企业家共创美好未来。

本章小结

中国与东南亚国家的关系源远流长。随着中国－东盟自由贸易区的建成，双方在贸易、服务、投资等领域的经贸合作也将向纵深发展。中国和东盟在货物、服务和投资领域合作空间巨大，双方的市场需求也十分强劲。中国和东盟各方有信心、有能力克服各种困难，双边经贸合作也将得到进一步发展。

思考与练习

1. 什么是"早期收获"计划？
2. 我国原产货物出口东盟各国应注意哪些事项？
3. 我国企业进口东盟受惠货物时应注意哪些事项？

☞ 【案例分析】

案例1：原产地证书——商品进入国际贸易领域的"护照"

2009年上半年，广西桂花机械进出口有限责任公司向东南亚国家出口拖拉机6000余台，每台价格300美元至600美元。该公司副总经理赵华，对原产地证书认识很深："只需在广西检验检疫部门申办自由贸易区原产地证书，再向进口国海关提交原产地证书就可享受50%的关税优惠，自由贸易区原产地证书帮助企业降低了成本，增加了在东盟市场的价格竞争力。"越来越多的中国企业已开始利用自由贸易区带来的这一优惠条件掘金东盟市场。据统计，仅去年广西就签发原产地证35072份，今年1—8月共签发原产地证书27740份。持有贸易区原产地证书的产品在东盟有关国家海关不仅可享受关税减免待遇，还能获得便利的通关条件。

——来源：新华网

问题：企业如何应对中国–东盟自由贸易区零关税？

案例2：企业如何应对中国–东盟自由贸易区大降税

从2005年7月1日起，《中国–东盟全面经济合作框架协议货物贸易协议》将开始实施，7000种商品开始削减关税，5年内它们中的大部分产品关税将降至零。中国与东盟老、新成员国有望分别于2010年、2015年建成自由贸易区，这将是我国与外国建设的第一个自由贸易区。

问题：国内企业如何利用对己有利的区域贸易政策抵御外部风险，获取更多回报？

参考文献

[1] 蒋满元. 中国－东盟自由贸易区概论[M]. 长沙：中南大学出版社，2011

[2] 邹忠全，周影. 东南亚经济与贸易[M]. 北京：中国财政经济出版社，2006

[3] 高歌. 东南亚经济与贸易[M]. 南宁：广西人民出版社，2009

[4] 王士录. 东南亚报告 2007—2008[M]. 昆明：云南大学出版社，2008

[5] 刘仁伍. 东南亚经济运行报告（2009）[M]. 北京：社会科学文献出版社，2009

[6] 覃丽芳. 2011 年越南经济发展回顾[J]. 创新，2012(3)

[7] 杨洁勉等. 大整合——亚洲区域经济合作的趋势[M]. 天津：天津人民出版社，2007

[8] 吕余生，庞汉生. 中国－东盟年鉴 2011[M]. 北京：线装书局，2011

[9] 廖雯婷. 东亚区域经济合作的现状与趋势[J]. 中国市场，2010(45)

[10] 张勇长. 东盟实现经济共同体构想分析[J]. 暨南大学硕士学位论文，2006

[11] 王勤. 全球化时代的东南亚经济[D]. 厦门大学博士学位论文，2008

[12] 杨琴. 东南亚经济一体化研究[D]. 厦门大学硕士学位论文，2008

[13] 孔令琼. 试论"南强北弱"的经济格局对东南亚经济区域整合的影响[D]. 云南师范大学硕士学位论文，2002

[14] 张泽军. 试论东南亚市场一体化[J]. 东南亚纵横，1992(3)

[15] 贺圣达. 东南亚市场经济的发展模式研究[J]. 世界经济与政治，1995(3)

[16] 朱振明. 认识东南亚，积极开拓东南亚市场[J]. 印刷世界，2003(1)

[17] 陈鸿雁. 东南亚、南亚国家区域化态势及对云南的影响[J]. 云南民族大学学报，2004(3)

[18] 曹云华. 东南亚地区形势：2011 年[J]. 东南亚研究，2011(2)

[19] 祁苑玲. 后金融危机时期东南亚、南亚经济发展趋势及云南的应对策略[J]. 云南行政学院学报，2011(5)

[20] ［日］北原淳等. 刘晓民译. 东南亚的经济[M]. 厦门：厦门大学出版社，2004

[21] 刘仁伍. 东南亚经济运行报告（2009）[M]. 北京：社会科学文献出版社，2009

[22] 邹宁军. 新加坡双边自由贸易外交分析[D]. 暨南大学，2010

[22] 卢光盛. 地区主义视野中的东盟经济合作[D]. 复旦大学博士学位论文，2006

[23] 兰丹丹. 论东盟贸易政策体系及实施[D]. 对外经贸大学硕士学位论文，2007

[24] 梁志明. 论东南亚区域主义的兴起与东盟意识的增强[J]. 当代亚太，2001(3)

[25] 王勤. 论东南亚贸易自由化与经济增长[J]. 南洋问题研究，2005(1)

[26] 王勤. 东盟国家对外贸易及其结构的变化[J]. 东南亚研究，2005(3)

[27] 范宏伟. 缅甸经济政策与华商[J]. 华侨华人历史研究，2007(3)

[28] 赵伟. 东南亚国家在农产品国际贸易中的黄箱政策——以越南、印度尼西亚、马来西亚、菲律宾为例[J]. 安徽农学通报，2007(13)

[29] 沈红芳. 多边贸易体制下的东南亚经济一体化与区域经济合作：双重特点的阐释[J]. 当代亚太，2008(5)

[30] 王勤. 东盟国际竞争力研究[M]. 北京：中国经济出版社，2007

[31] 蔡宏波，黄建忠. 东盟对外自由贸易区发展现状及态势[J]. 东南亚纵横，2010(4)

[32] 朱俊峰，王健. 对外贸易、经济增长与趋同发展——基于东盟国家1990—2009 年面板数据的实证研

究[J]．世界经济研究，2010(8)

[33] 阮文达．越南对外贸易对经济增长的影响分析[D]．南京理工大学，2010

[34] 联合国贸发会议：Handbook of Statistics 2011

[35] 尹忠明，陈秀莲．东盟服务贸易现状和影响因素的分析[J]．国际贸易问题，2009(9)

[36] 刘莉，黄建忠．亚洲地区服务贸易的发展及竞争力研究[J]．国际贸易问题，2006(6)

[38] 陆建人．东盟的今天与明天——东盟的发展趋势及其在亚太的地位[M]．北京：经济管理出版社，1999

[39] 李伯兴等．东南亚经济概论[M]．北京：中国财政经济出版社，2008

[40] 廖少廉．东盟区域经济合作研究[M]．北京：中国对外经济贸易出版社，2003

[41] 刘仁伍．东南亚经济发展地图(2007)[M]．北京：社会科学文献出版社，2008

[42] 谈毅．国际区域经济合作[M]．西安：西安交通大学出版社，2008

[43] 王正毅，迈尔斯·卡勒，高木诚一朗．亚洲区域合作的政治经济分析——制度建设、安全合作与经济增长[M]．上海：上海人民出版社，2007

[44] 孙明贵．日本对东南亚投资和贸易的战略变化[J]．现代日本经济，2004(3)

[45] 甘振军．澳大利亚与东南亚关系研究述论[J]．东南亚纵横，2011(1)

[46] 何军明．欧盟与东盟经济关系的新发展及其特点[J]．亚太经济，2008(3)

[47] 赵洪．东盟与欧盟经贸关系的现状及前景[J]．南洋问题研究，2001(3)

[48] 曹云华等．美国经济衰退对东南亚国家的影响[J]．亚太经济，2008(9)

[49] 刘建林．中美与东南亚关系的地缘战略思考[J]．魅力中国，2010(8)

[50] 王勤．中国与东盟经济关系新格局[M]．厦门：厦门大学出版社，2003

[51] 霍伟东．中国-东盟自由贸易区研究[M]．成都：西南财经大学出版社，2005

[52] 刘卓林．对中国-东盟自由贸易的经济效应分析[J]．统计与决策，2004(4)

[53] 陈康．中国-东盟自由贸易区及其经济效应分析[J]．国际商务研究，2005(5)

[54] 李荣林．中国-东盟自由贸易区与东亚区域经济一体化[J]．当代亚太，2005(8)

[55] 江虹．建立中国-东盟自由贸易区的经济效益分析[J]．国际贸易问题，2005(4)

[56] 许宁宁．中国-东盟自由贸易区[M]．北京：红旗出版社，2003

[57] 李荣林，孟夏．中国-东盟自由贸易区研究[M]．天津：天津大学出版社，2007

[58] 王勤．全球化时代的东南亚经济[D]．厦门大学，2006

[59] 聂槟．试析东南亚各国投资环境及中国企业对东南亚的投资[J]．东南亚纵横，2009(9)

[60] 中华人民共和国国家统计局网站：http://www.stats.gov.cn/

[61] 中华人民共和国商务部网站：http://www.mofcom.gov.cn/

[62] 东盟秘书处网站：http://www.aseansec.org

[63] 中国-东盟自由贸易区网站：http://www.cafta.org.cn/

[64] 联合国贸发会议网站：http://unctadstat.unctad.org/

图书在版编目（CIP）数据

东南亚经济与贸易/蒋满元主编. —长沙:中南大学出版社,2012.8
ISBN 978-7-5487-0612-0

Ⅰ.东...　　Ⅱ.蒋...　　Ⅲ.进出口贸易－概况－东南亚
Ⅳ.F753.306

中国版本图书馆 CIP 数据核字（2012）第 193209 号

东南亚经济与贸易

蒋满元　主编

□责任编辑	谭晓萍	
□责任印制	易红卫	
□出版发行	中南大学出版社	
	社址:长沙市麓山南路	邮编:410083
	发行科电话:0731-88876770	传真:0731-88710482
□印　　装	长沙鸿和印务有限公司	

□开　　本	787×1092　1/16　□印张 18.5　□字数 452 千字
□版　　次	2012 年 8 月第 1 版　□2016 年 1 月第 3 次印刷
□书　　号	ISBN 978-7-5487-0612-0
□定　　价	**38.00 元**

图书在版编目（CIP）数据

ISBN 978-7-5487-0612-0

IV.P753.506

中国版本图书馆 CIP 数据核字（2012）第 1095 号

责任编辑
责任印制
出版发行　中南大学出版社
印　装

开　本　787×1092　1/16　印张 16.5
版　次　2012 年 8 月第 1 版　　2012 年 8 月第 1 次印刷
书　号　ISBN 978-7-5487-0612-0
定　价　38.00 元